权威·前沿·原创

皮书系列为

"十二五""十三五""十四五"时期国家重点出版物出版专项规划项目

BLUE BOOK

智库成果出版与传播平台

广东乡村治理蓝皮书

BLUE BOOK OF GUANGDONG RURAL GOVERNANCE

广东乡村治理发展报告
（2024）

ANNUAL REPORT ON GUANGDONG RURAL GOVERNANCE
DEVELOPMENT (2024)

主　编／唐　斌
副主编／武玉坤　方　敏　宋星洲

社会科学文献出版社
SOCIAL SCIENCES ACADEMIC PRESS（CHINA）

图书在版编目（CIP）数据

广东乡村治理发展报告.2024／唐斌主编；武玉坤，方敏，宋星洲副主编. --北京：社会科学文献出版社，2024.9.--（广东乡村治理蓝皮书）.--ISBN 978-7-5228-3928-8

Ⅰ.D638

中国国家版本馆 CIP 数据核字第 2024JJ4913 号

广东乡村治理蓝皮书

广东乡村治理发展报告（2024）

主　　编／唐　斌
副 主 编／武玉坤　方　敏　宋星洲

出 版 人／冀祥德
组稿编辑／任文武
责任编辑／刘如东
责任印制／王京美

出　　版／社会科学文献出版社·生态文明分社（010）59367143
　　　　　地址：北京市北三环中路甲 29 号院华龙大厦　邮编：100029
　　　　　网址：www.ssap.com.cn
发　　行／社会科学文献出版社（010）59367028
印　　装／天津千鹤文化传播有限公司

规　　格／开　本：787mm×1092mm　1/16
　　　　　印　张：24　字　数：358 千字
版　　次／2024 年 9 月第 1 版　2024 年 9 月第 1 次印刷
书　　号／ISBN 978-7-5228-3928-8
定　　价／128.00 元

读者服务电话：4008918866

主要编撰者简介

唐　斌　华南农业大学公共管理学院院长，教授，兼任广东城乡社会风险与应急治理研究中心主任、城乡公共安全与数智治理省级重点实验室主任，广东省高等学校优秀青年教师培养对象，主要研究方向为基层治理、农村公共政策、城乡社会风险治理。在《公共管理学报》《中国行政管理》等刊物发表论文50余篇，出版专著2部，主编教材1部，承担国家社科基金项目2项，教育部人文社会科学研究项目、中国工程院院地合作项目等省部级项目10余项，撰写决策咨询报告获国家级领导肯定性批示2篇次、省部级领导肯定性批示20余篇次。

武玉坤　华南农业大学公共管理学院行政管理系主任、MPA教育中心主任，副教授，中山大学管理学博士，主要研究方向为公共预算与财政管理、基层治理。在《公共行政评论》《中山大学学报》等刊物公开发表学术论文20多篇，主编教材1部，承担教育部等省部级课题7项。

方　敏　华南农业大学公共管理学院副教授，硕士研究生导师，城乡公共安全与数智治理省级重点实验室副主任，广东城乡社会风险与应急治理研究中心研究员，主要研究方向为城乡应急管理、数字治理。在《公共行政评论》、《浙江大学学报》（人文社会科学版）等刊物发表CSSCI论文10多篇，发表SCI论文多篇，主持省部级课题6项，参与出版专著和教材5部，有多篇决策咨询报告获得省部级领导肯定性批示并被有关部门采用。

宋星洲 华南农业大学公共管理学院讲师，中山大学管理学博士，广东城乡社会风险与应急治理研究中心研究员，兼任广东省行政体制改革与机构编制管理研究会副秘书长，主要研究方向为城乡公共治理。在《中国行政管理》、《行政论坛》、《天津社会科学》、《上海行政学院学报》、*The China Review*、《南方日报》（理论版）等报刊发表文章多篇。

序

　　作为华南地区唯一的农林类国家"双一流"建设高校,华南农业大学以落实"双百行动"为重要切入点,全力推动"百千万工程"提质增效,助力广东乡村全面振兴,为中国式现代化的广东实践贡献智慧和力量。目前,华南农业大学已建成"永根科技站"66 个、新农村发展研究院地方分院 7 个、乡村振兴研究院地方分院 4 个,在全广东省建设社会服务站点 1000 多个,绘就了一张"立足广东、面向华南、辐射全国"的乡村振兴服务网络。与此同时,我校师生积极开展涉农领域的调查研究和建言献策,连续开展"万名学子乡村大调研行动",重点围绕广东省委"百千万工程"工作要点中"发展、建设、治理"等领域开展调研,在社会实践中找到"真问题",通过扎实的乡村调查研究"解民生、治学问、出成果",研究报告及建言献策成果多次获得国家级领导肯定性批示并被中央有关部门采用。公共管理学院作为我校服务广东乡村治理体系和治理能力现代化的重要力量,长期坚持"农村公共管理"特色发展方向,坚持问题导向、目标导向和政策导向,积极总结广东乡村治理创新的先进经验和典型案例,把城乡公共治理的文章写在南粤大地上,涌现了一批高质量、接地气的研究成果,学科发展取得良好成绩。

　　《广东乡村治理发展报告（2024）》作为"广东乡村治理蓝皮书"系列的首部报告,是我校承接广东省哲学社会科学规划重大项目"深入实施'百县千镇万村高质量发展工程',在城乡区域协调发展上取得新突破研究"（GD23ZD06）的研究成果。报告以我校公共管理学院师生为主体,整合中

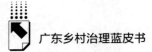

国农业大学、中山大学、广州大学等兄弟院校研究力量，研究团队依托我校城乡公共安全与数智治理省级重点实验室、广东城乡社会风险与应急治理研究中心、广州农村治理现代化研究基地、广东省减贫治理与乡村振兴研究院等研究机构组织进行调研座谈、数据资料分析及报告撰写，除附录外按总报告、政府治理篇、民生治理篇和技术治理篇四个部分展开，共收录研究成果13篇。报告围绕乡村振兴背景下广东省农村治理创新的具体实践进行分析及研究，从理论逻辑和现实逻辑两方面梳理新时代广东乡村治理创新发展实践的相关脉络以及演进过程，力图全方面、多维度、深层次总结广东省在全面推进"百千万工程"过程中实现乡村治理创新的举措、成就及经验，力图为乡村振兴发展提供新的理论视角。

本书从多个视角呈现广东加力提速实施"百千万工程"、促进城乡区域协调发展过程中乡村治理的创新举措、阶段成果及典型实践，视角独特、内容翔实、论证充分，可供从事及关注基层治理特别是乡村治理创新有关领域的政府人员、企业人士、专家学者、高校师生等参考阅读，同时也期望社会各界对本书及我校主持编撰的"广东乡村治理蓝皮书"系列提出宝贵的意见与建议。

李凤亮（ 华南农业大学党委书记、 教授， 广东省优秀社会科学家 ）

2024 年 8 月 2 日

摘　要

《广东乡村治理发展报告（2024）》是以华南农业大学公共管理学院师生为主体，同时结合部分兄弟院校编写力量，依托华南农业大学城乡公共安全与数智治理省级重点实验室、广东城乡社会风险与应急治理研究中心、广州农村治理现代化研究基地、广东省减贫治理与乡村振兴研究院、广州大学乡村振兴研究院等研究机构编写的年度研究报告。本报告由总报告、政府治理篇、民生治理篇、技术治理篇以及附录五个部分组成。

总报告从习近平总书记关怀下的广东农村发展着手，系统回顾了习近平总书记对广东发展的高度重视和亲切关怀，并全面总结了广东在党中央战略部署及农业农村现代化背景下农村发展所取得的成果和经验。同时，深入分析了制约广东省农村发展的主要因素，并对广东省乡村全面振兴提出了展望。

以习近平同志为核心的党中央高度重视广东农业农村发展，习近平总书记四次亲临广东视察指导并多次就新型城镇化建设、构建现代乡村产业体系、全面推进乡村振兴、实现全体人民共同富裕等作出重要指示，强调广东要加强陆海统筹、山海互济，强调广东要在城乡区域协调发展方面积极探索，并为全国提供经验借鉴。在此背景下，结合农业农村现代化发展，广东省提出"百县千镇万村高质量发展工程"，积极促进城乡区域协调发展，在农业产业现代化、农村建设现代化及农民生活品质现代化方面取得了显著成就。

总报告提出，推进中国式现代化的广东实践，必须深刻把握推进广东农

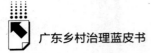

业农村现代化的重要意义、历史方位、内在规律，坚决扛起建设农业强省的重大责任，继续深入实施"百县千镇万村高质量发展工程"，以"精""融""特"为优势特色，分步实现五大振兴的各阶段目标，并最终取得乡村振兴战略的决定性胜利。

政府治理篇对广东驻镇帮镇扶村、农村政策试点创新、涉农资金统筹使用和耕地非粮化治理等方面进行了深入探讨。民生治理篇对广东农村灾后重大动物疫病应急管理机制、创新基层社会治理、粤东西北乡村教师支持政策执行和优化乡村医疗卫生资源配置等领域进行了综合分析。技术治理篇则从城乡社区智慧矫正发展实践、广东数字技术赋能乡村治理实践、农业数字化转型发展和数字乡村试点发展等视角进行了全面探究。

附录部分对 2017 年 10 月 18 日至 2023 年 12 月 31 日广东农村治理的重要事件进行了归纳与梳理。

关键词： 农业农村　乡村治理　乡村振兴　广东

Abstract

The Guangdong Rural Governance Blue Book: Guangdong Rural Governance Innovation Report (2024) is an annual research report compiled by teachers from the School of Public Adminstration of South China Agricultural University, combined with the writing strength of some sister universities, and relying on research institutions such as the Provincial Key Laboratory of Urban and Rural Public Safety and Digital Governance of South China Agricultural University, Guangdong Urban and Rural Social Risk and Emergency Governance Research Center, Guangzhou Rural Governance Modernization Research Base, and Guangzhou University Rural Revitalization Research Institute. The Blue Book consists of two parts: general report and special report.

Starting from the rural development of Guangdong Province under the care of Chinese President Xi Jinping, the general report systematically reviewed the high attention and friendly care of Chinese President Xi Jinping to the development of Guangdong Province, and comprehensively summarized the achievements and experiences of rural development in Guangdong Province under the background of the strategic deployment of the Party Central Committee and the modernization of agriculture and rural areas. At the same time, the general report also in-depth analysis of the main factors restricting the development of rural areas in Guangdong Province, and put forward prospects for the comprehensive revitalization of rural development in Guangdong Province.

The Party Central Committee with Comrade Xi Jinping as the core attaches great importance to the development of agriculture and rural areas in Guangdong. He visited Guangdong four times and made important instructions on the construction of new urbanization, the construction of a modern rural industrial

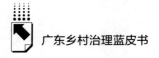
system, the comprehensive promotion of rural revitalization, and the realization of common prosperity for all people. He stressed that Guangdong should strengthen the coordination of land and sea, mountain and sea mutual benefit, and Guangdong should actively explore the coordinated development of urban and rural areas and provide experience for the whole country. In this context, combined with the development of agricultural and rural modernization, Guangdong Province proposed the "high-quality development project of hundreds of counties, thousands of towns and tens of thousands of villages", actively promoted the coordinated development of urban and rural areas, and made remarkable achievements in the modernization of agricultural industry, rural construction and the modernization of farmers' quality of life.

The general report puts forward that to promote the practice of Chinese path to modernization in Guangdong, we must deeply grasp the significance, historical orientation and inherent law of promoting the modernization of agriculture and rural areas in Guangdong, resolutely shoulder the major responsibility of building an agricultural province, continue to implement the "high-quality development project of hundreds of counties, thousands of towns and thousands of villages", and take "precision", "integration" and "specialty" as the advantages and characteristics, step by step to achieve the goals of each stage of the five major revitalization, and ultimately achieve the decisive victory of the rural revitalization strategy.

The special report is divided into three sections: government governance innovation, people's livelihood governance innovation and technology governance innovation. The government governance innovation section has conducted in-depth discussions on Guangdong's assistance to towns and villages, pilot innovation of rural policies, coordinated use of agricultural funds and non-grain management of cultivated land. The people's livelihood governance innovation section comprehensively analyzes emergency management mechanisms for major animal diseases in rural areas after disasters, the innovation of grassroots social governance in Guangdong, the implementation of support policies for rural teachers in the underdeveloped area of Guangdong and the optimization of rural medical and health resource allocation. The technological governance innovation section makes a comprehensive exploration from the practice of smart correction in urban and rural communities, the perspectives of the practice of digital technology-enabled rural governance in Guangdong, the digital transformation and development of agriculture, and the pilot development of digital rural areas.

Appendixs of Guangdong rural governance from 2017 to 2023 are summarized and sorted out.

Keywords: Agriculture and Rural Areas; Rural Governance; Rural Revitalization; Guangdong

目 录 ⤵

I 总报告

II 政府治理篇

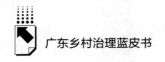
Ⅲ 民生治理篇

Ⅳ 技术治理篇

附 录

皮书数据库阅读**使用指南**

CONTENTS ↘

I General Report

II Government Governance

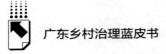
III Governance for People's Livelihoods

IV   Technology Governance

总 报 告

B.1
广东乡村治理发展报告

唐 斌 朱德宸*

摘 要： 以习近平同志为核心的党中央高度重视广东农业农村发展，习近平总书记四次亲临广东视察指导并多次就新型城镇化建设、构建现代乡村产业体系、全面推进乡村振兴、实现全体人民共同富裕等作出重要指示，强调广东要加强陆海统筹、山海互济，要在城乡区域协调发展方面积极探索，并为全国提供经验借鉴。按照习近平总书记的战略部署，广东省提出"百县千镇万村高质量发展工程"，积极促进城乡区域协调发展，并在全面推进乡村振兴过程中取得了显著成就。但与此同时，广东省农业农村发展也依然面临着农村公共基础设施薄弱，城乡差距仍然较大；土地制度碎片化阻碍要素流动；农民素质仍有待提高，城乡区域统筹发展面临较大挑战等问题。对此，必须深刻把握推进广东农业农村现代化的重要意义、历史方位、内在规律，坚决扛起建设农业强省的重大责任，继续深入实施"百县千镇万村高质量发展工程"，以"精""融""特"为优势特色，分步实现五大振兴的

---

* 唐斌，博士，华南农业大学公共管理学院教授，研究方向为基层治理、农村公共政策、城乡社会风险治理；朱德宸，华南农业大学公共管理学院硕士研究生，广东省城乡公共安全与数智治理重点实验室研究助理，研究方向为农村治理。

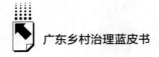
各阶段目标，并最终实现乡村振兴战略的决定性胜利。

关键词： 农业农村 乡村振兴 "百千万工程" 广东

一 总书记关怀下的广东省农村发展

农为邦本，本固邦宁。以农为本，是中国自古以来的治国传统。从历史发展来看，中国革命的胜利，依靠在农村；人民政权的巩固，根基在农村；改革开放的序幕，发端在农村；中华民族的伟大复兴，关键也在农村。农业农村现代化是中国式现代化的重要组成部分，"三农"问题的解决既是新时代农业农村建设中马克思主义中国化的重要实践，也是涉及国计民生的根本性问题。

党的十九大报告提出，全面建设小康社会，开启全面建设社会主义现代化国家新征程，必须坚持乡村振兴战略。乡村振兴战略承担着农业农村现代化重大战略布局的重任，其之于农业农村发展、全面建设社会主义现代化国家乃至全面建成社会主义现代化强国都意义重大[1]，是新时代推动"三农"工作取得进展的总抓手。党的二十大报告提出，"全面推进乡村振兴，坚持农业农村优先发展，巩固拓展脱贫攻坚成果，加快建设农业强国，扎实推动五个'乡村振兴'"。根据《中共中央 国务院关于实施乡村振兴战略的意见》的目标安排，2020 年乡村振兴取得重要进展后，下一步任务安排是到2035 年取得决定性进展，基本实现农业农村现代化，最终在 2050 年完成农业强、农村美、农民富的全面乡村振兴。实现农业农村现代化的步骤中，实施乡村振兴是关键一招，这一重要战略将加快城乡融合步伐，推进农业农村现代化发展，进而实现"中国梦"。2020 年脱贫攻坚目标任务完成后，

---

[1] 于文澍：《论乡村振兴战略与农业农村现代化融合发展》，《农村经济与科技》2022 年第 5 期。

习近平总书记对新阶段的"三农"工作作出重要部署，强调巩固拓展脱贫攻坚成果，持续推动同乡村振兴战略有机衔接，是新时期"三农"工作重心的历史性转移。全面推进乡村振兴战略，推动城乡融合向纵深发展，要举全党全社会之力，强化统筹谋划与顶层设计。要防止脱贫地区返贫，健全防止返贫动态监测和帮扶机制，帮助脱贫地区产业提档升级，多渠道促进就业。要围绕农村地区的重点领域和关键环节持续推进改革，盘活农村资源要素。发展壮大新型农村集体经济，深化供销合作社综合改革，大胆用好试点试验手段。依托"扩内需、稳投资、搞建设"的发展原则，有序开展乡村建设行动，继续以农村公共基础设施建设为重点，进而实现城乡基本公共服务均等化，健全农村人居环境治管护长效机制。合理规划村庄布局类型，加强对传统村镇和特色风貌的保护。推动城乡融合发展见实效，强化以工补农、以城带乡，加快形成工农互促、城乡互补、协调发展、共同繁荣的新型工农城乡关系。加强和改进乡村治理，以保障和改善农村民生为优先方向，加快构建党组织领导的乡村治理体系。把县域作为城乡融合发展的重要切入点，强化基础设施和公共事业县乡村统筹，加快形成县乡村功能衔接互补的建管格局。①

改革开放以来，广东省的角色赋予和实践地位一直都是我国经济发展和社会治理的重要组成部分，在中国式现代化的全面战略布局中地位举足轻重。习近平总书记对广东发展给予了高度重视和亲切关怀，在亲临广东视察指导的四次行程中，多次对广东发展的多个领域作出重要指示，包括全面深化改革、现代化产业体系发展以及城乡区域发展等。与此同时，习近平总书记也提出城乡区域发展不平衡一直是广东高质量发展现代化道路上的拦路虎、绊脚石。2018 年，习近平总书记在清远调研时提出，殷切希望将广东高质量发展的最大短板——城乡区域发展不平衡转变成"潜力板"，提高发展平衡性和协调性，破解广东长期存在的城乡二元结构问题时要力度更大一

---

① 习近平：《坚持把解决好"三农"问题作为全党工作重中之重 举全党全社会之力推动乡村振兴》，《求是》2022 年第 7 期。

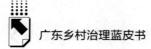

些，措施更精准一些，久久为功。要坚持辩证思维对待问题，转变观念解决问题，充分发挥粤东西北地区生态优势，不断拓展发展空间、增强发展后劲。① 2023 年 4 月，习近平总书记在粤西等地视察时提出，共同富裕的实现离不开区域协调发展。乡村振兴的全面推进、中国式现代化稳步向前，势必要依托于城乡区域协调发展。要加快区域间交通、物流等基础设施互联互通，以推动珠三角产业向粤东西北的转移。要切实推进新型城镇化建设，具体以县域为载体进行乡村产业现代化、乡村建设行动等。习近平总书记在湛江调研时提出"海上牧场、'蓝色粮仓'"的建设构想，要陆海统筹、山海互济，强化港产城整体布局，加强海洋生态保护，全面建设海洋强省。习近平总书记的四次调研、多次指示批示都彰显了深厚的"总书记关怀"，提出的"城乡发展之问"更是广东农业农村工作的方向指引。广东持续探索城乡区域协调发展方面的新模式新路径，期待为全国提供经验借鉴。广东在继续补短板、调结构、强基础，充分利用工业强省和粤港澳大湾区等自身优势推动城乡融合发展，回应习近平总书记对广东发展的殷切期望。

在党中央战略部署下，广东省委省政府紧密筹划部署"三农"工作，明确思路，规划方略，落实方案，先行先试，有序推进乡村振兴各方面工作开展。主要领导干部高度重视，分别就全省乡村振兴不同领域的工作作出指示。2019 年 1 月 29 日，时任广东省省长马兴瑞在省第十三届人民代表大会上指出，过去一年来，广东省在大力实施乡村振兴战略，实施"头雁"工程，强化农村基层党组织建设，深入推进文明村镇建设方面取得新成效。2019 年 3 月 9 日，时任广东省委书记李希在十三届全国人大二次会议广东代表团全体会议上强调，提升乡村治理水平要以基层党组织为建设重心，以"头雁"工程、扫黑除恶专项斗争为抓手，在"枫桥经验"指导下树立乡风家风民风。2019 年 12 月 13 日，时任广东省省长马兴瑞在省政府常务会议上强调要不断完善乡村治理体系，着力破解城乡二元结构问题，推进乡村振

---

① 《习近平：高举新时代改革开放旗帜 把改革开放不断推向深入》，新华网，http：//www.xinhuanet.com/politics/2018-10/25/c_1123614520.htm。

兴取得实效，为广东省实现高质量发展、决胜全面建成小康社会提供有力保障。2020年1月14日，时任广东省省长马兴瑞在省第十三届人民代表大会第三次会议上作《政府工作报告》时指出，广东省要深入推进农村各项改革，深入实施"头雁工程"，完善党组织领导的"三治融合"乡村治理体系，大力培育文明乡风。2020年7月23日，时任广东省省长马兴瑞在省政府常务会议上强调，要全面落实农房管控、提升乡村风貌，为推进乡村振兴战略、提升乡村治理效能提供强有力支撑。而针对城乡发展不均衡问题，2023年2月13日，广东省委书记黄坤明在全面推进"百千万工程"促进城乡区域协调发展动员大会上强调，要大力实施"百县千镇万村高质量发展工程"，推动城乡区域协调发展向更高水平更高质量迈进。要围绕发展目标是什么、发展举措怎么做开展系列工作。在目标层面，"百千万工程"要明确"抓什么"，围绕"县域"这一关键词推动高质量发展。具体包括产业是经济动力之源，分类规划好不同地区优势特色产业的发展布局，尤其是抓好现代产业园建设这一主阵地，带动县域经济的蓬勃发展；提升县域整体公共服务的"硬件"建设水平和"软件"服务能力，引导中心镇专业镇特色镇和美丽圩镇的建设；推进城乡区域协调的进一步发展，总体遵循"一张图""一盘棋"的融合发展理念，努力缩小城乡公共服务差距，稳步加快城乡公共服务均等化。在措施层面，"百千万工程"要明确"怎么抓"，循序渐进地开展各项工作。具体包括要分主次、有类别地推动各项工作，以"抓两头、促中间"的原则进行"创先、进位、削薄"，以行动促进县域整体发展，催生出一个个百强县、千亿县；深化城乡融合发展体制机制创新，构建城乡要素双向流动、平等交换的制度基础，推动扩权赋能强县，深化镇街体制改革，激活县乡镇发展的潜力和活力；加大政策支持力度，完善"1+N+X"政策体系建设，探索对口帮扶协作的新模式、新思路，实现互通有无、互利共赢；提高"人、钱、土地"要素保障能力，资金上推动财政、金融和社会的共同协作，人力上强化县内外联动的"双向施策"，土地上撬动县镇村的合作治理。同时，为确保工作"有人做，做得好"，黄坤明书记表示还要明确"百千万工程""谁来抓"。全省构建起高位推动的强有力工作格局，由各级政府部门的党政"一把手"亲自领导指挥，形成跨越省市县三级的任务型专班结构，确保"百千万工程""有人做事，事有人为"。2023年11月6日，黄坤明书记在"百千万工程"促进城乡区域协调发展现场会上指出，要始终牢记习近平总书记谆谆教导，"百千万工程"是全省高质量发展的头号工程，要进一步增强执行"百千万工程"的自觉性坚定性。要深化认识"百千万工程"战略布局的意图、方向和实践要求。在战略意图上，明确"百千万工程"是针对广东城乡区域发展不平衡这一高质量发展突出短板的有力策略，要精准施策，久久为功，努力将短板转变为潜力板。在战略方向上，识明"百千万工程"所具有的优势塑造、结构调整、动力增强和价值实现等牵引作用、辐射效应，将其转化为推动广东现代化建设的推动力。在实践要求上，把握"百千万工程"总抓手的布局特点，动员资源，整合力量，以干事创业的精气神创造性地开展工作，以"钉钉子"精神落实"百千万工程"的各项部署。

实施乡村振兴战略以来，广东省委省政府围绕"三农"工作是全党工作重要抓手的工作思路，在党中央领导下大力发展现代农业，全面实施乡村振兴战略，农业农村现代化呈现良好的发展势头。2018年12月25日，广东省印发《广东省涉农资金统筹整合实施方案（试行）》，探索建立广东省涉农资金统筹整合长效机制。2019年7月29日，广东省委农村工作办等六部门联合发文宣布乡村治理体系建设试点工作正式铺开。首批试点涵盖广州从化、惠州惠阳和清远连州等地区，要求试点地区围绕共建共治共享、党组织领导下的"三治融合"、村民议事协商形式以及乡村治理技术等治理议题开展工作。2019年8月21日，农业农村部、广东省人民政府印发《共同推进广东乡村振兴战略实施2019年度工作要点》，强调要加强乡村治理，总结基层党组织"头雁"工程、党员人才回乡计划和南粤党员先锋工程等工作经验，支持开展乡村治理示范村镇建设和乡村治理体系建设试点。

广东省委认真领会习近平总书记在中央农村工作会议上的重要讲话精神，充分把握"三农"工作作为全党工作重中之重的重要性和紧迫性，积极贯彻落实党中央新阶段"三农"工作的系列部署，举全省之力全面推进乡村振兴。2020年3月2日，广东省委省政府出台《关于加强乡村振兴重点工作 决胜全面建成小康社会的实施意见》，其中包括坚持党建引领，加强和改进农村基层治理的配套措施，如强化基层党组织领导基层治理作用、健全农村治理工作体系、调处化解农村矛盾纠纷、深入推进平安农村建设、深入开展基层正风反腐等。2021年3月31日，《中共广东省委 广东省人民政府关于全面推进乡村振兴加快农业农村现代化的实施意见》指出要强化现代乡村治理体系建设，具体包括深化乡镇（街道）体制改革，加强建设党组织领导的"三治融合"乡村治理体系，推进村委会规范化建设和村务公开"阳光工程"等。《中共中央 国务院关于做好2022年全面推进乡村振兴重点工作的意见》提出，要牢牢守住保障国家粮食安全和不发生规模性返贫两条底线，扎实有序做好乡村发展、乡村建设、乡村治理重点工作，推动乡村振兴取得新进展、农业农村现代化迈出新步伐。2022年12月8日，《中共广东省委关于实施"百县千镇万村高质量发展工程"促进城乡区域协调发展的决定》（以下简称《决定》）通过并发布。《决定》从广东全域的县镇村三个层面开展详细谋划，全面实施"百县千镇万村高质量发展工程"。县一级发展方向以122个县（市、区）为载体，围绕县域经济、以县城为主体的新型城镇化等进行分类引导差异发展，乡镇一级发展方向以1609个乡镇（街道）为载体，通过补全综合服务功能、建设美丽圩镇、建强中心镇专业镇特色镇等发挥联城带村节点功能，而乡村一级发展方向则依托2.65万个行政村（社区）分别以现代乡村产业体系、乡村治理建设行动等推动宜居宜业和美乡村建设。《决定》提出从规划建设、基础设施、要素配置、生态环保和基本公共服务五个方面推动"一体化"，进而实现城乡区域发展的"一体化"总体布局。2023年6月2日，广东省发布《关于做好2023年全面推进乡村振兴重点工作的实施意见》（以下简称《实施意见》），在强调坚持党对"三农"工作的全面领导、农业农村优先发展、城乡融合发展等的同时，还聚焦"百千万工程"、技术变革和制度创新等发展的重要维度。强调要坚守粮食安全和防止规模性返贫两条底线，逐步完善事关乡村发展建设的系列工作机制,重点支持一批县镇村积极参与乡村振兴的示范创建行动,加快建设农业强省,建设宜居宜业和美乡村,力争农民收入增速高于城镇居民、粤东粤西粤北地区农民收入增速高于全省平均水平,持续缩小城乡居民收入差距,加快把县域发展的短板转化为高质量发展的潜力板,推动高质量和高水平的城乡区域协调发展。《实施意见》结合广东特色提出了多个"首次",如首次提出"村集体经济建设攻坚行动",鼓励具有条件的村集体经济组织经营承接农村领域的公共服务项目和中小项目建设;首次提出"建设一批现代化海洋牧场"并将其列为单项重点工作,努力打造海洋牧场建设过程的全产业链和产业集群,鼓励沿海地区加大对现代化海洋产业园区的支持力度。

依据国家和广东省的"十四五"规划,广东省委省政府研判了当前的发展形势,准确把握新阶段新要求。当前世界百年未有之大变局深刻演化,国际贸易保护主义愈演愈烈,经济全球化遭遇逆流,经济下行压力持续加大,内外部环境的不确定性、不稳定性明显增强,并加速向"三农"领域传导,"十四五"时期全省农业农村发展风险挑战前所未有,关键领域和重要环节制约更加凸显,加快乡村建设的要求尤为凸显。城乡发展不平衡、农村发展不充分、区域发展不协调,是全省最为突出的矛盾,城乡基础设施和公共服务差距依然较大,农村地区有新房无新村、有新村无新貌的问题较为突出,对广东打造粤港澳大湾区、世界级城市群的战略形成制约,全力塑造精美农村、加快解决"一条腿长、一条腿短"的任务十分迫切。全省实现第二个百年奋斗目标,最艰巨最繁重的任务依然在农业农村。广东必须加快推进农业农村现代化建设,在百年未有之大变局中谋划打好主动仗。[①] 全省深入实施"三农"领域突出短板"九大攻坚"行动,加快农业农村现代化。抓好"粮食安全"和"现代农业产业体系建设",以产业振兴来推动农业产业、生产、经营体系现代化;深入实施乡村建设行动,以文化振兴和生态振

---

① 《广东省人民政府关于印发广东省推进农业农村现代化"十四五"规划的通知》,广东省人民政府网,http://www.gd.gov.cn/zwgk/wjk/qbwj/yf/content/post_ 3508037.html。

兴推动农村社会系统现代化；大力推进驻镇帮镇扶村，完善驻镇帮镇扶村组织体系、制度体系和工作机制，以组织振兴、人才振兴来推动农村组织形态、制度法律的现代化；继续深化农村综合改革，以土地为核心，整治系列疑难杂症，以产业振兴来推动农民生活品质的现代化。[①] 为回应习近平总书记关切，广东省政府以提升乡村治理体系和治理能力现代化为主攻方向，探索出一条具有鲜明现代化乡村治理特色的"广东路径"。全省积极探索将制度优势转化为治理效能的实践路径，在"党委领导、政府负责、社会协同、公众参与、法治保障"的总方针中初步形成德治、自治和法治"三治融合"的乡村治理体系，助力基层治理有效的目标实现。不断丰富村民议事协商形式，健全完善村务公开制度。推行乡村治理积分制、清单制等创新治理方法，提升为民服务能力、密切基层党群干群关系。完善农村法治文化阵地建设，法治化水平得到提升。不断推进移风易俗，改善农民精神风貌，提高乡村社会文明程度。采取有效措施，传承乡村优秀历史文化。建立健全乡村公共文化服务体系，发挥新时代文明实践中心作用。统筹发展和安全，落实平安建设责任制。广东省委要求各地在过去几年积累的良好基础上，从更广维度把握"三农"工作，以更大力度推进"三农"工作，以"三农"发展稳定有力应对外部环境的不确定性，从而确保农业稳产增收、农民稳步增收、农村稳定安宁，进一步发挥"三农"压舱石、基本盘的作用，推动广东省乡村全面振兴取得新进展、农业农村现代化迈出崭新的步伐，为全国的乡村治理工作的开展，为实现以农村现代化促进中国式现代化的目标提供一个可参考、可复制的广东样本。

二　农业农村现代化下的广东省农村发展

广东地处沿海发达地区，经济社会发展水平居于全国前列。作为全国经

---

① 《九个方面任务 39 项重点工作全面推进 2022 年乡村振兴 广东农业农村现代化迈出崭新步伐》，农业农村部官网，http：//www.moa.gov.cn/xw/qg/202208/t20220812_ 6406869.htm。

济大省，广东省经济发展不仅要保持高速增长势头，还要保证高质量发展。2022 年，广东全省地区生产总值突破 12 万亿元大关，同比增长 1.9%。人均地区生产总值 101905 元（按年平均汇率折算为 15151 美元），同比增长 1.7%。东莞市经济总量也在 2022 年跨越万亿元大关，成为全省第 4 个"万亿城市"。从产业分布情况来看，2020 ~ 2022 年，全省一二三产业比重从 4.3：39.2：56.5 调整为 4.1：40.9：55.0，其中第二产业比重提高 1.7 个百分点。2022 年，第二产业对地区生产总值的贡献率也是最高，高达 52.9%，增加值 52843.51 亿元，同比增长 2.5%；紧靠其后的是贡献率为 35.3% 的第三产业，增加值 70934.71 亿元，同比增长 1.2%；最后是贡献率为 11.8% 的第一产业，增加值 5340.4 亿元，同比增长 5.2%（见表1、表2）。此外，全省进出口总额实现由 7 万亿元向 8 万亿元的关口突破。地方一般公共预算收入在 2020 年突破万亿元后持续增长，达 1.4 万亿元，增长 9.1%。

表 1　2015 ~ 2023 年广东省地区生产总值指标

年份	第一产业增加值（亿元）	第一产业增加值变化（亿元）	农林牧渔业总产值（亿元）	农林牧渔业劳动力（万人）
2015	3189.76	151.05	5303.63	1351.83
2016	3500.49	310.73	5817.55	—
2017	3611.44	110.95	5969.87	—
2018	3836.4	224.96	6318.12	1297.08
2019	4350.61	514.21	7175.89	1304.09
2020	4769.99	419.38	7901.92	1282.67
2021	4984.7	214.67	8305.84	—
2022	5340.4	355.7	8892.29	—
2023	5540.7	200.3	8892.3	—

资料来源：《广东统计年鉴》。

表 2　2015~2023 年广东省三次产业生产总值贡献度

单位：%

年份	地区生产总值贡献度	第一产业	第二产业	第三产业
2015	100.0	1.7	42.7	55.6
2016	100.0	1.8	36.8	61.4
2017	100.0	2.0	39.0	59.0
2018	100.0	2.5	38.2	59.2
2019	100.0	2.4	30.4	67.2
2020	100.0	6.4	33.7	59.9
2021	100.0	4.2	43.0	52.8
2022	100.0	11.8	52.9	35.3
2023	100.0	4.4	40.0	55.6

资料来源：广东省统计公报。

　　乡村振兴战略实施以来，广东省推进农业农村现代化进步明显，但仍存在城乡发展不平衡、乡村公共服务基础短板明显等问题。省政协牵头开展的调研发现，广东省乡村振兴仍存在一些亟待补齐的短板弱项，如粮食安全保障、农村基础设施建设、农村公共服务能力和农村人居环境整治工作都需要进一步加强和完善，乡村产业发展和联农带农机制需要进一步优化，乡村振兴要素制约瓶颈需要进一步破解。尤其是硬件基础设施建设部分，迫切需要统筹解决基础设施板块如"道路、饮水、垃圾、污水、水利、电力、网络、物流"等当前农村地区民众和基层干部的"所急、所需"问题，硬件跟不上，很难谈软件。乡村振兴在农村基础设施建设道路上任重道远。

　　党的十九大以来，广东省扎实推进乡村振兴，完成了"三年取得重大进展"的任务目标，"三农"工作取得显著成效。粮食作物和农产品稳产保供持续向好，生猪自给率稳定在 70% 以上，粮食生产取得播种面积、总产量、单产"三增"好成绩。农业现代化步伐加快，现代化产业体系"跨县集群、一县一园、一镇一业、一村一品"格局日趋完善，农业科技进步贡献率达 70.2%。农村生产生活生态条件持续改善，自农村环境基础整治工作推动以来，全省农村地区风貌得到整体性跃升。农民收入稳定增长，从2010 年到 2020 年增长翻了一番，增速持续高于城镇居民。广东乡村振兴战略实施已进入群策群力的全面推进阶段，全省推进乡村振兴和农业农村现代化相融合的过程中，在农业产业体系现代化、农业经营体系现代化、农业生产体系现代化、农村组织形态现代化、农村制度法律现代化、农民生活品质现代化等方面开展了一系列有益探索，融合乡村振兴战略，形成了植根于广东本地、具有广东特色的整体性治理体系，开创了广东省农村发展的新格局（见图 1）。

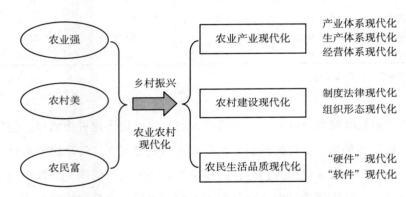

图 1　广东省乡村振兴和农业农村现代化的融合发展路径

资料来源：作者自制。

（一）农业产业现代化

加快推进农业产业现代化就是要大力推进产业体系现代化、生产体系现代化、经营体系现代化。产业体系现代化方面，推动三次产业融合。建设以"三链"为核心的乡村产业体系，横向拓宽"农民+农产品+市场"的产业链，触发加法效应；纵向延伸"科技+品牌+生态"的价值链，激发乘法效应。空间畅通"人才+产业+信息技术"的融合链，催发指数效应。生产体系现代化方面，提高现代农业物质技术装备建设水平。以推进"四化"为具体方向，由"设施化"推动田间生产条件改善，由"机械化"推动实用高效农机的研发推广，由"绿色化"推动生态循环农业发展，由"数字化"推动智慧农业形成。经营体系现代化方面，孵育新型农业经营主体。按照具体领域，重点培育扶持四类主体：能提高规模经营效益的家庭农场，能强化为农服务能力的农民合作社，能衔接小农户和现代农业的专业化社会服务组织，能联农带农的龙头企业。

农业产业现代化离不开产业振兴、人才振兴。产业振兴方面，广东省取得了一系列显著成绩。2022 年，广东农林牧渔业总产值 0.89 万亿元。广东粮食作物播种面积 3345.43 万亩，同比增长 0.8%；粮食产量 1291.54 万吨，同比增长 0.9%，实现"四连增"。其具体做法可分为以下五个方面。

一是积极推进现代农业产业园建设，发挥产业园在产业体系建设中的"牛鼻子"作用。省委制定 21 条专项扶持政策，有效破解"人地钱"瓶颈制约，聚合资源要素推进产业园建设。全省各地在"跨县集群、一县一园、一镇一业、一村一品"的方向指引下构建起现代农业园区的梯次发展格局，高质量建设的现代农业产业园已经成为全省现代农业的样板，引领传统农业向现代农业加速转变。目前，广东新增国家和省级现代农业产业园 76 个，在镇域现代农业产业园建设、镇域产业园试点中具有积极作用。如清远市"一县一园"取得一系列成就，全市建成多个现代化农业产业园，其中国家级 2 个、省级 14 个。建成产业园带动 65 个乡镇，超 12 万户农民受益其中。同时，新增国家级农业产业强镇 1 个，入选第十一批全国"一村一品"示范镇 1 个，入选全国首批种植业"三品一标"基地 1 个。①

二是大力推动三次产业融合，推动产业集群建设。通过对农村地区的一二三产业发展的要素资源进行优化重组、整合集成、交叉互渗，形成多向度、多业态和多利益主体融合的产业发展模式。如惠来试点的"链长制"，其依托于"党政主导工作机制+5 项创新+N 个农业产业服务平台"的"G+5+N"工作模式，建成了 10 条市县级农业产业链，延伸了农业产业链的长

---

① 马正勇：《政府工作报告——2021 年 1 月 29 日在清远市第七届人民代表大会第七次会议上》，清远市人民政府网，http://www.gdqy.gov.cn/gdqy/zxzx/tzgg/content/post_ 1342387. html。

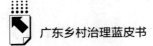

度、深度和宽度。同时，以特色优势产业为抓手，努力打造产业集群。目前，已创建6个国家级优势特色产业集群，带动资金流动249亿元，就业人数达54.88万人。

三是深化机制创新，坚持创新驱动。机制创新层面，因地制宜地推动创造性执行。如农产品经销创新出"12221"农产品市场体系，菠萝、荔枝、柚子等农产品实现产值跃升。创新驱动层面，构建科技创新平台，发展数字农业、智慧农业，提高科技在农业发展中的赋能支撑作用。建设一批地方性的综合科技平台，如广州国家现代农业产业科技创新中心、岭南现代农业重点实验室等；河源市先后引进成立国家植物航天育种工程技术研究中心河源创新研究院、畜禽育种国家重点实验室等科研平台，凸显农业科技支撑作用。①

四是践行绿色发展理念，推动传统农业现代化转型。如组织实施农业面源污染治理，开展国内首个亚洲最大的农业面源污染治理项目；对农业生产废弃物"转废为宝"，推动资源化利用；做好农产品安全监管，保证农产品"不安全、不上市"。

五是严守耕地红线，做好粮食安全保障。"藏粮于地、藏粮于技"是广东长期以来的重要战略。借助于"田长制""智慧耕保"等制度技术创新推动水田垦造、拆旧复垦取得显著成果，分别达到43万亩和15.3万亩。连续23年实现耕地占补平衡，连续2年实现耕地净流入。

人才振兴方面，以"人才兴"赋能"产业强"，着力夯实现代化产业体系人才根基。如茂名市以茂名开放大学为基础，联合市委党校、在茂高校、市属中职技工学校成立乡村振兴学院。作为茂名乡村振兴学院的"基本盘"，茂名开放大学成立40多年来，始终坚持立足茂名，充分发挥人才、学科优势。截至2022年5月，该校累计招收农村行政管理专业专科大学生2309人，"头雁工程"本科大学生640人，为茂名市基层党组织培养了一批

---

① 林涛：《政府工作报告——2021年2月2日在河源市第七届人民代表大会第八次会议上》，河源市人民政府网，http：//www.heyuan.gov.cn/zwgk/gzbg/content/mpost_420230.html。

有文化、懂技术、会经营、善管理的基层干部和高素质农民大学生，成为当地农村致富带头人、农民实用技术培训的"导学员"。此外，为推动茂名市外贸新业态发展，培育竞争新优势，促进外贸转型升级，该校投入500多万元专项资金，建设了粤西地区首家跨境电子商务实训基地，累计培养优秀电子商务专业人才1200余人。

2021年，河源市启动乡村振兴人才驿站建设工作，通过整合县区人才驿站现有资源升级，改造县区乡村振兴人才驿站，优化人才引育管用机制，进一步推动人才资源向乡村基层一线下沉，为乡村振兴注入新活力。2022年11月，河源市首期乡村振兴人才驿站工作人员能力提升培训班开班。来自河源市各县区近50名人力资源管理和乡村振兴人才驿站工作人员参加了为期4天的培训，有效加强了乡村振兴人才驿站干部队伍建设，助推乡村振兴。目前，河源市已全面建成1个市级、7个县级和63个镇级乡村振兴人才驿站，实现了市、县、镇全面覆盖。

广东围绕服务业打造专属于广东特色的人才建设工程。深入实施"粤菜师傅""广东技工""南粤家政"三项工程，致力于用一项拿手小技能撬动一个乡村发展"真问题"的解决，为农村地区的稳就业、保民生、促发展发挥积极作用。广东就业工作连续四年获得国务院激励表彰，累计培训811万人次、带动创业就业252万人次的"三项工程"功不可没。其具体体现在以下四个方面。

一是有利于拓宽乡村就业渠道。民以食为天，如梅州、肇庆围绕"食"打造一系列人才培训活动，将身无专长的村民培养为精通一门手艺的大厨师傅，带动农民就业。首个广东厨师之乡玉水村借助"粤菜师傅"已走出一批批乡村名厨。广宁县迄今为止已培养出5.5万名人才奔向全国南北，带动全县就业人数超过10万人次。

二是有利于提升农民技能水平。以百万农民技能培训服务乡村振兴工作大局。广东不仅有全国规模最大的技工教育体系，全省有156所技工院校、36所技师学院，在校生54.2万人，约占全国的1/6，还积极推动"乡村工匠"工程，首创乡村工匠的职称评审体系，极大地鼓励了生于乡土社会走

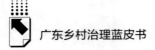

向世界舞台的大国工匠。强化人才孵化的载体作用。广东省积极举办各类技能赛事，输送人才达 1762 万人，为产业高质量发展提供了强有力的人才支撑。目前，已承办国家级技能大赛 1 次、省级技能大赛 2 次、大湾区"粤菜师傅"技能大赛 4 次。与此同时寻求突破，首次举办"南粤家政"技能大赛，首次举办乡村振兴职业技能大赛，提升世赛标兵、粤菜名厨、家政好手、文化技工等人才品牌效应。

三是有利于发展乡村产业。将富民兴村、产业协同作为发展重心，打造出粤菜的全过程产业链。贯通农产品供应链，带动特色农业发展。发布广东"预制菜十条"，打造"粤菜师傅"大师预制菜品牌，推动预制菜产业高质量发展。结合文旅产业发展趋势，打造出粤菜美食游精品线、粤菜美食点等系列金字招牌，点线结合走出了专属于广东的特色产业道路。此外，"三项工程"开发了农村地区的新产业模式，以家政服务业为例，2019 年以来实施的"南粤家政"工程，带动 2.68 万家家政服务型企业遍地开花，超 127万人从业其中。

四是有利于创造富民广东模式。三项工程实施过程中，广东丰富和发展了"小切口大变化"民生实事办理制度，通过技能培训提升了劳动者的技能素质和就业竞争力，充分发挥了培训促进就业、就业带动创业、就业创业增收致富的良好效应，创新形成了为群众办实事的富民模式。同时，将有用经验积极吸纳转化进省际帮扶协作和对口支援工作中去。如广西、贵州"南粤家政"服务网点对接帮扶地区西藏林芝的"粤林幸福菜谱"，既在国家层面助力脱贫攻坚、富民兴农、助推乡村振兴，也为兄弟省份实施乡村振兴战略提供了借鉴，成为具有强大生命力和广泛影响力的金字招牌。[①]

（二）农村建设现代化

农村建设现代化是指农村发展中体制机制的现代化，既包括乡村振兴中

---

① 陈非：《"粤菜师傅"工程：乡村振兴的"风味之路"》，南方网，https://theory. southcn. com/node_ 4274ee5d35/06e0c4883f. shtml。

组织形态的调整，也包括制度法律的适时更新，是对农村发展中社会系统层面的全面振兴，一般通过组织振兴、人才振兴和生态振兴来实现农村建设现代化。近年来，广东省农村建设现代化有两个主要抓手。

一个抓手是依托于"试点"持续探索出适合各地的制度创新路径。目前，全省试点地区梅州、惠州、江门等地已顺利完成省委在乡村振兴领域部署开展的综合改革试点任务，并积极推进经验做法的制度化、规则化，形成具有广东特色的制度成果 38 项。其中，汕头市"村级小清单赋能乡村治理'大智惠'"、韶关市仁化"民情夜访"和梅州市蕉岭"创新'六事'"被纳入国家级先进典型案例。农村改革试点还以点带面，积极发挥示范引领作用，辐射乡村振兴的其他领域。试点任务精准锚定"人、地、财"三大目标重点施策，效果显著。农民发展方面，试点地区培育出农民合作社、家庭农场、龙头企业等新型经营主体，引导农民土地有效流转，同时统筹整合涉农资金做好财政保障。目前，县一级建成帮农服务综合平台 33 个，镇一级建成帮农服务中心 318 个。土地整治方面，试点地区深化土地制度改革，针对农村承包地、宅基地、农村集体经营性建设用地等关键问题推动创新性解决。具体做法包括细化落实农村承包地"三权分置"、有序推进宅基地制度改革、试点村集体经营性建设用地入市等。如江门市率先探索"两预两委托"土地流转模式，创建土地流转示范片 12 个，农村土地流转率达61.55%。清远市制定了全省第一份由地级市出台的集体经营性建设用地入市实施办法，探索"同权同价、流转顺畅、收益共享"的村集体经营性用地入市制度。针对农村农房的"报建难、建房乱、风貌差"等问题，惠州市创新性推出农房简约报建联审联办制度，提供了问题解决路径。产权建设方面，试点地区积极推进农村集体产权制度改革，激活村集体对农村可利用要素的进一步高效使用，如机动地、闲置宅基地和四荒地等潜在存量。培养出一批涉及农业经营生产、农村公共服务等领域的村级组织，建立起村企共建、强弱联合的经济合作新模式。如清远市建立村集体与新型农业经营主体的合作渠道，成功推动村集体经济向好发展，农村"三变"改革得到深化。除"人、财、地"三个核心方向外，试点地区围绕生态、文化等领域齐头并进系统施策，效果突出。生态环境方面，试点区域根据地区实际情况，有针对性地围绕农村地区存在的污水治理、垃圾治理、道路建设等短板，开展以"三清三拆三整治"、村庄清洁等细分领域的人居环境整治行动。干净整洁村覆盖率为98.47%，美丽宜居自然村创建率为59.16%，其中垃圾收运处置体系和村庄保洁覆盖面达100%。村内道路硬化完成率为73.67%，集中供水覆盖率为98.99%、入户率为95.6%。乡风文明方面，试点地区积极探索"三治"融合的乡村治理现代化路径，以"法律下乡"推进法治，以"社会主义核心价值观、中华优秀传统文化+村规家规"推进德治，以"村（社区）党组领导、村（居）民自治、民主协商、群团和社会组织参与"推进自治。如惠州市探索出的一系列法治模式"一村（社区）一法律顾问""所所对接""村所对接""律警对接"等，实现了公共法律服务实体平台全覆盖县、镇、村三级，为基层法治体系建设提供了有效参考。梅州市在德治层面探索出以活动促乡风的新模式，组织开办"星级文明户""客都好乡贤""孝老敬亲好媳妇"等评选活动，树立乡风民风。公共服务方面，试点地区深化"人、财、地"保障机制创新，实现城乡公共服务均等化，为推动城乡融合发展奠定基础。如佛山市三水区以财政资金带动社会力量，首次推出"政银保"农业合作贷款，通过向农户等经营主体贷款来撬动金融资本。目前，贷款金额累计超过20亿元，撬动资金达100倍。惠州市以城乡教育共同体为发展理念，以集体化办学模式推动集团化一体发展，包括农村学校、薄弱学校、寄宿制学校和薄弱县域高中，同时鼓励青年骨干教师下乡、乡村教师进城，全面提升城乡教师质量。[①]

　　另一个抓手是党建引领下的乡村振兴工作。党建引领下的乡村振兴工作主要有三个方面内容，一是形成省市县乡村共抓"百千万工程"的五级书记负责制。省一级实施乡村振兴战略领导小组上至组长、下至办公室主任，都由省委省政府主要负责人担任。各市县镇党政"一把手"

---

① 《广东省乡村振兴综合改革试点任务全面完成》，广东省农业农村厅网站，http://dara.gd. gov.cn/zwgk2278/zdly/fpzj/content/post_3949211.html。

牵头对标省做法，由此形成了全省"三农"工作的强有力高位推动机制。同时，为保证党对农村工作全面领导的顺利传达，相关省领导要定点联系所负责的1个涉农县（市、区），联系频率为每年不得低于2次，每次至少要预留5天时间进行调查研究。二是形成"1+1+N"的任务清单制度。为明确政策目标，确保政策实施有质量、有速度，省委省政府围绕乡村振兴战略、"三年取得重大进展"出台一系列实施方案，57项硬目标赫然在列。省直部门则在目标指引下制定100余份政策文件，包含"五大振兴"（产业振兴、文化振兴、人才振兴、生态振兴、组织振兴）、脱贫攻坚、农村治理以及城乡融合发展等领域，至此构建起"1+1+N"的政策体系。同时，为落实任务指标，广东省对全省21个地级及以上市和62个省直部门的党政领导干部分门别类地进行组织考核，将考核结果纳入政绩考评和财政资金分配的考核依据，进一步压实地方党政领导班子和领导干部职责。三是完善党组织领导的"三治"相结合的乡村治理体系。持续推进党组织领导力、执行力提升的基层党建行动计划和"头雁"工程，选派驻村第一书记4090名，省级补贴全覆盖村级组织，夯实党组织领导的基层基础。开展以点带面的联创联建工作，由文明镇村、民主法治示范村带动乡村治理"百镇千村"。持续推动新时代农村精神文明建设，稳步推进乡风文明建设，开展乡村治理"积分制""清单制"等治理模式。目前，全省95.09%的行政村达到县级以上文明村创建标准。超过90%的县（市、区）建立了村级小微权力清单，行政村村规民约修订完成率达100%，建成2.3万个新时代文明实践中心，成立4万支文明实践志愿服务队伍。党建引领组织，组织引领人才，人才引领产业。产业振兴离不开基层党组织的引领，因此打造一支素质过硬、能力出众的基层党员队伍十足重要。广东饶平找准提升组织力这个突破口，高质量完成村级换届选举工作。村"两委"班子平均年龄较换届前下降4.8岁，大专及以上学历较上届提升10.5个百分点，村（居）民代表和村（居）民小组长中党员比例均达50%以上。开展"雁阵提质行动"提升党员干部素质，实施"雏雁培育计划"培养农村后备干部700多名。同

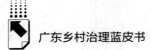

时，开展"两委"干部全员轮训，组织村干部参与学历提升工程，打造乡村振兴主力军，用组织振兴盘活各类要素发展空间，饶平县以打造各领域党建标兵作为推进新时期基层党组织建设的突破口，在村、社区、机关、学校、"两新"等各领域精心挑选，并培育打造了管理规范、功能齐全、服务良好的 36 个基层党建标兵。在产业振兴方面，来自各领域的党建标兵同样发挥了示范作用，在产业振兴发展新路上进行大胆探索，带头写好产业振兴这篇大文章。饶平县三饶镇溪西村就通过推广"公司+合作社+农户"模式，办起饶平县山美香水稻专业合作社，为溪西村村民提供技术服务和生产资料，鼓励以自主种植、土地入股或签订统销协议等方式参与香水稻种植，带领村民赚到致富的第一桶金。

（三）农民生活品质现代化

小康不小康，关键看老乡。农业农村现代化离不开"人"的现代化，"人"的现代化又与衣食住行等生活品质水平密切相关，因此实现农业农村现代化最终是建设宜居农村、美丽农村，实现农村主体农民品质的现代化。推进农业农村现代化以来，广东各地依托"百千万工程"推动实施"九大行动"开展乡村建设，提升农民生活品质。目前，已形成农村地区基础设施建设持续向前、公共服务水平提升稳步向好的发展趋势。

在基础设施建设板块，广东省积极部署并开展乡村建设的系列行动，推动"三农"工作取得进展。围绕农民的衣食住行等生活条件，全省通过农村人居环境整治、农村生活污水治理攻坚、农村厕所革命等深入村庄内部的行动有效提升了农民生活品质，实现了两个历史性转变：农村"脏乱差"向"干净整洁"的转变和农村污水"靠蒸发"向有效收集治理的转变。全省农村人居环境整治覆盖率已提升至 99.8% 以上，在生活垃圾处理、供水、网络基建等方面实现多个全覆盖，全覆盖建设起生活垃圾的"村、镇、县"收运处置体系，凡处在乡村建设规划的自然村都建有 1 个及以上垃圾收集点；基本全覆盖行政村集中供水，自来水普及率达到 99%；全覆盖行政村 4G 网络建设，目前 5G、4G 基站数量均居全国第 1 位。同时，厕所革命推动厕所粪污基本实现资源化利用或无害化处理，农村每户的厕所普及率达95%以上，现有卫生户厕1273万余户。农村生活污水治理新增整治完成的面积较大农村黑臭水体30个，新增完成生活污水治理工作的村庄1000个以上，污水治理率达到50%以上。

在公共服务提升板块，广东省找准短板精准施策，在教育、路建、卫生等基础服务领域推动"三农"工作向好进步。2021年底，全省在县域层面的义务教育基本均衡覆盖率达到100%；"四好农村路"为农村出行带来了极大便利，通乡镇和行政村路面硬化率100%，硬化路在百人以上自然村基本建成，行政村通客车率100%，农村公路列养率100%。注册的30529名乡村医生中，超九成的乡村医生分布在欠发达的粤东西北地区，人数为27939名。村级卫生站实现标准化建设。全省行政村的"一门式办理""一站式服务"公共服务中心（站）、党群服务中心建设全覆盖。同时，广东积极吸纳转化依靠于技术变革带来的新机遇。2022年提出数字乡村建设行动，行动旨在实现农村生产、公共基础服务等领域的数字化，包括发展智慧农业、数字养老、智慧教育等，以此探索出多维度共生共融的数字化发展路径。如农产品品牌建设，信息平台的构建促使"南果北运""南菜北运"，茂名荔枝远销内外。广东农村电商也在信息化建设中逐渐崛起，助力农特产品走出国门。此外，广东省以美丽乡村建设为纽带，形成了文化旅游融合发展的新路径，目前乡村风貌提升行动已建成省际廊道乡村风貌带5条、美丽乡村风貌带200多条以及美丽乡村精品旅游线路570多条。同时，积极配合美丽圩镇的升级改造，所有圩镇均实现宜居圩镇水准，如今改造的550家农贸市场面貌焕然一新。创建的1316个特色精品村、12214个美丽宜居村中，有42个入选全国乡村旅游重点村；89个省级新农村示范片和"千万工程"示范村成为文旅热门景点。

除基础设施和公共服务外，广东省还抓示范、造亮点，利用示范点的引领作用带动一批村庄美起来、富起来，通过亮点的辐射效应引领全省乡村振兴工作。如积极推进的新战略舞台——"乡村振兴示范带"，广东省政府部门于2022年组织开展"广东省十大乡村振兴示范带"评选活动，该活动通

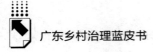

过自下而上的竞争性考核方式选出一批涉农县市区的全省十大乡村振兴示范带，特意分配出金额达 10 亿元的省级涉农资金用作奖励。从"示范村"到"示范带"，广东省再度发挥创新活力，为全面推进乡村振兴提供广东方案。全省各地在推动的 487 条乡村振兴示范带建设中因地制宜各显神通，呈现全社会各主体踊跃参与的繁荣场景。如佛山全社会都积极参与乡村振兴示范带的打造，"百里芳华"等乡村振兴示范带不仅吸引了四季文旅、乡伴文旅等行业龙头的支持，还吸引了美的集团、当地乡贤等出资支持；茂名高州通过发放累计 1.3 亿元贷款的"风貌贷""荔枝贷"等信贷产品，鼓励引导村企共建示范带，背后离不开当地政府以财政资金为撬杆的推动作用。肇庆封开"贺江碧道"则积极推动平台治理，依托青年人才孵化基地和两广青年创业服务中心不断吸纳新鲜血液，160 多名大学生返乡创业，为家乡发展提供青年力量。

三　广东省农村发展的制约因素

习近平总书记指出，我国发展最大的不平衡是城乡发展不平衡，最大的不充分是农村发展不充分。广东这一短板在高质量发展中更为突出。如城乡居民收入方面，广东省城乡收入的显著表现是地区间收入差距的彰显，农村人均收入在城镇化率高的地区远高于城镇化率低的地区。与浙江城镇化的带动作用相比，广东城镇化带动农村地区的作用发挥一般。2022 年广东农村居民人均可支配收入 23598 元，远低于浙江省。2003 年，浙江省农村居民人均可支配收入仅 5431 元，经过 20 年来的发展，2022 年已提升至 37565 元，连续 38 年居全国省区第一。而城乡居民收入倍差也由 2003 年的 2.43 缩小到 2022 年的 1.90，一举成为全国倍差最小的省份。2022 年广东省城乡居民收入倍差为 2.41，相当于浙江 20 年前的水平。即便是经济总量排名靠前，但在人均 GDP 方面仍然差距不小。广东省人均 GDP 最高的地区深圳为 18.32 万元，排名第 2 的珠海为 16.40 万元，排名第 3 的广州为 15.33 万元；人均 GDP 最低的地区梅州市为 3.40 万元，其次是揭阳市，为 4.03 万元，河源市为 4.56 万元；最高是最低的 5 倍多。相比之下，江苏省人均 GDP 最高的无锡市为 19.9 万元，其次是苏州市，为 18.6 万元，南京和常州均为 17.9 万元；最低的是宿迁，为 8.20 万元，其次是连云港市，为 8.7 万元，徐州市为 9.4 万元；最高是最低的不到 2.5 倍。浙江省人均 GDP 最高的舟山市为 16.7 万元，其次是宁波市，为 16.5 万元，杭州市为 15.4 万元；最低的是丽水市，为 7.3 万元，其次是金华市，为 7.8 万元，温州市为 8.3 万元；最高是最低的不到 2.3 倍。

广东省委书记黄坤明指出，广东肩负着"走在全国前列、创造新的辉煌"的使命任务，目标要求更高，意味着需要通过"十四五""十五五""十六五" 3 个五年规划的努力，到 2035 年再造一个新广东。这一目标的完成既不是珠三角一个区域的专属任务，也不是广州、深圳超大城市的单打独斗，而是要充分联动潜力巨大的粤东粤西粤北地区，将眼光投向更为广袤的农村地区，做大做强"县域"这个重要支点。广东经济总量连续 34 年居于全国首位，发展成就举世瞩目，但发展不平衡不充分问题依然突出，县域经济发展也不尽如人意。广东推进中国式现代化的实践中，农村既是最稳固的底盘所在，又是城乡区域发展的短板所在。由此深入推动农业农村现代化，就要破除农业农村现代化水平相对较低和高质量发展不足、城乡之间发展不平衡的矛盾比较突出、脱贫人口存在返贫风险和相对贫困问题以及城乡二元体制四个方面困境。[1] 制约农村发展的关键是城乡二元结构，是长期以来各种要素单向由农村流入城市，造成农村严重"失血"。[2] 要破除上述阻碍，魏后凯认为要实行新型城镇化与乡村振兴联动，不同地区工作重心要有方向、有目标。如珠三角首要解决的是外围农村发展滞后问题，粤东西北地区的首要目标是解决产业支撑和城镇带动乏力问题，以此形成全域一体化、分层次分领域的发展体系，用技术变革激活乡

---

① 韩文龙、唐湘：《在中国式现代化新征程中促进农民农村共同富裕》，《兰州大学学报》（社会科学版）2023 年第 1 期。

② 李飞：《把农村短板变成"潜力板"——访广东省委常委叶贞琴》，《农民日报》2019 年 2 月 28 日。

村内生动力，用共同体建设推动强弱联合发展。刘守英则认为城乡融合发展是都市圈、大城市郊区与城市区、县城及其延伸区三个空间的共同发展，广东城乡融合发展要破除单向城市化思维，通过形成"村—镇—县—城"、从村庄到城市再到大城市的连续体，进而达到产业相互融合、要素相互流动、城乡差距缩小。基于此，本部分将广东省农业农村发展的制约因素总结为以下几点。

（一）农村公共基础设施薄弱，城乡差距仍然较大

相对于农村，城市具有明显的集聚效应，能充分吸引资本、人才等要素向城市流动。改革开放初期，我国在"重城市"的发展思路下，城市规模在产业集聚后迅速扩张，各类高度集中的要素最终形成了如今的城乡失衡结构。在城乡二元发展格局下，"重视 GDP"的宏观粗放型治理模式造就了公共服务质量落后于经济发展的"瘸腿"治理场景，直接导致了农村公共服务发展的不平衡，致使农村发展阻碍重重。虽然近年来各级政府对基础设施的投入不断增加，现代化程度持续提升，但基本倾斜在城市区域，对农村来说，公共基础设施投入依旧有限，发展不足的公共基础设施自然成为农业农村现代化、全面推进乡村振兴的制约因素。全面推进乡村振兴的过程中，突破农村基础设施阻碍迫在眉睫。中共中央、国务院印发的《乡村振兴战略规划（2018~2022 年）》提出，要加强农村地区的公共基础设施建设，加大财政投入力度，加快农村短板弥补，促进城乡区域间的基础设施互联互通，推动农村基础设施提档升级。

从数据来看，广东省公共基础设施建设虽然取得长足进步，农林水事务财政支出稳步增长，2020 年广东省农林水事务财政支出为 1125.81 亿元，较 2019 年提升 168.13 亿元，增长 17.5%；但在公共服务体系建设过程中仍然形势不容乐观，农村医疗保健支出比重较高，公共服务均等化水平需继续提高，2020 年广东省农村居民医疗保健支出占生活消费支出的8.9%，相较 2019 年出现微小幅度降低。但从 2015~2020 年的长期趋势来看，农村医疗保健支出占比稳步提升，远高于全省居民平均水平，与城镇

居民相比，差距由 2015 年的 2.2 个百分点扩大到 2020 年的 3.7 个百分点。卫生机构设置方面，2020 年广东省有乡镇卫生院 1187 个、门诊部 23328 个、村卫生室 25887 个，相较于 2019 年村卫生室和门诊部数量有所增加，分别增加 99 个、421 个，乡镇卫生院减少 13 个（见图 2）。从平均水平来看，广东省 2020 年平均每村村卫生室人员数为 1.72 人，与全国平均水平相差 0.65 人。每千农村人口村卫生室人员数为 0.98 人，与全国平均水平相差 0.57 人。唯一高于全国平均水平的每千农村人口乡镇卫生院人员数为 2.14 人，高出全国水平 0.55 人。每千农村人口乡镇卫生院床位数为 1.41 张，与全国平均水平相差 0.09 张（见表 3）。截至最新统计的 2021 年，上述数据差距仍然存在。诸如基础设施不足、使用率不高等问题也同等出现在农村发展的教育、社会保障等领域。农村公共基础设施的薄弱吸引不来优秀人才进入当地农村发展，甚至无法阻止当地劳动力流失，基础设施不完善、不配套，公共服务质量的低劣导致乡村振兴中的人才振兴受到阻滞，人才无法充分动员，产业便难以振兴，农村农业系列问题便没法层层相解，影响农业农村现代化目标的实现，影响广东省全面现代化的进程。

图 2   2011~2020 年广东省村卫生室机构、人员、诊疗情况

资料来源：《广东统计年鉴》。

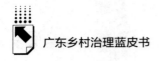

表3　2020年广东省农村人均医疗情况

	平均每村村卫生室人员数（人）	每千农村人口村卫生室人员数（人）	每千农村人口乡镇卫生院人员数（人）	每千农村人口乡镇卫生院床位数（张）
全国	2.37	1.55	1.59	1.50
广东	1.72	0.98	2.14	1.41

资料来源：《广东统计年鉴》。

（二）土地制度碎片化阻碍要素流动

土地是"三农"问题的核心，更是农村发展的命脉所在。当前农村土地利用的潜在价值巨大。已有涉及土地的空心村、宅基地、旧厂房和农田等类型，都能产生巨大的综合利益空间。以拆旧复垦为例，按照广东省确定的复垦标准交易保护价50万元一亩，仅珠三角9市形成的3万亩复垦指标便能在转让后带来超过150亿元的收益。但从现实来看，我国农村要素的市场化程度仍然较低，潜在收益巨大的农村土地如宅基地、集体用地等领域并未完全最大化活用，致使这笔"沉睡的资产"仍不能发挥应有效用，而如何妥善处理这笔庞大的资产成为"三农"工作不得不面对的难题之一，包括探索集体建设用地入市、宅基地转让抵押、增减挂钩优化等。如果能激活用好这些潜在土地，势必会在农民增收、赋予农民自主性层面提供更多帮助。但从当前来看，广东农村土地制度仍需完善，土地的流转、配置和使用效率需要进一步提高。尽管广东省近些年来做出了积极探索，新一轮农村土地改革在基层治理、土地确权和政企分开等领域取得积极进展，但因土地问题的复杂性、珠三角和粤东西北的区域性差异，土地制度安排的建设仍需进一步统筹推进。

土地制度是多种制度安排的统称，既包括承包地的"三权分置"，也包括农村宅基地制度和集体经营性用地制度。广东省出台的《关于稳步推进农村集体产权制度改革的实施意见》明确提出，到2018年底基本完成农村承包地确权登记颁证，到2020年基本完成农村集体资源性资产确权登记颁证，力争 2021 年底基本完成农村集体经营性资产股份合作制改革。改革涵盖目标村集体经济组织 24 万个左右和集体账面资产 5000 多亿元。而出台的《关于加快推进农村承包土地经营权流转的意见》（以下简称《意见》），表示将对农村承包地细碎化进行针对性解决，借助于多种形式的农业适度规模经营，做大做强特色农业，推动现代化农业体系建设，推动乡村全面振兴。《意见》内容为 10 条，覆盖财政奖补、土地股份合作制改革、土地综合整治、项目倾斜支持、流转管理服务体系和风险防范等方方面面。虽然上述政策方案的出台为土地制度建设提供了一定的支撑，但由于当前各区域土地规模化、集约化程度各不相同，各地推行土地制度试点的方式各有特色，这虽然增强了各地能根据本地特色处理土地问题的自主性和积极性，但在一定程度上仍然是局部化的问题解决，并未形成统一系统的标准体系。

（三）农民素质仍有待提高，城乡区域统筹发展难度大

农业农村现代化离不开"人"的现代化，乡村振兴舞台的主角一直是"农民"，组织振兴、产业振兴、人才振兴、生态振兴的最终目标都是为了让农民过上幸福生活。2021 年广东省农村居民人均可支配收入突破 2 万元，城乡居民收入比来到历史性最低值 2.46。与此同时，2021 年现行标准下省内 161.5 万相对贫困人口已全部脱贫，2277 个相对贫困村全部出列。但不容忽视的是，由于形成的巨大环境差异，农村当前的社会环境不具备挽留人才甚至是青壮年劳动力的能力，如何将入场的资源要素包括人才、资金等留得住、留得久仍是一个主要难题。大量农村青壮年劳动力因农业成本收入比低选择外出务工，致使农村"老龄化""空心化""三留守"等问题日益突出。与此同时，本就落后的交通、医疗、教育、卫生、通信等硬件基础设施更不容易吸引到外来项目、资本。在此大环境下，乡村振兴工作面临农民主体性不足的瓶颈，分别表现为参与度不高、参与能力不足、人才参与少等具体困境。

参与度不高是指民众只关心与自己密切相关部分的乡村振兴事务。乡村振兴战略就是坚持农村农业优先发展，各级政府围绕此积极部署执行。在脱

贫攻坚、农村环境治理、农村基础设施建设等方面都投入了大量的资金和精力，但在农民百姓中反应平淡，农民参与到这些项目中的热情度不高，大多都是上头热、下头冷的局面。各级政府尽管出台了大量事关乡村振兴的政策文件，但是真正能够落实的却比较少，乡村振兴还仅仅停留在刷墙、修亭子、建广场的阶段。上级政府一拍板，下乡资本一哄而上，基层政府热情盈盈，但唯独缺少了乡村振兴主体农民的组织参与，乡村振兴工作只能扬在高峰，落在低洼。

参与能力不足则是指议事农民的能力受到约束。年轻劳动力离开农村后，留在农村的农民大部分文化水平有限，这限制了他们参与振兴的主体性发挥。数字化时代对身处产业体系的农民有更高要求，要求有更为快捷的信息捕获能力、更强的市场竞争能力、更为灵活的资源利用能力和更为全面的合作发展能力，但留在农村内部的农民显然不具备上述系列能力，他们只能靠体力劳动助力乡村振兴。再加之大部分农民在治理弱化的背景下会存在"事不关己，高高挂起"的小农思想，由此大部分农民在乡村振兴中只承担了被组织者的消极角色定位。

人才参与少则是指两类核心人才的缺失，一类是专业性强的技能型人才，他们懂技术、会经营、善管理；另一类是扎根基层的综合型人才，他们懂农业、爱农村、爱农民。农村是农民的家，农村发展真正的核心动力还在农民自己。在广东推进农业农村现代化的实践中，农村的大多事务都是基层干部选择外来的工商企业和资本去完成，缺乏生长于农村、为农民说话的发声代表，外来者在乡村振兴工作中赚得盆满钵满，留下的烂摊子只能农民自己去收拾。而真正能发挥力量的本村人才却流失严重，这直接导致了乡村建设人才稀缺的客观问题。从数据看，广东省农业技术人员占比呈下跌趋势，2020年广东省农业技术人员占比0.76%，相比于2019年下降0.01个百分点（见表4）。而要想让本地人才留在家乡为家乡出力，首先便要解决最基本的生活保障问题、养老问题和就医问题。医疗保健支出方面，2020年广东省农村居民医疗保健支出占生活消费支出的8.9%，相较2019年出现微小幅度降低。但从2015~2020年的长期趋势来看，农村医疗保健支出占比稳定提升，远高于全省居民平均水平，与城镇居民相比，差距由 2015 年的 2.2 个百分点扩大到 2020年的 3.7 个百分点（见表5）。

表4　2020 年广东省技术人员情况

单位：人，%

年份	专业技术人员	农业技术人员	农业技术人员占比	卫生技术人员
2015	1449255	16076	1.11	288384
2016	1486082	16681	1.12	308402
2017	1551010	13161	0.85	306208
2018	1643815	12111	0.74	298778
2019	1560074	12001	0.77	301505
2020	1604988	12214	0.76	308073

资料来源：《广东统计年鉴》。

表5　2015~2020 年广东省居民家庭医疗保健支出占生活消费支出的比重

单位：%

消费支出构成	2015 年	2016 年	2017 年	2018 年	2019 年	2020 年
乡村居民家庭医疗保健支出比重	6.5	6.5	6.9	8.9	9.0	8.9
城镇居民家庭医疗保健支出比重	4.3	4.6	5.0	5.1	5.5	5.2
全省居民家庭平均医疗保健支出比重	4.7	4.9	5.3	5.8	6.1	5.9

资料来源：《广东统计年鉴》。

四　全面振兴中的广东省农村发展展望

全面实施乡村振兴战略，加快农业农村现代化要立足新时代新征程，着眼推进中国式现代化的广东实践，深刻认识推进农业农村现代化、促进城乡区域协调发展的历史责任和时代要求，深刻把握推进广东农业农村现代化的

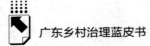

重要意义、历史方位、内在规律，坚决扛起建设农业强省的重大责任，增强建设农业强省的战略主动，把加力提速推进"百县千镇万村高质量发展工程"作为建设农业强省、推动城乡区域协调发展必须抓好的重大战略举措抓紧抓实，奋力开创广东"三农"工作和城乡区域协调发展新局面。《广东省国民经济和社会发展第十四个五年规划和2035年远景目标纲要》提出，按照产业兴旺、生态宜居、乡风文明、治理有效、生活富裕的总要求，深入实施乡村振兴战略，深化农村综合改革，促进农业高质高效、乡村宜居宜业、农民富裕富足。在内容上突出体现"精""融""特"三个特点或亮点。一是在内容主线上聚焦"精"字，系统阐述了"十四五"发展精细农业、塑造精美农村、培养精勤农民的思路举措与重点任务，突出未来五年全省农业农村现代化最重要、最关键的领域和环节，提出了相应的重大工程、重大行动和重大政策，围绕"三精"，做到"理念新、任务实、措施准"。二是在规划布局上聚焦"融"字，突出城乡区域融合发展的战略要求，在"四区两带"农业生产力布局基础上，依据全省"一核一带一区"战略部署，明确区域农业农村的发展定位，提出农业农村区域发展布局为珠三角引领带动区、沿海经济带东西翼重点提升区、粤北生态优化区，提出了四大区域融合发展格局，遵循地域分异规律，将重点任务在空间和时间上做好合理安排。三是在优势产业上聚焦"特"字，提出突出打造岭南特色优势产业体系，制作了17张产业发展分布图，涵盖水稻、蔬菜、荔枝、茶叶、菠萝、柑橘、香蕉、南药、甘蔗、花卉、花生、生猪、家禽、水产、橡胶等类别，指明了各个产业发展的重点县，全省产业发展布局一目了然，对各地产业发展有很强的针对性和指导性。而作为实施规划的具体抓手，"百千万工程"提出三次关键进展。首先是到2025年，基本建立城乡融合发展体制机制，加快县域经济发展步伐，推动新型城镇化、乡村振兴取得新成效，基本补齐短板弱项。其次是到2027年，城乡区域协调发展取得明显成效，县域综合实力明显增强，一批经济强县、经济强镇、和美乡村脱颖而出，中国式现代化的广东实践在县域取得突破性进展。最后是到2035年，县域在全省经济社会发展中的地位和作用更加凸显，新型城镇化基本实现，乡村振兴取得决定性进展，城乡区域发展更加协调和平衡，共同富裕取得更为明显的实质性进展，全省城乡基本实现社会主义现代化。

（一）产业振兴，推进乡村产业数字化发展

地处沿海发达地区，广东省的先发优势不仅体现在经济发展速度和基础上，还体现在技术的先进性。近年来兴起的数字革命给整个社会形态演变带来了巨大的发展变化。产业兴则百业兴，产业强则百业强。产业振兴是乡村振兴的重中之重。以"百千万工程"为引擎，广东各地因地制宜、整合资源，积极推进乡村特色产业发展，加快完善现代乡村产业体系，发展壮大特色产业集群，将一批小"土特产"培育成大产业，助力乡村振兴驶入"快车道"。产业振兴是乡村振兴的"牛鼻子"，围绕"产业兴旺、富民兴村"的发展准则，推进城乡居民消费结构转型升级，必须解决农民收入问题，适当扩大农民消费需求。发挥广东的地理条件和区位优势，利用经济、技术和市场优势，推进现代农业产业园建设。计划用三年时间建成150个高水平的现代农业工业园区。围绕"一村一品、一镇一业"战略运用，努力构建广东富民兴村产业发展新格局，引导各市聚焦优势特色产业，因地制宜发展。促进产业融合，扩大农业产业链，建立包括农产品加工、电子商务、旅游和其他农业产业在内的产业体系。

紧跟时代潮流，有关部门政策支持，充分和第三方机构展开合作，以市场化思维切入，用技术继续放大市场在资源配置中的决定性作用，广东历来重视市场端力量，强化生产、市场两端的作用，将市场的信号传导给生产端，并根据市场需求来组织生产和优化产品结构，实现生产和市场的动态平衡。2022年，广东加强农产品数字化营销，实现热点话题与农产品营销事件联动，实现广东"12221"市场营销体系升级"2.0"版本，开创广东农产品数字化营销新时代。"云上花市"销售额近3亿元，"云上购花"成新年俗；狮头鹅网络节线上参与人数超2200万，签约金额超2亿元；"菠萝的海"千人田头直播，开创了"田头大直播、大培训、大卖场"数字营销新模式；化橘红云上踏春赏花，登上广东全省21城同城热搜，话题阅读次数

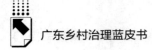

超 3000 万。三年来，广东持续推出一批新模式、新业态，以数字力量和互联网力量聚集全产业要素资源，推广帮农民卖货的电商助农新模式，助力广东农产品出村进城。举办一系列网络节，数字化实践出实效。2020 年初，首届徐闻菠萝网络节举办，7 位镇长与网红组团直播，当天累计观看人数 150 万以上，带动销售 280 多万斤；广东荔枝、菠萝、鲍鱼、狮头鹅打下漂亮营销战，荔枝在连续大年丰产的情况下实现增收，总产值超 140 亿元；2021 年惠来鲍鱼云端发力，收入整体提升 6 亿元。发布一系列倡议书，带动更多主体参与数字农业建设。2021 年，《2021 广东迎春网络年货节"保供稳价安心"倡议书》发布，构建了五大网络年货节数字载体；规范农产品直播带货，发布《关于进一步规范视频直播活动促进农产品直播营销健康发展的通知》；在第二届"短视频+网红"农产品营销（粤港澳大湾区）研讨会上制定的《广东农产品直播"八要八不要"倡议书》开拓出一系列创新玩法，催生一批新业态。荔枝丝路行、农产品南航专列、高铁专列等相继开通，"广东荔枝""广东（梅州）柚""阳西生蚝""惠来鲍鱼""澄海狮头鹅"等一批"粤字号"农产品享誉全国、走出国门。国内首个农业元宇宙虚拟人"小柑妹"落地德庆，与贡柑妹妹陈慧在果园实现互动。全域数字化营销推广释放巨大效能。《2021 全国县域数字农业农村电子商务发展报告》显示，2020 年广东省县域农产品网络零售额超 750.6 亿元，排名全国第一。全国县域电商前 100 名中，广东省共有南海区、禅城区、澄海区等 12 个县（市、区）入选。

以全产业链思维驱动农业全程精准化、智能化、智慧化。2022 年 1 月，中央网信办等部门联合发布《数字乡村发展行动计划（2022～2025 年）》，围绕"十四五"时期数字乡村建设作出部署安排，其中把智慧农业创新发展行动作为重点任务，提出加快推进农业农村大数据建设应用，建设空天地一体化农业观测网络，加快农业生产数字化改造，加快智慧农业技术创新，加强农业科技信息服务。广东数字农业发展以全产业链思维驱动，从大数据应用、生产数字化改造、田头智慧小站建设、无人农场探索、智慧农业实践等入手，多点突破，全面开花。与农产品市场体系建设相结合，将大数据尤其是产销大数据应用导入市场体系，以数据开路，推出了菠萝产销大数据、荔枝产销大数据、柑橘产销大数据、柚子产销大数据等。田头智慧小站探索仓储保鲜、直播电商、区域农业数据收集发布、新技术示范推广、新农人创业实训孵化、市场集散、农业金融保险对接、农业生产经营信息（土地流转、农技农机农资信息）发布对接、农村政策法规宣传等十大功能。

围绕全省现代化产业园产业布局，组建数字化服务平台，纵向形成农业生产、经营、运输等发展过程闭环，横向覆盖蔬菜瓜果、粮食作物等特色优势产业多领域，推动现代化农业转型。如实现农业种植机械化，当前植保无人机、驾驶无人机已成为农民的"标配"。根据《广东省推进农业农村现代化"十四五"规划》，到 2025 年，广东力争分批建成 15 个国家农业现代化示范区，建设 30 个数字农业试点（示范）县，建设农业人工智能装备研究中心，打造 10 个粤港澳大湾区无人农场。实现农业生产经营的智能化，如广州增城建立首个"5G+智慧农业"水稻精准种植基地、江门新会陈皮现代化产业园上马的智慧农业大数据项目。

以生态系思维为统领推动广东数字农业生态圈成型。在生态系思维引导下，广东立足自身五大数字农业发展优势（资源优势、市场优势、科技优势、发展环境优势、创业创新浓厚氛围优势），整合资源，通过打造"保供稳价安心"数字平台，举办世界数字农业大会，举行数字农业擂台大赛，组建数字农业发展联盟，打造数字乡村试点示范县示范镇，培育数字新农人等，以数字经济驱动，广泛应用数字技术，打破信息壁垒，让农民共享数字红利，在很短的时间内推动了一批传统农业企业走进数字经济，推动广东数字农业创新创业百花齐放，壮大数字农业主力军，激发了数字农业发展的内生动力，数字农业生态圈已然成型。

数字农业试点示范县发展成效明显。韶关南雄着力构建功能多样的乡村治理数字网络，充分整合村级各领域数字资源，构建村级数字乡村"一张图"，实现一图全面感知，为数字乡村建设提供坚实的数据保障，让老百姓畅享智慧服务。阳江阳西依托 5G 网络搭建"一云一馆四园"，构建大数据平台、区块链安全追溯系统、VR+互动体验系统等数字农业云应用，实现农

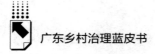

业综合监管和品牌推广。清远连山、云浮罗定、汕头濠江抓住时机，在农业大数据中心、数字农业产业园、农产品电商等方面开展"数字农业试点县"建设，以点带面推动数字农业建设。

（二）生态振兴，提升公共服务质量

生态振兴是乡村振兴的重要支撑。尽管随着生态文明、绿色发展等环保理念的深入人心，政府生态治理、人居环境整治等有力行动的开展，农村区域的生态环境已有较大改善，但由于生态问题的复杂性，生态振兴仍需通过全方位努力，科学选择可行路径并合理制定有效措施，稳扎稳打全面建设和务实推进。

广东省生态振兴可以从两方面入手，一是要强化美丽乡村基础设施建设。在现代化社会里，生活宜居和宜居生活均需强有力的物质条件作为支撑，需要合理导入并有效改善人们现有的生活方式和物质条件，尤其要引入现代物质要素、硬件条件和科技成果。可以说，乡村宜居宜业是一个有机融合的统一体，必将充分融合现代生态文明与现代物质文明的诸多元素。这就需要借助现代工业文明的物质资源，提升美丽乡村的硬件水平。如结合改造地区的区位条件、环境特点，因地制宜地选择和上马农村区域的"四化"工程建设，并实现农村水电路网、排污管网和信息网的互联互通，通过新建改建和完善升级等系列措施，为实现乡村宜居宜业和农民富裕富足奠定良好的硬件基础。二是要加强美丽乡村公共服务建设。农民是建设宜居宜业乡村和生态振兴的核心主体，他们的意识与观念、行为与习惯直接影响着美丽乡村建设效果，对乡村生态振兴的实现程度也有着至关重要的影响。必须从生态文明教育、绿色意识培养、行为习惯养成等角度出发，加大对美丽乡村的软件建设力度，通过文明素养和绿色理念内化方式，引导并激发广大农村群众以不同形式或在不同维度的不同环节上，积极主动地参与到乡村生态振兴工作中，共建共享乡村生态振兴和美丽乡村发展成果。例如，运用人们喜闻乐见的口号、标语、版画、戏曲、村规民约等各种"以文化人"的方式，将生态文明教育融入日常生活，进而构建资源节约、环境友好、生态保护的

绿色理念，养成自觉践行绿色环保、低碳循环的生活方式，养成垃圾分类的良好习惯，摒弃乱建乱盖、乱排乱丢不当行为，形成支撑美丽乡村建设、打造绿色整洁人居环境的文化氛围。目前，全省仍加大力度来推动农村人居环境整治行动，通过一系列制度措施来推动共建宜居宜业和美乡村，引领乡村发展"美丽蝶变"，打造岭南文化新地标。要继续坚定不移地抓好社会主义新农村示范村建设以及85个新农村示范片的基础设施建设，全域自然村仍以乡村风貌提升行动为抓手，先一步从"四沿"入手，突出乡土特色和地域特点，建设具有岭南特色的生态宜居美丽乡村，打造具有岭南浓郁原乡特质的村庄，实现"外延美"和"内涵美"的统一。针对土地制度碎片化困境，广东省着力推进农村土地制度深层次改革，多途径盘活利用闲置土地资源，其中包括完善农村基本经营制度。目前，农村承包地确权、登记、颁证的工作三步走基本完成，15亿亩承包地有了明确"户籍"，2亿多农户拿到了对应证件。同时，为进一步转化确权成果，第二轮土地承包试点期限再度延长30年。对集体经营性建设用地积极探索入市制度，进一步明确集体经营性建设用地入市的交易要求和程序、权能完善、收益分配等内容。对基层"用地难"问题探索灵活的供地新方式。根据一号文件提出的完善盘活农村存量建设用地要求，实行负面清单管理。此外，广东省注重家庭农场、农民合作社以及农业专业化社会化服务组织等新型经营主体的引导扶持，鼓励小农户向现代化农业转型。

（三）组织人才振兴，积极转变思想理念

组织振兴是制度创新的基本保证。要继续放大党建引领带来的正效应，积极发挥基层党组织的带头作用，提升组织振兴在五大振兴中的切口作用。将组织振兴带动的个体群体力量作为抓手，使组织振兴的效果转化为一个平台，能有效带动企业、第三方组织等各方力量入场，面对乡村振兴的棘手难题具有高度容纳性。组织振兴起来了，就有平台去吸引"原子"个体加入相应工作中去。乡村振兴离不开人才振兴这一核心动力，要健全乡村人才振兴的制度机制，引导各类人才投身乡村振兴。广东省努力打造人才愿意来、愿

意留下来的制度环境。2020 年印发的《广东省农业技术推广奖励试行办法实施细则》明确规定，基层人员必须占各级各类奖励参与者的 50%以上；探索更加公平、公正和透明的项目"揭榜挂帅"新机制；全国范围内首次推出乡村工匠专业人才职称评价方法，筛选出一批懂农村、爱农村的"土专家""田秀才"等人才。自开展人才振兴工作以来，广东精益求精，持续提升人才振兴工作的效能，助力乡村振兴。在目标层面建立健全事关乡村人才建设的规划、招聘与配置、培训与开发、绩效管理等一整套流程周密的政策体系，做好"谁来振兴乡村"的政策保障。在组织层面统筹处理好政府部门间、区域间和行业间推动人才工作的不同关系，完善"组织领导、统筹协调、各负其责、合力推进"的工作机制。同时，要不断拓展乡村建设的需求和供给，积极开发乡村人力资源，打造出人才振兴的"千树万树梨花开"盛景，让各行各业的有识之士愿意投身乡村、扎根农村，为农业农村现代化提供新鲜血液。具体从人才建设的重点、散点和增长点三个部分展开。

一是要把握乡村人才振兴的重点部分。一方面，要围绕乡村建设出现的新产业、新形态和新模式，围绕基层实践问题培养出一批拥有"爱乡村、为乡村"情怀、"懂乡村、帮乡村"专业性的多方面人才，提前规划好乡村建设重点领域如农业生产经营、农村二三产业发展、乡村治理和农业农村科技工作的人才发展格局，以此满足全面推进乡村振兴的更高要求。比如，广东省开展了史上最大规模的驻镇帮镇扶村工作，全省 1127 个乡镇、近 2 万个行政村都参与其中，影响显著。来自 7174 个不同行业、身份各异的 8099 名单位干部和 4000 多名"三支一扶"、科技特派员、金融助理等专业人才，1030 名高校毕业生志愿者勠力同心，投身全省乡村振兴的一线，为中国式现代化贡献应有力量。另一方面，要加强包括农村基层干部队伍和农村专业人才队伍的农村既有人才队伍建设。要善于发掘有号召力的带头人、有行动力的追梦人，如能工巧匠、乡土艺术家；要培养善经营的"农创客"、懂技术的"田秀才"，如农业职业经理人、经纪人、乡村工匠等。

二是要突破乡村人才建设的瓶颈。乡村振兴舞台要吸引多元化主体参与，共同形成乡村振兴的合力。各类主体在乡村人才建设领域的潜能需要被最大化激活。首先，要形成乡村人才孕育的引领能力建构，提供原动力。要进一步发挥高校对人才建设的提领作用，完善涉农高校、涉农学科的培养模式，有条件地增设综合性高校的涉农专业，深入推进卓越农林人才教育培养计划，推动乡村振兴发展的专业性力量建设。其次，要形成涉农职业教育的基础能力建构，提供助动力。支持职业教育向农业农村领域发展，培养基层农村农业所需的技能型人才。最后，要形成以各级行政学院（党校）为载体的教育能力建构，提供核心动力。"三农"工作靠基层干部，基层干部能不能发挥好示范引领作用、指挥引导作用，将影响"三农"工作能不能做好。要继续以各级党校为载体，利用好教育宣传主阵地如党校、干部学院等，定期分批次对农村地区的干部群体进行观念培训。同时，注重社会教育机构对农业农村的正向作用，引导支持有条件的教育机构下乡，对高素质农民、专业人才进行本土化技能培养，提升乡村人才的教育水平和技能水准。

三是要创建乡村人才建设的平台增长点。要发挥人才振兴的功能，一个能容纳、吸引、激活各类人才的综合型平台必不可少。广东在此方面已具备一定规模，如由 37 家科教单位、267 家企业和 31 家技术推广示范单位等组成的广东省农业科技创新联盟，岭南现代农业科学与技术实验室、广州国家现代农业产业科技创新中心等产学研平台，近年来已成为广东省支撑农业农村工作的专业人才库、智库，成为全省集聚天下英才、发挥智囊功能的重要基地。此外，广东还结合数字平台推动"数字下乡"，增强平台赋能增效的实际效用。比如，广东创新推出的精勤农民网络培训学院，联动"三农"专业和田间农民、基层工作者，通过实现"培训内容个性化、教学全程视频化、技术讲解点位化、学习时间碎片化"获得涉农领域工作者的一致好评。上线一年来为农业农村工作者提供免费线上培训机会，目前受众人数已突破 118 万人次。这样的培育基地还在继续生根发芽，成为推动"三农"工作的种子，孕育出"三农"工作的有生力量。党的十八大至今，全省各类高素质农民培育基地已有 554 家，培育高素质农民 115051 人。

政府治理篇 ⧫

B.2
广东全域推进驻镇帮镇扶村工作报告

席振华　曾镇坚*

摘　要：　驻镇帮镇扶村是广东省创新性提出的整体性帮扶模式，是实现城乡融合、共同富裕、全域乡村振兴的中国式现代化的帮扶行动，是在帮扶内容、帮扶关系、帮扶对象上突破原有帮扶体系，将帮扶力量统筹在镇域一级，实现帮扶资源上下联动、将脱贫攻坚与乡村振兴有效衔接的新壮举。通过将全省乡镇划分为重点帮扶镇、巩固提升镇、先行示范镇三个等级，实行"组团式"帮扶，突破驻村帮扶的局限，激活乡镇上连县下接村的纽带作用，推进镇村一体化发展。在全省合力作用下，财政资金伴随驻镇工作队输入镇域以全面推进乡镇发展，随着顶层设计完善、制度设计优化，驻镇帮扶初步取得显著成效。综观我国的帮扶制度在面对农村工作开展的复杂性和综合性上存在执行偏差，需要厘清职责权限、落实资源保障、加强监督监管、完善考核评估，才能进一步实现镇村共同富裕、全面高质量发展。

---

* 席振华，中国农业大学人文与发展学院博士研究生，研究方向为基层治理；曾镇坚，中山大学政治与公共事务管理学院博士研究生，研究方向为乡村治理。

关键词： 驻镇帮镇扶村　共同富裕　乡村振兴　广东

　　党的二十大报告指出："要扎实推动乡村振兴，统筹乡村基础设施和公共服务布局，建设宜居宜业和美乡村。"近年来，国家各个层面共同发力推动乡村振兴相关工作，国家相关政策也是层出不穷，不遗余力地支持乡村产业发展。2018 年中央一号文件《中共中央 国务院关于实施乡村振兴战略的意见》指出，要让农业成为有奔头的产业，产业兴旺是乡村振兴的重点，要求实施产业兴村强县行动、大力发展特色产业。2020 年"十四五"规划提出增强产业发展内生动力，加快发展现代产业体系。2023 年中国发布第 25 个指导"三农"工作的中央一号文件《中共中央 国务院关于做好 2023 年全面推进乡村振兴重点工作的意见》也提出，要推动乡村高质量发展，继续支持创建农业产业强镇，完善县、乡、村产业空间布局。中国发布了大量关于乡村振兴的政策，各级政府都重视推进乡村振兴并且投入大量资源来推进相关工作。这些中央文件在新阶段为实现中国式现代化提供了指引，中国要建设社会主义现代化强国，最艰巨的任务仍然在农村，产业振兴是乡村发展的必然要求。

　　为贯彻落实《中共中央 国务院关于全面推进乡村振兴加快农业农村现代化的意见》精神、确保乡村振兴工作走在全国前列，2021 年 3 月广东省在强化现有帮扶政策的基础上，推动巩固拓展脱贫攻坚成果同乡村振兴有效衔接，创新性地提出了建立乡村振兴驻镇帮镇扶村工作机制，在发布的《中共广东省委 广东省人民政府关于全面推进乡村振兴加快农业农村现代化的实施意见》中突出对农村低收入人口进行帮扶、发展产业等重点工作。在 2021 年 6 月《广东省乡村振兴驻镇帮镇扶村工作方案》印发，文件明确指出要发展富民兴村产业，提升乡村产业发展水平。驻镇帮镇扶村这一新举措贯彻落实习近平新时代中国特色社会主义思想，遵循党的二十大报告中指出的中国式现代化本质要求，是助益实现全体人民共同富裕的现代化的新举措，在促进人与自然和谐共生中实现高质量发展，统筹镇域资源着力提升城乡融合和区域协调发展。

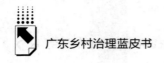

一 从"驻村帮扶"到"驻镇帮镇扶村"新实践

"三农"问题长期以来备受重视，向农村派驻工作队是中国共产党开展农村工作、动员组织群众的重要方式。[①] 2014 年开始大规模选派体制内干部到贫困村担任第一书记和工作队员开展精准扶贫工作，2015 年 5 月中组部、中农办、国务院扶贫办印发的《关于做好选派机关优秀干部到村任第一书记工作的通知》指出，为促进精准扶贫、精准脱贫等重要战略的落实，各级党委组织部门负责选派第一书记深入基层开展帮扶工作，加强基层组织建设，打通服务群众助力脱贫的"最后一公里"，其主要任务是围绕精准扶贫实现贫困户精准脱贫。在脱贫攻坚中中国通过驻村帮扶取得了巨大成就，区域性整体贫困得到解决，消除了绝对贫困。

下派干部、工作队到基层的创新举措实际上是通过权责相匹配的方式试图激发基层政府扶贫的主观能动性。[②] 从历史经验来看，派驻工作队在乡村有效治理、基层政权巩固、推动乡村产业发展中发挥了至关重要的作用，下派工作队凭借自身资源[③]在基层发挥了举足轻重的作用，尤其是历时 8 年的脱贫攻坚工作更是创造了彪炳史册的历史成就。但是这些帮扶工作并没有从根源上解决农村地区发展问题，农村内生发展动力没有被有效开发。

脱贫攻坚成果丰硕之后，面对农村内生动力不足的问题，党中央对解决"三农"问题仍持续发力，最终目的是让脱贫基础更加稳固、成效更可持续。在实现中国式现代化的征程中"三农"问题仍面临着诸多困境，在巩固拓展脱贫攻坚成果向乡村全面振兴过渡阶段必须突破传统帮扶项目中的"短视现象"，亟须解决传统帮扶方式中资源配置效率低、民生保障缺位、

① 王晓宾、马华：《全面推进乡村振兴背景下组团帮扶机制研究——以粤东 J 县驻镇帮扶工作队为例》，《暨南学报》（哲学社会科学版）2022 年第 8 期。
② 祁凡骅、李声宇：《"精准扶贫"的治理理念、治理能力与治理工具——基于政府治理创新视角》，《行政科学论坛》2016 年第 6 期。
③ 马凤芝、开源：《中国农村扶贫开发的政策转向及其挑战——以四川省马边彝族自治县为例》，《西北农林科技大学学报》（社会科学版）2017 年第 6 期。

帮扶对象过度依赖援助等问题。① 新发展阶段的帮扶工作还需要进一步解决区域间发展不平衡的问题，通过挖掘地方性生态资源禀赋实现可持续发展。② 2021 年 5 月中共中央办公厅印发了《关于向重点乡村持续选派驻村第一书记和工作队的意见》，指出要切实做好巩固拓展脱贫攻坚成果同乡村振兴有效衔接各项工作，提出要坚持和完善驻村第一书记和工作队、东西部协作、对口支援、社会帮扶等制度，该文件再一次为各省、市、县的帮扶工作开展指明了道路。选派的第一书记和工作队的主要任务是在全面建设社会主义现代化国家新征程中全面推进乡村振兴、巩固拓展脱贫攻坚成果，职责从"推动精准扶贫"转变为"推进强村富民"，工作着力点聚焦加快农业农村现代化、扎实推进共同富裕、促进农业农村高质量发展等方面。为落实中央指示，其他省份对脱贫村、易地扶贫搬迁安置村（社区）继续选派第一书记和工作队，将乡村振兴重点帮扶县的脱贫村作为重点帮扶对象，选派的干部主要从省、市、县机关中选取，而广东省在派驻工作队上作出新的部署，实施驻镇帮镇扶村工作方案。

驻镇帮镇扶村是指广东立足于实践开展的乡村振兴帮扶工作，是可以有效激发内生动力的一种新帮扶模式。驻镇帮扶与之前帮扶最重要的一个区别在于驻镇帮扶通过外部力量激发内生动力，再将内生动力释放。驻镇帮镇扶村以驻镇帮扶为抓手，工作的重点在于巩固脱贫攻坚成果，振兴乡村产业，提升公共服务水平，发挥党建引领作用。驻镇帮扶的帮扶人员由牵头单位和参与单位的成员组成，全省派出工作队 1000 个队员 7000 名，被帮扶单位为1127 个乡镇、近 2 万个行政村。③ 驻镇帮镇扶村这一举措将被帮扶乡镇分为重点帮扶镇、巩固提升镇和先行示范镇三类。

与"驻村帮扶"相比，"驻镇帮扶"的帮扶对象上提一级，由过去"一

① 李天华：《西部地区扶贫开发与对口支援的主要问题及对策》，《全国流通经济》2020 年第 28 期。
② 李荷、毕凌岚、钟毅：《川西高原藏区生态资产赋能乡村振兴的对口帮扶路径》，《中国人口资源与环境》2022 年第 10 期。
③ 黄进：《广东打响全域全覆盖乡村振兴攻坚战 七千多名"精兵强将"驻镇帮镇扶村》，《老区建设》2021 年第 19 期。

个单位帮扶一个贫困村"转变为"中直省直单位、企事业单位、金融助理、科技特派员、志愿者等多种帮扶资源组团结对帮扶①一个镇",帮扶理念从"碎片化"帮扶向"整域性"帮扶转变。②

二　全域推进驻镇帮镇扶村新举措

广东省作为改革开放的先行地、试验区和排头兵,在中国经济发展过程中作出了巨大贡献。广东在帮扶工作中创新性地提出驻镇帮扶新形式,通过完善县镇结对帮扶关系,将工作着力点从村一级转向统筹镇、村两级发展,集全省优质资源分类分级帮扶全省 1127 个乡镇,该帮扶形式在乡村振兴工作推进中成效初显,通过引领产业发展激发了镇域内生动力,在一定程度上可以为其他省份的乡村振兴工作提供经验借鉴。驻镇帮扶机制中帮扶主体层级较过去的驻村帮扶配备更高一级主体阵容,该帮扶机制在资源整合和资金筹集方面可以极大地调动乡村治理主体的能动性,激发乡村活力,帮扶效果值得期待。

驻镇帮镇扶村工作机制从帮扶形式来看,由"干部驻村"转变为"干部驻镇",将帮扶资源统筹在镇域层级,更好地发挥镇域"上连县、下连村"的纽带作用;从派驻的形式来看,驻镇帮镇扶村工作机制是广东省特有的帮扶机制,各个派驻单位通过组团结对的方式进行帮扶,且每个驻镇工作队都有金融助理参与其中,在人才支撑、用地保障、资金支持等多个方面做出了新的探索。这一机制促使资源下沉基层,在提升政府公共服务职能,提高乡村治理能力,推动乡村全面振兴方面发挥了重要作用;从派驻的目标来看,驻镇帮镇扶村工作队在驻派过程中通过重点工作任务清单规范帮扶行为,将提升脱贫攻坚成果水平放在首位,通过产业振兴来带动乡村经济发展。

乡镇政府作为基层区域治理的元单位,在强镇扩权形势下镇域经济实力

① 刘蕾、陈丹华、孙娟等:《广东省农村科技特派员:为全省乡村振兴驻镇帮镇扶村行动提供科技支撑》,《广东科技》2022 年第 10 期。

② 谢治菊、黎明霖:《共同富裕视域下的整域性帮扶与整体性治理——驻镇帮镇扶村的一个解释框架》,《南京农业大学学报》(社会科学版)2022 年第 6 期。

和发展活力增强，乡镇作为最基层政权组织可以有效治理乡村，推进乡村地区稳定发展，广东省从"驻村帮扶"向"驻镇帮镇扶村"转变，可以有效发挥乡镇辐射带动乡村发展的作用，将帮扶力量、帮扶资源统筹在镇一级，也符合中国"集中力量办大事"的发展战略理念，镇一级统筹兼顾、因地制宜来弥补区域内乡村发展间差异实现全面乡村振兴。广东省开展派驻工作是立足于广东实际、顺应广东农村发展趋势采取的新举措。2021 年 10 月中共广东省委农村工作领导小组印发《全省乡村振兴驻镇帮镇扶村重点工作任务清单》，文件中指出各地级及以上市党委农村工作领导小组以及省直、中直驻粤有关单位在驻镇帮镇扶村过程中的重点工作任务，要求各责任单位贯彻执行 10 项重要任务，涉及 51 个重点工作（见表 1）。

表 1　全省乡村振兴驻镇帮镇扶村重点工作任务清单

	重点工作	责任单位
（一）提升脱贫攻坚成果水平	1. "十四五"时期落实"四个不摘"要求，保持现行帮扶政策、资金支持、帮扶力量总体稳定	省乡村振兴局和相关职能部门。各项工作均需市、县（市、区）、镇（乡）政府负责落实，不一一列出
	2. 健全防止返贫动态监测和帮扶机制，巩固"两不愁三保障"成果，守牢不发生规模性返贫底线	省乡村振兴局、省教育厅、省民政厅、省人力资源社会保障厅、省住房城乡建设厅、省水利厅、省卫生健康委、省医保局、省残联
	3. 健全农村低收入人口主动发现、定期核查、动态调整机制，实施社会救助，完善养老保障和儿童关爱服务，健全基本医疗保险、大病保险、医疗救助三重保障制度体系	省民政厅、省乡村振兴局、省卫生健康委、省医保局、省妇联、省残联
	4. 实施"粤菜师傅""广东技工""南粤家政"和"农村电商""乡村工匠""高素质农民"培育等工程	省人力资源社会保障厅、省商务厅、省农业农村厅
	5. 健全帮扶项目低收入群众参与机制、被帮扶地区产业园区吸纳劳动力就业管理机制	省农业农村厅、省乡村振兴局、省人力资源社会保障厅、省民政厅
	6. 对就业特别困难的人员通过公益性岗位进行托底安置	省人力资源社会保障厅、省乡村振兴局
	7. 做好扶贫产业项目后续帮扶，加强扶贫资产管理	省乡村振兴局、省财政厅、省国资委

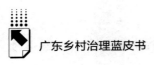

	重点工作	责任单位
（二）提升镇村人居环境整治和公共基础设施水平	8. 完善乡村水、电、路、气、邮政通信、广播电视、物流、防灾减灾等基础设施,健全城乡基础设施统一规划、建设、管护机制	省发展改革委、省住房城乡建设厅、省自然资源厅、省工业和信息化厅、省交通运输厅、省水利厅、省应急管理厅、省商务厅、省乡村振兴局、省广电局、省通信管理局、中国南方电网广东电网公司、省邮政管理局、省供销社
	9. 实施美丽圩镇建设,梯次推进乡镇政府驻地和中心村生活污水治理,改造提升农贸市场和农产品集散中心,因地制宜打造特色街区	省住房城乡建设厅、省生态环境厅、省农业农村厅、省市场监督管理局、省自然资源厅、省商务厅、省文化和旅游厅
	10. 实施农村生活污水治理攻坚行动	省生态环境厅、省住房城乡建设厅、省农业农村厅、省水利厅
	11. 实施农村集中供水全覆盖攻坚行动,优化市政公用设施建设及公共基础设施配套,完善乡镇公共供水、农村集中供水、饮用水安全保障	省水利厅、省住房城乡建设厅、省卫生健康委、省农业农村厅
	12. 推进乡镇智慧化改造,建立政务服务平台和公共资源产权交易平台	省政务服务数据管理局
	13. 实施村内道路建设攻坚行动,实现自然村村内道路路面基本硬底化;持续推进农村厕所革命,实现农村卫生户厕全覆盖,农村标准化公厕按需建设,厕所粪污得到无害化处理或资源化利用,建立健全长效管护机制;深入推进"三清三拆三整治",建立健全村庄保洁机制	省农业农村厅、省交通运输厅、省自然资源厅、省住房城乡建设厅、省生态环境厅、省卫生健康委
	14. 实施农房管控和乡村风貌提升行动	省委农办、省乡村振兴局、省住房城乡建设厅、省自然资源厅、省文化和旅游厅、省林业局
（三）提升镇域公共服务能力	15. 乡镇建设服务农民区域中心,强化服务农民功能	省乡村振兴局、省教育厅、省民政厅、省卫生健康委、省文化和旅游厅、省政务服务数据管理局、省农业农村厅
	16. 推动义务教育、学前教育优质均衡发展,镇村公共卫生服务、公共文化服务均等化供给	省教育厅、省卫生健康委、省文化和旅游厅

	重点工作	责任单位
（三）提升镇域公共服务能力	17. 探索建设综合功能农村区域性服务中心，解决"三留守"问题	省民政厅、省妇联
	18. 实施"广东兜底民生服务社会工作双百工程"	省民政厅、省财政厅、省人力资源社会保障厅、省妇联、省残联
	19. 加强镇村党群服务中心和政务服务终端建设，完善镇村组网格化管理机制，优化镇村法律顾问服务机制，开展智慧乡村、平安乡村、文明家庭创建	省委组织部、省委政法委、省文明办、省司法厅、省政务服务数据管理局
	20. 加强精神文明建设，弘扬体现乡土特色和时代精神的乡村文化	省委宣传部、省文化和旅游厅
（四）提升乡村产业发展水平	21. 推进现代农业产业体系建设，建设农文旅深度融合型产业园区，优化打造镇域产业发展集聚区，发展特色小城镇	省农业农村厅、省发展改革委、省文化和旅游厅、省住房城乡建设厅
	22. 实施"五个一"工程，打造一个优势特色产业集群，引进一批龙头企业，建设一个社会化综合服务体，完善一套利益联结机制，培育一批创业致富带头人	省农业农村厅
	23. 发展绿色生态经济和新型农村集体经济，推进农村工程项目建设、扩权强镇和城乡融合发展等乡村振兴改革示范试点	省农业农村厅、省发展改革委、省委组织部
（五）提升抓党建促乡村振兴水平	24. 实施基层党建三年行动计划，强化乡镇党委在推进乡村振兴中的作用	省委组织部
	25. 巩固和加强行政村党组织领导地位，推动落实村级各类组织向村党组织报告工作制度和"四议两公开"制度	省委组织部
	26. 加强农村基层干部队伍建设，实施农村干部能力素质提升行动，推动人才下乡、干部返乡、能人回乡	省委组织部、省人力资源社会保障厅
	27. 推动村级集体经济发展壮大，增强村级组织服务群众能力	省农业农村厅、省委组织部
	28. 加强乡村治理，推进扫黑除恶常态化，建立防范和整治"村霸"问题长效机制，抓党建促农村宗教治理；将驻镇帮镇扶村工作队纳入乡村"法律明白人"培养工程	省委政法委、省公安厅、省民族宗教委、省司法厅

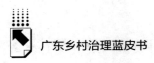
续表

重点工作		责任单位
（五）提升抓党建促乡村振兴水平	29. 开展乡村治理"百镇千村"示范创建活动，营造共建共治共享乡村治理新格局	省农业农村厅、省委组织部、省民政厅、省乡村振兴局、省司法厅
（六）加强组织领导	30. 建立结对帮扶双方市、县（市、区）党政主要负责同志定期互访和联席会议制度。签署乡村振兴结对帮扶协议，制订帮扶计划	省乡村振兴局
	31. 设立驻市帮扶指挥部、驻县（市、区）帮扶工作组，建立驻镇帮镇扶村工作联系制度	省乡村振兴局、省委组织部
	32. 组团各单位每年召开党组会或班子会议专题研究帮扶工作，主要负责同志到被帮扶镇调研对接	组团各单位
	33. 建立健全乡村振兴驻镇帮镇扶村队伍选派、资金筹集使用监管、工作评估考核等配套措施，细化举措	省委农办、省委组织部、省财政厅、省乡村振兴局
	34. 做好帮扶干部的日常管理工作，加强关心关爱，为派驻干部提供必要的工作保障	省乡村振兴局、省委组织部
（七）加强规划引领	35. 编制镇域乡村振兴规划，完善镇域优势主导产业和乡村特色农产品发展计划，美丽乡镇和生态宜居美丽乡村建设计划，农田水利、交通物流等基础设施和公共服务提升计划	省自然资源厅、省农业农村厅、省住房城乡建设厅、省交通运输厅、省商务厅、省水利厅、省发改委、省供销社、省邮政管理局
	36. 加大乡村发展用地、农田水利建设、生态环境保护等政策支持力度	省自然资源厅、省农业农村厅、省水利厅、省生态环境厅
（八）加强资金保障	37. 按 901 个乡镇平均每个每年 2000 万元的标准筹集资金。建立多元投入机制，鼓励根据财力增长情况逐步增加帮扶资金投入，属地县（市、区）统筹使用	省财政厅、省乡村振兴局
	38. 土地出让收入、发行一般债券和专项债券优先支持乡村振兴	省财政厅
	39. 实施金融支持乡村振兴攻坚行动，探索金融支持乡村振兴机制，提升镇村金融服务水平	省地方金融监管局、人民银行广东分行、广东银保监局、广东证监局、省财政厅、省农业农村厅

重点工作		责任单位
(八)加强资金保障	40. 发动社会力量捐赠支持整县整镇、多镇连片推进乡村振兴,深入开展"千企帮千镇""万企兴万村"行动,鼓励支持一批大型企业"连片包镇"	省乡村振兴局、省民政厅、省国资委、省工商联
	41. 鼓励用财政资金撬动金融资金和社会各类资金支持乡村振兴	省财政厅、省乡村振兴局
	42. 属地县(市、区)统筹用好管好涉农资金、帮扶资金,用好用活金融服务乡村振兴政策,引导更多金融和社会资本投入	省财政厅、省乡村振兴局、省地方金融监管局、广东银保监局
(九)加强人才支持	43. 组织开展学校、医院结对帮扶	省教育厅、省卫生健康委
	44. 向每个乡镇派驻1名以上农村科技特派员,为每个驻镇帮扶工作队安排1~2名"三支一扶"人员、2~3名高校毕业生志愿者参与帮镇扶村工作,有组织、规模化引导高校毕业生、青年退役军人投身乡村振兴	省乡村振兴局、省科技厅、省人力资源社会保障厅、省教育厅、团省委、省退役军人事务厅
	45. 开展乡村振兴业务技能培训,组织农业科技、教育医疗、规划设计、旅游文创、银行金融等年轻专业技术人员驻镇帮镇扶村	省委组织部、省乡村振兴局、省人力资源社会保障厅、省教育厅、省自然资源厅、省卫生健康委、省文化和旅游厅、省地方金融监管局
	46. 支持科研院校、医疗机构等把镇村作为实践活动基地,在成果转化、评先评优上予以倾斜	省教育厅、省卫生健康委、省科技厅、省人力资源社会保障厅
(十)加强监督考核	47. 珠三角6市与被帮扶市签订帮扶协议,省直单位和中直驻粤单位与省委农村工作领导小组签订定点帮扶责任书,明确帮扶目标任务、责任要求	省乡村振兴局
	48. 制定驻镇帮镇扶村的任务清单和建设目标,建立一年一评估、五年总结验收机制	省乡村振兴局
	49. 将驻镇帮镇扶村工作纳入实施乡村振兴战略年度进展情况,每年向省委、省政府报告	省委农办、省乡村振兴局

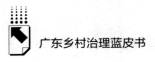

续表

重点工作		责任单位
（十）加强监督考核	50. 将驻镇帮扶成效作为实施乡村振兴战略实绩考核的内容,考核结果作为干部选拔任用、评先奖优、问责追责的重要参考	省委组织部、省乡村振兴局、省人力资源社会保障厅
	51. 健全日常监督与年度评估相结合的综合评价机制	省乡村振兴局

注：列在首位的为牵头单位，其他为主要参加单位。

（一）省委省政府统筹兼顾

2009 年广东开始实施"规划到户、责任到人"的扶贫模式即"双到"扶贫，帮扶对象为贫困村和贫困户，"扶贫"主要是通过派驻干部进村实施具体的帮扶措施。2011 年广东省发布《广东省农村扶贫开发条例》，发达地区、行政机关和企事业单位、社会组织开始定点帮扶贫困村和贫困户，扶贫开发过程中帮扶工作使用财政专项资金以及各帮扶单位的定点扶贫资金，对于帮扶主体实行目标责任制和考评制度，扶贫主管部门建立帮扶档案，对于帮扶工作实施动态监管。广东省探索的"双到"扶贫成效显著，在 2009～2015 年此模式惠及 249.2 万人。2016～2020 年广东与全国步伐一致开始实施"精准扶贫"政策，通过精准识别采取帮扶措施，主要的扶贫方式有产业扶贫、就业扶贫、教育扶贫、党建扶贫、消费扶贫等。主要的经验做法包括依仗自身优势实施"万企帮万村"行动，推动贫困地区产业升级；建立脱贫攻坚长效机制，发挥党建引领的作用；实施"南粤家政""粤菜师傅"等工程带动贫困人口就业。脱贫攻坚时期广东省 160 多万贫困人口脱贫，2277 个贫困村达到脱贫标准，驻村帮扶虽有成效，但主要是采取"输血式"的帮扶模式，乡村内生动力激发不足，无法实现乡村可持续发展。

2021 年广东开始实施驻镇帮镇扶村方案，2021 年 10 月中共广东省委农村工作领导小组印发《全省乡村振兴驻镇帮镇扶村重点工作任务清单》，文件明确了各责任单位贯彻执行的 10 项重要任务，涉及 51 个重点工作。笔者通过对广东省乡村振兴局发布的广东乡村振兴工作动态（驻镇帮镇扶村专刊）和广东省各市公布的驻镇帮扶工作简报进行整理，梳理出广东省各市在驻镇帮镇扶村工作中的帮扶状况（见表 2）。

表 2   广东部分市驻镇帮镇扶村情况

编号	帮扶单位	被帮扶对象	帮扶措施
1	中山市	潮州市各镇	党建结对帮扶、教育帮扶、产业帮扶、发动社会力量开展帮扶、推动人才振兴、推动三产融合
2	广州市	梅州市各镇	做大做强当地特色产业
3	珠海市	茂名市各镇	征集联手行业专家对农民进行电商培训、农村科技培训，帮助对接专家资源，强化消费帮扶，通过科技助农，发展主导产业
4	佛山市	云浮市各镇	农业稳镇、生态立镇、特色产业旺镇
5	东莞市	揭阳市各镇	打造乡村振兴"示范点"，以产业振兴为抓手，合理利用土地资源，提升圩镇商贸集聚和公共服务功能，深化农村人居环境整治
6	深圳市	汕尾市各镇	开展粤菜技能下村活动、建设农村公路、打造美丽城镇
7	肇庆市	辖区内各镇	上规模、强园区、树品牌、建链条、抓集群、拓市场
8	江门市	辖区内各镇	探索建设"网络+"乡村数智化管理新模式，推进镇村重点项目
9	清远市	辖区内各镇	加强党建，引领乡村振兴；持续发力，提升帮扶工作水平；发挥各组团单位优势，提高地方发展水平
10	河源市	辖区内各镇	守牢不发生规模性返贫的底线，打好"科技赋能乡村振兴"这张好牌，在消费帮扶上拓展新思路，探索产业升级"新路子"
11	惠州市	辖区内各镇	以产业兴镇、旅游强镇、文化活镇，促进一二三产业深度融合、镇村同建同治同美
12	阳江市	辖区内各镇	种养兴产业、连片开发
13	韶关市	辖区内各镇	扶植养殖产业、规划产业出路
14	湛江市	辖区内各镇	消费帮扶提档升级、助产业、强基建

资料来源：作者自制。

驻镇帮扶工作激发了被帮扶镇产业振兴的内生动力。据统计，自全面启动驻镇帮镇扶村工作以来，全省共实施帮扶项目 8754 个，引导 2108 家企业

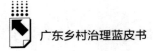

到粤东粤西粤北地区投资，辐射带动低收入群众 6 万人；共帮助 6.3 万人次已脱贫人口实现就业，其中乡村振兴车间吸纳 1.8 万人就近就业（已脱贫户 3372 人）；举办培训班 1769 期，培训已脱贫人口 11 万人次；举办系列促增收展销活动，通过线上或举办脱贫村农副产品产销对接活动，带动销售 15 亿元帮扶产品。驻镇帮扶促进产业发展所采取的行动是一种"造血式"的帮扶，激发了镇域内各类主体的内生发展动力，可以实现镇村共同富裕，实现乡村可持续发展。

（二）各主要部门有效衔接

1. 省财政厅落实资金保障

2021 年广东省级财政为了实现脱贫攻坚成果进一步巩固拓展，人居环境整治成果和产业发展成果进一步巩固等绩效目标，共下拨 45 亿元作为乡村振兴驻镇帮镇扶村专项资金。其主要建设内容，一是用于支持编制乡村振兴驻镇帮镇扶村五年规划，二是用于巩固拓展脱贫攻坚成果同乡村振兴有效衔接，三是用于提升镇村公共基础设施水平，四是用于提升镇域公共服务能力，五是用于提升乡村产业发展水平。2021 年省级乡村振兴驻镇帮镇扶村资金安排情况如表 3 所示。

表 3　2021 年省级乡村振兴驻镇帮镇扶村资金安排情况

单位：个，万元

序号	地区	乡镇数	安排金额	其中:地方政府一般债券	备注
			450000	300000	
一	汕头市	30	15000	10000	
1	澄海区	8	4000	2667	
2	潮阳区	9	4500	3000	
3	潮南区	10	5000	3333	
4	南澳县	3	1500	1000	财政省直管县（市）
二	韶关市	95	47500	31667	
1	乐昌市	16	8000	5333	

续表

序号	地区	乡镇数	安排金额	其中:地方政府一般债券	备注
2	南雄市	17	8500	5667	财政省直管县(市)
3	仁化县	10	5000	3333	财政省直管县(市)
4	始兴县	10	5000	3333	
5	翁源县	8	4000	2667	财政省直管县(市)
6	新丰县	6	3000	2000	
7	乳源县	9	4500	3000	财政省直管县(市)
8	浈江区	5	2500	1667	
9	武江区	5	2500	1667	
10	曲江区	9	4500	3000	
三	河源市	95	47500	31667	
1	源城区	2	1000	667	
2	东源县	21	10500	7000	
3	和平县	17	8500	5667	
4	龙川县	24	12000	8000	财政省直管县(市)
5	紫金县	18	9000	6000	财政省直管县(市)
6	连平县	13	6500	4333	财政省直管县(市)
四	梅州市	104	51500	34333	
1	梅江区	4	2000	1333	
2	梅县区	17	8000	5333	
3	兴宁市	17	8500	5667	财政省直管县(市)
4	平远县	12	6000	4000	
5	蕉岭县	8	4000	2667	
6	大埔县	14	7000	4667	财政省直管县(市)
7	丰顺县	16	8000	5333	财政省直管县(市)
8	五华县	16	8000	5333	财政省直管县(市)
五	汕尾市	40	20000	13333	
1	陆丰市	17	8500	5667	财政省直管县(市)
2	城区	3	1500	1000	
3	海丰县	12	6000	4000	财政省直管县(市)

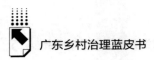

续表

序号	地区	乡镇数	安排金额	其中:地方政府 一般债券	备注
4	陆河县	8	4000	2666	财政省直管县(市)
六	阳江市	38	19000	12667	
1	江城区	4	2000	1333	
2	阳东区	11	5500	3667	
3	阳春市	15	7500	5000	财政省直管县(市)
4	阳西县	8	4000	2667	
七	湛江市	84	42000	28000	
1	雷州市	18	9000	6000	财政省直管县(市)
2	廉江市	18	9000	6000	财政省直管县(市)
3	吴川市	10	5000	3333	
4	遂溪县	15	7500	5000	
5	徐闻县	14	7000	4667	财政省直管县(市)
6	麻章区	4	2000	1333	
7	坡头区	5	2500	1667	
八	茂名市	86	43000	28667	
1	本级	3	1500	1000	七迳镇、电城镇、博贺镇
2	茂南区	9	4500	3000	
3	电白区	16	8000	5333	
4	信宜市	18	9000	6000	
5	高州市	23	11500	7667	财政省直管县(市)
6	化州市	17	8500	5667	财政省直管县(市)
九	肇庆市	88	44000	29333	
1	鼎湖区	4	2000	1333	
2	高要区	16	8000	5333	
3	四会市	10	5000	3333	
4	广宁县	14	7000	4667	财政省直管县(市)
5	德庆县	12	6000	4000	财政省直管县(市)
6	封开县	15	7500	5000	财政省直管县(市)
7	怀集县	17	8500	5667	财政省直管县(市)

序号	地区	乡镇数	安排金额	其中:地方政府一般债券	备注
十	清远市	80	40000	26666	
1	清城区	4	2000	1333	
2	清新区	8	4000	2667	
3	英德市	23	11500	7667	财政省直管县(市)
4	佛冈县	6	3000	2000	
5	阳山县	13	6500	4333	
6	连州市	12	6000	4000	
7	连山县	7	3500	2333	财政省直管县(市)
8	连南县	7	3500	2333	财政省直管县(市)
十一	潮州市	41	20500	13667	
1	潮安区	16	8000	5334	
2	饶平县	21	10500	7000	财政省直管县(市)
3	湘桥区	4	2000	1333	
十二	揭阳市	65	32500	21667	
1	揭东区	11	5500	3667	
2	普宁市	19	9500	6334	财政省直管县(市)
3	揭西县	16	8000	5333	财政省直管县(市)
4	惠来县	15	7500	5000	财政省直管县(市)
5	榕城区	4	2000	1333	
十三	云浮市	55	27500	18333	
1	云城区	4	2000	1333	
2	云安区	7	3500	2333	
3	罗定市	17	8500	5667	财政省直管县(市)
4	新兴县	12	6000	4000	财政省直管县(市)
5	郁南县	15	7500	5000	

2022 年,为了守好不发生规模性返贫底线,产业得到培育发展,县域内扶贫项目资产后续管理得到加强;基本完成村内道路干道建设,镇村公共服务水平得到提升等绩效目标,省财政厅安排第二批乡村振兴驻镇帮镇扶村资金(见表4)。

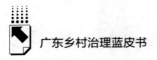

表4　2022年省级第二批乡村振兴驻镇帮镇扶村资金安排情况

单位：万元

序号	地区	项目承担单位	资金
一	汕头市	汕头市乡村振兴局	8937
1	南澳县	南澳县乡村振兴局	993
二	韶关市	韶关市乡村振兴局	16881
1	南雄市	南雄市乡村振兴局	5727
2	仁化县	仁化县乡村振兴局	3310
3	翁源县	翁源县乡村振兴局	2648
4	乳源县	乳源县乡村振兴局	2979
三	河源市	河源市乡村振兴局	13340
1	龙川县	龙川县乡村振兴局	8044
2	紫金县	紫金县乡村振兴局	6058
3	连平县	连平县乡村振兴局	4303
四	梅州市	梅州市乡村振兴局	14240
1	兴宁市	兴宁市乡村振兴局	5627
2	大埔县	大埔县乡村振兴局	4634
3	丰顺县	丰顺县乡村振兴局	5296
4	五华县	五华县乡村振兴局	5296
五	汕尾市	汕尾市乡村振兴局	993
1	陆丰市	陆丰市乡村振兴局	5627
2	海丰县	海丰县乡村振兴局	3972
3	陆河县	陆河县乡村振兴局	2648
六	阳江市	阳江市乡村振兴局	7613
1	阳春市	阳春市乡村振兴局	4965
七	湛江市	湛江市乡村振兴局	11254
1	雷州市	雷州市乡村振兴局	6058
2	廉江市	廉江市乡村振兴局	6058
3	徐闻县	徐闻县乡村振兴局	4634
八	茂名市	茂名市乡村振兴局	15326
1	高州市	高州市乡村振兴局	7713
2	化州市	化州市乡村振兴局	5627
九	肇庆市	肇庆市乡村振兴局	9930
1	广宁县	广宁县乡村振兴局	4634
2	德庆县	德庆县乡村振兴局	3972

序号	地区	项目承担单位	资金
3	封开县	封开县乡村振兴局	4965
4	怀集县	怀集县乡村振兴局	5627
十	清远市	清远市乡村振兴局	14233
1	英德市	英德市乡村振兴局	7713
2	连山县	连山县乡村振兴局	2317
3	连南县	连南县乡村振兴局	2317
十一	潮州市	潮州市乡村振兴局	6620
1	饶平县	饶平县乡村振兴局	7051
十二	揭阳市	揭阳市乡村振兴局	4965
1	普宁市	普宁市乡村振兴局	6389
2	揭西县	揭西县乡村振兴局	5296
3	惠来县	惠来县乡村振兴局	4965
十三	云浮市	云浮市乡村振兴局	8606
1	罗定市	罗定市乡村振兴局	5627
2	新兴县	新兴县乡村振兴局	3972

2. 省药监局发挥行业优势

广东省药监局自 2021 年 6 月入驻梅州兴宁市叶塘镇开展驻镇帮镇扶村工作以来，对镇域内 41 个村 1 个社区开展全域实地走访调研，系统梳理叶塘镇产业发展现状。省药监局找准切入点，利用当地工业基础资源及区位优势，挖掘叶塘镇域内的广州天河（兴宁）产业转移工业园区交通便利、配套成熟等有利条件，科学谋划将"培育医疗器械产业作为主导产业"，推动"产业带动当地群众就业+增加地方财政收入""产业带动供应链上下游集群发展"的发展新路径。为扩大广东兴宁医疗器械产业园行业影响力，吸引更多优质医疗器械企业入驻园区落户扎根，2022 年 8 月，广东省药监局筹备举办了"广东省医疗器械高质量发展助力乡村振兴行活动"，积极邀请国家药监局、省医疗器械管理学会、省医药企业管理协会和全省 100 多家医疗器械质量信用类企业多人参加活动。

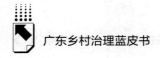

（三）各地级市稳步推进

1. 肇庆市高位推进

2021 年 6 月 28 日肇庆市 100%完成市级组团帮扶，100%完成组团单位与帮扶乡镇对接，100%完成市内驻镇工作队进驻。其主要举措，一是高度重视、高位推进。《广东省乡村振兴驻镇帮镇扶村工作方案》印发后，肇庆市于 2021 年 6 月 25 日在全省率先印发《肇庆市乡村振兴驻镇帮镇扶村工作方案》和《关于做好乡村振兴驻镇帮扶工作队队员和驻村第一书记选派工作的通知》。二是创新方式、主动作为。肇庆市率先选派乡村振兴驻镇帮扶工作队成员和驻村第一书记，做到驻镇帮扶工作队和第一书记同步选派、同步进驻，并明确驻镇帮扶工作队和扶贫驻村工作队对接 7 天，由扶贫驻村工作队对驻镇帮扶工作队进行"传、帮、带"，推动驻镇帮扶工作队尽快尽早熟悉镇情村情民情，掌握基层工作方式方法以及巩固拓展脱贫成果业务，确保帮镇扶村工作及时开展。全市共选派驻镇帮扶工作队 47 个队员 235 人、第一书记 126 人。三是提前准备、迅速进驻。肇庆市各乡镇在 2021 年 6 月中旬前已做好驻镇帮扶工作队进驻时的办公、食宿安排等准备，并明确 1 名乡镇分管领导作为驻镇工作对接联系人，确保驻镇帮扶工作队进驻后第一时间有场地有设施办公，饮食住宿有保障。四是强化指导、扎实开局。市委分管领导亲自到县镇开展调研，指导做好驻镇帮镇扶村开局工作。市委农办、市农业农村局、市乡村振兴局派出 7 个由副处级干部担任组长的指导组，分赴各县（市、区）指导，并组织举办乡村振兴驻镇帮镇扶村工作培训班，对各乡镇党政主要负责同志进行了乡村振兴政策解读，明晰驻镇帮镇扶村工作任务、工作要求。

2. 惠州市合力攻坚

惠州市主要举措，一是强化规划引领，因地制宜抓好产业融合示范带、旅游示范带建设的落地。二是强化有效衔接，树牢"一盘棋"意识，积极配合，上下一心，形成合力，攻坚克难。三是强化资金管理，确保衔接资金安全规范高效使用。四是强化主体责任，不断压实党员、干部具体责任，将

"严"的主基调贯穿始终。五是强化全局意识，融合推进五大振兴战略，切实全面推进乡村振兴发展。

3. 南雄市联动上下

南雄市从"政策机制、机构人员、工作职责"三大体系衔接着手，开展乡村振兴驻镇帮镇扶村工作，为全面推进乡村振兴打牢基础。全面联动上下，推进机构人员体系衔接。一是调整县级乡村振兴机构，挂牌成立了南雄市乡村振兴局；正在筹备成立副科级公益一类事业单位——南雄市乡村振兴服务中心，编制数为12名。二是加强镇级乡村振兴工作队伍建设。各镇（街道）均指定1名党（工）委副书记或人大主席分管，1名以上班子成员协管乡村振兴工作，按照"五有"（有场所、有人员、有制度、有设备、有作战图）要求成立了乡村振兴和驻镇帮镇扶村工作队办公室。三是每村指定1名年轻的村干部作为防返贫监测专干，负责防返贫监测入户走访、落实政策措施及数据录入等具体工作。构建了完善的三级乡村振兴系统网络，通过加强组织实施，确保思想不乱、工作不断、队伍不散、干劲不减。

三 驻镇帮扶新成效

（一）全省农村现代化稳步推进

1. 为产业发展注入活力

从历史进程来看，广东"驻镇帮扶"是"驻村帮扶"后推动农村地区进一步发展采取的帮扶行为，是广东在脱贫攻坚与乡村振兴衔接期间进行的又一重要探索。从帮扶成效来看，广东"驻村帮扶"与"驻镇帮扶"都促进了乡村发展，一定程度上解决了部分贫困问题。"驻镇帮扶"实现了从"输血式"向"造血式"转变、从"碎片化"帮扶向"系统化"帮扶转变。从帮扶主体来看，广东"驻镇帮扶"的工作队队长多是省直属单位下派，"驻村帮扶"的工作队队长主要来自各个市级机关。从帮扶对象来看，"驻村帮扶"的对象是贫困村和贫困户，"驻镇帮扶"的对象是一个镇。从帮扶

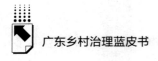

措施上来看，"驻镇帮扶"直接作用于"产业发展"，为产业发展注入活力。

2. 为农业现代化注入动力

扶贫是依靠外部力量进行精准施策，对于贫困户进行精准帮扶，而乡村振兴不能仅仅依赖外部的力量，乡村振兴需要通过内生发展动力来激发自身活力，实现可持续发展。驻镇帮扶可以激发乡村振兴内生动力，驻镇帮镇扶村工作机制是巩固拓展脱贫攻坚成果和实现乡村振兴的一大重要举措，是盘活农村资源、促进农民增收、实现农业农村现代化的重要法器，对该机制进行深入研究和探索，对于推进乡村振兴工作具有重要意义。事实上"驻镇帮扶"是"驻村帮扶"在统筹城乡关系、破除城乡二元结构、促进城乡融合背景下的创新之举，是"驻村帮扶"为适应新发展阶段主动作出的帮扶战略调整。从本质上讲，两种帮扶形式都是为了实现兴村富民目标，都传达出了所处经济社会背景下的发展理念。"驻镇帮扶"延续了"驻村帮扶"的一些做法，两种帮扶形式均为采用专项资金助力地区发展经济。

（二）镇域乡村振兴高质量发展

1. 肇庆市全面振兴

肇庆市已储备乡村振兴项目 826 个，其中，巩固脱贫成果项目 26 个、基础设施建设项目 607 个、公共服务项目 102 个、乡村产业项目 78 个、党建项目 13 个。佛山驻肇庆帮扶指挥部制定了全省首份乡村振兴驻镇帮镇扶村产业发展方案，提出"2022 产业发展年"发展目标，聚焦"三大目标十项措施"，推动 148 个农业产业帮扶项目在肇庆落地。积极拓宽肇庆市农产品在佛山的销售渠道，2022 年上半年直接拉动两地消费帮扶 4000 多万元。肇庆充分利用主场"作战"优势，聚焦"守底线、抓发展、促振兴"建制度、抓重点、补短板、强弱项，务实推进乡村建设、乡村治理和农村社会事业发展。

2. 化州市解决难点

化州市积极策划申报地方债项目，充分统筹各级资金约 1460 万元，用于开展镇圩及驻点村道路硬化、雨污分流、绿道修建、路灯安装等基础设施建设。2021 年底文楼镇获批 5000 万元的地方债项目"文楼圩镇老旧小区改造"资金，结合 300 万元的驻镇帮镇扶村资金，统筹用于圩镇道路拓宽及黑底化、雨污分离、人行横道建设、亮化提升等，文楼圩镇的基础设施迎来了一次大改造、大升级。

3. 中山市党建结对

在驻镇帮镇扶村工作中，中山市以"党建结对"工作模式，把党建优势转化为发展优势，把党建资源转化为发展资源，把党建成果转化为发展成果，探索出一条契合中山帮扶潮州乡村振兴发展的新路径。截至目前，共有 12 个组团结对帮扶潮州市 12 个重点帮扶镇，累计组织逾 148 个基层党组织与潮州 145 个行政村（居）、3 个教育医疗机构进行党建结对，筹集 1000 多万元开展结对活动，实施民生项目，帮扶（慰问）相对困难群众近 1 万人次。

（三）驻镇帮扶形成特色经验

1. 形成产业发展价值认同

从各镇驻镇帮扶的实际状况看，形成共同的价值认同是乡村振兴的前提条件。在乡村振兴运行系统中，各行为主体重构了乡村治理中的格局，重视共同的价值理念，在乡村振兴方面形成了共同意志，增进主体间的信任关系，最终推动了乡村振兴。政府作为乡村振兴的责任人，要为乡村振兴工作推进奠定理念基础，助力形成乡村振兴的共识，可以通过制定相关制度将乡村振兴的价值理念融入其中，在乡村振兴工作开展过程中释放价值理念，将乡村振兴的价值转化为域内主体普遍的价值，将乡村振兴升华为整个镇的公共价值。镇域内各村都拥有相似的文化积淀，在不断发展中内部的价值取向逐步统一，用镇内的优秀传统文化来联结乡村振兴中的多元主体，建立多元主体间的信任关系，培育公共精神，将价值理性作为乡村振兴的精神纽带，集聚力量激发内生动力。

2. 强化产业发展制度保障

制度展示了一种政治权威，制定制度可以规范主体的行为，也为各个主

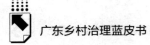

体开展产业振兴工作提供合法性支撑。驻镇工作队和当地政府都是公共权力的拥有者，是乡村振兴工作的推动者和责任人，也拥有制定乡村振兴相关政策的权力。乡村振兴涉及多元主体，需要政府强化管理机制，有效解决产业发展过程中的矛盾，合理的政策可以及时纠正执行偏差，促进主体间相互合作、相互监督。

各镇编制了乡村振兴规划、制定产业发展条例，这些正式制度明确了各政府职责和产业发展的方向，在乡村振兴进程中进一步强化了制度保障用于处理运行过程中的问题，如进一步细化帮扶资金的使用制度，明确各主体的职责，对返乡就业创业的人才设置奖励机制，吸引人才向镇域流动。各镇也发掘非正式制度来规范行为，创造稳定的社会环境，维持镇域有序管理，发挥自治组织的能量为产业发展提供创新思路，通过畅通沟通渠道让多元主体对各个重点项目建言献策，加速乡村振兴进程。

3. 统筹乡村发展资源配置

政府还是资源裹携者和资源分配者，在乡村振兴中各镇的工作队全程协调人、财、物以及技术等资源，因地制宜合理分配资源，提高资源使用率，同时也在尽量避免资源浪费。在乡村振兴工作推进过程中对于资金的需求是最大的，工作队通过所属单位尽力争取资源，帮助镇域和所属单位建立关系，搭建交流平台，实现互动。工作队为实现镇村一体化发展，加速不同乡村间要素流动，一定程度上将资源配置倾向于经济更薄弱的村，在乡村振兴过程中不断强化资金扶持和技术支持。工作队还在乡村振兴过程中统筹资源搭建发展平台，推进硬件基础设施和软件基础设施发展，推动镇域均衡发展。

四 政策建议

（一）厘清三者角色界限

省委省政府从制度上充分赋权驻镇帮扶工作队，不断细化任务清单中的重点工作，对于牵头单位制定明确的任务目标，对于其他参与的单位制定详细的任务安排，让其他参与单位承担相应的职责，针对不同的帮扶单位以及帮扶人员在驻镇帮扶过程中制定明确的绩效评价制度。在赋权给驻镇工作队的同时，也要考虑到乡镇干部和村干部的权责，要厘清三者在帮扶中的界限权限等，从而减少驻镇工作队、乡镇干部、村干部三者之间的角色冲突，进而减少因这三方发生互动博弈上的角色冲突而造成的行政成本和行政资源浪费。当把三者的角色界限厘清以后，就可以充分地整合这三者的资源，把这三方的力量运用于乡村振兴和推动农村现代化进程当中，让乡村振兴的工作更加朝着国家的战略目标推进。

（二）资金保障落实到位

"巧妇难为无米之炊"，对于驻镇工作队而言，他们常常受制于原单位的有限资源，同时又要面对上级政府下派的高强度帮扶任务，往往会显得有心无力，"不作为"的现象便随之而来。因此，上级政府、主管部门应从公共政策入手，制定专门的公共政策，保证驻镇工作队可以使用到充足的公共预算、行政资源等，以解除驻镇工作队对原单位资源的高度依赖，焕发出驻镇帮扶制度的内在动力。同时，要把资源的申请、使用等列入科学的机制当中，从而规范驻镇工作队申请、使用资源等的行为。此外，在资源的政策倾斜当中，也要注重地域之间、不同行政村之间的相对公平性。

（三）完善监督体系破除共谋

"镇—村共谋"闭合把驻镇工作队排斥在乡村治理的结构之外，使得驻镇干部无法发挥自身的主观能动性，因此无法参与到乡村管理之中。要破除"镇—村共谋"闭合，就必须完善乡村治理的监督体系，充分调动市场、公众、媒体等多元力量，让这些力量均参与到乡村治理的监督体系当中，同时上级政府要加强对乡村干部的考查，让"镇—村共谋"闭合暴露在阳光之下。此外，要充分发挥帮扶镇村村民大会的优势，完善帮扶镇村的民主机制以及上级政府的上访制度，建立一系列的惩罚机制，将乡村治理置于多维度、多角度的立体化的透明环境当中，让"镇—村共谋"闭合无所遁形。

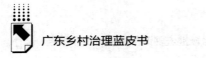

（四）完善绩效评估体系

在省委省政府充分赋权驻镇工作队以后，必须建立驻镇帮扶工作队的绩效评估体系，方能让驻镇工作队队员的主观能动性充分调动起来，使得帮扶工作朝着省委省政府或者上级主管部门预设的方向前进，否则，驻镇工作队在行使权力的过程中，就很容易陷入"权力寻租""腐败"的深渊当中。从考核内容、考核主体、考核程序、奖惩方法、考核效果这五个维度建立科学性、操作性强的驻镇工作队绩效评估体系，以此来充分考查驻镇工作队驻镇帮扶之后的"德、能、勤、绩、廉"这五个方面，并将此结果作为奖惩的依据。只有这样，才能充分调动驻镇工作队的积极性，让绩效评估体系成为驻镇帮扶工作队背后的鞭子，鞭策着驻镇工作队紧跟党和国家的政策方针，使其围绕乡村振兴目标推进乡村、镇域发展。

B.3

广东农村政策试点的发展历程、时域特征与实践效果研究

唐 斌 李梓瑜 杨玉玲*

摘 要： 本研究选取广东省政府 2000~2022 年公开发布的 23 份《政府工作报告》，并从创新产业发展时期、农村综合改革时期、农村改革攻坚时期、农村全面振兴时期以及农村高质量发展时期这五个阶段，利用 QSR NVivo11 文本分析软件对每一份报告进行词频分析、意识形态话语对比分析、词频数相关分析等，试图总结出广东省农村改革试点内容、特征、成效及演化过程。研究发现，广东农村政策试点创新从"摸着石头过河"到"成熟一个，推广一个"典型经验模式的树立推广，取得了显著的成效，但依然存在"重试轻管"以及弄虚作假的现象。因此，本研究从时间、空间、内容、主体、规范五个维度提出进一步完善试点方法应用、推动广东乡村振兴进一步发展的对策建议：在时间维度上，要持之以恒、久久为功；在空间维度上，要注重差异性、以点带面；在内容维度上，强调协调发展，全面推进；在主体维度上，要发挥好农民的主动性和积极性；在规范维度上，要将试点创新纳入制度规范的范畴，实现"试"与"治"的有机结合。

关键词： 农村政策试点 乡村振兴 农村改革 政策变迁

---

* 唐斌，博士，华南农业大学公共管理学院教授，研究方向为基层治理、农村公共政策、城乡社会风险治理；李梓瑜，深圳北理莫斯科大学教师，广东省城乡公共安全与数智治理重点实验室研究助理，研究方向为社区治理；杨玉玲，南方投资集团员工，广东省城乡公共安全与数智治理重点实验室研究助理，研究方向为农村治理。

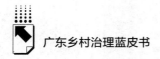

一　引言

　　试点作为一种在有限时空范围内调整可控要素集中攻克治理难题、推动政策创新的改革路径，是多样态复杂国情下推动国家治理体系和治理能力现代化的重要手段。韩博天等研究者指出，政策试点是理解"中国奇迹"的基础性制度之一。① 王绍光也认为，试点制为中央政府提供了包容性更强的政策学习和制定过程，从而提升了中国体制的适应能力。② 试点作为具有中国特色"摸着石头过河"改革方略的具体实现形式，通过反复实践逐步成为剖析中国国家治理创新进程的"密钥"，并不断发挥其防范控制改革风险、推进创新稳步进行、提高政策变迁预见性等积极作用。

　　习近平总书记指出，"试点是重要改革任务，更是重要改革方法""抓好试点关系改革全局"，③ 发挥好试点作为改革"前哨站""侦察岗"的作用，继续推进试点为全面深化改革提供可供复制的经验意义重大。如何在广泛应用政策试点的过程中进一步明确目标、规范过程、保证成效，关系我国全面深化改革的整体布局。近年来，越来越多的研究者关注到政策试点实践中过程规范及绩效呈现方面存在的问题，并对试点的意义提出质疑。但相关研究多是通过案例呈现或者是纯粹理论层面的探讨，以"点对点""空对空"的形式对政策试点的意义与效果进行评价，信度呈现方面有其天然的劣势。对此，本研究限定在广东省这一特定区域范畴之内，通过对历年广东省政府《政府工作报告》这一权威文献形式的深度挖掘，试图总结出广东省农村改革试点内容、特征、成效及其演化过程，并结合具体实例和社会历

---

①　Heilmann, S., Shih, L. & Hofem, A., "National Planning and Local Technology Zones: Experimental Governance in China's Torch Programme," *The China Quarterly*, 2013 (216), 896-919.

②　王绍光：《学习机制与适应能力：中国农村合作医疗体制变迁的启示》，《中国社会科学》2008 年第 6 期。

③　新华社评论员：《抓好试点关系改革全局——学习贯彻习近平总书记在中央深改组第三十五 次 会议重要讲话》，新华网，http://www.xinhuanet.com/politics/2017 - 05/23/c_1121023369.htm。

史背景的分析，梳理现有农村试点存在的问题与不足，并尝试提出进一步完善试点方法应用、推动广东乡村振兴进一步发展的对策建议。

二 农村政策试点及其在广东的实践

（一）我国农村政策试点的探索历史

中国的政策试点过程不是盲目摸索，而是依托实践的策略性规划①，农村是我国政策创新的主要情境，也是我国政策试点实践的重要场所，从"翟城自治试点"到"北碚模式"，以及邹平实验、定县实验和晓庄实验等乡村建设实验，早在20世纪初我国就推进了多项农村试点。在中国共产党百年来的革命与建设征程中，通过试点摸索革命战争年代农村土地改革"苏区模范乡""模范兴国"等经验，党的第一代领导集体确认了"积极试点""典型示范"这一有效的工作方法。新中国成立后，不论是以毛泽东同志为代表的第一代领导集体继续深入总结"典型试验、重点突破、由点到面、点面结合"的工作部署，还是邓小平等领导同志经由农村"包产到户"试点到家庭联产承包责任制的全面普及，以及通过试点实践对我国农村税费改革、新农村建设等工作的推动，源发并持续在我国广大农村地区普遍推行的试点工作方法，一方面体现了中央对于农村经济社会发展复杂环境的深思熟虑与慎重权衡，另一方面也展现了我国国家治理改革创新过程中不被陈规陋习束缚、不畏艰难险阻、勇于开拓创新的顽强意志及奋斗精神。

（二）新时代的农村政策试点

以习近平同志为核心的党中央对新时代农村工作进行了总体谋划，并在乡村振兴战略部署下积极推动各项农村示范试点工作，仅在2022年中央一号文件中就有14处提及农村政策试点，涉及7大类14项具体政策试点项目（见

---

① 赵慧：《政策试点的试验机制：情境与策略》，《中国行政管理》2019年第1期。

表 1)。而作为更为全面的农村政策试点形式，我国曾先后两批推出 58 个国家级农村综合示范试点项目，涉及 28 省（区、市）58 个县（市、区），按照农业农村部对于试点效果的统计，到 2018 年上述农村改革试验区已有涉及 68 项试验内容的 84 项试验成果被 68 个政策文件所采纳，包括发展农村普惠金融、构建农村社区多元治理服务新机制、完善党组织领导下的乡村治理机制等政策创新经验，已被吸纳作为我国新时期农业农村改革的基本方略予以积极推行。

表 1 2022 年中央一号文件所提及政策试点的领域及相关表述

序号	涉及领域	原文表述
1	农业生产	在黑龙江省部分地下水超采区、寒地井灌稻区推进水改旱、稻改豆试点
2	农业生产	加快扩大牛羊肉和奶业生产，推进草原畜牧业转型升级试点示范
3	农业生产	开展天然橡胶老旧胶园更新改造试点
4	农村土地制度	稳妥有序开展农村乱占耕地建房专项整治试点
5	农村土地制度	稳慎推进农村宅基地制度改革试点
6	农村土地制度	依法依规有序开展全域土地综合整治试点
7	农村土地制度	开展农村产权流转交易市场规范化建设试点
8	农业产业技术体系	加快实施农业关键核心技术攻关工程，开展长周期研发项目试点
9	农业产业技术体系	开展农机研发制造推广应用一体化试点
10	农业支持保护制度	开展重大品种研发与推广后补助试点
11	农村基础设施建设	扎实开展农村公路管理养护体制改革试点
12	乡村治理	加快推动数字乡村标准化建设，研究制定发展评价指标体系，持续开展数字乡村试点
13	乡村治理	深化乡村治理体系建设试点示范
14	农村精神文明	推进农村婚俗改革试点和殡葬习俗改革

（三）广东农村政策试点的背景与现状

广东省是中国改革开放的排头兵、先行地、实验区，在新的历史起点，习近平总书记对广东改革寄予了新的重托，并对广东发展提出了明确指示，要求广东省以新的更大作为开创广东工作新局面，在构建推动经济高质量发展体制机制、建设现代化经济体系、形成全面开放新格局、营造共建共治共享社会治理格局上走在全国前列。在此背景下，广东省农业农村发展也迎来了一个全新的发展时期，截至 2021 年全省农村人口 3257 万人，占全省总人口的 25.85%，全省农林牧渔业总产值 8305.84 亿元，稳居全国前列。广东省委省政府历来重视农业发展，在政策、资金、人才方面给予"三农"大力的支持，积极推动构建现代农业体系、发展现代农业产业园、促进农产品质量安全体系和乡村基层社会治理新格局等涉农政策项目，使得广东乡村产业、人才、文化、生态、组织五大振兴和脱贫攻坚、城乡融合发展取得历史性变化，"三农"工作呈现前所未有的良好发展态势。

但同样值得注意的是，广东省是一个发展极不平衡的省份，不均衡不充分发展的矛盾突出，农业农村发展的实践仍然存在着乡村基层治理水平低、农村基础设施建设短板突出、公益性设施建后管护缺失、村庄环境"脏乱差"、城乡基本公共服务水平差距大等一系列问题。① 对此，习近平总书记在视察广东重要讲话中明确指出，城乡发展不平衡、农村发展不充分，是广东最大的短板，广东要继续走在全国前列，最艰巨最繁重的任务在农村，最大的潜力和后劲也在农村，要把短板变成"潜力板"。党的二十大报告指出，未来的五年是全面建设社会主义现代化国家开局起步的关键时期，要全面推动乡村振兴，加快建设农业强国。在新的历史起点上，广东围绕全面建设社会主义现代化国家以及"三年取得重大进展"的目标要求，以中国农业现代化推动中国式现代化发展为战略，在持续推动农业农村优先发展，加快补齐补强短板弱项，加快研究推进乡村治理现代化，加快建立健全城乡融合发展的体制机制和政策体系，强力抓好乡村振兴硬任务落实落地等方面进行了精心的谋划和严谨的部署。在此过程中，广东省按照乡村治理试点示范和乡村治理示范村镇创建等中央推动农业农村改革的明确要求，用好改革试点这个具有中国特色的创新抓手，集中攻克农业农村发展及治理各项事业中的重点、难点、痛点问题，探索适合省情、农情的有效经验和典型案例。比如，佛山市禅城区"数字乡村"助推乡村有效治理的试点实践；佛山市三

---

① 雷琼：《乡村实现共同富裕的现实内涵、困境与制度创新：基于乡村治理视角》，《广东财经大学学报》2022 年第 4 期。

水区"五大路径"党建引领乡村振兴示范经验；云浮市通过培育村民理事会，探索"公司+家庭农场""公司+理事会""公司+理事会+农户"等经营模式，推动现代农业经营体制机制创新等。广东省清远市通过开展党员队伍建设、村民自治、农村公共服务"三个重心下移"为重点的农村改革试验①，更是直接被中央政策所采纳，并将有关成果及经验的推广建议连续写入了 2014 年、2015 年、2016 年三年的中央一号文件之中，成为广东农业农村改革试点的标志性成就。

中央以及广东省委省政府对农村改革试点的肯定与支持，为广东各地继续推进试点提供了蓬勃动力，在乡村振兴战略背景下势必有更多的试点摸索。但在试点热潮中也必须正视农村政策试点同样面临着数量庞大、投入巨大但试点水平及效果亟待提升的问题，在农村生产生活区域差异大、自然地理环境复杂等客观条件制约下，农村政策试点的过程规范与绩效难题更为突出，"有盆景没风景""温室中的弱苗"等严厉批评也见诸上级对农村试点的评价中。更严重的是，由于缺乏严谨的过程规范，试点权力、经费等资源在试点过程中分配与使用的随意性较大，导致出现挪用、滥用的现象进而滋生出寻租等试点违法问题。在此背景下，有必要在对广东农村改革试点历程进行总体梳理的基础上，对相关探索的经验和存在的问题进行总结，以期为更好地推动农村政策试点规范、有序开展，推动广东乡村振兴以及国家治理体系和治理能力现代化目标的有效实现提供策略建议。

三　研究方法

（一）研究数据的来源

本研究以广东省《政府工作报告》作为基础数据来源，这主要是基于以下考量。一是广东省政府作为广东省开展社会发展与公共治理的重要主体，

---

① 郭小聪、曾庆辉：《"第一书记"嵌入与乡村基层粘合治理——基于广东实践案例的研究》，《学术研究》2020 年第 2 期。

承担了促进广东农业农村改革发展的主要责任，是推进广东乡村振兴战略各项措施实施的主导者，也是各项试点项目的重要发包方和评估者。二是广东省《政府工作报告》作为广东省政府对特定年度内经济社会发展与治理等活动进行的最权威总结与安排，是一份具有施政纲领性质的重要官方文件，具有正式法定文件的效力，也是对省内各项治理资源进行权威配置的导向标，从而具备政治性、权威性与导向性的特点，以其作为考察广东省农村试点的意义、价值及其注意力分配，能够有效考察广东省政府及决策者对于农村试点的价值取向、价值判断及价值准则，并得以描绘出广东农村试点的发展轨迹。三是历年广东省《政府工作报告》均通过互联网公开全文，能够提供连续的反映广东农业农村发展及相关试点项目开展的客观数据，在操作上具有可行性。

本研究选取广东省政府 2000~2022 年公开发布的 23 份《政府工作报告》作为分析对象，之所以选择 2000 年作为研究时间起点，主要是基于以下几个方面的考虑。一是 21 世纪是我国各项工作的一个新的起点，工作报告中所涉及的相关农村改革试点更具有创新性和时代特征。二是从 2000~2022 年先后经历了农村税费改革、新农村建设、乡村振兴战略等农业农村发展重大战略布局，这 20 多年的发展历程是我国现代农村改革的重要缩影。三是 2000~2022 年先后有卢瑞华、黄华华、朱小丹、马兴瑞、王伟中五位省长主政广东，并经历了从"十五"到"十四五"多个经济发展关键时期，对于这一阶段《政府工作报告》的考察更能够反映农村试点重点、特征及其战略布局的延续性和创新性特征。

（二）研究目标与思路

在廓清上述数据来源及其边界之后，本研究的总体思路是，以广东省 2000~2022 年《政府工作报告》为样本，引入 QSR NVivo11 文本分析软件，结合关键词建立节点并进行编码，对其进行研读、归类及分析，依据政策试点所蕴含的基本要素及过程，测量广东省政府对于农村政策试点及相关项目类型的注意力分配，在此基础上结合案例分析和关联数据分析，梳理 21 世纪以来广东农村政策试点的基本特点、发展趋势，取得的成就和经验及亟待解决的问题，并在此基础上就如何更有效发挥试点的作用，推动广东乡村振

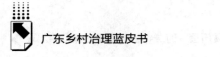

兴以及治理体系和治理能力现代化提出策略建议。

基于这一思路，本研究将 2000～2022 广东省《政府工作报告》共计 48.55 万字的文本资料作为分析样本，利用 QSR NVivo11 文本分析软件对每一份报告进行词频分析、意识形态话语对比分析、词频数相关分析，以此测量广东省政府 21 世纪以来农村政策试点的焦点、类型波动及其动态发展规律，并结合实绩分析评估试点成就及存在的不足。

四 21世纪以来广东政策试点及农村政策试点总体情况

（一）广东省对政策试点的总体关注水平

本研究运用 QSR NVivo11 软件对广东省《政府工作报告》中涉及政策试点的文本内容进行剥离，并对相关文本占整体报告的篇幅比例进行测算，以此作为衡量《政府工作报告》对于政策试点关注度高低的依据（见图 1）。

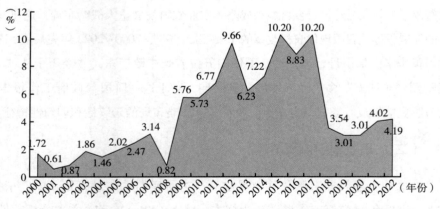

图 1 2000～2022 年"试点"陈述在广东省《政府工作报告》中的篇幅占比

从图 1 可以看出，总体上政策试点在广东省《政府工作报告》中的比重呈稳步提升趋势，跟试点有关的陈述平均占比 4.5%，某些年份其所占比重甚至超过全文内容的 10%。可见，广东省作为改革开放的桥头堡和社会主义现代化建设的先行地，在通过试点创新推动改革深入进行方面依然保持着敢为人先的勇气和魄力。特别是在 2008 年以后，改革试点工作的频率和重视程度陡然上升，标志着新一轮的改革创新开始驶入了快车道。值得注意的是，在 2017 年改革试点占比达到考察阶段峰值之后开始出现下降的趋势，这与我国逐步步入改革开放的深水区，全面深化改革所面临的问题更为突出、矛盾更为复杂的形势密切相关，在此背景下广东省对于试点改革采取更为务实和稳重的策略，在频率上有所降低以集中注意力攻克关键问题。

为了更有效地把握广东省政府对于政策试点这一特殊政策创新过程的关注程度，本研究以"落实"这一对既有政策的贯彻实施过程作为比对，考察各年度《政府工作报告》中"试点"与"落实"的出现频率（见表2），以及有关内容占《政府工作报告》整体篇幅的对比（见图2）。

表 2　2000~2022 年广东省《政府工作报告》中"试点""落实"陈述频次

单位：次

	2000年	2001年	2002年	2003年	2004年	2005年	2006年	2007年	2008年	2009年	2010年	2011年	2012年
试点频次	8	6	7	14	11	16	16	25	7	33	47	55	66
落实频次	18	12	14	13	25	34	16	20	26	25	27	27	19

	2013年	2014年	2015年	2016年	2017年	2018年	2019年	2020年	2021年	2022年	总值	均值
试点频次	51	49	65	76	85	28	31	13	16	22	747	32.48
落实频次	17	30	34	29	38	50	40	38	25	27	604	26.26

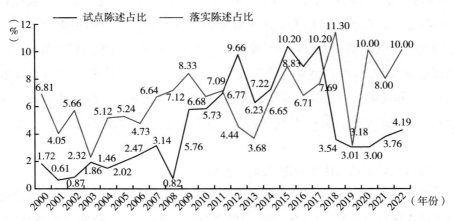

图 2　2000~2022 年广东省《政府工作报告》中"试点"与"落实"陈述占比

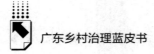

从表2和图2可以看出，"试点"与"落实"作为公共政策过程中的两项重要内容，在广东省《政府工作报告》中均受到了高度重视，但从提及的项目数来看"试点"（总频次747次，年均32.48次）相比"落实"（总频次604次，年均26.26次）依然占有一定优势，且在2008年之后以较高的增长率在提升。相对而言，"落实"中央及省委有关政策安排的部分在广东省《政府工作报告》中一直受到较高关注，但起伏不大。落实受政治、法制环境和央地关系、党政关系的制约，需要强调稳健发展和平稳坐实；而试点作为一种政策创新的手段，则更能体现省级政府根据不同时期的需要权衡调整的灵活性。

（二）广东省农村政策试点情况概述

1. 农村政策试点所占比重情况

通过对广东省《政府工作报告》中涉及试点有关表述内容进行二次分析后发现，提及农业农村问题的试点陈述频率占总体试点出现频率的29%。虽然这一占比并不太高，但考虑到广东省在工业制造、城市发展等方面较为发达，这一比例无论按照2018年广东省统计局发布的《2017年广东人口变化状况分析》中广东省户籍乡村人口占常住人口的30.15%，还是按照广东省统计局公布的《2020年广东宏观经济运行情况》中农业产业增加值占比3.8%的数据，在农村常住人口逐年降低、农业产业增加值占比持续低位运行的背景下，在省政府年度工作报告中将29%有关试点的陈述内容放置在农业农村发展领域，依然展现了省政府对于广东农业农村发展和政策创新的高度重视（见图3）。另外，值得注意的是，相对于"落实"而言，涉农"试点"陈述频次占比明显偏高，这一方面进一步强化了上述省政府对于农业农村发展的重视，另一方面也表明广东省在涉农政策创新方面的力度与勇气。

2. 农村政策试点历年变化及聚焦点分析

总体来看，21世纪以来广东农村政策试点经历了两个周期，中间也进行了两次调整（见图4）。第一个周期是2000～2008年，2008年为调整年，

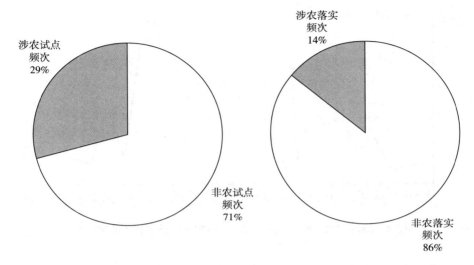

图 3　2000~2022 年广东省《政府工作报告》涉农试点频次与涉农落实频次占比

当年的农村试点频次降到 21 世纪最低值（1 次），这可能与 2008 年奥运会等重大活动以及较为复杂的社会稳定压力环境有关。第二个周期是 2009~2018 年，2018 年为调整年，这 10 年是我国新农村战略的具体实施周期，而 2018 年则是由新农村战略向乡村振兴战略的转型调整开局之年，相关战略实施的具体安排还在进一步细化布局当中，因此省一级的涉农试点进入又一个低潮年（4 次）。2019 年随着乡村振兴战略的推行，涉农试点数虽有所上升，但在 2020 年随着决胜全面建成小康社会取得决定性胜利，试点的推行转而走向以中央政府统筹的自上而下推行的方式，地方政府的试点积极性随之降低，试点频次也随之下降。

除通过历史试点频次变化反映广东农村试点的发展趋势之外，不同时期广东农村试点的重点领域也是本研究的关注对象。为此，本研究以我国国民经济与社会发展五年规划的分期作为基本的时间段划分标准，但在此基础上做微调，主要是将 2000 年与 2001~2005 "十五" 期间归并为一个时期。另外，2016~2020 年 "十三五" 规划提出乡村振兴战略，农村发展问题被提到前所未有的高度，乡村振兴战略推进速度明显加快，农村迎来全面振兴时

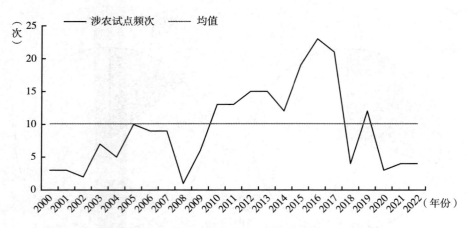

图 4　2000~2022 年广东省《政府工作报告》涉农试点陈述频次

期。自 2021 年起随着全面脱贫攻坚取得历史性成就，农村试点的推进方式从地方自发试点转而走向国家统筹自上而下推行的方式，地方政府试点积极性降低，农村试点项目数量也逐年缩减。因此，本研究所最终确定的五个时间分期分别为 2000~2005 年、2006~2010 年、2011~2015 年、2016~2020年，2021~2022 年。

通过将 2000~2022 年广东省《政府工作报告》中涉及农村试点陈述的内容进行剥离并按上述五个时期进行文本归类，借助 picdata 在线分析工具分别对五个时期农村试点陈述文本进行高频词分析。经过分析后发现，五个阶段的关键词分别为"农业""改革""改革""农村""改革"，结合其他排位靠前高频词，基本可以梳理出广东省农村试点在不同阶段的注意力偏好（见表 3）。

表 3　2000~2022 年广东省《政府工作报告》中涉农试点陈述的关键词变化

序号	2000~2005 年		2006~2010 年		2011~2015 年		2016~2020 年		2021~2022 年	
	关键词	词频	关键词	词频	关键词	词频	关键词	词频	关键词	词频
1	农业	18	改革	17	改革	25	农村	23	改革	6
2	生态	9	保险	11	建设	15	建设	23	保护	5

续表

序号	2000~2005 年		2006~2010 年		2011~2015 年		2016~2020 年		2021~2022 年	
	关键词	词频	关键词	词频	关键词	词频	关键词	词频	关键词	词频
3	现代化	7	现代化	10	农业	14	示范	22	开展	5
4	标准	7	农业	9	农村	13	改革	16	生态	4
5	农村	4	建设	7	创建	11	城乡	9	金融	4
6	建设	4	农村	6	用地	10	城镇	7	国家	3
7	雷州	3	新农村	5	集约	8	新型	7	推进	3
8	东南亚	3	配套	4	节约	8	综合	7	深化	3
9	半岛	3	合作	4	省级	6	制度	6	空间	3
10	热带	3	新型	4	体制	5	土地	6	修复	2
11	技术	3	村镇	3	生态	4	工程	6	农村	2
12	省级	3	用地	4	城乡	4	修复	5	整治	2
13	珠江三角洲	2	节约	4	新型	4	基本	5	创新	2
14	改革	2	集约	4	土地	4	文明	5	制度	2
15	粤北	2	养老保险	3	农技	3	服务	5	国土	2
16	创新	2	乡镇	3	城镇化	3	金融	5	土地	2
17	两翼	2	统筹	3	互助资金	3	村村	4	宅基地	2
18	制订	2	城乡	3	宜居	3	村民	4	工作	2
19	标准	2	银行	3	发达	3	省级	4	建设	2
20	山区	2	政策性	2	金融	3	连片	4	支持	2

2000~2005 年，创新产业发展时期，主要致力于面向通过技术创新及相关配套改革，推动现代农业发展，在此过程中"农业""生态""现代化"等产业驱动要素被高度重视并频繁提及。

2006~2010 年，农村综合改革时期，这一阶段产业发展依然被高度重视，但新农村建设需要更多方面"改革"的实施，农业"保险"、"农村"、"新农村"、"建设"、"村镇"发展、农业"合作"、"统筹"发展等内涵在这一阶段被反复强调。

2011~2015 年，农村改革攻坚时期，"改革"依然是这个阶段的主基调，在此背景下"农业"发展与"农村"发展双轮驱动，"集约""节约""用地"在新一轮土地确权试点过程中受到高度重视，"生态"、"宜居"以

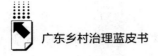

及"体制"建设等有关生态环境和政策环境优化的内容被突出强调。

2016~2020年，农村全面振兴时期，以产业发展为主导的传统"改革"模式被"农村"全面振兴的试点创新所替代，"制度"创新受到前所未有的关注，包括"城乡"融合、"金融"、"土地"、生态"修复"等多个振兴领域均积极展开了试点创新，而清远和韶关作为广东农村综合改革国家级试点布局较多的地区，在工作报告中也多次予以强调。

2021~2022年，农村高质量发展时期，"改革"依然是这个阶段的首要关键词，在全面建成小康社会的背景下农村生态保护在这一阶段受到高度重视，"保护""生态""金融""空间""修复"等词在报告中反复被提及，农村生态宜居的高质量发展战略在各个振兴领域积极开展试点创新。

五 广东农村政策试点的时域特征分析

（一）创新产业发展时期（2000~2005年）

2000~2005年，广东省经济社会发展受到亚洲金融危机余波以及加入世界贸易组织的影响，并先后遭遇非典型肺炎疫情和禽流感疫情的严峻考验，以及严重干旱和超百年一遇洪灾等重大自然灾害的侵袭，在此期间广东省积极进行经济结构调整，有效抑制经济运行中不稳定不健康因素，积极贯彻落实《广东省国民经济和社会发展第十个五年计划纲要》（以下简称《十五计划》），经济社会保持了持续快速协调健康的发展。

这6年广东省先后经历了两届政府，其以2003年为界，2000~2003为卢瑞华主政时期，其所领导的广东省政府发展总体目标是广东"率先基本实现社会主义现代化"，并在此总目标下确立"坚持以发展为主题，以结构调整为主线，以制度创新和科技创新为动力……实现稳中求进，有效增长"的阶段性发展目标。2004~2005年为黄华华主政时期，其在延续上一届政府发展思路的基础上，在2004年的《政府工作报告》中提出了"五个协调发展"(即促进速度和结构、质量、效益协调发展,促进外源型经济与内源型经济协调发展,促进城乡和区域协调发展,促进人与自然协调发展,促进物质文明、政治文明、精神文明协调发展)和"四个新突破"(县域经济发展要有新突破,产业发展要有新突破,基础设施建设要有新突破,区域合作要有新突破)的阶段性发展目标。

在这6年中,广东省政府对农业农村发展问题的注意力处于较高水平,特别是在《十五计划》中明确"切实加强第一产业,以增加农民收入为中心,继续加强农业的基础地位",将农业和农村经济发展摆到农村改革的首要位置,与产业经济发展相关的调整产业结构、推动产业化经营、科技创新推动农业产业化发展等议题被高度重视。作为改革创新的集中体现,与农业经济和农民收入提升有关的政策试点也积极响应了这一时期农村发展的需要并被积极地铺开。2000~2005年6年的广东省《政府工作报告》中,共提到16个涉农改革试点项目,占2000~2022年广东省《政府工作报告》论及涉农改革试点项目的15.68%。其中有农业现代化示范区、农业标准化示范区等多个项目被历年广东省《政府工作报告》反复提及,相关16个项目在6年的《政府工作报告》中被提及总次数为28次,相关陈述占2000~2022年广东省《政府工作报告》涉农试点陈述频次的13.2%。

2000~2005年广东农村改革试点积极贯彻广东省经济社会发展总体要求,突出产业发展的主线,涉及产业兴旺的项目数占到阶段项目总数的43.75%,相关陈述的频次则是达到57.14%。有关试点项目集中在农业现代化示范区(6年中每年均提及)、热带农业示范区(3年提及)以及农业标准化示范区(3年提及),6年间广东省《政府工作报告》涉农试点陈述中75%的频次落定于上述三个项目。这与前述广东省对全省经济社会发展以及农业农村发展总目标是相呼应的。

与此同时,2000~2005年是我国农村税费改革从试点推进到全面铺开的关键阶段,通过农村"费改税"降低农民负担从而提高收入是这个阶段的试点重点,经过2000年和2001年两年的试点,广东省在2003年全面启动了农村"费改税"工作,并协调推进了"并镇、并村、并校、减人"等配套改革进程，当年农民负担减负率就达 83.7%（2004 年广东省《政府工作报告》），2005 年开始在全省免征农业税，农民负担进一步大幅减轻，改革试点的效果得到了直观的显现。

除此之外，这一阶段广东省在生态宜居、生活富裕和治理有效方面也有相应的配套措施，如生态示范区和生态村建设试点，村镇建设与生态示范园区试点等，不断改善农村生产生活条件。在治理有效方面，为配合农村"费改税"背景下的机构调整，广东省进行了"七站八所"管理体制改革试点，同时在落实村民自治方面进行了创建村民自治和社区建设示范单位的试点活动。

（二）农村综合改革时期（2006~2010 年）

2006~2010 年，广东省面临着复杂多变的国内外环境特别是国际金融危机的严重冲击，以及面对超强台风、特大暴雨洪涝、低温雨雪冰冻等自然灾害的严重影响，以贯彻实施《广东省国民经济和社会发展第十一个五年规划纲要》（以下简称"广东省'十一五'规划"）和《珠江三角洲地区改革发展规划纲要（2008~2020 年）》（以下简称《珠三角规划纲要》）为主轴，有效遏制了经济增长下滑的趋势，完成各项规划在此阶段确定的目标任务，推动了经济社会科学发展与和谐发展。

这 5 年均为黄华华主政广东，但经历了两届政府，即 2002~2007 年一届和 2008~2012 年一届；这一阶段是广东省全面建设小康社会、率先基本实现社会主义现代化的关键时期，在对形势进行科学判断的基础上，广东省在《政府工作报告》中提出要以"建设经济强省、文化大省、法治社会、和谐广东和实现全省人民富裕安康为总目标"，同时将处理好改革、发展、稳定的关系，将努力实现速度、质量、效益相协调，消费、投资、出口相协调，人口、资源、环境相协调等作为这一阶段发展的重要要求。

这一发展阶段适逢《中华人民共和国国民经济和社会发展第十一个五年规划纲要》中提出"要按照'生产发展、生活宽裕、乡风文明、村容整洁、管理民主'的要求，扎实推进社会主义新农村建设"。按照中央新农村建设的部署，以及广东省"十一五"规划和该阶段中后期《珠三角规划纲要》的目标要求，广东省继续重视经济发展、统筹城乡发展，在提升农业综合生产能力、宜居城乡建设、加强改善农村民生等多个方面进行了改革试点。

2006~2010年，广东省《政府工作报告》中共提及涉农改革试点项目23个（占2000~2022年涉农试点总数的25.54%），提及相应试点频次26次（占2000~2022年涉农试点总陈述频次的25.49%）。

在农业农村发展的五大领域中，该阶段依然是"产业兴旺"所涉试点项目最多（12项，占阶段涉农试点总数的52.1%），提及频次更是接近该阶段《政府工作报告》试点陈述总频次的3/4，可见这一阶段广东省农业农村试点创新的重点依然在产业发展领域。此外，关涉"治理有效"目标的改革试点较上一阶段有了显著提升（5项6次），并成为这一阶段试点项目数及涉农试点陈述频次第二多的领域，将基层治理改革创新作为农村试点的重要内容，是对新农村建设"管理民主"要求的响应，也标志着新时期农村改革发展在之前的仅重视产业发展和收入提升等"经济目标"的基础上，增加对重视农村社会环境及其治理等"社会目标"的强调，表明了随着税费改革的完成和新农村建设战略的提出，广东农村改革进入综合发展的新阶段。此外，"生活富裕"改革试点依然是热点领域，而随着新农村建设战略的提出，促进了以"村容整洁"为代表的农村生态环境改善和宜居城乡建设。但遗憾的是，虽然在新农村建设战略中包含"乡风文明"的内容，但此阶段依然未有相应的涉农试点项目出现在《政府工作报告》之中。以下是关于具体试点领域及项目的分析。

在"产业兴旺"领域，既有从"十五"期间延续下来的"农业现代化示范区"建设，从而落实广东省"十一五"规划所强调的"以发展效益农业、特色农业为重点，加快农业产业化，建设现代农业园区"的要求，也有从"十一五"时期开始着手，并持续多年关注"农业保险试点"、"村镇银行试点"、"节约集约用地试点示范"以及"城乡统筹综合配套改革试点"。对于农村产业发展的金融支持试点项目（5 项 9 次）是该阶段农村产业发展改革试点的重点领域，这与该阶段《政府工作报告》中所反复强调的"多予、少取、放活"以及"建立健全农业支持保护体系"的要求是相呼应的。此外，土地制度改革配套支持也是该阶段产业发展试点的重点（4 项 5 次）。

在"治理有效"方面，广东省在此阶段深入贯彻新农村建设中有关"管理民主"的要求，同时进一步巩固农村税费改革的成果，将推进农村体制改革、深化乡镇机构改革、完善乡镇财政管理体制等农村现代治理体系的建构，作为改善基层治理的重要抓手。相关的农村改革试点也围绕这些重点而展开，该阶段的 5 项与基层治理相关的改革试点中有 4 项均与乡镇改革有关，进一步强调乡镇政府在农村发展过程中的重要作用。

在"生活富裕"方面，2006～2010 年历年《政府工作报告》中均将"促进农民增收"和"减轻农民负担"作为提升广大农民生活水平的两大抓手，在诸多农村产业发展项目带来增进农民收入客观成效的背景下，此阶段的 4 项改革试点分别在养老保障、住房保障、减轻教育负担和扶助移民安置四个方面聚焦以减轻农民负担为突破口来实现农民"生活富裕"的目标。

而在"生态宜居"方面，则是紧盯新农村建设的目标任务，不断加强农村基础设施建设，发展农村社会事业，通过打造新农村建设示范地、联系点推动样板工程建设。

（三）农村改革攻坚时期（2011~2015年）

2011~2015 年是中国改革发展承上启下的阶段，也是广东省全面建设小康社会、率先基本实现社会主义现代化的关键时期。这一阶段是广东省经济社会转型升级爬坡越坎的关键阶段，经济周期性波动与长期积累的深层次矛盾叠加、结构性矛盾与体制性矛盾叠加、经济下行压力与社会矛盾凸显叠加的挑战依然十分严峻，发展的内外环境不容乐观。党的十八大以来，我国改革开放和现代化建设迎来了新一届党中央的战略引领。而广东省的改革发展，也随着习近平总书记视察广东迎来了更为精准的定位。在党的十八大和十八届三中、四中、五中全会以及习近平总书记系列重要讲话精神的指引下，广东省紧紧围绕"三个定位、两个率先"目标（"三个定位，两个率先"是习近平总书记在 2012 年末视察广东时提出的殷切期望：广东要努力成为发展中国特色社会主义的排头兵、深化改革开放的先行地、探索科学发展的试验区，为率先全面建成小康社会、率先基本实现社会主义现代化而奋斗），坚持"四个全面"战略布局（全面建成小康社会、全面深化改革、全面依法治国、全面从严治党），坚持稳中求进工作总基调，主动适应经济发展新常态，统筹推进了稳增长、促改革、调结构、惠民生、防风险等各项工作。

在中央的统一布局下，广东省政府在 2012 年完成了换届，因此本阶段的工作报告由两届政府分别作出，其中 2011 年由黄华华代表省政府作《政府工作报告》，2012~2015 年由朱小丹代表省政府作报告。在此阶段的改革发展过程中，广东省积极贯彻落实《广东省国民经济和社会发展第十二个五年规划纲要》（2011 年，以下简称"'十二五'规划"）、习近平总书记视察广东重要讲话精神（2012 年）、习近平总书记关于我国经济发展新常态的一系列重要论述（2015 年）以及全面落实依法治国方略（2015 年）等战略安排，正视广东省经济发展较早进入新常态的现实，充分利用国际国内市场倒逼机制，积极主动进行经济社会发展的速度变化、结构优化、动力转换等工作，同时积极贯彻党中央提出的创新、协调、绿色、开放、共享新发展理念，加快转型升级、建设幸福广东，努力当好建设中国特色社会主义"排头兵"。

随着"十二五"规划的全面启动，广东省农业农村发展也进入新的发展阶段，其在《政府工作报告》中则体现为自 2011 年"十二五"规划的开局之年伊始，报告中不再将"农业与农村经济发展"单独作为一部分予以强调，而是融入"统筹城乡发展""加强'三农'工作""大力推进农业现代化和农村发展"等主题表述之中，与"加强农村基础设施建设""深化农村综合改革"并行展开阐述，进一步明确了农村综合开发、整体发展的新

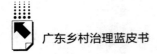

路径。与此同时，与农村改革和新农村建设息息相关的"推进新型城镇化，统筹城乡区域协调发展"内容自 2013 年开始从"推动农业农村发展"等主题中独立出来单独成为一部分，作为广东省政府对当年工作安排的重点予以强调。此外，与农村发展相关的产权、土地、金融、财税制度及政策改革，其表述方式也由之前的"农业发展配套改革"改为"农村综合改革"，表述的差异反映了农村基层治理改革逐步由农村改革的周边配套位置向中心区域位移。

2011~2015 年这 5 年广东省《政府工作报告》中提及涉农改革试点项目 31 个（占 2000~2022 年涉农试点总数的 30.39%），提及频次 43 次（占 2000~2022 年涉农试点总陈述频次的 34.54%），这一阶段无论是提及涉农试点的项目数还是提及频率均是各个阶段中的最高。可见，随着新农村计划的深入推进，以及党和国家新一届领导集体的产生，广东再次注入了农村改革创新的强大动力。

这一阶段试点项目的聚焦比较集中，涉及农村经济发展的"产业兴旺"（16 项 26 次，分别占阶段总量的 51.61% 和 60.47%）和"生活富裕"（5 项 5 次，分别占阶段总量的 16.13% 和 11.63%）成为这一阶段涉农试点的主要攻关目标。此外，随着"幸福广东"及"美丽乡村"的深入推进，"生态宜居"方面的试点在这一时期受到高度关注（10 项 12 次，分别占阶段总量的 32.26% 和 27.91%）。这一阶段乡风文明和治理有效相关的试点项目空缺。

从各类试点涉及的具体项目来看，这一阶段大量的试点项目（6 项）依然在延续前几个阶段的试点任务，并作为年度任务予以强调，这一方面显现出改革试点的延续性，另一方面也突出了这一阶段涉农试点"重点攻关"的特征，这与广东省历年《政府工作报告》所强调的"大力发展现代农业"也是相呼应的。除此之外，在广东省强调"全面提高现代农业物质技术装备水平，发展农业规模化生产、产业化经营和社会化服务"的背景下，以"农技推广""农村信息化"为代表的农村产业发展的技术支持试点，以粤台合作、农民互助合作为代表的农村产业发展的互助合作支持试点成为这一时期关注的焦点。此外，以城乡统筹发展、农村土地确权等为代表的制度配套试点等，是这一阶段农村产业发展试点所重点关注的对象。

在生态宜居方面，名镇名村示范村建设在这一阶段被反复强调，显现了广东省对这一事项的高度重视。此外，幸福宜居示范村建设、农村人居环境整治、幸福村居建设等试点，都是在以人为本思想的主导下，面向农村生活的客观现实进行的集中试点创新（8 项，占此阶段生态宜居试点项目的 80%）；而在农村自然环境保护方面则重点关注了自然保护区示范省的建设。

在生活富裕方面，"十二五"期间广东省高度关注落实强农惠农富农政策，而作为惠农富农的重要体现，提升广大农民生活保障水平受到这一时期涉农改革试点的重视，如农村养老保险试点、政策性农房保险试点、村级公益事业一事一议财政奖补试点、村村通自来水工程示范县等试点项目，都是集中关注农民基本生存及生活保障的有关事项。

（四）农村全面振兴时期（2016~2020年）

2016~2020 年的"十三五"时期，是我国全面建成小康社会的决胜阶段，也是广东把握新时代我国社会主要矛盾变化、推动经济从高速增长转向高质量发展的攻坚阶段。这一时期，广东经济社会发展面临着新常态下世界经济持续低迷和国内"三期叠加"（经济增长速度换挡期、结构调整阵痛期、前期刺激政策消化期）大环境的影响，不平衡、不协调、不可持续的矛盾和问题仍然突出。

2016~2020 年，广东省坚持以习近平总书记对广东作出的"三个定位、两个率先"和"四个坚持、三个支撑、两个走在前列"重要指示批示精神，以及《广东省国民经济和社会发展第十三个五年规划纲要》（2016 年，以下简称"'十三五'规划"），牢牢把握粤港澳大湾区建设的重大历史性机遇，贯彻实施乡村振兴战略，坐实美丽广东战略，主动适应重要战略机遇期内涵的深刻变化，有效应对各种风险和挑战，深化推行供给侧结构性改革，促进

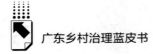

了全省经济社会保持平稳健康发展，努力把广东建设成为向世界展示习近平新时代中国特色社会主义思想的重要"窗口"和"示范区"。广东省在2017年完成了政府换届，由马兴瑞接替朱小丹担任省长。

在农业农村发展方面，2017年习近平总书记在党的十九大报告中提出实施乡村振兴战略，标志着我国农业农村发展进入全新的阶段。广东省高度重视这一战略，并于2018年出台《中共广东省委 广东省人民政府关于推进乡村振兴战略的实施意见》（以下简称《意见》），对到2050年广东省如何推动乡村产业、生态、文化、组织、人才振兴及城乡基础设施一体化，强化乡村振兴保障等一系列工作作出了全面部署。在此背景下，2016～2020年的广东省《政府工作报告》一方面认真梳理了广东省在农业农村发展方面面临的农村建设发展仍然滞后，农业农村投入欠账较多，"三农"发展水平与广东省作为全国经济大省的地位不相称，农业规模化、集约化、品牌化发展水平仍然不高，农村人居环境整治任务依然艰巨，农民收入仍然偏低等问题；另一方面积极贯彻实施乡村振兴战略，全面推进五大振兴的落实。从《政府工作报告》涉农内容陈述方面来看，自2017年开始将"农业农村工作"作为年度重点工作被赋予更为丰富的内容，城乡统筹发展不再作为单独的条目位列下一年度重点抓好的工作序列，有关内容被归并到"农业农村工作"（2017年）、"乡村振兴战略"（2018年、2019年）等年度十大重点工作条目之中，这也反映了广东农业农村发展开始进入"全面振兴"的新发展阶段。

在这一阶段的《政府工作报告》中提及了22项涉农改革试点（项目占比21.57%，陈述占比19.83%），而这一阶段也是2000年以来唯一一个农业农村发展五个方面均有试点项目体现的时期。但在全面开放试点的总体特征之下，重点领域突出的趋势依旧明显。其中"产业兴旺"相关试点占阶段总试点项目数的近一半（陈述占比45.45%），"生态宜居"相关试点也占比近1/3（31.82%），在《政府工作报告》中的陈述分量则基本与"产业兴旺"相当（陈述占比41.63%），而其他三种类型则仅各有一项或两项。

从各类试点项目的具体体现来看，在"产业兴旺"领域，现代农业和农业技术支持体系建设依然是 21 世纪以来广东省农业发展的重点探索项目，但随着农业深入发展和产业结构转型等深层次改革迫切性的显现，综合改革试点与制度配套试点成为这一时期助推产业发展政策创新探索的重点（4项）。在"生态宜居"方面，人居环境升级改造与生态自然环境保护两大领域的改革试点项目平分秋色，随着新农村建设的收尾以及美丽广东建设的逐步收官，有关探索逐步过渡到转化推广阶段；而随着乡村振兴战略的提出，一系列与乡村振兴战略"生态宜居"及"生态振兴"有关的试点项目开始逐步推出。而在其他三个方面，则是各自选择重点项目，在《政府工作报告》中予以总结强调。

（五）农村高质量发展时期（2021~2022年）

2021 年是国家"十四五"规划的开局之年，是我国全面建成小康社会，乘势而上开启全面建设社会主义现代化国家新征程的重要起点。《广东省国民经济和社会发展第十四个五年规划和 2035 年远景目标纲要》（以下简称"'十四五'规划"）指出，当前我国社会主要矛盾已经转化为人民日益增长的美好生活需要和不平衡不充分的发展之间的矛盾，发展中的矛盾和问题集中体现在发展质量上，我国已转向高质量发展阶段，制度优势显著，治理效能提升，经济长期向好，物质基础雄厚，人力资源丰富，市场空间广阔，发展韧性强劲，社会大局稳定，继续发展具有多方面的优势和条件。

2021 年 12 月 27 日，马兴瑞辞去广东省省长职务，王伟中接替马兴瑞任广东省省长。其中 2021 年由马兴瑞省长代表省政府作《政府工作报告》，2022 年由王伟中省长代表省政府作《政府工作报告》。在此阶段的改革发展过程中，广东省积极贯彻落实"十四五"规划，将广东省政府发展的总体目标确定为"在全面建设社会主义现代化国家新征程中走在全国前列、创造新的辉煌"，并在此总目标下确立"2035 年基本实现农业现代化"的阶段性发展目标，制定以"提高农业质量效益和竞争力"

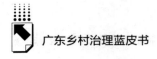

"实施乡村建设行动""全面深化农村改革"为主要内容的农业农村现代化发展战略。

这一阶段农村高质量发展成为农业农村试点的主旋律，关于生态环境整治以及乡村治理方面的政策试点也积极响应了这一时期广东农村高质量发展的需要。

2021年、2022年的广东省《政府工作报告》中，共提到10个涉农改革试点项目，占2000~2022年广东省《政府工作报告》论及涉农改革试点项目的9.8%。其中开展"三区三线"、农村宅基地制度改革试点、"千村示范、万村整治"等多个项目被历年省《政府工作报告》反复提及。

从总体来看，在这一阶段，"产业兴旺"依旧是农业农村发展的五大领域的重点试点领域，其涉及的试点项目共4项7次（提及频次接近该阶段《政府工作报告》试点陈述总频次的40%）；"生态宜居"相关试点项目共3项5次（提及频次接近该阶段《政府工作报告》试点陈述总频次的30%），"乡风文明""治理有效""生活富裕"3个领域的试点占比相当（提及频次分别接近该阶段《政府工作报告》试点陈述总频次的10%），较"十三五"时期占比均有所提升。

各大发展领域的占比差距较前面几个阶段较小，这也表明了广东农业农村逐步走向全面高质量发展的趋势。

从各个领域试点项目的具体内容来看，在"产业兴旺"领域中，"农村宅基地制度改革试点""国土空间保护与开发""三区三线"试点项目依旧是农村产业试点的重要内容，在广东农业农村现代化的发展要求下，"打造高水平现代农业产业体系"以及"三位一体综合合作试点"相继被推出。在"生态宜居"领域中，农业农村的高质量发展，离不开农村生活生态环境的改善。人居环境整治与生态环境保护相关试点陈述内容相当，积极响应"十四五"规划"持续提升农村人居环境整治水平，显著提升乡村生活品质，建设生态宜居美丽乡村"的要求。在"治理有效"领域，其试点项目的数量较上一阶段有所提升，将提升县域综合治理能力，创建综合服务示范作为农村试点的重要内容，这是对提升农业农村发展质量要求的响应，反映了基层治理在提高治理的效率和质量，改善农村发展环境方面的美好追求。

六　21世纪以来广东农村政策试点的状态评估与解读

（一）广东省农村政策试点的总体状态评估

广东省涉农试点项目数量在当年《政府工作报告》中总体的占比及发展趋势如图 5 所示，虽然涉农试点绝对数各年度起伏不定，但其还是能够反映不同时期广东省对于农村试点的认识偏好特征。

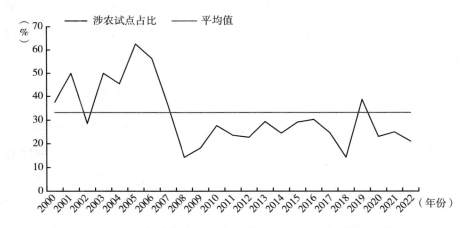

图 5　2000~2022 年广东省涉农试点项目在当年总试点项目数中的占比

从总体趋势来看，以 2008 年为界，在此前后经过了两轮较为明显的"倒 U 形"发展曲线。从比值分布来看，也是以 2008 年作为拐点，在此之前，除个别年份（2002 年，占比 28.6%）外，历年涉农试点数量占该年省《政府工作报告》中所提及的试点项目总量的比值均超过平均水平（33.2%），但自 2008 年开始，除最近的 2019 年《政府工作报告》中提及涉农试点项目数占比（38.7%）超过平均值之外，其他年份的占比数值均低于均值。

这反映了两个问题，第一，平均仅有约 1/3 的试点关注被落实到涉农试点项目之上，表明 2000 年以来广东省涉农试点开展依然不够普遍，或者说广东省涉农试点在各项试点工作中依然未受到足够的重视。第二，虽然 2008 年之前大部分年份涉农试点占比数值超过平均线，个别年份这一数据甚至达到 62.5%（2005 年），但这是在总试点项目数较少的情况下所取得的成果（2000～2008 年，年均总试点项目数为 12 个）；从 2009 年开始广东省在大幅度增加《政府工作报告》中提及的试点项目数的背景下（2009～2022 年，年均总试点项目数为 56 个），涉农试点项目数的增长率则明显放慢，表明在绝对数量稳步提升的同时，涉农试点项目在广东省政府年度重要工作中的分量处于低位徘徊。但值得注意的是，2019 年这一比值数据再次攀升，表明在乡村振兴的背景下广东农业农村工作再次受到高度重视。但在 2020 年及之后，试点项目数量急剧下降，原因在于脱贫攻坚取得胜利之后，我国的试点项目主要以中央统筹为主，导致地方的积极性降低，因此试点数量逐渐减少。

（二）广东农村政策试点的重点分布与位移趋势评估

通过对 2000～2022 年广东省《政府工作报告》中涉农陈述内容进行总的词频分析，在剔除"试点""示范""试验""示范区"等无内容偏向的词之后，得出十大关键词频（见表 4）。而具体的试点项目类型的时域分布特征如表 5 所示。

表 4　2000～2022 年广东省《政府工作报告》中涉农试点表述的关键词分析

单位：次

编号	关键词	词频
1	农村	58
2	建设	52
3	农业	49
4	现代化	37
5	用地	20

编号	关键词	词频
6	城镇化	20
7	城乡	16
8	集约	15
9	节约	15
10	创建	15

表5 广东农村政策试点项目类型的时域分布

单位：个

年份	产业兴旺	生态宜居	乡风文明	治理有效	生活富裕	阶段总计
2000~2005	7	4	0	2	3	16
2006~2010	12	2	0	5	4	23
2011~2015	16	10	0	0	5	31
2016~2020	10	7	1	2	2	22
2021~2022	4	3	1	1	1	10
项目总计	49	26	2	10	15	102

从表5可以看出，"产业兴旺"相关试点项目数（49个）占据2000~2022广东省涉农试点项目总数的48%，且在各个时期均是项目数占比最高的涉农试点类型。其次是"生态宜居"和"生活富裕"相关的试点项目，其在各阶段均有试点项目的体现，且占比也较高。而排名第4的则是"治理有效"的试点项目，其在2011~2015年阶段未有具体项目的体现，项目数最少的是"乡风文明"试点。上述总体分布的情况，结合前文各个时期有关涉农试点项目及开展背景的分析可见，广东农村试点存在着"不变"与"变"相结合的特征。

所谓"不变"，一是农村改革试点以"产业兴旺"为主导的基本格局不变。二是现代农业发展中心地位不变，这在各年度《政府工作报告》中一直强调的"农业现代化示范区"和"现代农业示范园区"建设中得到了直

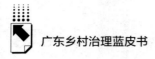

观的体现。三是农业农村发展的农民主体地位不变，不论是"产业兴旺"
试点，还是"生态宜居"或"生活富裕"领域的试点，都在强调农民的主
体性地位，通过农民权利的赋予、技术水平和保障水平的提升等多种手段，
促进各种领域改革试点的发展。

所谓"变"，一是各个时期的试点任务重点配比在变，在坚持产业发展
主导的前提下，各个时期次一级的试点重点项目在变化，逐步由单一产业主
导，到"产业兴旺—生态宜居"两手抓，再到"五大创新"全面发展。二
是发展农村产业和经济的抓手在变，从以往（2012 年之前）主要依靠技术
与金融支持农村产业发展，到后期更加重视市场手段、互助合作以及综合配
套来带动农村产业升级和农业现代化发展。

（三）政治周期对于广东农村试点的影响评估

2000~2022 年先后有 5 位省长主政广东，不同的政府领导在农村试点的
安排方面是否存在各自的侧重，这是影响试点项目延续性的重要因素。对
此，本研究将《政府工作报告》中提及的各类试点项目是否得以跨越不同
领导的任期界限从而被《政府工作报告》所重复提及作为研究指标，来考
察政治周期与政策导向对于农村试点的影响。

在 2000~2022 年广东省《政府工作报告》提及的 102 个试点项目中，
有 20 个项目被 2 年及以上的报告所重复提及，这些试点项目及重复年份如
表 6 所示。

表 6　广东农村试点项目的延续性评价

序号	试点项目	重复年份（次数）	时任省长
1	农业现代化示范区	2000~2007、2010、2021、2022（11）	卢瑞华省长（2000~2003） 黄华华省长（2004~2011） 马兴瑞省长（2017~2021） 王伟中省长（2022~至今）
2	南亚热带农业示范区	2000~2002（3）	卢瑞华省长（2000~2003）
3	现代农业示范园区	2011~2016（6）	黄华华省长（2004~2011） 朱小丹省长（2012~2016）

续表

序号	试点项目	重复年份(次数)	时任省长
4	粮食产业示范区	2014、2015(2)	朱小丹省长(2012~2016)
5	农业保险试点	2007~2009(3)	黄华华省长(2004~2011)
6	村镇银行试点	2009、2010(2)	黄华华省长(2004~2011)
7	村级农民互助金试点	2010、2012(2)	黄华华省长(2004~2011) 朱小丹省长(2012~2016)
8	农业标准化示范区	2003~2005、2011、2013(5)	卢瑞华省长(2000~2003) 黄华华省长(2004~2011) 朱小丹省长(2012~2016)
9	节约集约用地试点示范	2009~2017(9)	黄华华省长(2004~2011) 朱小丹省长(2012~2016) 马兴瑞省长(2017~2021)
10	城乡统筹综合配套改革试点	2009~2011、2019(4)	黄华华省长(2004~2011) 马兴瑞省长(2017~2021)
11	免费义务教育试点	2005、2006(2)	黄华华省长(2004~2011)
12	农村新型养老保险试点	2009~2011(3)	黄华华省长(2004~2011)
13	农村"费改税"试点	2000、2001(2)	卢瑞华省长(2000~2003)
14	名镇名村示范村	2012~2014(3)	朱小丹省长(2012~2016)
15	土壤分类管理和污染修复试点示范	2016、2017、2019(3)	朱小丹省长(2012~2016) 马兴瑞省长(2017~2021)
16	省级新农村示范片	2015、2017、2019(3)	朱小丹省长(2012~2016) 马兴瑞省长(2017~2021)
17	生态示范区	2001、2003(2)	卢瑞华省长(2000~2003)
18	乡镇综合配套改革试点	2006、2007(2)	黄华华省长(2004~2011)
19	农业高新技术产业示范区	2020~2022(3)	马兴瑞省长(2017~2021) 王伟中省长(2022~至今)
20	农村社区示范点	2016、2022(2)	朱小丹省长(2012~2016) 王伟中省长(2022~至今)

试点项目被2年及以上的《政府工作报告》重复提及的比率不高（20/102，19.6%），这表明对于涉农试点项目的反馈和跟踪力度相对较小；而在得以重复的20个试点项目中，仅有1个涉农试点项目被4位广东省行政领导所重复提及（1/20，5%），2个涉农试点项目被3位广东省行政领导所重

复提及（2/20，10%），有 7 个项目被 2 位领导所重复提及（7/20，35%），剩下的 10 个项目均是在同一位领导的任期内所重复提及（10/20，50%）。这表明涉农改革试点这种开创性的政策创新过程，受领导换届这一政治活动周期影响较大，且与主政官员和主政当届政府的政策偏好关联度较大，绝大多数试点项目在《政府工作报告》中的注意力黏性未能够跳过主政领导更迭的障碍，进而得到多届政府的持续关注。

（四）广东农村政策试点对于民生事项的响应评估

政策试点是各级政府对于社会发展及公共治理中遭遇到的重点、难点、痛点问题进行时空受限的集中解决过程，从而迅速地获取政策创新的经验用以学习推广。在广东农村政策试点的过程中，针对"重点、难点、痛点"的试点创新过程是否符合农业农村发展过程中的民生期待，本研究通过评估《政府工作报告》中强调的各类农村试点项目对上一年度报告中提及的"十大民生实事"的回应匹配程度，用以评估农村政策试点对于民生关注事项的响应水平（见表 7）。

表 7 《政府工作报告》"十大民生实事"中涉农试点事项

序号	试点项目	类型
1	省级林下经济示范基地、林下经济扶贫示范县	产业兴旺
2	普惠金融"村村通"试点县(市、区)全部建成综合征信中心	产业兴旺
3	加快推进原中央苏区农村超高速无线局域网应用试点	产业兴旺
4	启动 15 个示范县的镇村污水处理项目建设	生态宜居
5	推进 6 个村村通自来水工程示范县建设	生态宜居
6	支持欠发达地区建设 5 个农村环境连片综合整治示范县	生态宜居
7	农村宅基地制度改革试点	生态宜居
8	省养老服务杨村示范基地	生活富裕
9	加快推进新型农村社会养老保险试点	生活富裕
10	100 个重点帮扶村开展贫困村互助资金试点	生活富裕
11	农村义务教育学生营养改善计划省级试点补助	生活富裕

通过检索《政府工作报告》文本，2000～2022年历年广东省《政府工作报告》除2000年、2002年外，均有涉及民生实事方面的内容，并从2012年开始明确提出下年工作"十大民生实事"，在这些民生实事陈述中，涉及农村改革试点项目11项（11/102），按频次高低集中分布在"生活富裕"（4）、"生态宜居"（4）和"产业兴旺"（3）三个领域。总体来看，广东农村政策试点项目对于民生事项的响应度不高。

七　21世纪以来广东农村政策试点的成就、问题及其突破

（一）广东农村政策试点的成就

通过考察广东省《政府工作报告》中有关农村政策试点项目在报告出台之后的执行与实施效果可以发现，广东在推动农村经济社会发展和基层治理改革创新方面持续充当着先行者的角色。《政府工作报告》中所提及试点项目的实施，不仅为解决广东农业农村发展的关键问题提供了丰富的实践探索，也为全国农村改革发展过程中相关难题的攻克提供了"广东经验"，并呈现"百花齐放"的发展态势。一方面，在珠三角经济发达地区实行"村改居"社区治理改革、"政经分开"改革、集体"三资"股份制改革、"三块地"改革；另一方面，在粤东西北经济欠发达地区有"自治重心下移"体制机制创新、农村"三资"交易管理体系建设、土地承包经营权确权流转模式创新、新农村人居环境整治建设等的探索。此外，还有在全省范围开展的党建促脱贫攻坚、第一书记派驻制度、村两委班子选举制度创新、农村土地"三项整治"、农村基层"六个专项治理"。广东农村政策试点创新从"摸着石头过河"到"成熟一个，推广一个"典型经验模式的树立推广，取得了显著的成效，使得广东农业农村发展进入一个全新的发展阶段。

1. 促进广东农业产业发展与结构调整

经过 20 多年的农村改革实践，广东省农业增加值由 2000 年的 990.30 亿元，上升到 2022 年的 2166.01 亿元，产业结构进一步调整优化，三次产业构成由 2000 年的 10.4∶51.1∶38.5，调整为 2022 年的 4.1∶40.9∶55.0，农业生产条件稳步改善，农业机械总动力由 2000 年的 1763.86 万千瓦提升到 2020 年底的 2495.43 万千瓦，城乡区域发展协调性增强，区域发展差异系数调整到 0.6766（2019 年报告），农村居民人均可支配收入由 3654 元（2000 年）上升到 18718 元（2022 年第三季度数据）。

2. 解决农业农村发展过程中的突出问题

通过梳理 2000 年以来广东省《政府工作报告》后发现，作为经济发达地区，广东农业农村发展还存在"农村经济发展不确定不稳定因素较多，教育、医疗等公共服务存在短板，养老、托幼、住房等保障体系还不够完善"（2022 年《政府工作报告》）等问题，历年广东农村改革试点聚焦上述问题，并通过时空受控的创新尝试对这些问题予以重点突破。

在产业发展方面，首先，广东省连续十数年坚持推进现代农业产业示范园区建设，为广东省现代农业持续发展、粮食产业稳定发展以及岭南优质农产品特色发展探索典型路径，着力打造高水平的现代农业产业体系。其次，通过金融、技术、市场以及产业合作四个主抓手的试点，摸索促进广东农村产业发展的具体路径。[①] 最后，通过统筹城乡综合配套改革试点以及土地制度改革试点等配套措施，为产业发展提供制度支持与综合配套，共同助力农业农村产业发展突破瓶颈制约，实现快速有效发展。

在人居环境整治方面，通过开展"千村示范，万村整治"等示范试点项目，推动农村人居环境的综合整治，与此同时配合美丽乡村示范带建设、新农村示范联系点建设以及生态示范村、生态文明建设试点等项目，从自然

---

① 杨新荣、杨勇军、黄大乾：《乡村社会治理的框架、模式与路径研究——以广东省为例》，《农业经济问题》2019 年第 8 期。

与人文两大方面，推进农村人居环境的综合整治，实现广东农村"生态宜居"的发展目标。

在提升农民收入方面，首先是通过建设农村劳动力转移就业示范县等试点，提升农民收入。其次是通过"费改税"试点、农村养老保险试点、政策性农房保险试点等措施，降低农民生产生活的负担，提升农民抗风险能力。最后是通过省定贫困村创建示范村等工作，通过扶贫济困的方式给予农民直接的补贴与援助。通过上述试点的综合开展，提升农民实际收入，同时提高广大农民的生活水平与生活品质。

在破解城乡二元化、缩减城乡差距方面，一是通过乡村治理体系改革试点，提高乡村治理水平和治理能力，提高乡村公共管理水平。二是通过统筹城乡综合改革试点，推动城乡产业融合、经济融合发展。三是通过村级公益事业一事一议财政奖补试点等工作，推动农村公益基础设施建设，缩减城乡基础设施方面的差异。四是通过文明示范县镇村的建设，实现农村乡风文明的目标，营造农村良好的社会环境氛围。

3.改革试点模式总结与经验推广

通过积极开展农村改革试点工作，广东农村改革发展卓有成效。在广东现代农业示范园区建设方面，截至 2022 年 11 月已经建成 288 个省级现代农业产业园、18 个国家级现代农业产业园；农村土地承包经营权确权登记试点成功进行，相关试点经验在全省全面推行，并稳步推进全省农村土地承包经营权确权登记颁证工作；新农村建设试点取得成效，相关工作被乡村振兴战略所继续确认，并面向全省全面铺开；农村"费改税"试点成功进行，并最终助推农村税费改革的全面落实。

与此同时，广东农村改革试点还涌现了诸多典型模式，被中央及国家政策所采纳，起到辐射全国的典范作用。例如，广东省清远市进行的农村承包土地经营权和农民住房财产权抵押贷款试点经验先后被国务院及中国人民银行所采纳，落实到相关文件之中；广东省清远市探索的以农村社区、农民小组为单元的村民自治试点经验先后被中共中央以及中共中央办公厅所采纳，并落实到中央一号文件以及中共中央办公厅文件之中。

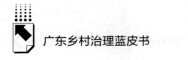

（二）广东农村政策试点存在的问题

1. "有盆景没风景"，农村政策试点缺乏统一规划

广东农村政策试点实践历史悠久，南海、顺德、佛冈、蕉岭等多地均曾涌现了广受关注的试点创新成果；但相比这些"试点明星"的耀眼表现，试点成果对于相应问题整体解决所提供的助益有限，甚至存在"培养一个正面典型往往同时会在周边出现多个负面典型"的"灯下黑"效应。其中固然有试点操作层面的问题，但更根本的症结源自农村试点没有统一规划、统筹推进，政策试点创新依然停留在"头痛医头、脚痛医脚"的阶段，没有把试点作为解决根本问题的抓手，而仅仅是化解一般矛盾的工具，甚至仅仅是表达对于既有问题重视的某种"仪式"。这从历年《政府工作报告》中出现试点的名目众多可以管窥一斑，虽然不同时期需要通过试点解决的农业农村问题会有所侧重，但在同类试点持续受到关注时间有限的背景下（根据统计，在历年《政府工作报告》中受到过 3 年及以上关注的试点项目有11 个，占比 11%；受《政府工作报告》关注 5 年及以上的试点项目仅有 4个，仅占比 4%，按照一般试点周期 3~5 年计算，在试点完整周期内，受到过持续关注的试点项目非常有限），就造成"重立项，轻过程；重总结，轻推广"等试点绩效难题的出现。

2. "重投入轻参与"，试点主体的制约

农村改革试点作为一种时空及主题受限的政策创新过程，其在本质上是对自然科学研究中控制实验方法的借用，即设置实验组与对照组，通过"封闭运行"的方式尽量排除干扰因素后在有限时间、空间与议题范畴内进行控制性政策试验，从而得以比照政策创新的"净效用"并总结"纯粹"的创新经验。但与自然科学实验相比，政策领域中的封闭状态仅能出现在理想状态，主观因素干扰和试验环境特性将不可避免地对试点过程带来影响，其具体表现在以下几个方面。

一是实验中的需求特性，即试点对象获知自身被实验组安排后，对改革创新的认知及评价将受到影响，如滋生畏难情绪、"等靠要"思想与观望心态等，躺在实验名单上等待试点投入拉动农村基层发展。

二是实验者误差，即实验者本身的主观判断会影响实验进行，政策实验无法完全隔绝外界政策环境对于试点创新的干扰，政策风向的判断、创新舆情的解读以及政绩竞争的评估等，都会影响实验者对于改革试点的认识及态度，并出现"集全县之力""调动一切资源"的盲动试点以及在试点过程中"创造性违法"等错误尝试。

三是测量工具的人为化，改革试点过程中的评估工具及其应用方式受到人为控制，文件落实、纸面绩效等表现使得试点结果的结构效度受到负面影响。

四是试点过程缺乏对广大农民主体性的尊重，农村改革及其政策变迁涉及农村社会深层关系及基层治理模式的系统转换，这不仅需要基层政府及职能部门进行相应调整，也必将涉及广大农民在观念、行为以及利益关系方面的转换。从新农村建设到乡村振兴，我国农村改革试点的各项举措都将建立政府领导、部门协作、多方参与的农村协作治理体系作为重要内涵。但其在具体实践中的体现相较原初设想依旧存在着较大差距，广大农民及涉农组织等缺乏评估改革试点的参与机制与路径支持。主体的残缺必然导致试点评估监督体系的扭曲，造成改革试点不是基于农村、农民需要，而是以上级是否认同、数据是否达标作为评判标准，并导致形象工程、纸面绩效以及农村改革试点成效的同态复制与抄袭编造。

3. "重立项轻管理"，政策试点缺乏长效机制

"三农"工作政策变迁基础弱、成本大、进度慢，对农村改革试点及其评估带来了挑战。农村改革试点在时间上延续性长，与农业生产自然周期关系密切，且受自然环境的直接影响，脆弱性强、保障性差；农村改革试点在空间上呈离散分布，地理区域环境影响大，"橘生淮南则为橘，生于淮北则为枳"的现象导致均同的评估难以反映实际，人为扭转区域差异性往往耗费巨大；农村改革试点软环境基础薄弱，农村发展的生态要素和产业要素的碎片化管理现状在短时间内难以改变，改革试点的要素支撑体系尚待理顺，土地、林权等基础资源的确权工作正在推进之中，农村改革试点涉及的权益调整缺乏明确的法律保障与路径支撑，这都给广东农村政策试点的长效运行制造了障碍。

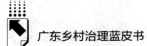

由于受到上述因素的影响，广东农村改革试点"重试轻管"现象比较突出，在试点过程中存在弄虚作假现象，个别地方存在较为明显的滥用试点资金、资源，滥用试点权力谋取私利的试点违法行为。广东省《政府工作报告》中提及了大量的试点，并逐年强调实施，但对于试点的成就及其推广却鲜有提及，形成"雷声大雨点小"的状况，无法有效总结凝聚试点经验或是教训，试点"实验"效果发挥不明显。例如，广东省已经实施多年的"千村示范、万村整治"农村人居环境整治试点工程，虽然各地陆续铺开，但实效却依然有限。据统计，广东省在农村整治方面已经落后于浙江、江苏等兄弟省份 10 年左右，而在农村基础设施建设方面，广东省还有不少自然村没有通自来水，没有通硬底路；广东城镇污水处理能力全国第一，但农村生活污水仅有 23.2% 的得到集中处理，远低于江苏的 70% 和浙江的 80%；农村人均道路面积 11.08 平方米，仅为全国平均水平的 68%①，从而必须下更大力气催生试点项目出实效。

4. "有经验没资源"，无法发挥试点成果的示范作用

经过多年试点实践，广东农业农村各项试点成效明显，逐步形成了解决"三农"问题的"广东智慧"与多个版本的"广东经验"。但相比起试点项目经验的典型意义，其推动整体发展的示范带动作用却未能得到有效体现。造成这种局面的原因，一是由于缺乏对于试点经验的整合，无法在整体上推进农业农村发展。二是试点经验推广过程中，作为经验学习者的非试点地区面临着与试点地区同样的亟待解决的政策问题，但却缺乏相应的资金、资源支持，从而无法将相关经验在各自辖区内落地。在此背景下，虽然广东涌现了许多试点的优秀经验，但整体带动的效果却依然受到限制。仅以经济发展为例，2021 年广东农村居民可支配收入为 22306 元，比浙江、江苏、天津分别少 12941 元、4485 元、5649 元，居全国第 6 位；在城乡居民收入比方面，广东是 2.46：1，比浙江（1.94：1）、江苏（2.16：1）、天津（1.84：1）

---

① 叶贞琴：《关于广东"发展最大的潜力和后劲在农村"的几点思考》，《农村工作通讯》2019 年第 10 期。

的城乡差距都要大。

5. "重前期筹备轻后期监督"，忽视试点资源使用效率的评估

随着乡村振兴战略的全面推进，"三农"工作被提到了前所未有的高度，中央政府高度重视农村农业发展问题，并对农村的政策试点给予了大力的支持。中央政府以及省市政府的财政投入是农村试点项目得以顺利推进的重要保障，如在英德市国家农村综合性改革试点中，中央政府投入了大量的财政资金来支持英德市乡村振兴试点项目。

值得关注的是，在试点立项过程中，地方政府在争取试点资源的时候，会投入大量的人力物力来对农村的可发展项目进行评估，并制定详尽的规划以争取试点的机会，并对试点的主要领域以及项目进行公示。但在政府官网中我们往往只能找到地方政府关于试点项目规划的公示内容，以及对整体试点成果的评估，对于资金的使用也往往仅限于对投入资金的总数进行公示，而具体领域、具体项目的投入及其效果产出却不得而知。虽然缺少第三方监督的政府试点效果自评可能存在偏颇，但是试点资源使用安排以及使用效率公示内容的缺失使得地方村民、企业等试点相关利益主体的监督作用不能有效发挥，试点资源的使用情况存在"黑箱"，这也为部分人员挪用、滥用试点资源甚至是寻租留下空间。

6. "刻意求新+短期装点"，农村政策试点的形式主义泛滥

在基层推行试点工作时，形式主义的现象层出不穷，一些地方政府为了激励基层勇于创新，在试点成效上设置了丰厚的奖金报酬。地方为了在试点创新中"拔得头筹"，在确定试点拿到资金之后从外部标识到内里装饰进行一系列的标准化打造，这些被集中力量打造出来的精美试点成效便成了迎接上级视察和媒体报道的重心，等待"热度"褪去，便陷入沉寂。这种试点示范就是以示范为幌子，人工打造出的一种短期的、刻意的、虚假的盆景式试点示范。[①] 这种行为不仅违背了推广试点的目的，同时还背离了中央推进

---

① 谢小芹、张春梅：《我国数字乡村试点的政策工具偏好及区域差异——基于全国 72 个试点县域的扎根分析》，《东北师大学报》（哲学社会科学版）2024 年第 1 期。

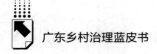

基层减负的初衷，基层干部将大部分的精力都花在堆砌式打造上，忽略了试点示范本身应当带来的效益，无形之中又为基层"增负"。

（三）破解难题，更有效发挥广东农村政策试点效用的策略

1. 在时间维度上，要持之以恒、久久为功

广东城乡发展不均衡不充分的问题是经过长期历史积累所形成的，要有效运用政策试点方式解决广东农村发展及治理过程中的重点、难点、痛点问题，不能急功近利，更不能贪大求全，而必须按照轻重缓急将农村发展及治理的各项基础性工作，如党组织建设、治理结构创新、村容规划、农村人才结构改善等率先突破，以坚实的组织、制度及人才优势夯实农村发展的基础；要明确时间节点与试点推广的衔接制度，将试点的效益与效率有效结合起来，谋求试点的实效。

2. 在空间维度上，要注重差异性、以点带面

广东省不同地区发展水平不一，乡村振兴条件不同，推进农业农村发展要充分考虑这种差异性，特别是珠三角、粤东西北四大区域农业农村发展水平差异，以及城郊融合、特色保护、搬迁撤并、集聚提升四大类型的村庄发展模式的差异。对此，在进行试点规划的过程中，必须做好顶层设计，分梯度、分类型推进各项试点项目，分期分区推动，以点带面，典型引路。具体而言，首先要重视城乡差异，要尊重和承认农业农村问题的特殊性，不能将城市试点项目或经验等复制到农村，也不能将建设"小城市""拟态城市"作为农村试点项目的主要目的[①]，各项政策试点一定要紧密结合农村山水田园特色、重视农村历史文化根脉、重视农村现实发展水平。其次要注重区域及类型差异，因地制宜，分类指导，珠三角、粤东西北地区的气候条件、地形地貌、经济水平、风俗文化等千差万别，相应试点项目的开展不能够"一刀切"，而必须尊重各区域的现实。

---

① 韦少雄：《新时代村民自治的有效实现形式：探索、论争与展望》，《西南民族大学学报》（人文社会科学版）2022 年第 11 期。

3. 在内容维度上，强调协调发展，全面推进

广东农村发展面临着多个方面的挑战，其中既有长期以来"重城市、轻农村"而形成的农村基础设施建设水平和质量落后，农村公共基础设施投入少，污水处理设施以及道路硬底化建设数量少、质量低等历史问题，也有各地特别是珠三角土地开发受限，农村发展缺乏必要的空间支撑的现实问题；既有长期以来南方宗族文化发展过程中个别地区传统文化被扭曲而形成宗族恶势力"霸村自治"进而导致农村基层治理"黑化、灰化"的现象，也有外源社会资本导入乡村扭曲市场交换原则从而导致乡风民俗受到破坏的问题。对于这些问题的解决，"头痛医头、脚疼医脚"的老路数最终的结果往往只能是"顾头不顾尾"，从而必须全面、综合地对农村发展及治理进行创新。国际上曾涌现了不少经验可供参考，如欧盟先后提出的农村优先战略和共同农业政策改革的立法建议取得了卓越的成效，而日本、韩国在发展到一定程度之后也实施了乡村振兴计划用以推进农村的全面发展。

4. 在主体维度上，要发挥好农民的主动性和积极性

推进农村改革试点，农民是获益者，也是参与者、建设者，不能"政府干、农民看"。要在充分尊重农民意愿的前提下，积极发挥好农民的主体作用和地方政府的引导作用，调动好农民和地方政府的积极性、主动性、创造性。[①] 在农村试点项目确定及落地实施的过程中，政府应该给予政策、资金的必要支持，但不能一手包揽。在农村改革和发展过程中，农村最了解自己所生活和劳作的土地与环境，知道农村发展与农民致富过程中最需要解决的问题是什么以及通过何种方式解决问题最为有效。因此，在农村政策试点过程中，应当让农民充分参与进来，保障农民的主体性地位，激发群众参与农村改革的主动性和积极性。在具体措施方面，一是要大力推进"头雁工程"，充分发挥基层党组织及其领导人的能力与激情，当好落实各项政策试点项目的主心骨。二是充分尊重农村社会组织的内生秩序体系，发挥好村民

---

① 苑丰、金太军：《行政、社区、市场：乡村组织振兴"三重赋权"的内在逻辑》，《理论与改革》2021 年第 4 期。

理事会、村民议事会、乡贤组织和老人会等农村发展"自组织"能力。三是发挥好农村退伍军人、企业家、老干部、老教师等村民优秀代表的人缘、业缘优势，发挥其参与农村试点项目的专业指导、监督实施和沟通协调作用，鼓励和引导更多的村民参与到试点项目的落地过程中来。农村改革试点不仅需要政府、农民、社会在认识上、目标上、行动上形成共识，同时也需要三者共同分享试点改革的红利，从而构建一条共建、共治、共享的试点实践新格局。

5. 在规范维度上，要将试点创新纳入制度规范的范畴，实现"试"与"治"的有机结合

一是统筹安排试点工作，试点是国家政策创新的重要工具，需要通过顶层设计来对试点进行通盘统筹部署，强化试点过程中的党建引领，强调试点过程中的主体责任，强化政策试点过程中的党纪监督。

二是完善政策试点的制度规范体系，将试点内容的创新性与试点工具使用的规范性分离开来，进行统一的试点规范立法，使政策试点的权力回嵌入明确的法治范畴。

三是搭建试点权力复合监督平台，由授权监督转向多元复合监督，构建以人大监督、层级监督和行政监察为基础，以试点村镇为依托，试点区域群众、社会舆论、第三方评估机构等多方参与的试点绩效考核及廉政风险防范平台。

四是建立试点终结机制，明确政策试点的时间、区域及任务边界，对于规定时间内未完成试点任务、试点无法继续进行或者试点破坏了边界限定等，应及时采取警示、纠偏等措施，对于已完成试点任务，或者试点失败以及试点造成较大负面影响的，应及时启动试点终止措施，并对后两种情况启动问责程序。

五是加大试点失范问责及处罚的力度，将试点问责与惩罚与试点授权的权力及资源的量级挂钩，将试点腐败与一般腐败区别开来从严从重处罚。与此同时，要明确改革试点是一种创新探索的过程，要鼓励突破就要允许失败，对探索要予以积极的支持，对失败要秉持宽容的态度，防止改革试点中的"先行者"变成"替罪羊"。

八 结语

广东按照"抓重点、补短板、强基础"的工作思路强力推动乡村全面振兴，在脱贫攻坚和城乡融合等领域迎来了历史性的蜕变。但我们依然需要清醒地看到，广东城乡发展、区域发展不平衡现象依旧长期存在，特别在农业农村发展方面与浙江、江苏和福建等地区依然存在着较大的差距。对此，广东省委原常委叶贞琴曾指出，"广东作为改革开放的排头兵，要把农村这个战略腹地、社会稳定器建设好，让 3257 万农村常住人口能够在农村安居乐业"。农村政策试点作为我国推进政策创新和改革发展的重要手段，可以在广东农村发展与治理创新过程中发挥更大的作用。要充分发挥广东气候、生物资源和经济基础的优势，继续深化以下方面的试点创新，大力推进特色发展。一方面，打好基层组织建设、农村基础设施建设、农村公共服务均等化体系建设等基础工程的根基；另一方面，推进农村传统产业做强、农村新兴产业做大、农村治理创新模式做细做实，同时不断推进农村人居环境整治与农村社会治理建设，形成广东强农富民兴村的发展新格局。

B.4
广东涉农资金统筹使用报告

武玉坤　石雅卓　董裕彤*

摘　要： 为响应国家"加快建立涉农资金统筹整合长效机制"的整体要求，广东省将9个部门26项涉农资金纳入整合范围，并通过"大专项+考核事项清单+绩效目标"方式整体下达资金，市县可整合资金对重点涉农项目集中攻坚，基本实现了全农口部门涉农资金的跨部门整合。2019~2022年，每年涉农资金规模都超过300亿元，其中超过80%的由市县统筹实施。改革极大地促进了农业产值增长和农民增收，有效撬动了社会和地方政府涉农资金投入，涉农整合资金绩效水平大幅提升。面对涉农资金统筹整合存在的项目管理水平有待提高、资金需求量日益增大和过程监管有待优化等问题，未来广东省涉农资金统筹整合需要进一步提高项目统筹能力，提高资金的精准配置能力和完善资金管理体制。

关键词： 涉农资金　项目管理　项目统筹　广东

　　面对涉农资金管理不规范、监管难度大和部门权责不匹配等问题，党和国家要求要以整合涉农资金为重点，切实提高涉农资金运用效率。2004~2012年的中央一号文件多次对涉农资金整合提出要求，有关方面也进行了多次不同程度的尝试与探索，但都未能从根本上解决涉农资金管理链条长以

---

* 武玉坤，管理学博士，华南农业大学公共管理学院副教授，研究方向为公共预算与财政管理、基层治理；石雅卓，华南农业大学公共管理学院硕士研究生，研究方向为公共预算与财政管理、基层治理；董裕彤，华南农业大学公共管理学院学术型硕士研究生，研究方向为公共财政与基层治理。

及项目涉及部门多和项目类型多而导致的管理碎片化这两个深层问题。2013年，经国务院批准，财政部开始整合黑龙江省"两大平原"地区的涉农资金①，成为涉农资金统筹整合的先期探索。2014年中央一号文件再次提出了"整合和统筹涉农资金"的要求，将涉农资金的整合看作进一步深化财税体制改革、缩小城乡差距、提升财政管理绩效的重要途径。

2017年，习近平总书记在中央农村工作会议上指出，"要下决心解决支农项目支离破碎的问题，加快建立涉农资金统筹整合长效机制"。同年12月，国务院印发《关于探索建立涉农资金统筹整合长效机制的意见》（国发〔2017〕54号），要求各省推进涉农资金整合工作。为贯彻落实中央文件精神，2018年12月，广东省人民政府制定印发《广东省涉农资金统筹整合实施方案（试行）》（粤府〔2018〕123号，以下简称《方案》）；2019年，广东省正式启动涉农资金统筹整合改革。

一 广东涉农资金统筹使用整体情况

（一）广东省涉农资金统筹整合的制度设计

广东省积极响应国家政策，通过顶层设计推进改革，相关措施和核心做法如表1所示。继2018年底广东省政府出台《方案》后，2019年6月广东省财政厅印发了《广东省涉农资金统筹整合管理办法》（粤财农〔2019〕115号），广东省涉农资金统筹整合改革全面铺开。《方案》将涉农资金管理方式调整为"大项目+具体任务"模式，上级政府下达约束性和指导性任务目标，并赋予市县以一定的资金调配使用权限。同时，要求相关部门按照目录分类评估资金使用和项目实施情况，年底对约束性任务目标开展考评，形成分类涉农资金绩效考核自评报告报省财政部门，逐步建立以考评结果为导

---

① 《国务院关于黑龙江省"两大平原"现代农业综合配套改革试验总体方案的批复》，中国政府网，https://www.gov.cn/zhengce/content/2013-06/18/content_2733.htm。

向的涉农资金大专项和任务清单设置机制以及相应的资金分配机制。在该模式下，涉农资金被明确为应纳入统筹整合范围的财政专项资金，并根据新的资金归并类别 4 成立对应涉农资金牵头部门。[①]

表 1 广东省涉农资金政策情况

年份	文件	做法
2018	广东省涉农资金统筹整合实施方案（试行）	涉农资金依照"大专项+任务清单"的方式进行管理，由上级政府下达约束性和指导性任务，并赋予市县调剂使用资金的权力
2020	广东省涉农资金统筹整合管理办法（2020 年修订）	涉农资金实行"大专项+考核清单+绩效目标"的管理模式，资金整体下达市县，市县在完成考核任务的基础上可整合资金用于其他涉农项目
2021	广东省乡村振兴驻镇帮镇扶村资金筹集使用监管办法	帮扶资金按照"大专项+任务清单+绩效目标"的模式下达，省级资金直接分配到属地县，将资金支出及项目实施情况在涉农资金统筹整合项目库等相关资金和项目信息管理系统中更新反映
2022	广东省人民政府办公厅关于进一步加强涉农资金统筹整合的实施意见	对改革过程中出现的各种问题进行约束，进一步加强涉农资金的使用管理，推动涉农项目便民利民

2020 年，广东省财政厅依据《广东省涉农资金统筹整合领导小组办公室关于印发深化涉农资金统筹整合改革实施意见的通知》的指导精神，对原有的《方案》进行了深入修订，并正式颁布了《广东省涉农资金统筹整合管理办法（2020 年修订）》。新修订的管理办法中，涉农资金的统筹整合采取了"大专项+考核清单+绩效目标"的管理模式。资金以整体形式直接下拨至市县层面，市县在圆满完成既定的考核任务后，可根据实际情况灵活整合剩余的涉农资金，用于推动其他农业相关项目的实施与发展。这一新管理模式不仅提升了资金的使用效率，也确保了涉农项目的有序开展和资金的精准投放。

---

① 刘树鑫、史传林、许舒雅：《"统筹整合"能否提高财政支农支出效率?》，《财政研究》2023 年第 11 期。

2021 年，广东省财政厅联合农业农村厅与乡村振兴局共同发布了《广东省乡村振兴驻镇帮镇扶村资金筹集使用监管办法》（粤财农〔2021〕126号），明确要求从 2021~2025 年，针对粤东、粤西、粤北地区的 12 个市以及肇庆市下辖的 901 个乡镇，将实施一项财政资金筹集计划。按照计划，每个乡镇平均每年将获得 2000 万元的财政支持资金。这笔资金将由省级政府、珠三角地区的帮扶市以及被帮扶市共同承担，分担比例分别为6：3：1。这一财政资金的筹集与分配，旨在保障驻镇帮镇扶村工作的顺利开展。

2022 年，广东省政府办公厅印发了《关于进一步加强涉农资金统筹整合的实施意见》，从理论和实践两个维度探讨管理体系、管理机制、完善农村投融资体制，以助力省涉农资金统筹整合改革再深化，进一步加强涉农资金的使用管理。[1] 不断探索优化涉农项目审批流程，坚持能简化则简化、能合并则合并的原则，不断推动涉农项目便民利民。

总体来看，广东省涉农资金统筹整合经历了一个不断调整、改进的过程，目的是防止以往涉农资金出现的"撒胡椒面"造成资源浪费的情况[2]，同时，在一定程度上给地方政府的涉农资金管理赋予了自主权，调动了涉农资金统筹整合的积极性，通过适时出台政策文件，解决存在的问题，将改革推向深入，不仅能增强各级政府的行政能力，也可以不断巩固拓展脱贫攻坚成果，为早日实现乡村振兴作出项献。

广东省的涉农资金统筹整合方案是根据全省的实际情况所制定的，是对国家政策的细化和具体化。广东省涉农资金在统筹整合改革中建立了集中统一、上下联动、协同高效的改革领导机制，将农业农村、水利、林业、交通运输、文化和旅游、应急管理等 9 个部门 26 项涉农资金纳入整合范围，并通过"大专项+考核事项清单+绩效目标"的方式整体下达资金，市县可整合资金对重点涉农项目集中攻坚，基本实现了全农口部门涉农资金的跨部门整合。

---

① 罗海珊：《涉农资金整合改革助力县级乡村振兴的路径探究》，《质量与市场》2022 年第 24 期。

② 潘展弘、万俊毅：《广东省统筹整合涉农资金现状、问题与对策》，《南方农村》2022 年第 5 期。

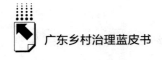

（二）广东省涉农资金统筹整合的推进进程

整体上，广东省的涉农资金统筹整合改革可以划分为三个阶段。

1. 2019年改革初期阶段

2019年的改革重点是让各市县、各部门了解、接受和参与改革，调动各方参与改革的积极性和主动性。

第一，成立省级涉农资金统筹整合领导小组和办公室，建立涉农资金统筹整合改革联席会议制度；推动市、县两级成立涉农资金统筹整合领导小组并设立办公室，努力建成集中统一、上下联动、协同高效的改革领导机制。

第二，在全国率先实现全农口跨部门涉农资金统筹整合，归并整合9个部门26项合计超过300亿元省级涉农资金。强调跨部门支农资金项目统筹整合，解决各农口部门分管资金形成的条块分割、重复建设、低效无效的问题。

2. 2020年改革深化阶段

2020年，广东省对涉农资金统筹整合的工作流程、资金分配机制、项目建设流程等环节进行了优化和重构。

第一，从执行环节整合向编制环节整合转变。从省级自上而下分部门下达资金转变为先由市、县级自下而上报送资金需求，省级在预算编制环节整合后再下达市县。

第二，从省直部门主导向省、市、县共同主导转变。改革以后，由省直部门负责谋划政策，市县承担项目实施和资金使用的主体责任。

第三，从"先排钱再谋事"向"先谋事再排钱"转变。强化涉农项目建设和应用，成熟度不高的项目不纳入项目库、不安排资金。

第四，强调"能简则简，能合则合"的原则。对各环节进行简化和再造，从各部门先编制预算、在执行环节整合资金转变为从预算编制源头就开始整合，针对整个涉农资金的总预算盘子统筹进行预算编制。

3. 2021年改革全新阶段

在2020年的改革工作基础上，通过"三突出、一探索"进一步推进改革。

第一，突出大事要事清单。省级通过印发文件建立健全大事要事保障机制，指导各地贯彻落实党中央、国务院和省委省政府部署的大事要事。

第二，突出项目引领。建立健全自上而下和自下而上相结合的项目储备机制，引导市县提高项目库质量。加强项目库建设和管理，市县负责项目储备，做好项目设计和论证工作；省级进行项目审查，把关项目的成熟度。

第三，突出绩效优先。全面构建市县主体实施、省级重点指导的上下联动监管体系，省级对市县部门项目的实施情况进行监管，并定期进行绩效考核，突出资金的使用效益。

随着改革深入推进，涉农资金覆盖的工作内容不断丰富，截至 2023 年上半年，已有包括农业农村、林业、水利以及自然资源、住建等 15 个省级部门的专项资金被纳入整合范围。

（三）广东省涉农资金统筹整合工作流程

广东省级涉农资金统筹整合项目的组织实施分为两类，分别是省级组织实施的项目和市县统筹实施的项目，两类项目采用不同的管理流程。

1. 省级组织实施的项目管理

对于省级组织实施的项目，由省级部门直接组织。与各部门预算编制程序一样，由各部门自己进行项目储备、预算编制与审查。

2. 市县统筹实施的项目管理

改革后，广东省涉农资金被划分为农业产业发展、农村人居环境整治、精准扶贫精准脱贫、生态林业建设、农业救灾应急、农业农村基础设施建设六大类，按照"大专项"的方式整体下达。涉农资金统筹整合改革改变了过去"自上而下"的资金分配管理模式，[①] 实行先"自下而上"项目申报再"自上而下"资金划拨的管理方式（具体流程见图 1），使财政资金对

---

① 万俊毅、潘展弘：《涉农资金统筹整合：制度逻辑与广东探索》，《中国农村经济》2023 年第 4 期。

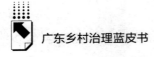

"三农"的扶持更加精准，从而提升各级农业农村部门系统谋划的意识和能力。

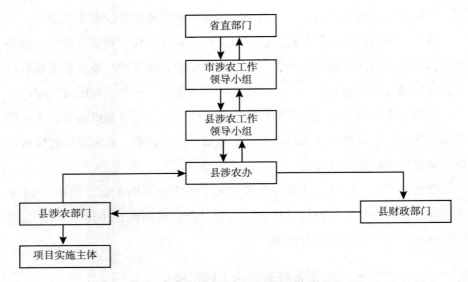

图1 广东省涉农资金整合项目管理流程

县级涉农部门作为初始环节，需根据项目的紧急程度和重要性进行排序，逐级向上申报至省级层面。省级部门在收到申报后将进行审查，只有审查通过的项目才能获得资金。这一流程确保了资金分配的合理性和有效性，有助于优先支持那些对农业农村发展具有重要影响的项目。各类项目的省级牵头部门联合相关业务部门审查市县的申报项目。省财政厅按照因素法下拨涉农资金，各业务主管部门根据国家大政方针和重点工作设置年度考核任务，力争实现财政资金与考核事项及指标同步下达。

涉农资金项目通过审查且资金到位后，县级涉农办将审核通过的项目报送县涉农资金整合领导小组，领导小组根据审查结果和资金规模确认要实施的项目和分配资金。而后，县财政部门划拨资金，县涉农部门负责组织实施项目。

这种循环的管理模式，促进了涉农要素的整合，推动市县围绕当地农业农村经济社会发展的短板弱项以及群众的急难愁盼整合资源，集中力量办大事要事，将有限的资金投放到"三农"重点领域和关键环节。具体管理流程如下。

（1）省级明确原则方向

首先，省级确定涉农资金整合方向。由省财政厅和农口业务部门梳理下一年度涉农资金支持方向，制定一级项目清单，明确省级涉农资金支持的项目类型，如中小河流治理、农田建设等类型。针对每个类型的一级项目，制定项目入库指引，指导市县按照项目入库指引进行项目储备；制定绩效目标申报模板，针对各类项目设置通用的指标。

其次，省级制定涉农资金优先支持重点。优先支持重点包括两个：一是国家考核事项清单，省级将国家对全省的任务分解给市县，要求市县优先保障相关项目；二是省级大事要事清单，列出不在国家考核事项清单内但省级认为需要重点推进的工作。

（2）市县遴选上报

主要流程为，第一，市级领导小组确定县级项目申请补助控制额度。第二，县级领导小组遴选确定上报项目。第三，县级涉农办对项目进行公示。第四，市级领导小组汇总把关。第五，市级涉农办上报全市项目。

在此环节，市县需根据省级明确的原则方向，部署本地区重点工作，明确项目储备方向，组织有关部门做好项目的申报和储备入库，并从项目库中遴选确定需要实施的项目和资金需求，通过县涉农办、市涉农办逐级上报给省级审查。

（3）省级联合审查

省涉农办组织有关省级业务主管部门对市县遴选上报的项目开展联合审查，重点关注合规性、合理性和成熟度三个方面。在此环节，要求相关业务部门根据项目入库指南和绩效目标申报模板，对项目进行把关，行使否决权。

业务部门需出具两种审查意见：一是项目具体审查意见，作审核通过或不通过的意见；二是针对审核通过的项目，提出考核事项、大事要事的项目储备情况、存在的问题和建议等总体意见，并反馈到市县，将审查意见与后续资金安排挂钩。

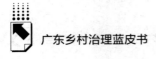

（4）资金安排和项目报备

首先，省级下达资金与任务。省财政厅根据各农口业务部门审查项目情况，形成各市县涉农资金下达的初步额度建议，提请涉农资金统筹整合联席会议审议，综合考虑各市县承担任务情况、上年度资金安排使用情况、财力状况等因素，由省涉农资金统筹整合领导小组审定，并下达任务清单。

其次，县级确定项目。在涉农资金下达到县区后，市县领导小组组织有关部门将资金和任务分解到具体项目，设定绩效目标。

再次，市级确定项目。市级领导小组审议县级项目和绩效目标，确定全市项目和区域绩效目标。

最后，批复绩效目标和监督管理。省级对市县报备项目和区域绩效目标进行把关和跟踪管理。

（四）广东省各地改革响应情况

由于广东省地级市数量众多，在此选取了10个地级市的改革细化情况，运用文本分析法对各地市细化的政策文件进行分析。抽样情况为珠三角地区4个城市，粤东地区2个城市，粤西地区2个城市，粤北地区2个城市。通过对10个地级市的政策文件进行分析，由点到面逐步考察市级政策对省级政策做了哪些细化工作。为了分析的权威性和客观性，本研究选取的资料来源均为各地级市的官方政府网站和正式公布的法规文件。

1. 推进行业内涉农资金整合

（1）归并涉农资金专项

大多数地级市将涉农专项资金归并设置为农业生产发展、农村人居环境整治、精准扶贫精准脱贫、生态林业建设、农业救灾应急和农业农村基础设施建设6大类。

在选取的10个地级市中仅河源市增加了"水库移民资金"一类，由水务局和移民工作局负责。各县（区）（不含市高新区）参照市级做法，对涉农资金进行整合。

（2）设定任务清单

在涉农资金的清理整合工作完成后，市县层面将承担起统筹实施省级涉农专项转移支付的责任，并采用"大专项+任务清单"的管理模式。在这一模式下，任务被明确划分为约束性任务和指导性任务，针对不同任务类型实施差异化管理，并将这些任务细化至各个地级及以上市及省财政直接管理的县。任务清单将逐级下达，确保各级部门明确自身职责。每类约束性任务所需的省级资金，原则上不得超过市县统筹实施该类项目资金总量的50%，以确保资金的合理分配和使用。各地市在设定任务清单时，将根据实际情况灵活调整，以适应各自地区的农业发展需求（具体见表2）。

表2　行业内涉农资金整合设定任务清单

各地市	任务清单的设定
惠州市	可对任务方向、工作目标进行指导，但不可限定具体项目，同时，对年度预算执行中发生的新增涉农支出需求，要首先通过按程序调整任务清单统筹调剂现有涉农资金的方式解决
东莞市	任务清单不再下达到镇街（园区），直接由市业务主管部门或会同镇街（园区）等相关部门制定资金分配方案，报牵头部门分类汇总，交市涉农资金统筹整合领导小组审定后，由市财政部门将资金额度统一下达到市业务主管部门等方面。包括市本级安排资金的项目原则上暂不设约束性任务和指导性任务
江门市	要求各级业务主管部门在资金整合过程中要探索完善"大专项+重点项目+任务清单"管理，围绕乡村振兴战略任务确定重点项目。此外，江门市政府统筹上级及本级涉农专项转移支付资金，结合自有财力安排的涉农资金，按任务清单将资金细化分解到具体项目，不再向下使用"大专项+任务清单"管理模式
揭阳市	省财政直管县省级下达的资金市不予统筹，但各县需根据市制定的指导性任务清单完成有关工作。明确了涉农资金的申请、安排和管理的责任，在市级、三个省财政直管县（普宁市、惠来县、揭西县）和区级都提出了不同要求，同时分别编制了任务清单
梅州市	对指导性任务有新规定，除中央、省有明确规定外，市级不设置约束性任务

（3）精简下达频次，同步下达资金与任务清单

大部分地区都严格遵循省级文件的要求，确保资金在一年内的下达频次一般不超过两次，除非涉及救灾应急等特殊资金。然而，汕头市的情况相对

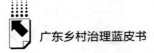

特殊，考虑到其资金涉及部门众多，不确定性因素较多，市级实施方案并未对资金下达的频次作出具体次数规定。尽管如此，汕头市仍提出应尽量减少资金下达的频次，以提高资金管理的效率与效果。

大多数地级市都要求涉农资金与任务清单要同步下达，实现财政资金投入与工作任务安排有序衔接。惠州市规定，需依靠市级单位的资源和技术力量统筹实施的项目，以及示范推广的重点综合性项目，原则上项目资金不得超过涉农资金总额的30%。

（4）建立相应的绩效评价体系

各地级市的涉农资金牵头部门与相关业务主管部门紧密合作，依据专项目录分类对各级资金的使用情况和项目实施进度进行定期评估。至年度终了时，针对约束性任务开展全面的绩效考核，并形成详细的分类涉农资金绩效考核自评报告，提交至市财政部门。市财政部门则负责委托专业的第三方机构，对市级重点涉农项目进行重点绩效评价，确保评价结果的客观性和公正性。在此基础上，逐步建立起以绩效评价结果为导向的涉农资金大专项和任务清单设置机制，以及资金分配机制。这些评价结果将成为后续年度涉农资金安排的重要依据，以推动资金的精准投放和高效利用。

2. 行业间涉农资金统筹

经过对省级与市级涉农资金整合实施方案的详尽对比分析可以清晰地观察到，市级方案在资金整合过程中同样强调了规划的核心引领作用。市级业务主管部门在相关实施方案中被明确赋予了关键职责，即加强对县级涉农资金统筹整合的规划引领与工作指导，以确保资金使用的精准性和实效性。此外，市级方案还明确提出支持对性质相同、用途相近的涉农资金进行统筹使用，此举旨在实现资源的最优化配置，进而提升资金使用的整体效率。

在资金使用的具体策略上，市级方案注重结合地方实际情况，遵循轻重缓急的原则，在既定范围内赋予地方自主统筹使用资金的权力。这一策略旨在更好地适应和满足地方农业农村发展的多元化需求。同时，市级方案亦积极倡导发挥涉农资金统筹整合的主体作用，通过统筹安排各类功能互补、用途衔接的涉农资金，形成合力效应，共同推动农业农村的持续健康发展。

　　省级涉农资金共分为六大类，每一大类都有明确的工作任务，由相关部门单独或联合负责，具体情况如下。

　　第一类，农业产业发展。其主要职责在于构建完善的现代农业体系，强化农业的支持与保护制度，致力于现代农业产业园的建设与发展。同时，积极推动"一村一品、一镇一业"的特色化发展模式，推动农业的绿色化转型和现代渔业的蓬勃发展。此外，还注重农业的综合开发，强化农田的建设与保护工作，确保农业资源的可持续利用。这一系列任务的实施将由省农业农村厅与省自然资源厅等多个部门共同参与。

　　第二类，农村人居环境整治。其主要任务涵盖了农村基础设施与环境的全面提升。加大"四好农村路"建设力度，确保农村交通便捷畅通。深入推进农村"厕所革命"，改善农村卫生条件。建设农村垃圾处理设施，提升农村垃圾处理能力，并加强农村污水处理和雨污分流设施的建设，保护农村水环境。为了确保农村居民的饮水安全，推进农村集中供水设施及管网的建设。在改善农村居住条件方面，重点改善农村危房，提升农民居住质量。同时，制定乡村建设规划，为乡村的可持续发展提供指导。此外，还将组织相关培训，提升农民的技能和素质。保护和开发南粤古驿道也是其重要任务之一，旨在传承和弘扬乡村文化。这一系列任务的实施将由省农业农村厅牵头，并联合省住房和城乡建设厅、自然资源厅、交通运输厅、水利厅、文化和旅游厅、卫生健康委等多个部门共同推进，形成合力，共同推动农村基础设施与环境建设的全面发展。

　　第三类，精准扶贫精准脱贫。其主要任务是消除贫困、改善民生、实现共同富裕，把精准扶贫精准脱贫作为全省重要任务，全面推进各项工作。这一系列任务的实施主要由省农业农村厅主抓统筹。

　　第四类，生态农业建设。其主要任务在于积极培育和保护森林资源，致力于打造独具特色的森林生态综合示范园与美丽古树乡村，以彰显自然和生态之美。同时，促进林下经济的蓬勃发展，充分挖掘森林资源的经济价值，为农村经济发展注入新动力。此外，还注重优质林业种苗的培育工作，为林业的可持续发展提供坚实的种源保障。这一系列任务的实施将由省林业局牵

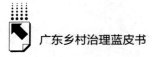

头，并联合发展改革委、农业农村厅等相关部门共同推进，确保森林资源得到有效保护和林业经济实现健康发展。

第五类，农业救灾应急。其主要职责在于及时应对农业生产中的各类灾害，并开展有效的救灾工作，特别是针对特大防汛抗旱等紧急情况。这一任务的实施将由省应急管理厅牵头，发挥其在应急管理和灾害应对方面的专业优势，确保救灾工作的高效有序进行。同时，省农业农村厅、水利厅等相关部门也将积极参与，为农业生产的安全稳定提供有力保障。

第六类，农业农村基础设施建设。其主要任务是聚焦农村基础设施项目的建设推进工作，提升农村地区的整体设施水平，改善农民的生产生活条件。这一重要任务将由省水利厅牵头负责，发挥其在水利建设和农村基础设施领域的专业优势，同时，省发展改革委等相关部门也将积极参与，提供政策支持和协调配合。

对大多数地级市而言，涉农资金统筹整合以专项资金为载体，推进行业间涉农资金统筹，但市级根据当地的实际情况，参照省级涉农资金统筹整合专项目录对主要任务进行了小部分的改动，相比省级更加详细，以使相关规定更加符合当地状况（见表3）。

表3　市级资金分类和主要任务

地级市	资金分类	主要任务
广州市	农业农村发展	防控重大动物疫病、巩固北部山区扶贫成果、农村人居环境整治等
	生态林业建设	生态景观林带建设、林业有害生物防控、乡村绿化美化等
	水务建设管理	基建类和非基建类水利项目建设、农村污水处理、农村供水改造等
	村镇发展建设	美丽乡村建设、名镇名村创建、中心镇建设、特色小镇扶持、"四好农村路"建设、村道建设等
东莞市	农业产业发展	构建都市农业都市渔业体系
	农村人居环境整治	改善人居环境生态宜居美丽乡村建设、一事一议、革命老区建设等
	生态林业建设	生物防火林带建设
江门市	农业生产发展	农业强市建设

地级市	资金分类	主要任务
惠州市	农业生产发展	市级农业公园建设、加强土壤重金属污染防控治理、耕地质量保护与提升、基本农田经济补偿、基本农田保护标志牌建设、支持少数民族发展等
	生态林业建设	市级生态公益林补偿、绿满家园建设、桉树林改造、南亚热带珍贵树种繁育示范基地建设
	农业救灾应急	重大动物疫病防控、高致病性禽流感防控、红火蚁疫情防控等
	农业农村基础设施建设	水库移民后期扶持、白盆珠水库移民专项
汕头市	农业产业发展	推进绿色发展与创新驱动、畜牧业生产发展、禽畜养殖废弃物资源化利用、畜禽无害化处理,实施政策性农业保险、海洋资源增殖放流
	农村人居环境整治	基层村居创文强管、百河千沟万渠大整治
	生态林业建设	实施有害生物防控、野生动植物保护监测管理等
湛江市	农业产业发展	开展优质果蔬品种引进与示范、市级财政农机购置补贴、水产养殖试验、扶贫农业龙头企业补助等
	农村人居环境整治	村级公益"一事一议"、推进美丽乡村奖补、特色乡村创建(试点)补助等
	生态林业建设	雷州半岛生态修复及绿化行动等
	农业农村基础设施建设	农田水利万宗工程建设、村村通自来水工程、千里海堤加固达标工程及千宗治洪治涝保安工程、市级水利建设、土地整理及异地开发、高标准农田建设等
河源市	水库移民资金	促进水库库区和移民安置区生产发展,改善库区及移民安置区的公共基础设施,加强库区防护工程和移民生产、生活设施维护,加强移民的职业劳动技能及职业培训,解决水库移民的重点、难点、焦点问题
梅州市	农村人居环境整治	乡村旅游开发、乡村旅游景区厕所建设、乡村文化设施等

广州市在农业农村发展分类中除了与省级的农业产业发展一致,还本土化地加入了"防控重大动物疫病,巩固北部山区扶贫成果",同时将省级资金分类中的农村人居环境整治整合成为市级资金分类农业农村发展的其中一个主要任务。此外,广州市还创造性地增加了"水务建设管理"和"村镇发展建设"资金分类,主要任务为农村污水治理、农村供水改造等和美丽

乡村建设、名镇名村创建等。东莞市在农业产业发展资金分类中增加了"构建都市农业都市渔业体系",在农村人居环境整治资金分类中增加了"一事一议、革命老区建设"等,在生态林业建设资金分类中增加了"生物防火林带建设"。江门市在农业生产发展资金分类中增加了"农业强市建设"。惠州市在农业生产发展中细化了"市级农业公园建设""支持少数民族发展"等,在生态林业建设中增加了"绿满家园建设、桉树林改造、南亚热带珍贵树种繁育示范基地建设",在农业救灾应急资金分类中增加了"高致病性禽流感防控、红火蚁疫情防控"等,在农业农村基础设施建设中增加了"水库移民后期扶持、白盆珠水库移民专项"。汕头市在农业产业发展中增加了"推进绿色发展与创新驱动、畜牧业生产发展、禽畜养殖废弃物资源化利用、畜禽无害化处理,实施政策性农业保险、海洋资源增殖放流",在农村人居环境整治中增加了"基层村居创文强管、百河千沟万渠大整治"。湛江市在农业产业发展中增加了"开展优质果蔬品种引进与示范""水产养殖试验、扶贫农业龙头企业补助"等,在农村人居环境整治资金分类中增加了"推进美丽乡村奖补、特色乡村创建(试点)补助"等,在生态林业建设资金分类中增加了"雷州半岛生态修复及绿化行动",在农业农村基础设施建设资金分类中增加了"农田水利万宗工程建设、村村通自来水工程"等。河源市增加了"促进水库库区和移民安置区生产发展"等。

总之,地级专项目录更侧重于顶层设计,更加强调建设什么,为基层提供了指引方向。地级市的专项目录更侧重于底层逻辑,更加强调如何建设,如"农业产业发展""生态林业建设""农村人居环境整治"等更加注重以人为本,在防控、奖补和村镇建设中都提出了更加细化的要求。

此外,省级还鼓励积极试点集中投入资金,每个地级市都要求选取1~2个县作为集中投入资金试点。目前将该条加入实施方案的地级市有江门、汕头和韶关。

3.改革完善涉农资金管理体制机制

各地级市实施方案在管理制度体制建设、审批权限、项目库管理、涉农资金监管等方面跟省级做了一致的要求。

涉农资金管理体制实行目标、任务、资金、权责的"四到县"，但由于东莞市不设县，无法下放管理权限到县，将由市级业务主管部门根据上级下达的资金和任务清单负责管理监督和组织实施，明确资金使用方向和任务完成计划。同时，东莞市审批权暂不下放到镇街，继续由市级业务主管部门负责。继续保持由市级业务主管部门根据任务清单确定具体项目，与镇街进行经费结算。

在江门市，为了进一步优化报账审批流程，国库集中支付改革得到了深化。按照"横向到边、纵向到底"的工作要求，国库集中支付制度在镇（街）层面得到了全面推行，从而规范了镇（街）及村（社区）的财务报账管理。在财政支农资金的报账制度上，市级层面并未作出细化的要求，而是将决定权下放至各市（区）政府，由其自主确定涉农资金的拨付和管理方式。

此外，江门市还结合当地实际，由市发改部门提供专业的招投标业务指导，以确保各市（区）的招投标活动能够规范进行。市农业农村部门则专注于指导各市（区）农村集体"三资"管理，并与民政部门合作，共同指导村委会健全内部管理制度。同时，江门市还加强了对各市（区）政府采购业务的指导，以规范基层政府采购行为，提高政府采购的效率和透明度。

（五）广东省涉农资金整合安排情况

1. 绝对规模

广东省有效推进了财政资源的整合优化，将原先分散在9个部门的26项专项资金，统一整合为一个大专项。在2019~2022年，每年用于农业领域的资金规模均超过300亿元，其中，超过八成的资金是由市县两级进行统筹和执行的（见图2）。为了提高涉农资金的使用效率和效益，广东省财政厅构建了一体多维的监管体系，该体系将市县作为实施主体，省级则侧重于指导与监督，确保各级财政管理部门之间上下联动、协调推进。

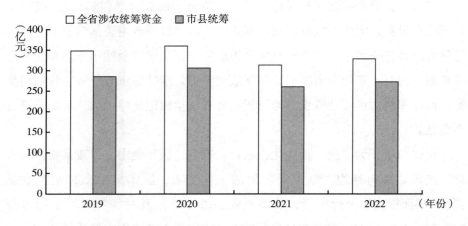

图2 2019~2022年广东省涉农资金整合规模情况

2. 相对规模

涉农资金投入的相对规模能够反映财政支农资金投入的力度，可以用涉农资金投入占财政涉农支出的比重衡量涉农资金投入的相对规模，财政涉农支出用《广东财政年鉴》中的农林水支出来衡量。

从表4可以看出，涉农资金整合相对规模不断增长，比重保持在25%以上，作为农业大省，广东省对涉农资金的投入在不断加大，且有在未来也将持续保持增长的趋势。

表4 2019~2022年广东涉农资金整合规模情况

单位：亿元，%

项目	2019年	2020年	2021年	2022年
涉农资金整合规模	241	306	313	328
农林水支出	957.68	1125.81	1109.47	数据缺失
涉农资金投入占财政涉农支出的比重	25	27	28	

资料来源：广东省财政厅、《广东统计年鉴》、《广东财政年鉴》。

二 广东涉农资金统筹使用实施成效

（一）改革成效获得国家认可

广东省从 2019 年实施涉农资金整合以来，每年的涉农资金整合规模都高达 300 亿元以上，充分体现了广东省对涉农资金统筹整合的重视程度。用好涉农资金对全面推进乡村振兴、加快农业农村现代化具有重要意义。广东的涉农资金统筹整合改革经验也连续两年受到中央一号文件督查组表扬，[①]在 2021 年财政部组织的涉农资金统筹整合中期评估中，广东省位列全国第一。

（二）促进农业增长和农民增收

涉农资金整合的不断深入，在一定程度上也促进了农村发展和农民增收，可以用农业总产值和农村农民人均可支配收入两个指标来测量农村发展和农民增收情况。

从农业总产值来看，涉农资金整合效果较为明显（见图 3）。涉农资金整合改革从 2019 年实施，到 2021 年已经上升了近 2000 亿元，年均增长率约为 10%。

从农民人均可支配收入来看，近年来，广东省的农民人均可支配收入呈现不断增长的趋势（见表 5）。随着涉农资金整合改革的深入，珠三角是增长最快的，年均增长率达到了 11%，粤东西北、东翼、西翼、山区的年均增长率都大约在 9%。连续出台的以"三农"为主题的中央一号文件和广东涉农资金整合的不断改革，不但促进了农村的经济发展，也促进了农民增收，增强了农民的造血功能，在一定程度上缩小了城乡居民收入差距。

---

① 《我省在今年财政部组织的涉农资金统筹整合中期评估中排名全国第一》，广东省人民政府网，http://www.gd.gov.cn/gdywdt/bmdt/content/post_ 3368093.html。

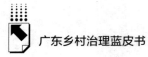
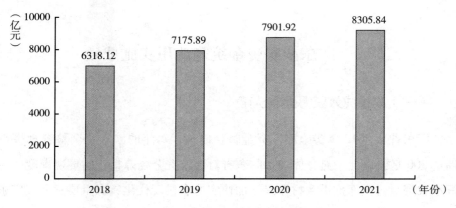

图 3　2018~2021 年广东省农业总产值

资料来源：《广东统计年鉴》。

表 5　2018~2021 年广东各区域农村农民人均可支配收入

单位：元

区域	2018 年	2019 年	2020 年	2021 年
珠三角	22805.6	25025.8	26856.5	30464.7
粤东西北	15570.2	16992.8	18176.9	20112.8
东翼	15013.2	16386.8	17357.1	19211.4
西翼	16434.7	17932.4	19267.8	21261.0
山区	15111.5	16490.8	17698.0	19599.6

注：根据广东省行政区划，东翼包括汕头、揭阳、潮州、汕尾，西翼包括湛江、茂名、阳江，山区包括韶关、河源、清远、梅州、云浮。

资料来源：《广东统计年鉴》。

（三）极大地撬动了社会和地方政府涉农投入

涉农资金统筹整合撬动社会投资效果明显。2021 年，广东省财政投入粤东西北省级现代农业产业园 75 亿元，撬动总投资 362.2 亿元，撬动比达到 1∶4.8。① 到 2021 年，广东省省级涉农资金支持建成了 161 个省级现代

---

① 《今年统筹涉农资金 328 亿元，广东财政助力乡村振兴》，广东省财政厅官网，http：//czt.gd.cn/mtgz/content/post_ 3918411.html。

农业产业园。在基础设施建设方面，全省范围内的乡镇和行政路的路面硬化工作已经完成，行政村通客车率以及农村公路列养率均达到了100%。此外，农村卫生户厕的普及率已经超过了95%，农村生活垃圾的收运处置体系实现了全覆盖。在改善农村人居环境方面，全省自然村的人居环境基础整治完成率更是高达99.8%以上。更为显著的是，通过不懈努力，全省已成功帮助161.5万相对贫困人口和2277个相对贫困村实现全面脱贫，为乡村振兴打下了坚实基础。在撬动地方财政资金方面，粤东西北等地区的效用也较为明显（见表6）。

表6 各地级市涉农统筹资金与农林水支出对比情况

单位：亿元

区域	地区	2020年涉农资金	农林水支出	农林牧渔总产值	2021年涉农资金	农林水支出	农林牧渔总产值
珠三角（9）	广州	2.03	112.07	514.03	2.60	82.39	542.55
	深圳	0.30	134.55	48.85	—	128.06	46.29
	佛山	0.56	31.18	368.55	0.51	35.16	394.24
	东莞	0.07	32.87	46.52	0.08	33.16	53.38
	中山	0.16	19.64	117.83	0.14	29.49	139.84
	珠海	2.12	23.82	93.06	0.88	23.73	98.94
	江门	5.62	41.57	500.84	0.90	43.54	594.24
	肇庆	16.43	47.28	675.21	—	37.39	721.75
	惠州	7.67	47.03	345.63	6.95	49.42	387.46
粤东（4）	汕头	10.45	31.32	229.87	9.52	26.94	236.04
	潮州	8.70	24.18	184.49	8.57	22.20	196.27
	揭阳	14.99	37.76	324.14	18.45	42.10	331.04
	汕尾	13.88	33.46	261.45	13.87	36.15	278.44
粤西（4）	湛江	26.88	66.70	990.94	23.73	63.97	1043.24
	茂名	26.78	44.04	1038.50	23.84	48.49	1042.75
	阳江	11.16	36.70	425.89	9.23	34.16	407.06
	云浮	11.02	32.65	315.07	10.96	33.31	346.47

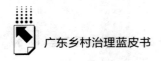

续表

区域	地区	2020年涉农资金	农林水支出	农林牧渔总产值	2021年涉农资金	农林水支出	农林牧渔总产值
粤北（4）	韶关	21.84	53.41	335.10	20.82	54.28	360.41
	清远	18.67	59.19	483.94	19.56	59.20	508.27
	梅州	29.85	65.02	389.26	29.74	60.11	388.60
	河源	23.00	45.41	212.76	19.16	44.31	240.65

资料来源：广东省各地市官网、《广东统计年鉴》。

（四）地方政府项目质量显著提升

在涉农资金的统筹整合改革进程中，广东省尤为重视项目引领的关键作用，目的在于提升各级政府自主谋划项目和推动项目完成的能力。为实现这一目标，广东省构建了一套将"自上而下"与"自下而上"相融合的项目储备机制，确保全省范围内资金管理和使用高效运作。这种机制不仅激发了市县政府的积极作为，有效保障了项目库的质量，还显著增强了各级政府自主谋划和推动项目发展的能力，为涉农资金的合理使用奠定了坚实基础。

2021年，市县两级政府积极组织申报2022年涉农项目，共申报项目10567个，涉及资金729亿元。经过严格的审查，8924个项目被批准实施，涉及资金608亿元，审查通过率高达84%，与往年相比提高了8个百分点。[①] 这一成果充分展示了广东省在涉农项目谋划和审查方面的成效。此外，广东省还创新了项目建设审批模式，推动市县政府不断优化和简化项目建设流程。这一举措旨在实现涉农项目建设的"速度快、质量好、成本低"，从而提高资金使用效率。

（五）涉农资金整合绩效水平大幅提高

绩效作为财政资金的"生命线"，其重要性在广东省财政厅对涉农资金

---

① 《广东财政深化涉农资金统筹整合，助力乡村振兴取得新进展》，广东省财政厅官网，http://czt.gd.cn/mtgz/content/post_ 3918414.html。

的统筹整合与监管中得到了充分体现。为了提升涉农资金的使用效益，广东省财政厅构建了一个多维监管体系，该体系以市县为主体实施，省级进行重点指导，上下联动，一体推进。这一体系不仅确保了资金的有效使用，也推动了涉农项目的顺利进行。从数据上看，省级涉农资金的支出进度有了显著的提升，从 2019 年的 82.1% 提升至 2021 年的 92.5%。这一提升不仅反映了资金使用效率的提高，也拉动了市县完成投资 284.6 亿元，对地方经济的发展起到了积极的推动作用。① 在优化政府职能方面，广东省财政厅也做出了积极的努力。省直部门负责全局谋划和政策指引，使得政策更加贴近实际，更加具有针对性。同时，市县提前谋划和储备项目的积极性也显著提高，这种"先谋事再排钱""资金跟着项目走"的理念已经深入人心，成为全省上下的共识。

以揭阳市为例，该市积极创新，构建了五级涉农项目建设工作机制，并针对性地设立了市、县、镇三级专门的涉农项目建设团队。② 这种高效的工作机制不仅确保了项目的稳步推进，还极大地提高了资金的使用效率。揭西县龙潭镇更是展现了前瞻性的眼光，提前规划了未来五年的项目储备库，其中涵盖了总投资高达 35 亿多元的 79 个项目。这些项目的实施显著增加了农民的收入，为乡村振兴注入了强劲动力。

（六）涉农资金投入给产业经济带来积极影响

以扶持产业为平台整合涉农资金，是带动农业增效农民增收，实现乡村经济多元化的迫切需要。③ 从理论方面来看，涉农资金整合将生产发展和基础设施建设统筹为一个大专项，实现全农口部门涉农资金跨部门整合，能够

---

① 《广东统筹涉农资金 328 亿元为乡村振兴补短板强弱项》，财政部官网，https：//www.mof.gov.cn/zhengwuxinxi/xinwenlianbo/guangdongcaizhengxinxilianbo/202205/t20220506_3808284.htm。

② 《广东开展"链长制"试点，"G+5+N"模式建设农业全产业链》，广东省农业科学院官网，http：//www.gdaas.cn/mtjjn/content/post_999067.html。

③ 仇童伟、张丹茹、罗必良：《巩固拓展脱贫攻坚成果：财政涉农资金整合何以影响县域产业经济？》，《上海财经大学学报》2022 年第 6 期。

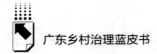

实现在一定时期内的资金规模化运用，涉农资金起到了一个化零为整的作用，提升资金使用效率。

从实践方面看，据韶关市财政局有关负责人介绍，翁源县兰花现代农业产业园在推动农业发展和农户增收方面成效显著，成功吸引了 7758 户农户加入兰花种植行列，每户平均增收超过 15000 元。近年来，当地政府投入 3.4 亿元涉农资金，打造了一条长达 10 公里的现代农业产业园廊线，此举有效激发了企业和社会资本的参与热情，共吸引了 25 亿元的投资。这些资金主要用于解决园区内道路、供电、供水和通信等基础设施问题，为园区的持续发展提供了有力保障。在产业园的带动下，园区的年产值已达到 24.3 亿元，展现了强劲的发展势头。

西江和贺江在肇庆封开县大洲镇大洲村有一个交汇点，即龙皇岛码头公园，① 其已成为封开县"省际廊道"美丽乡村示范带建设的项目之一。而在涉农资金统筹改革前，这里还是一片竹林和荒地。改革后，肇庆市通过跨行业、跨项目、跨区域、跨年度"四个统筹"，把农业、林业、水利等各行业资金整合起来，共统筹涉农资金 5.8 亿元，全力推进美丽乡村示范带等重点项目建设。同时，在大洲镇，竹狸、百香果、单枞茶、秀珍菇四大农业产业蓬勃发展，涉农资金统筹改革为每个项目各统筹了 100 万元帮扶资金。

汕头市也将在 2022~2025 年参照省做法，高质量建设新一轮市级现代农业产业园，产业园主导产业中的二三产业产值占其综合产值 50% 以上，产业园实施主体与农民建立紧密的利益联结机制，产业园内农民年人均可支配收入高于当地农民 12% 或年增速高于当地农民 0.5 个百分点。市级财政安排专项资金补助市级现代农业产业园，市级财政资金按照涉农资金要求管理。② 各实施主体的产业园项目，须实行专账管理。

广东的涉农产业主要是通过政府和社会的资金投入建成产业园区进而形

① 《全力打造成广东乡村振兴样板》，广东省农业农村厅官网，http://dara. gd. gov. cn/snnyxxlb/content/post_ 2964959. html。

② 《汕头市现代农业产业园建设工作方案（2022~2025 年）》，汕头市人民政府网，https://www. shantou. gov. cn/nyj/zwgk/bmwj/zcwj/content/post_ 2152261. html。

成产业集聚才得以发展，并且规模投资集中在第一产业。涉农资金整合的推进，为农村发展第一产业提供了资金支持，极大地提高了社会化生产的组织化程度，也能很好地实现了农业产业化，促进了农民增收，增强了竞争力。

三 广东涉农资金统筹使用面临的主要问题

（一）项目统筹水平有待提高

1. 项目决策权依然是省级主导

省涉农办要求市县领导小组（尤其是组长）要对涉农资金统筹进行整体谋划。但在实践中，有些地区领导小组谋划力度不够，而是主要由县级各部门申报项目，经市级主管部门业务指导后上报省里。结果导致项目决策权上移，变成了还是由上级来对项目立项与否做出决定。例如，2020年和2021年，省里统一要求各地部门按照上一年度3倍额度申报，县报到市主管部门先审核，最终到市涉农办进行规范性审核，之后再上报给省。省组织农林水等相关部门对各个项目进行审核，审核通过以后，纳入拟建项目库。然后，根据各地项目成熟度、通过率、考核地方的农业面积和农业人口以及其他因素（绩效评价、审计意见等），明确到市县的资金额度。虽然县级按照3倍额度上报，但获批的资金实际上与往年差不多，导致最终决策权还是在省级而非县级。

2. 县级项目谋划能力有待提高

县级项目统筹能力不足主要表现在项目散、规模小方面。2020年下达涉农的256亿元资金中，市县报备了9000多个项目，单个项目金额平均为280万元，而其中金额小于50万元的项目数量超过50%。

3. 省级下达考核任务与市县上报项目时间不匹配

考核任务应尽量在项目入库阶段下达，或是与提前下达资金同步下达，否则，市县遴选项目便没有方向，会出现大量项目调整情况。但由于省级涉农考核任务以中央考核事项为依据，而中央考核大部分在年中才明确具体要求，从而导致考核任务与项目申报时间错位。例如，近年来国家粮食安全责任考核指标每年都在 6 月后才下达，而省级需要按程序研究细化考核方案，考核任务下达有明显的迟滞。又如，2019 年全省河湖长考核实施方案在当年的 11 月才印发；2021 年省级乡村振兴相关任务是 9 月才下达，导致安排项目时无法围绕任务要求去安排。

（二）涉农资金需求压力日增

1. 资金规模有限与指标增多的矛盾日益扩大

随着涉农资金统筹整合改革的逐步推进，省直相关部门均将其涉农工作任务纳入"涉农资金统筹整合"范围里面来，导致各省级部门设置的考核指标逐步增加。而省级涉农整合资金的增长规模却较为有限，结果造成"任务增加远超资金增加"的困境。例如，粤西某县交通局反映，2019 年安排涉农资金 6777 万元，2020 年安排涉农资金 6247 万元，2021 年安排涉农资金 5000 万元，2022 年安排涉农资金 4599 万元，交通资金越来越少，2022年甚至连公路日常养护的资金都没安排。

2. 新改革举措对资金使用的干扰

从 2021 年开始，乡村振兴资金中"驻镇帮镇扶村"资金量占了很大比重。例如，2022 年粤西某市涉农资金 31.52 亿元，其中"驻镇帮镇扶村"资金 14.53 亿元，约占 46%。虽然该资金由乡村振兴局负责统筹，但因为资金用途比较广，导致负责单位对其他部门实施项目的监管力度比较小，对个别项目实施单位缺乏了解。"驻镇帮镇扶村"资金采取切块的方式下达，资金主要用于驻镇帮镇扶村，县级若想集中补短板做其他事，就必须从"驻镇帮镇扶村"资金中去安排，但实践中很难操作。对县级单位而言，污水、集中供水、驻镇帮镇扶村等事项省里都要考核，而资金缺口却非常大。一定程度上驻镇帮镇扶村活动挤占了其他涉农资金，导致县级难以发挥主动权。

名义上"驻镇帮镇扶村"资金可以整合至其他项目，然而该资金却有其明确的使用范围。虽然涉农资金也有其使用范围，但"驻镇帮镇扶村"资金的使用范围小于涉农资金的覆盖范围，且有明细的负面清单，超出就无法使用。因此，涉农资金用于驻镇帮镇扶村工作后，部分其他涉农任务便无法完成。

（三）涉农资金过程监管有待强化

1. 资金滞留闲置，无法及时拨付资金

广东省对涉农资金支出缓慢、绩效不高、排名靠后的市县，在调度通报的基础上，探索建立项目闲置资金超时调整机制和省级涉农资金市县动态调整收回机制[1]，但是由于涉农资金是由不同政府部门负责管理的，分拨到各职能部门的资金费用较大，涉及的相关部门也多种多样，在分拨农业资金的时候，上下级的运作会比较频繁，由此产生的经费也比较多。在涉农资金使用过程中对于没有用完的资金，可以将其用到其他事项，但需要报备且还需要省里同意，过程比较烦琐。报备虽然是线上操作，以便简化流程，方便上下级交流，但是过会层级较多，导致部分资金无法及时拨付。

2. 信息公开力度有待提高

财政信息公开有助于形成一个良好的外在公开环境，从而有助于推进我国财政透明度的提高。[2] 然而在查找涉农资金相关资料过程中发现，各地政府官网对涉农资金的信息公开尚不够透明，近三年能够找到的涉农资金下达分配只有省财政厅下发的文件，2021 年之后就很难再看到广东省完整的资金下达情况，有些地市的省级涉农资金下达较为分散，只能看到辖区内的分散资金情况，不能看到整个市的情况，这对资金监管和绩效考评都造成了一定程度的约束。

（四）涉农资金考核衔接性有待提升

涉农资金统筹整合的目的是扩大市县政府的资金使用决策权，以便能够结合本地实际，集中力量办大事，将涉农资金整合起来统筹使用，提高当地

---

[1] 《广东省人民政府办公厅关于进一步加强涉农资金统筹整合的实施意见》，《广东省人民政府公报》2022 年第 16 期。

[2] 周慧、邓可可：《中国财政预算透明度现状、问题与对策》，《财务与金融》2016 年第 4 期。

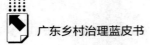

公共服务水平，但实践中存在省级考核要求衔接不畅带来的统筹资金使用困难问题。例如，2020年，省级涉农资金仅将中央考核事项作为必须完成的任务，省级部门部署的工作不作为必须安排的项目，并要求各部门不得另行指定考核指标。然而实践中，省涉农办对人居环境整治的考核事项只有村庄清洁行动和厕所革命两项，但一些部门的工作要求已经写入省委省政府文件。例如，按照《关于全域推进农村人居环境整治 建设生态宜居美丽乡村的实施方案》（粤委办〔2018〕21号）和《关于深入推进"千村示范万村整治"工程的行动方案》（粤乡振组〔2019〕4号）要求，2020年粤东西北地区80%以上的行政村要达到干净整洁村标准，40%以上的行政村要达到美丽宜居村标准。结果出现"列入省委省政府的部门工作要求，但不是部门下达的考核指标"的两难困境，如果不执行，则是没有完成省委省政府的任务，面临潜在的考核不过关风险；如果执行，则需要大量资金，但相关任务又没有被列入涉农资金的考核指标，最终造成市县政府无所适从。

四　广东涉农资金统筹使用建议

涉农资金统筹整合的实施具有深远的现实意义，可以进一步优化财政涉农资金的支出方向、支出结构，提升支出效率，同时也可以有效地带动市县的发展，提高当地居民收入，助力区域共同富裕，今后可以从以下几个方面着手改善。

（一）提高项目统筹能力

1. 提高项目谋划主体的统筹水平

最重要的是要统一思想认识，明确涉农资金管理责任，各部门形成合力，提升项目谋划能力。涉农资金的谋划主体是市县涉农办的领导小组，为了更好地提高统筹能力，可以通过培训、挑选高素质人才、专家指导等方式提升领导小组的统筹水平，用专业的知识解决实际问题；强化农民、专业合作社和家庭农场等涉农资金实施主体的业务能力，可以通过培训、选派大学生村官、专家实地考察等方式提高其素养。同时，要不断吸收政治素养、文化素养过硬的队伍加入进来，招揽专业人才为涉农资金的项目规范做出指导，落实国家相关政策和要求。

2. 提高市县的项目统筹能力

深化涉农领域"放管服"改革，在保证市县有能力的情况下下放项目决策权，赋予县级更多的自主权，激励地方政府主动作为，这也更需要省级层面的相关部门对市县层面进行充分的指引。针对涉农资金的项目散、规模小等问题，优化顶层设计，完善体制机制。市县使用涉农资金的相关部门，要强化资金的统一管理，尽可能打捆集中使用，防止出现"撒胡椒面"的情况。

3. 省级优先下达重点任务

省级根据各项计划的重点任务，将任务和资金同步下达，抓住主要矛盾，最大化发挥涉农资金效益，缓解现实的财政压力。比如，"四好农村路"这种硬性基础设施的建设，近三年投入很多资金，但相关任务下达较迟，导致地方政府无暇应对。在任务下达的过程中，省级部门应该充分考虑各地的实际需求，赋予县一定的自主权，如粤北某县林业资源丰富，造林需求不是很大，然而省级考核任务是植树造林，但实际上在该县，森林管护比植树造林更为重要。因此，要构建基层对涉农资金管理的需求表达机制，提高地方政府话语权，使省级下达的任务更能满足市县实际需要。

（二）提高资金的精准配置能力

1. 资金额度和指标数量应对等

伴随着涉农资金统筹整合改革的不断深入，出现了指标不断增多、资金不断减少的现象。在指标多的问题上，有的县表示中央和省对县市的考核任务要求一定完成，如果不达标则会问责追责。针对这种情况，归根结底还是地方自主权不足，最终决策权在上级。建议上级考核时针对各地实际情况来具体解决，问责追责是必要的，但不能笼统拍板，这样会降低各地涉农资金统筹的积极性，不论是下达任务还是绩效考核都应该具体问题具体分析，对

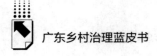

症下药。有可能的话，可以适当减少些非必要指标，把重心更多地放到解决问题上来，尽量避免指标多、资金少的问题。

2. 理顺涉农资金与驻镇帮镇扶持资金的支出边界

目前，很多县级政府的涉农资金主要安排在驻镇帮镇扶村工作上，县想集中补短板、做成其他事，就必须从驻镇帮镇扶村中去安排，很难操作。针对这种情况，2022 年 12 月，粤东某市某区发布了乡村振兴驻镇帮镇扶村资金项目管理指导意见，要求按规定范围和用途安排使用，严禁挤占、挪用或截留，确保专款专用、专账管理，切实加强资金管理，保证资金使用绩效。如果没有规范透明的管理制度，即使是再多的资金下达基层，也无法很好地利用起来。要加强对项目实施和资金使用情况的跟踪，加强事前、事中、事后的全过程监督，更规范高效地使用相关资金，为全面全域推进乡村振兴提供更好的资金保障。

（三）利用信息化技术加强过程监管

调研发现，涉农资金出现的一些问题具有滞后性，市县存在的问题无法快速地上报给上级，造成问题堆积。而上级也因为没有收到下级的及时反馈，导致不能快速提出解决办法。因此，利用信息化、电子政务等互联网平台，可以充分进行上下级交流沟通，有利于柔化条条之间的刚性，充分利用"外脑"优势，借助这样的平台，各市县也可以相互学习借鉴，互通有无。同时，利用网络平台，构造涉农资金全过程信息链条，为涉农资金的项目入库、预算编制、使用情况等提供便利，减少各级工作人员在涉农资金管理上的时间成本。

（四）完善涉农资金管理的体制机制

1. 理顺政府管理部门责任

为了优化政府部门的职能配置，需对宏观经济管理、资金管理、行业管理等部门的职责权限与范围进行清晰界定，解决当前存在的职责划分模糊、管理职能重叠等问题，确保各部门职责明确、到位。此举旨在消除政府部门在项目管理中既是管理者又是实施者和监督者的角色冲突，防止职能部门为所属单位谋取私利，从而确保公共资源的合理分配和高效利用。

在涉农资金的管理上，应坚持"谁主管谁负责"和"行业主管、分级负责"的原则，进一步明确和强化各部门的责任，实现权责一致。同时，涉农资金的支出应有明确的法律依据，对于哪些事项应由省级政府解决，哪些应由地方政府解决，应作出明确规定，以确保财权与事权的合理配置。通过合理划分省级和市县的财权与事权边界，可以有效提升涉农资金的使用效率，促进农业和农村的可持续发展。

2. 建立评价结果应用机制

绩效评价结果的合理应用，对于提升管理水平及绩效具有不可忽视的作用。在国家治理体系和治理能力现代化建设的征程中，政府执行力和公信力的提升显得尤为关键。[①] 因此，绩效评价结果的有效运用成为公众瞩目的焦点。然而，当前涉农资金评价实践中存在一个明显的问题，即评价报告的公开往往仅限于报告本身，而关于评价实施过程及结果利用等关键信息的透明度不足，导致这些信息难以通过公开渠道获得。这种有选择性地公开，不仅削弱了评价的影响力，也损害了评价的公信力。为了充分发挥评价的作用，必须构建一套切实可行的评价结果应用机制。具体而言，可以建立涉农资金绩效报告制度，通过定期发布绩效报告，全面、系统地展示评价结果及其应用情况。同时，还应进一步加强对绩效评价结果的运用，将其作为改进管理策略和优化资金分配的重要依据，进而提升政府在涉农资金管理中的执行效能。

此外，需要明确公开的范围和内容，包括评价流程、资金绩效表现、结果应用情况等，确保公众能够充分了解评价工作的全貌。这样不仅可以提高政府的公信力，还能够真正发挥公众监督的作用，推动涉农资金评价工作的健康发展。

---

① 刘国歌：《乡村振兴背景下涉农资金绩效评价的缘由、现状及推进路径》，《决策科学》2022 年第 4 期。

B.5
耕地流转及其非粮化利用研究

刘光盛　陈莉珍　乔子源*

摘　要：　为探究耕地流转如何促进其非粮化利用，本文以广州市增城区为例，基于计划行为和交易成本理论构建理论框架，按照"以地定人"原则随机收集问卷，并采用结构方程模型定量揭示流转耕地非粮化利用影响机制，并从转入主体分异视角剖析流转耕地非粮化利用差异。结果表明，非粮和粮食作物收益剪刀差及经营主体跟风行为均促进了流转耕地非粮化利用，而非粮化利用的交易成本及经营主体的禀赋约束则抑制了流转耕地非粮化利用；近郊耕地转入主体交易成本低，非粮与粮食作物比较收益大，倾向于"去粮化"，远郊耕地转入主体则倾向于"趋粮化"；大规模转入主体倾向于"趋粮化"，小规模转入主体则倾向于"去粮化"。总体上，远郊大规模转入主体交易成本高、要素投入大、地租较低，更倾向于"趋粮化"，近郊小规模转入主体距离市场近、交易成本低、耕地租金价格高，更倾向于"去粮化"。应分类对待流转耕地非粮化利用，做好近郊流转耕地粮食产能监管，鼓励粮食作物与非粮作物轮种；扩大种粮补贴范围，提高远郊小农种粮积极性，鼓励适度规模经营，推进种粮耕地高标准基本农田建设。

关键词：　土地利用　耕地流转　耕地非粮化　广州增城

---

* 刘光盛，博士，华南农业大学公共管理学院副教授，研究方向为耕地保护与利用；陈莉珍，华南农业大学公共管理学院硕士研究生，研究方向为耕地保护与利用；乔子源，华南农业大学公共管理学院硕士研究生，研究方向为耕地保护与利用。

一　研究背景

随着老一代农民逐步退出农业经营,"农二代"延续种地的可能性大大降低,"谁来种地"成为中国农业发展面临的重大问题。为弥补农业发展出现的生产力真空,政府提出积极推动耕地流转、促进农业规模化经营的政策导向。与传统小农惯性种粮行为不同,耕地流转经营主体多数以利润最大化为经营目标,耕地非粮化利用往往成为既定约束下流转经营主体的理性决策结果,引起社会各界对粮食安全的普遍担忧。然而,国家统计局数据显示,2020 年全国粮食播种面积 17.52 亿亩,总产量为 13390 亿斤,粮食播种面积和产量连年增长。显然,理论与统计数据存在一定矛盾,由此引发的问题是,耕地流转必然加剧非粮化吗?目前,学术界对该问题存在一定的争议,概括起来主要有以下两种观点。其一,耕地流转促进非粮化。该类研究主要基于成本收益理论,认为在粮价稳定、农业生产资料及耕地流转费用节节攀升的情况下,大多数非粮作物的生产效益均高于粮食作物,经营主体基于利润最大化的考虑,优先选择种植非粮作物。如张藕香等基于案例分析数据认为耕地转入主体农地经营结构在流转后表现出明显的非粮化;[1] 徐志刚等也认为耕地流转市场的发育会导致粮食播种面积的下降,影响粮食安全。[2] 其二,耕地流转未必促进非粮化,耕地流转是否促进非粮化具有严格的情景依赖。针对小规模农户、劳动力较为充裕农户或纯农户,耕地流转则会加剧非粮化,而对于已经出现劳动力转移的农户或大规模转入户,在劳动力刚性约束和农业社会化服务背景下,流转耕地则会出现趋粮化特征。如毕雪昊等认为耕地流转下的经营规模扩大,对种植结构的影响是非线性的,其过程受家庭劳动力禀赋制约,存在门槛效应,当家庭劳均经营规模小于门槛规模时,

---

[1]　张藕香、姜长云:《不同类型农户转入农地的"非粮化"差异分析》,《财贸研究》2016 年第 4 期。

[2]　徐志刚、谭鑫、郑旭媛等:《农地流转市场发育对粮食生产的影响与约束条件》,《中国农村经济》2017 年第 9 期。

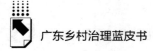
种植结构呈去粮化，反之则呈趋粮化。① 罗必良等则认为小规模农户倾向于非粮化生产，耕地流转是否加剧非粮化受劳动力充裕情况和社会服务水平的影响，随着农户劳动力的不断转移和农业生产服务市场的发育完善，种植结构会转向趋粮化。② 张宗毅等指出，由于非粮作物和粮食作物劳动生产率之间的巨大差异，非粮作物和粮食作物之间的经济规模存在较大差异，土地经营规模越大，经营主体就越倾向于趋粮化经营。③ 韩国莹等认为耕地流转是否促进非粮化具有价值分异特征。土地流转价格的提高，不仅增加农地非粮种植的可能性，还会提升地块非粮种植的比例，加剧种植结构"非粮化"。④

耕地非粮化本质上是经营主体在一定的约束下为实现既定目标进行决策的结果。耕地非粮化研究的核心应重点关注两点：一为经营主体的目标差异，二为约束的结构和形式。⑤ 因此，耕地流转非粮化问题研究不能仅局限于规模经营主体，也不能止步于利润最大化假设，应包含更多的主体，有更全面的分析视角。一般而言，不同经营主体掌握的资源不同，利用农地的方式也存在差别。有必要将流转耕地的经营主体进行分类，并将不同主体的禀赋约束、交易成本等因素考虑在内，否则会因研究对象不具体、决策目标太单一，导致得出的结论和建议指向性不足，难以具体指导实践。姜长云⑥、匡远配等⑦基于农户分化视角的研究给本文带来了较好启示，但上述农户分类未将耕地转入主体的地域分异考虑在内。而根据杜能的农业区位论，近郊流转耕地经营主体与远郊经营主体的非粮化行为存在较大差异。

---

① 毕雪昊、周佳宁、邹伟：《家庭劳动力约束下经营规模对农户种植结构选择的影响》，《中国土地科学》2020 年第 12 期。

② 罗必良、江雪萍、李尚蒲等：《农地流转会导致种植结构"非粮化"吗》，《江海学刊》2018 年第 2 期。

③ 张宗毅、杜志雄：《土地流转一定会导致"非粮化"吗？——基于全国 1740 个种植业家庭农场监测数据的实证分析》，《经济学动态》2015 年第 9 期。

④ 韩国莹、刘同山：《农地流转价格对非粮种植的影响研究》，《价格理论与实践》2020 年第 7 期。

⑤ 武舜臣、于海龙、储怡菲：《农业规模经营下耕地"非粮化"研究的局限与突破》，《西北农林科技大学学报》（社会科学版）2019 年第 3 期。

⑥ 姜长云：《农户耕地流转行为比较及政策选择》，《宏观经济管理》2015 年第 10 期。

⑦ 匡远配、刘洋：《农地流转过程中的"非农化"、"非粮化"辨析》，《农村经济》2018 年第 4 期。

　　综上，本文以耕地流转率较高的广州增城区为例，基于比较收益、禀赋约束、交易成本和计划行为等理论，构建流转耕地非粮化利用理论模型，并根据耕地资源空间分布情况，按照以地定人原则，深入田间随机收集调研问卷，采用结构方程模型定量揭示流转耕地非粮化的驱动机制，并从地域和规模两个维度，分析近郊和远郊转入主体、小规模及大规模转入主体之间的影响因素差异，提出针对性建议，以更好地解决流转耕地非粮化问题。

二　理论模型与研究假设

（一）理论模型

　　计划行为理论（Theory of Planned Behavior，TPB）由 Ajzen 在理性行为理论基础上修正完善并趋于成熟。该理论认为行为意愿为影响个体行为最直接因素，而行为态度、主观规范和知觉行为控制从不同层面影响行为意愿，遵循"认知—意愿—行为"行为逻辑。[1] 计划行为理论在农户行为研究中有较广泛应用，在宅基地退出行为[2]、退耕还林行为[3]、农地转出行为[4]等方面均得到有效验证。本文尝试采用计划行为理论揭示流转耕地非粮化形成机制。然而，计划行为理论仅考虑个体认知对行为意愿的影响，并未引入其他外部环境变量，限制了行为意愿对个体行为的预测力。Ajzen 也认为计划行为理论应具有开放性，要结合研究实际进行修正和扩展，以适应特定情景，提高该理论解释力。[5] 本文中，行为态度为耕地转入主体对非粮化的有利或不利判断形成的行为信念和

---

[1]　Ajzen I., "The Theory of Planned Behavior," *Organizational Behavior and Human Decision Processes*, 1991（2），pp. 179–211.

[2]　万亚胜、程久苗、费罗成等：《基于结构方程模型的农地转出户可持续生计分析——以安徽省为例》，《江苏农业科学》2017 年第 13 期。

[3]　史恒通、王铮钰、阎亮：《生态认知对农户退耕还林行为的影响——基于计划行为理论与多群组结构方程模型》，《中国土地科学》2019 年第 3 期。

[4]　陈振、郭杰、欧名豪：《资本下乡过程中农户风险认知对土地转出意愿的影响研究——基于安徽省 526 份农户调研问卷的实证》，《南京农业大学学报》（社会科学版）2018 年第 2 期。

[5]　Ajzen I., "The Theory of Planned Behavior," *Organizational Behavior and Human Decision Processes*, 1991（2），pp. 179–211.

结果评估，而非粮与粮食作物比较收益是耕地转入主体评判的主要依据。由于粮价长期稳定，而种粮生产成本节节攀升，种粮比较效益低无疑为决定耕地转入主体非粮化态度的关键因素，[①] 因此本文将行为态度修正为比较收益。知觉行为控制为耕地转入主体非粮化种植难易程度的认知。耕地转入主体的劳动力、技术等禀赋特征可综合反映其知觉行为控制，劳动力越充裕，种植技术越强，则非粮化倾向就越强。因此，本文将知觉行为控制修正为禀赋约束。此外，耕地非粮化还受交易成本影响，租赁耕地的契约成本、非粮化产品销售的搜寻成本以及运输成本均对耕地非粮化产生影响。因此，本文引入交易成本变量，在计划行为理论中新增"交易成本→行为意愿"路径。最后，由于不同转入主体掌握的资源、利用农地的方式不同，不同主体的禀赋约束、交易成本、主观规范等因素存在一定差异，本文引入转入主体类型作为调节变量，并从地域和规模两个维度，分析近郊和远郊转入主体、小规模和大规模转入主体对各变量的调节作用。基于改进计划行为理论构建的流转耕地非粮化理论分析框架如图1所示。

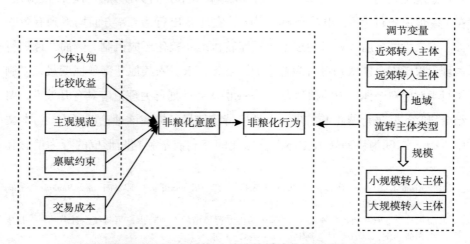

图1 基于改进计划行为理论的流转耕地非粮化理论分析框架

---

① 杨瑞珍：《耕地流转中过度"非粮化"倾向产生的原因与对策》，《中国农业信息》2013年第19期。

（二）研究假设

1. 比较收益对非粮化意愿的影响

比较收益是指粮食种植与非粮化种植利润的相互比较，是相同资源投入下获得收益的一种相对差异状况。耕地转入主体非粮化行为决策中，粮食生产比较收益低下甚至亏损是非粮化的主要内因，[1] 作为理性"经济人"，利润最大化是耕地转入主体种植非粮作物的主要驱动。一般来说，单位面积非粮作物与粮食作物收益差越高，耕地转入主体非粮作物种植的比例就越大。[2] 据此，提出以下假设。

H1：耕地转入主体的非粮化比较收益对非粮化意愿有正向影响。

2. 主观规范对非粮化意愿的影响

主观规范是指个体在决策是否执行某特定行为时感知的社会压力，反映了重要他人或团体对个体行为决策的影响。[3] 非粮化主观规范为转入主体在非粮化行为决策时所感到的外界压力。主观规范又可分为指令性规范和示范性规范。其中，指令性规范是指政府人员对耕地转入主体非粮化行为的指导作用。政府的种粮补贴、最低收购价等支粮政策均会正向影响耕地转入主体的非粮化意愿；而示范性规范主要是指亲戚家人和朋友邻居对决策产生的影响。其中，亲戚家人是耕地转入主体最重要的社会关系，他们的态度和意见是耕地转入主体进行决策的参考依据，而邻里朋友的非粮化行为则可能引起转入主体的跟风效应，从而做出非粮化决策。据此，提出以下假设。

H2：耕地转入主体的非粮化主观规范对非粮化意愿有正向影响。

3. 禀赋约束对非粮化意愿的影响

非粮化作为种植结构调整的一个方向，根本上是既定约束下经营主体追求最大化收益的结果，这些约束主要取决于耕地转入主体执行非粮化行为所

---

① 蔡瑞林、陈万明：《粮食生产型家庭农场的规模经营：江苏例证》，《改革》2015 年第 6 期。

② 张宗毅、杜志雄：《土地流转一定会导致"非粮化"吗？——基于全国 1740 个种植业家庭农场监测数据的实证分析》，《经济学动态》2015 年第 9 期。

③ 段文婷、江光荣：《计划行为理论述评》，《心理科学进展》2008 年第 2 期。

具备的资源、能力等，即禀赋约束。耕地转入主体感觉自己进行非粮化行为的禀赋约束越多、资源和条件越不利时，其感知到的难度便越大，执行非粮化行为的意愿就越低。一般来说，当耕地转入主体自身年龄较大不适合进行耕种，受到劳动力不够充裕、雇佣劳动力难度大等约束时，执行非粮化行为的意愿就较低。[①] 同时，在技术上，耕地转入主体较少接受非粮化种植技术培训、非粮作物机械化种植程度低等均在一定程度上抑制其非粮化意愿和行为。[②] 据此，本研究选取劳动和技术两个禀赋约束变量，并提出以下假设。

H3：耕地转入主体的非粮化禀赋约束对非粮化意愿有负向影响。

4. 交易成本对非粮化意愿的影响

交易成本是指参加市场交易的单位或部门为提供便于交易的劳务而支出的成本。耕地转入主体在参与市场交易的过程中，由于受到外部不同程度的干扰，需付出不同的交易成本。其中，在土地流转交易中，谈判以及合约签订、实施与维持等形成了契约成本，[③] 而由于地域、区位、市场发育水平和转入主体禀赋的限制，转入主体售卖农产品需付出一定的搜寻成本和流通成本。[④] 当耕地转入主体预期非粮化所需付出的交易成本过高而明显削弱非粮化种植净收益时，其非粮化意愿将减弱，从而抑制非粮化行为。据此，提出以下假设。

H4：耕地转入主体非粮化交易成本对非粮化意愿有负向影响。

5. 非粮化意愿对非粮化行为的影响

根据 Ajzen 的计划行为理论，在条件充分满足的前提下，行为是意愿的具体行动表现，行为意愿直接决定行为。因此，耕地转入主体非粮化意愿直

---

① 刘航、张莉琴：《农地流转会导致农地利用"非粮化"吗？——基于地块层面的实证分析》，《农村经济》2020 年第 11 期。

② 罗必良、张露、仇童伟：《小农的种粮逻辑——40 年来中国农业种植结构的转变与未来策略》，《南方经济》2018 年第 8 期。

③ 李博伟：《土地流转契约稳定性对转入土地农户化肥施用强度和环境效率的影响》，《自然资源学报》2019 年第 11 期。

④ 侯建昀、霍学喜：《交易成本与农户农产品销售渠道选择——来自 7 省 124 村苹果种植户的经验证据》，《山西财经大学学报》2013 年第 7 期。

接决定非粮化行为。耕地转入主体非粮化意愿越强，实际非粮化的可能性越高。据此，提出以下假设。

H5：耕地转入主体非粮化意愿对非粮化行为有正向影响。

6. 转入主体类型对非粮化决策的调节作用

首先，不同转入规模的主体非粮化决策存在一定差异。大规模转入主体易受劳动力刚性约束，倾向于选择劳动生产率较高的粮食作物。而小规模转入主体受劳动力约束较小，也难以通过扩大规模获取更高收益，倾向于选择复种指数高或种植效益高的非粮作物。其次，不同空间区位转入主体的非粮化决策也具有较大差异。近郊转入主体由于地租价格高、距离市场近，更倾向于非粮化种植；而远郊转入主体由于非粮化交易成本较高，倾向于种粮。据此，提出以下假设。

H6：转入主体类型在非粮化行为决策中具有调节作用。

三　研究区概况与数据来源

（一）研究区概况

增城区位于广州市中东部，珠江三角洲东北角，地处东经 113°32′~ 114°00′、北纬 23°05′~23°37′，面积为 1616.47 平方公里。增城地势北高南低，地形复杂多样，北部、中部以丘陵山地为主，南部为平原，属南亚热带海洋季风气候，具有温暖多雨、光热充足等特征，境内水文、生物资源丰富，自然禀赋优越。截至 2020 年，增城常住人口 146.01 万人，城镇化率为 73.16%。全区实现地区生产总值 1062 亿元，其中，农业总产值 108.58 亿元，增速为 10.3%，位居广州之首。农业规模化经营发展趋势明显，全区累计流转家庭承包耕地 24.44 万亩，占耕地总面积的 65.38%。2020 年，增城农作物播种面积 84.81 万亩，其中，粮食作物播种面积 14.47 万亩，非粮作物播种率达到 82.94%，"非粮化"现象较为严重。因此，选取增城区作为研究区具有典型性。

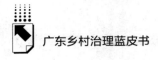

（二）数据来源

本文数据主要包括地理空间数据、实地调查数据、社会经济数据。地理空间数据包括 0.5 米分辨率遥感影像、2018 年土地利用现状调查变更数据、增城区村级行政区划图，来源于增城区自然资源局。调查数据来源于课题组于 2021 年 8 月入村获取的一手数据。调研按照"以地定人"方式开展，首先利用耕地利用现状数据、行政区划数据以及高清遥感影像数据形成调研底图；其次按照均匀分布原则，在增城区 11 个镇街中选取耕地资源分布较为集中的村庄作为调研区域，共选取 37 个行政村，标定每个行政村耕地集中分布区，采用随机抽样方式分赴耕地集中区域访问耕地转入主体，共获得问卷 264 份，剔除无效问卷 10 份，问卷的有效回收率为 96.2%。社会经济数据来源于《2020 年增城区国民经济和社会发展统计公报》《增城统计年鉴》《增城区第七次全国人口普查公报》及政府部门网站公布的信息。

四　研究方法

（一）模型构建

由理论模型可知，本文包括非粮化意愿、非粮化行为等多个被解释变量，难以采用传统多元回归模型进行分析。结构方程模型整合了因子和路径分析方法，可有效地处理多变量之间的结构关系，并克服自变量之间的共线性问题，常用于结构化问卷回归分析，适用于本文研究，其公式为：

$$X = \Lambda_x\xi + \delta \tag{1}$$
$$Y = \Lambda_y\eta + \varepsilon \tag{2}$$
$$\eta = B\eta + \Gamma\xi + \gamma \tag{3}$$

式中，X 为外生潜变量 ξ 的观测变量；Y 为内生潜变量 η 的观测变量；Λ_x 和 Λ_y 分别为外生变量和内生变量的因子载荷矩阵；δ 和 ε 分别为外生观测变量和内生观测变量的残差；B 为路径系数，反映内生潜变量之间的关系；Γ为路径系数，反映外生潜变量对内生潜变量存在的影响；γ为结构方程的误差项。

（二）变量设定

依据理论模型设定，本文共设置禀赋约束、交易成本、主观规范、比较收益、非粮化意愿、非粮化行为 6 个潜变量。由于潜变量无法直接观测，需要通过观测变量进行测量。本文基于理论分析和前人研究，构建包含 25 个观测变量的结构化问卷，采用 Likert 七级量表形式，以 1、2、3、4、5、6、7 分别代表"完全不同意""不同意""较不同意""没意见""较同意""同意""完全同意"，请受访对象进行逐一评判。具体变量对应关系及变量描述统计如表 1 所示。

表 1　变量设定及描述性统计

潜变量	观测变量	编号	均值	标准差
比较收益 CB	非粮作物比粮食作物收入高	CB1	4.89	0.7
	非粮作物利润比粮食作物高	CB2	4.99	0.89
主观规范 SN	村集体鼓励非粮种植	SN1	3.77	0.7
	非粮种植的人认为非粮种植好	SN2	4.44	0.73
	家人认为非粮种植是明智行为	SN3	4.68	1.12
禀赋约束 EC	劳动力不充裕，不适合非粮种植	EC1	3.77	0.85
	担心年龄较大，没精力非粮种植	EC2	3.69	0.86
	雇佣务农劳动力困难，且雇佣成本高	EC3	4.16	0.73
	非粮种植技术认知较陌生	EC4	3.56	0.98
	没接受非粮化种植培训	EC5	4.85	0.83
	非粮作物的机械化程度较低	EC6	4.81	0.81
交易成本 TC	不了解非粮作物市场销售行情	TC1	3.61	1.03
	没固定销售渠道	TC2	3.46	1.07
	非粮作物销售较困难	TC3	3.68	0.94
	权属不确定，土地归并难	TC4	3.61	0.82
	契约签订方式不成熟	TC5	3.7	0.85
	契约期限不稳定	TC6	3.75	0.78
	离城镇距离较远，不利于运输非粮产品	TC7	3.41	0.96
	村庄道路状况较差，对外运输困难	TC8	3.32	0.79

潜变量	观测变量	编号	均值	标准差
非粮化意愿 NFW	愿意转入土地种植非粮作物	NFW1	4.56	1.07
	有机会将流转耕地种植非粮作物	NFW2	4.58	1.17
	愿意采取措施准备非粮种植	NFW3	4.61	1.15
非粮化行为 NFB	转入土地主要用于种植非粮作物	NFB1	4.45	1.58
	转入土地很少用来种粮	NFB2	4.22	1.6
	已做好非粮化种植准备	NFB3	4.5	1.46

资料来源：根据问卷调查数据整理。

（三）样本特征

调查样本基本特征如表2所示。受访对象以中年为主，整体受教育程度较低，约50.4%的受访者年龄在41~50岁，93.3%的受访者为高中/中专及以下学历。受访者的收入主要来源为农业，占总体的83.5%。调研区域可分为近郊村和远郊村，近郊村为远离城区的村庄，本文将增城区"十四五"规划确定的中心城镇范围内的村庄定为近郊村，占调查样本的50%，中心城镇范围以外的村庄定为远郊村，占调研样本的50%。根据经营规模，受访主体可分为小规模转入主体和大规模转入主体。小规模转入主体主要为广西过来的菜农，经营规模一般小于15亩；大规模经营主体为当地种植大户或农业企业，经营规模均在15亩以上，二者比例约为2∶1。

表2 样本的基本特征

单位：个，%

个人及家庭禀赋	选取指标	频数	占比
年龄	≤30岁	1	0.4
	31~40岁	19	7.5
	41~50岁	128	50.4
	51~60岁	84	33.0
	≥61岁	22	8.7

个人及家庭禀赋	选取指标	频数	占比
受教育程度	小学及以下	50	19.7
	初中	152	59.8
	高中/中专	35	13.8
	大专/高职	14	5.5
	本科及以上	3	1.2
农业经营方面	家庭农场/种植大户	61	24.0
	土地合作股份合作社经营主体	1	0.4
	农业企业经营主体	21	8.3
	提供社会化服务的公司	1	0.4
	小规模转入主体	170	66.9
主要收入来源	农业	212	83.5
	以农为主兼业	31	12.2
	以非农为主兼业	11	4.3
	非农	0	0.0

资料来源：根据问卷调查数据整理。

不同转入主体非粮化意愿和行为存在较大差别。总体而言，近郊及小规模转入主体非粮化倾向较强。近郊转入主体非粮化意愿和行为均值分别为5.14和5.12，均大于远郊转入主体；小规模转入主体非粮化意愿和行为均值分别为4.89和5.02，均大于大规模转入主体。不同经营主体非粮化意愿和行为的统计描述如表3所示。

表3　不同经营主体非粮化意愿和行为的统计描述

非粮化意愿及行为	近郊转入主体	远郊转入主体	大规模转入主体	小规模转入主体
非粮化意愿	5.14	4.03	3.73	4.89
非粮化行为	5.12	4.03	3.10	5.02

资料来源：根据问卷调查数据整理。

（四）信效度检验

1. 信度分析

信度用于检验潜变量中各观测变量的内部一致性，一般用 Cronbach's

Alpha（CA）和组合信度来评估，建议均为 0.70 以上。[①] 信度检验结果如表 4 所示：各潜变量 Cronbach's Alpha 和组合信度分别在 0.750~0.954 和 0.889~0.970 区间，均高于 0.70 的可接受标准，证明上述潜变量数据具有良好的信度。

表 4　验证性因子分析（CFA）数据

潜变量	Cronbach's Alpha	rho_A	组合信度
主观规范 SN	0.820	0.867	0.891
交易成本 TC	0.884	0.897	0.928
比较收益 CB	0.830	0.868	0.921
禀赋约束 EC	0.750	0.750	0.889
非粮化意愿 NFW	0.954	0.955	0.970
非粮化行为 NFB	0.950	0.950	0.968

2. 效度分析

效度可分为收敛效度和区别效度。收敛效度一般通过平均提炼方差（AVE）与组合信度（CR）检验，评判标准为，单因子标准因子载荷应超过 0.5，且达到显著水准；组合信度需超过 0.8；各变量 AVE 需大于 0.5。从表 4 可知，本文各潜变量均达标，说明收敛效度较好。区别效度是指某潜变量与其他潜变量间的差异程度。区别效度通过各因子间的标准化相关系数与 AVE 值平方根判别，倘若相关系数绝对值小于 AVE 的平方根，且所有 AVE 均大于 0.5，说明区别效度较好。由表 5 各潜变量的 AVE 平方根均大于潜变量间的相关系数可判断此量表具有较好的区别效度。

---

① Poulter Hair L., "Satisfaction by Design: Place' Component of the Marketing Mix Takes Center Stage for Some Providers," *Marketing Health Services*, Vol. 18, 1998, pp. 4-9.

表 5　模型的区别效度

潜变量	主观规范	交易成本	比较收益	禀赋约束	非粮化意愿	非粮化行为
主观规范 SN	**0.857**					
交易成本 TC	−0.777	**0.901**				
比较收益 CB	0.729	−0.671	**0.924**			
禀赋约束 EC	−0.723	0.738	−0.670	**0.895**		
非粮化意愿 NFW	0.845	−0.828	0.727	−0.773	**0.957**	
非粮化行为 NFB	0.807	−0.802	0.678	−0.764	0.889	**0.954**

注：对角线粗体字为 AVE 平方根，下三角为皮尔森相关。

五　实证结果与分析

（一）流转耕地非粮化影响机制分析

根据理论模型，运用 SmartPLS 软件运行后得到的结果如图 2 所示。非粮化意愿的四个外生变量均在 1% 的水平下通过显著性检验，R^2 为 0.752，大于 0.67，说明四个外生变量对非粮化意愿有较好的解释度。非粮化意愿与非粮化行为的路径关系也在 1% 的水平下通过显著性检验，R^2 为 0.761，非粮化意愿与行为之间有良好的对应关系。

1. 比较收益（CB）对非粮化意愿（NFW）的影响

比较收益与非粮化意愿正相关，路径系数为 0.109，在 1% 的水平下显著，表明在其他条件一定的情况下，非粮作物的比较收益越大，耕地转入主体非粮化意愿越强烈，即假设 H1 的验证成立。由图 2 可知，非粮作物比粮食作物利润高（CB2）的因子载荷（0.943）大，说明比较利润是驱动耕地转入主体非粮化决策的主要因素。与普通小农相比，流转经营主体的经营目的主要以利润最大化为目标。本次调研发现，在不考虑耕地租金的情况下，两造水稻种植的亩均净利润约为 1400 元，而耕地年均租金已达到每亩 1094 元，且有逐步上涨的趋势。种植水稻利润很低，甚至会发生亏损。非粮作物如蔬菜、水果等，亩均利润均远高于种植水稻，驱使转入主体更倾向于种植非粮作物。

147

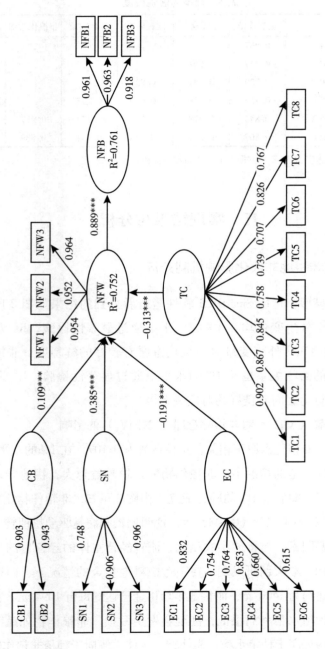

图 2 结构方程模型及标准化路径系数

注：*** 代表 1%的显著性水平。

2. 主观规范（SN）对非粮化意愿（NFW）的影响

主观规范与非粮化意愿正相关，路径系数为 0.385，在 1% 的水平下显著，表明在其他条件一定的情况下，耕地转入主体受外界压力（监督或示范）越大，非粮化意愿越高，即假设 H2 的验证成立。耕地转入主体的社会压力主要来自家人亲戚（0.906）和周边邻里（0.906），村委会的宣传引导作用较小（0.748）。调查发现，转入主体非粮化"跟风效应"较为明显，近郊村非粮化耕地较为集聚，多以广西种菜的代耕农为主，亲戚朋友及老乡的带动作用明显，而村委会并未对耕地利用做过多干预。因此，与村委会相比，邻里压力对耕地转入主体非粮化意愿和行为具有更大影响。

3. 禀赋约束（EC）对非粮化意愿（NFW）的影响

禀赋约束与非粮化意愿负相关，路径系数为 -0.191，在 1% 的水平下显著，表明在其他条件一定的情况下，禀赋约束越大，耕地转入主体非粮化意愿越低，即假设 H3 的验证成立。其中，劳动力（EC1~EC3）的刚性约束（0.783）比技术（EC4~EC6）的刚性约束（0.709）大。在耕地非粮化决策中，转入主体不仅要考虑实现利润最大化，还要看自己是否有条件实现非粮化经营。对比标准化生产的粮食作物而言，非粮作物机械化程度和劳动生产率较低，需要较大的劳动力投入，对劳动力资源紧缺的转入主体非粮化形成较大制约。另外，非粮化种植具有一定的技术门槛，也会对转入主体形成制约。

4. 交易成本（TC）对非粮化意愿（NFW）的影响

交易成本与非粮化意愿负相关，路径系数为 -0.313，在 1% 的水平下显著，表明在其他条件一定的情况下，交易成本越高，耕地转入主体非粮化意愿越低，即假设 H4 的验证成立。交易成本主要包括搜寻成本、流通成本和契约成本，其中，搜寻成本（TC1~TC3）平均因子载荷（0.871）最大。非粮产品搜寻成本为销售的难易程度。非粮产品销售以批发和零售为主，批发搜寻成本较小，但批发市场由于保鲜和分销问题，交易时间窗口较短，成交价格较低。零售搜寻成本较高，需花费大量时间销售，且有难以全部销售完的风险。流通成本（TC7~TC8）平均因子载荷（0.797）次之。距离市场越近，道路特别是田间道路条件越好，则流通成本越低，越有利于非粮化生产。契约成本（TC4~TC6）平均因子载荷（0.735）最小。合同期限稳定、签订方式完善有利于耕地转入主体对土地进行大规模投入。但由于部分小规模耕地转入主体在土地流转过程中并未签订合约，对契约签订方式、期限稳定性和签订难易程度不了解，造成因子载荷较小。

（二）转入主体类型的调节效应

1. 基于规模分异的转入主体调节效应

不同经营规模转入主体的经营目标和约束条件存在一定差别，本文将流转规模作为调节变量，分析大规模和小规模转入主体的非粮化影响因素差异。根据毕雪昊等[1]的研究结果，结合描述性统计中普通农户的经营规模均值，本文将 15 亩作为小规模和大规模转入主体的分段标准。从调查统计数据看，大规模与小规模转入主体非粮化意愿存在较大差异，非粮化意愿平均值分别为 3.73 和 4.89，小规模转入主体非粮化意愿更强。而从两组不同规模转入主体的路径系数估计结果看，大规模组的路径系数均小于小规模组，说明主观规范和比较收益对小规模组的正向影响比大规模组更大，而交易成本和禀赋约束对大规模组的负向影响比小规模组更强（见表 6）。小规模转入主体为普通农户，文化程度较低，容易存在"跟风"行为。另外，小规模转入主体一般处于规模报酬递增阶段，对经营利润更为敏感，非粮作物与粮食作物的比较收益差对其非粮化的影响更为明显。对大规模转入主体而言，耕地经营具有更强的风险敏感性，也面临更大的经营约束。一方面，由于耕地投入较大，由交易成本带来的市场风险驱使大规模转入主体规避风险，选择种植粮食作物；另一方面，非粮作物的最优种植规模存在天花板，大规模转入主体更易受劳动力、技术和资本等生

---

① 毕雪昊、周佳宁、邹伟：《家庭劳动力约束下经营规模对农户种植结构选择的影响》，《中国土地科学》2020 年第 12 期。

产投入要素的约束。而相比非粮作物，粮食作物的劳动生产率更高，可以通过机械替换人工，从而降低人工成本，减缓劳动力约束。政府通过种粮补贴、农资补贴等政策减少耕地的资本投入，降低大规模种粮的投资门槛。因此，大规模转入主体更倾向于种粮，交易成本和禀赋约束对非粮化的负向影响更强。

表6　大规模和小规模转入主体路径系数分组估计结果

路径关系	大规模转入主体		小规模转入主体	
	Estimate	S. E.	Estimate	S. E.
主观规范 SN→非粮化意愿 NFW	0.306 ***	0.105	0.471 ***	0.070
交易成本 TC→非粮化意愿 NFW	−0.449 ***	0.104	−0.246 ***	0.068
比较收益 BC→非粮化意愿 NFW	0.024 *	0.097	0.154 **	0.062
禀赋约束 EC→非粮化意愿 NFW	−0.233 **	0.101	−0.107 *	0.056
非粮化意愿 NFW→非粮化行为 NFB	0.815 ***	0.024	0.923 ***	0.033

注：*** 、** 、* 分别代表 1%、5% 和 10% 的显著性水平。

2. 基于地域分异的转入主体调节效应

由统计描述可知，不同地域转入主体非粮化意愿存在一定差异，近郊和远郊转入主体非粮化意愿均值分别为 5.14 和 4.03，近郊转入主体非粮化意愿更高。本文将地域作为调节变量，分析近郊和远郊转入主体的非粮化影响因素差异。分组估计结果显示，除了近郊组的比较收益→非粮化意愿不显著，其余测度路径均在 5% 及以下水平通过显著性检验。其中，主观规范对近郊组的非粮化意愿正向影响更大，非粮化意愿对远郊组的非粮化行为影响更强，交易成本对远郊非粮化意愿的负向影响更大（见表7）。近郊耕地租金较高，多为从广西过来种菜的"代耕农"，经营规模较小，"老乡带老乡"的现象较为明显，因而主观规范的正向影响更大。远郊耕地租金较低，离市场较远，非粮化交易成本较高，受劳动力、技术、资本等禀赋的约束更大，多为规模化种粮主体。

表7　近郊和远郊转入主体路径系数分组估计结果

路径关系	远郊转入主体		近郊转入主体	
	Estimate	S. E.	Estimate	S. E.
主观规范 SN→非粮化意愿 NFW	0. 417 ***	0. 084	0. 452 ***	0. 091
交易成本 TC→非粮化意愿 NFW	-0. 396 ***	0. 082	-0. 230 ***	0. 088
比较收益 BC→非粮化意愿 NFW	0. 016 **	0. 065	0. 152	0. 075
禀赋约束 EC→非粮化意愿 NFW	-0. 158 **	0. 070	-0. 162 **	0. 067
非粮化意愿 NFW→非粮化行为 NFB	0. 894 ***	0. 015	0. 665 ***	0. 075

注：*** 、** 分别代表1%、5%的显著性水平。

3. 基于规模和区位交互的转入主体调节效应

为深入探讨规模和地域对耕地转入主体非粮化意愿的影响，本文采用交互分析将研究对象分为远郊大规模和远郊小规模耕地转入主体、近郊大规模和近郊小规模耕地转入主体四组。调查统计显示，四组转入主体非粮化意愿存在一定差异，远郊大规模和远郊小规模耕地转入主体非粮化意愿均值分别为 3. 29 和 4. 59，近郊大规模和近郊小规模耕地转入主体非粮化意愿均值分别为 4. 98 和 5. 17。近郊小规模耕地转入主体非粮化意愿最高，近郊大规模转入主体次之，远郊大规模转入主体非粮化意愿最低。分组估计结果如表8所示。主观规范路径系数在四组中均在5%及以下水平上显著。对比来看，近郊小规模转入主体的主观规范影响最大，远郊小规模转入主体主观规范的影响次之，远郊大规模转入主体主观规范的影响最小。总体上，小规模转入主体和近郊转入主体非粮化受主观规范的影响更大。交易成本在远郊大规模组和远郊小规模组的影响显著。其中，交易成本对远郊大规模转入主体的影响更大。比较收益在四组中均不显著。禀赋约束在近郊小规模组影响不显著，其他组均显著，其中，禀赋约束对远郊大规模转入主体的影响最大，对近郊大规模转入主体的影响次之，对远郊小规模组的影响最小。非粮化意愿在四组中均显著，四组路径系数差异不大，说明非粮化意愿与行为具有较好的一致性。

表 8　规模和地域交互的转入主体路径系数分组估计结果

路径关系	远郊大规模 转入主体		远郊小规模 转入主体		近郊大规模 转入主体		近郊小规模 转入主体	
	Estimate	S. E.	Estimate	S. E.	Estimate	S. E.	Estimate	S. E.
主观规范 SN→非粮化意愿 NFW	0.321 **	0.148	0.480 ***	0.097	0.387 ***	0.150	0.557 ***	0.104
交易成本 TC→非粮化意愿 NFW	−0.486 ***	0.129	−0.376 **	0.075	−0.364	0.145	−0.120	0.104
比较收益 BC→非粮化意愿 NFW	−0.149	0.108	0.182	0.086	0.391	0.157	0.068	0.078
禀赋约束 EC→非粮化意愿 NFW	−0.313 **	0.140	−0.056 **	0.068	−0.189 *	0.193	−0.016	0.092
非粮化意愿 NFW→非粮化行为 NFB	0.890 ***	0.048	0.899 ***	0.033	0.897 ***	0.110	0.902 ***	0.100

注：***、**、* 分别代表 1%、5% 和 10% 的显著性水平。

六　结论与政策启示

（一）结论

本文基于计划行为、比较收益、交易成本等理论模型，运用结构方程模型对广州市增城区 37 个行政村 254 份耕地转入主体的实地调查数据进行实证分析，并从规模和地域两个维度分析了不同类型转入主体非粮化的影响因素差异，得出结论如下。

1. 耕地非粮化存在利润导向和跟风效应

非粮作物的可实现利润比粮食作物越大，则耕地转入主体非粮化意愿越强。交易成本以及劳动、资本和技术约束则对耕地非粮化形成制约。

2. 耕地非粮化程度存在规模和地域分异

近郊小规模转入主体更倾向于非粮化，而远郊大规模主体更倾向于趋粮化，这与不同作物的劳动生产率及销售难易程度有关。近郊非粮作物销售难

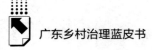

度小，比较收益高，但非粮作物劳动生产率较低，用工量较大，制约其耕作规模的扩大。远郊非粮作物销售难度大，更有利于种植销售难度较小的粮食作物。但粮食作物利润较低，加上政府通过梯度补贴鼓励大规模流转，唯有扩大粮食种植面积才能降低种植成本，获得规模化经营利润。

（二）政策启示

基于以上结论，针对不同地域和规模转入主体，提出如下政策建议。

第一，远郊地区应通过梯度化流转补贴和种粮补贴，鼓励适度规模经营，同时，应加强远郊地区耕地高标准基本农田建设，通过田块归并、宜机化整治、沟渠和道路建设等措施提高种粮便利性。另外，当前远郊小规模转入主体仍是粮食安全保障的重要主体，但粮食生产的比较劣势难以逆转。短期内，一方面，应加大粮食种植社会化服务组织的培育，使小规模转入主体卷入分工经济，提高种粮便利性；另一方面，应将小规模转入主体纳入种粮补贴范围，提高种粮的亩均收益，以此提高其种粮积极性。长期而言，年轻一代对农业经营的兴趣已然弱化，随着农一代逐渐退出农业经营，"谁来种粮"的问题应更多地转移到规模经营主体上。

第二，近郊地区由于地租高，非粮化经营的交易成本较低，非粮化倾向明显。对于小规模转入主体，应尊重农作物空间分布规律，同时做好非粮化行为监管，发挥好土地契约的约束作用及村委会的审核监督作用，对于挖塘种树等破坏耕作层的非粮化行为予以坚决制止。对近郊大规模转入主体，除做好非粮化行为的监管外，还应鼓励非粮作物和粮食作物轮种。

参考文献

Ajzen I., "The Theory of Planned Behavior," *Organizational Behavior and Human Decision Processes*, 1991（2）, pp. 179-211.

Broegaard R. J., "Land Tenure Insecurity and Inequality in Nicaragua," *Development and Change*, 2005（5）, pp. 845-864.

Gavian S. , Fafchamps M. , "Land Tenure and Allocative Efficiency in Niger," *American Journal of Agricultural Economics*, 1996 (2), pp. 460–471.

Pannell D. J. , Llewellyn R. S. , Corbeels M. , "The Farm-level Economics of Conservation Agriculture for Resource-poor Farmers," *Agriculture, Ecosystems & Environment*, Vol. 187, 2014, pp. 52–64.

Place F. , "Land Tenure and Agricultural Productivity in Africa: A Comparative Analysis of the Economics Literature and Recent Policy Strategies and Reforms," *World Development*, 2009 (8), pp. 1326–1336.

Poulter Hair L. , "Satisfaction by Design: Place' Component of the Marketing Mix Takes Center Stage for Some Providers," *Marketing Health Services*, Vol. 18, 1998, pp. 4–9.

Qiu T. , Choy S. T. B. , Li S. , et al. , "Does Land Renting-in Reduce Grain Production? Evidence from Rural China," *Land Use Policy*, Vol. 90, 2020, p. 104311.

Rada N. , Helfand S. , Magalhães M. , "Agricultural Productivity Growth in Brazil: Large and Small Farms Excel," *Food Policy*, Vol. 84, 2019, pp. 176–185.

Sjaastad E. , Bromley D. W. , "Indigenous Land Rights in Sub-Saharan Africa: Appropriation, Security and Investment Demand," *World Development*, 1997 (4), pp. 549–562.

Zhang Q. F. , "Retreat from Equality or Advance towards Efficiency? Land Markets and Inequality in Rural Zhejiang," *The China Quarterly*, Vol. 195, 2008, pp. 535–557.

毕雪昊、周佳宁、邹伟：《家庭劳动力约束下经营规模对农户种植结构选择的影响》，《中国土地科学》2020 年第 12 期。

蔡瑞林、陈万明：《粮食生产型家庭农场的规模经营：江苏例证》，《改革》2015 年第 6 期。

陈振、郭杰、欧名豪：《资本下乡过程中农户风险认知对土地转出意愿的影响研究——基于安徽省 526 份农户调研问卷的实证》，《南京农业大学学报》（社会科学版）2018 年第 2 期。

段文婷、江光荣：《计划行为理论述评》，《心理科学进展》2008 年第 2 期。

韩国莹、刘同山：《农地流转价格对非粮种植的影响研究》，《价格理论与实践》2020 年第 7 期。

侯建昀、霍学喜：《交易成本与农户农产品销售渠道选择——来自 7 省 124 村苹果种植户的经验证据》，《山西财经大学学报》2013 年第 7 期。

姜长云：《农户耕地流转行为比较及政策选择》，《宏观经济管理》2015 年第 10 期。

匡远配、刘洋：《农地流转过程中的"非农化"、"非粮化"辨析》，《农村经济》2018 年第 4 期。

李博伟：《土地流转契约稳定性对转入土地农户化肥施用强度和环境效率的影响》，《自然资源学报》2019 年第 11 期。

刘航、张莉琴：《农地流转会导致农地利用"非粮化"吗？——基于地块层面的实

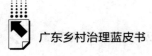

证分析》,《农村经济》2020 年第 11 期。

罗必良、江雪萍、李尚蒲、仇童伟:《农地流转会导致种植结构"非粮化"吗》,《江海学刊》2018 年第 2 期。

罗必良、张露、仇童伟:《小农的种粮逻辑——40 年来中国农业种植结构的转变与未来策略》,《南方经济》2018 年第 8 期。

史恒通、王铮钰、阎亮:《生态认知对农户退耕还林行为的影响——基于计划行为理论与多群组结构方程模型》,《中国土地科学》2019 年第 3 期。

万亚胜、程久苗、费罗成、徐玉婷:《基于结构方程模型的农地转出户可持续生计分析——以安徽省为例》,《江苏农业科学》2017 年第 13 期。

武舜臣、于海龙、储怡菲:《农业规模经营下耕地"非粮化"研究的局限与突破》,《西北农林科技大学学报》(社会科学版)2019 年第 3 期。

徐志刚、谭鑫、郑旭媛、陆五一:《农地流转市场发育对粮食生产的影响与约束条件》,《中国农村经济》2017 年第 9 期。

杨瑞珍:《耕地流转中过度"非粮化"倾向产生的原因与对策》,《中国农业信息》2013 年第 19 期。

张藕香、姜长云:《不同类型农户转入农地的"非粮化"差异分析》,《财贸研究》2016 年第 4 期。

张宗毅、杜志雄:《土地流转一定会导致"非粮化"吗?——基于全国 1740 个种植业家庭农场监测数据的实证分析》,《经济学动态》2015 年第 9 期。

民生治理篇

B.6
广东农村灾后重大动物疫病应急管理
机制创新研究

方 敏 李思婷*

摘 要: 广东是自然灾害的高发地,加之动物养殖规模不断扩大,基层防控压力加重,致使灾后人畜共患病、重大动物疫病风险传播的概率急剧上升,对广东畜牧业造成了严重威胁,进一步加大了农村公共卫生挑战。本文在深入总结和提炼广东农村重大动物疫病应急管理的主要成效、经验做法的基础上,剖析了广东农村在灾后重大动物疫病应急管理方面面临的风险挑战,并从宣传教育、产业转型、人才支撑、应急响应网络、财政支持等方面提出对策建议,优化广东农村灾后重大动物疫病应急管理机制,确保"大灾之后无大疫",保障广东农村公共卫生安全。

* 方敏,中山大学行政管理博士,华南农业大学公共管理学院副教授,研究方向为城乡应急管理与数字治理;李思婷,华南农业大学公共管理学院硕士研究生,研究方向为城乡应急管理与数字治理。

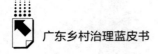

关键词： 自然灾害　重大动物疫病　应急管理

自然灾害衍生的动物疫病给畜牧业养殖安全、动物产品安全以及公共卫生安全埋下了巨大的风险隐患，由动物疫病引发的公共卫生事件具有突然发生、快速发展与缓慢消弭的演化特征，必须加强灾后重大动物疫病应急管理，确保"大灾之后无大疫"。本课题组深入广东农村多地展开实地调研，结合政策文件和政府公告，全面掌握广东农村灾后重大动物疫病应急管理的现状，高度概括了其在重大动物疫病应急管理领域的主要成效和经验做法，并根据现存问题提出应对策略，以促进广东灾后重大动物疫病应急管理机制创新。

一　广东重大动物疫病防控应急管理现状

重大动物疫情是指高致病性禽流感等发病率或者死亡率高的动物疫病突然发生、迅速传播，给养殖业生产安全造成严重威胁、危害，以及可能对公众身体健康与生命安全造成危害的情形。[①] 对重大动物疫病防控的应急管理是指政府部门为控制重大动物疫情，保障养殖业生产安全，保护公众身体健康与生命安全，维护正常的社会秩序而采取的对动物疫情监测、调查、识别、反应、决策、处置、恢复等措施。当前，广东省养殖产业规模不断扩大，在气候变化背景下，动物疫病叠加自然灾害的概率大大增加，增大了重大动物疫病防控的压力。

（一）动物养殖规模大，动物疫病防控压力大

2019～2021年，广东全省养殖规模不断扩大。其中，2019年全省养

---

① 《重大动物疫情应急条例》，中国政府网，https：//www.gov.cn/zwgk/2005－11/20/content_103923.htm。

殖户为 224.47 万户，2020 年上升到 240.04 万户，2021 年为 243.92 万户，年均增长率为 4.24%。2022 年有所下降，为 215.61 万户（见图 1）。全省主要养殖动物生猪、鸡和羊的年出栏数总体呈上升趋势，牛的出栏数呈下降趋势。全省生猪年出栏数 2019 年为 2909.3 万头，2020 年略有降低，为 2666.4 万头，2021 年上升到 3510.6 万头，2022 年略有下降，为 3479.8 万头，2023 年达到历史新高，为 3794.01 万头。肉鸡和蛋鸡的年出栏数在 2019~2022 年总体呈上升趋势，2019 年为 86605.2 万只，2020 年上升到 104781.6 万只，2021 年略有下降，为 95443.5 万只，2022 年上升到 133673.3 万只，2023 年继续增加到 137384 万只。牛年出栏数在 2019~2021 年略有降低，2019 年为 44.6 万头，2020 年为 42.7 万头，2021 年继续下降到 39.3 万头，2022 年比 2021 年略有上升，为 40.8 万头；羊年出栏数 2019~2022 年基本平衡，2019 年为 62.0 万只，2020 年为 62.8 万只，2021 年为 61.6 万只，2022 年上升到 67.1 万只。

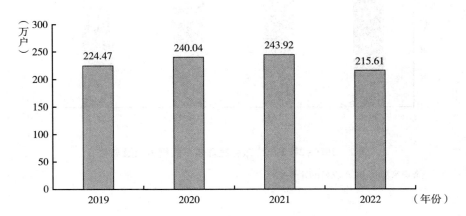

图 1　2019~2022 年广东养殖户数量

资料来源：《广东农村统计年鉴》。

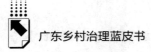

　　随着农业产业现代化的发展，养殖户规模化比例逐年增加。[①] 以生猪和肉鸡养殖为例，2019~2022 年，生猪年出栏数 500 头及以上的养殖户占比平稳上升，分别为 5.92%、6.05%、8.52%、10.24%（见图 2）；肉鸡年出栏数 5 万只及以上的养殖户占比略有增加，分别为 0.15%、0.18%、0.43%、0.22%（见图 3）。规模化养殖造成动物疫病暴发风险增大，增加了动物疫病防控压力。养殖户进行大规模养殖时需要消耗大量的精力、人力、物力、财力，稍有不慎将导致饲料、饮水系统、养殖场围栏等物资设备产生微生物细菌。即使没有这样的内部日常管理风险，动物在运输、加工、出口等过程中也会接触外界细菌，感染病毒。一旦遇到自然灾害，人畜共患病风险极易暴发。

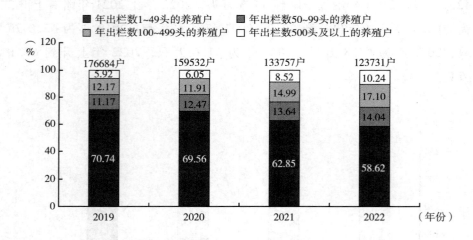

图 2　2019~2022 年广东生猪养殖户规模占比及总数

资料来源：《广东农村统计年鉴》。

[①] 规模化畜禽养殖的标准来源于《广东省兴办规模化畜禽养殖场指南》，广东省农业农村厅官网，http://dara.gd.gov.cn/tzgg2272/content/post_ 1557828.html。规模化养殖标准为，生猪存栏 100 头以上，肉禽存栏 1000 只以上，蛋禽存栏 500 只以上，奶牛存栏 20 头以上，肉牛存栏 10 头以上，肉羊存栏 50 只以上，肉兔存栏 100 只以上。

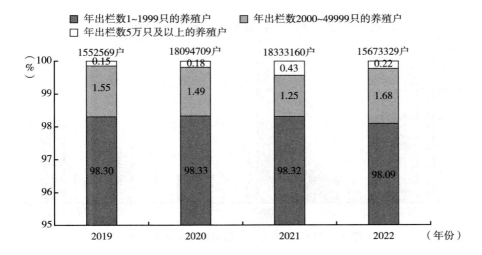

图 3　2019~2022 年广东肉鸡养殖户规模占比及总数

资料来源：《广东农村统计年鉴》。

（二）自然灾害频发，灾害事件叠加风险高

广东省属于东亚季风区，是我国各种自然灾害多发的省份，近年自然灾害发生频率逐年增加。2019~2023 年，广东省内洪涝、强降水、干旱等水旱灾害和海浪灾害、风暴潮灾害等海洋灾害频发（见图 4）。

自然灾害频发对广东省农业生产造成了严重损失。以 2022 年英德特大洪水为例，英德市农业、畜牧业和渔业等受到较大冲击，6 月 12~23 日，该市农牧渔业直接经济损失达到 3.82 亿元。[①] 自然灾害频发导致养殖产业受灾害事件叠加发生的风险逐年增高。自然灾害对养殖业的破坏导致了动物疾病病毒的产生和传播，其主要表现，一是洪涝来袭造成微生物大量繁殖，打开了自然疫源性疫病暴发的"阀门"。二是动物免疫系统因在污水、粪便混杂等差脏乱环境下过度应激而无法正常运行，自我抵抗力下降，导

① 《英德：洪灾受损农业获预赔 2500 万元》，广东省农业农村厅官网，http://dara.gd.gov.cn/snnyxxlb/content/post_ 3960016.html。

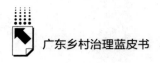

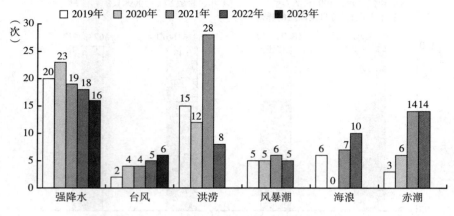

图 4 2019~2023 年广东省自然灾害发生次数

资料来源：《广东省海洋灾害公报》《广东省水旱灾害公报》。

致动物疾病传播速度加快。三是养殖场环境遭受严重破坏，致使动物疾病传播途径增加。以 2022 年英德特大洪水为例，2022 年 5 月至 6 月 10 日，英德超大洪水不仅导致大部分街道被迫停课、停工、停运、停产、停业，也进一步带来塌方、滑坡等次生地质灾害，随后遭遇了高温天气，出现了"暴雨—洪涝—滑坡—高温热浪"等多次灾害，形成"灾害事件链"，不仅加剧了灾害损失，对灾后动物疫病防控和养殖业的恢复重建也造成了巨大阻碍。

（三）动物疫病防控队伍数量呈下降趋势，基层防控压力增大

近年来，广东积极响应党的十九大号召进行机构改革，乡镇畜牧兽医机构规模有所缩减，人员精简。2019~2022 年，畜牧兽医站数量分别为 1008 个、1044 个、876 个、753 个，畜牧兽医站职工总数逐年递减，分别为 5697 人、5703 人、4794 人、4180 人，均呈现下降趋势（见图 5、图 6）。在拥有技术职称的职工中，高级和中级技术职工占比稳中有升，其中，高级技术职工占比分别为 0.74%、1.02%、1.38%、1.65%，中级技术职工占比分别为 14.25%、15.17%、16.58%、17.85%。初级技术职工和技术员占比有所下降，其中，初

级技术职工占比分别为 25.79%、24.69%、23.70%、22.87%，技术员占比分别为 13.29%、13.59%、15.87%、13.23%（见图7）。

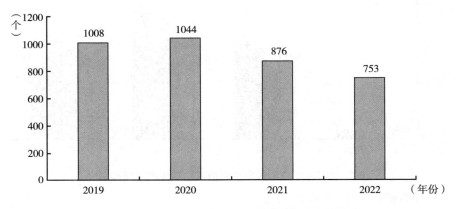

图5　2019~2022 年广东乡镇畜牧兽医站数量

资料来源：《广东农村统计年鉴》。

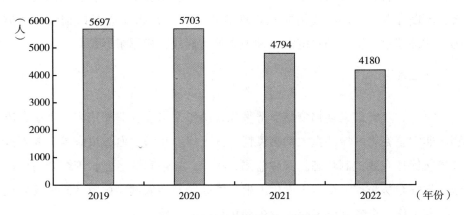

图6　2019~2022 年广东畜牧兽医站职工总数

资料来源：《广东农村统计年鉴》。

二　广东农村重大动物疫病应急管理的
成效和主要做法

近年来，党和国家高度重视重大动物疫情应急管理体系建设和应急管理

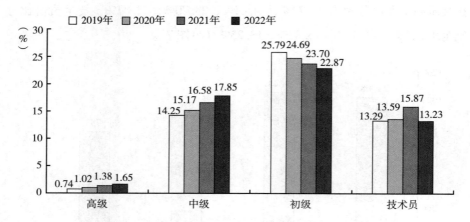

图7　2019~2022年广东畜牧兽医站职工技术职称占比

资料来源:《广东农村统计年鉴》。

工作,广东省各级政府出台了一系列关于重大动物疫情应急管理的法规及预案,不断完善重大动物疫情应急管理体系建设,在积极应对口蹄疫、禽流感、非洲猪瘟等重大动物疫情事件中取得了成效,积累了经验。

(一)成效

第一,全省重大动物疫情形势平稳,历年来未发生非洲猪瘟、家禽禽流感、非洲猪瘟等区域性重大动物疫情,狂犬病、布病、血吸虫病等主要人畜共患病保持有效控制状态。实施监测、净化、扑杀和调运监管等综合防控措施,加强布病防控,全省未发生人聚集性感染布病病例。积极做好狂犬病免疫指导工作,全省连续多年未发生动物狂犬病疫情。

第二,动物疫病强制免疫计划实施成效明显。畜禽群体免疫率和抗体合格率常年分别保持在95%和75%以上,做到"镇不漏村,村不漏户,户不漏畜禽、畜禽不漏针",构筑起"应免尽免"的有效保护屏障。进一步扩大强制免疫财政直补范围,珠三角7个地市的规模养殖场全部实行"先打后补"。[1]

---

[1] 《2021广东农村统计年鉴》,广东统计信息网,http://stats.gd.gov.cn/gdnctjnj/content/post_3729628.html。

组织实施动物疫病监测与流行病学调查计划，定期分析预警动物疫病形势，为及时防控重大动物疫病提供科学依据。

第三，动物疫病监测与流行病学调查计划组织实施严密。贯彻落实定点联系工作机制和网格化包村包场排查机制，组织监测人员走进基层，重点监测重点区域，尤其是灾区及其周边，加强重点畜禽、重点疫病抽样监测，增加监测次数，做到早隔离、早诊断和早治疗。同时，定期分析预警动物疫病形势，为及时防控重大动物疫病提供科学依据。如在 2021 年全省共监测血清抗体样品 32 万多份次、病原学样品 21 万多份次。①

第四，强化清洗消毒和媒介消杀，持续推进"大清洗、大消毒"活动。组织对养殖场户、屠宰场、无害化处理厂等重点场所进行日常清洗消毒和定期集中清洗消毒，有效杀灭非洲猪瘟病毒等病原微生物，及时消除隐患。如在 2021 年年均投入各类消毒药品 1223.2 吨，消毒面积超过 5.3 亿平方米。② 持续推进"大清洗、消毒"活动，将动物防疫清洗消毒行动常态化、制度化，组织各地以定期集中消毒和日常程序消毒相结合的方式，聚焦养殖、运输、屠宰、无害化处理等关键环节、重点场所，不断净化养殖环境。

第五，病死畜禽无害化处理体系进一步完善。无害化处理是指对生病或者病死动物进行无菌处理，以免污染环境或感染人类。自然灾害发生后，一大批饲养动物因自然灾害或其带来的次生灾害而伤亡，大量伤亡动物为人畜共患疫病的发生提供了条件，因此大量动物尸体需要进行无害化处理，以阻断疫病病原体或传播媒介的发展。广东省印发了《关于推动建立广东省死亡动物跨区域无害化处理机制的意见》（粤农农办〔2019〕111 号），建立了一批无害化处理示范场所，取缔落后的养殖场。为持续推进病死猪集中无害化处理与政策性养殖保险联动机制建设，建立由政府、养殖场（户）、保

① 《2022 广东农村统计年鉴》，广东统计信息网，http://stats.gd.gov.cn/gdnctjnj/content/post_4066294.html。

② 《2022 广东农村统计年鉴》，广东统计信息网，http://stats.gd.gov.cn/gdnctjnj/content/post_4066294.html。

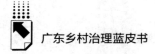

险公司共同参与的农业风险分担机制，进一步形成无害化处理与保险联动单位相互监督、相互制约的良性互动发展态势，有效应对了重大动物疫情的考验，改善了生态环境安全，提高了群众环保意识。

第六，高效开展养殖户灾后恢复重建工作。为尽快协助养殖户复工，维持养殖产能，政府除通过门户网站、微信、宣传栏、广播等线上线下相结合的方式大力宣传灾后动物常见疫病及其防控知识，还印发了《暴雨洪涝灾害后水产养殖恢复生产技术指引》，提高了养殖户及时做好畜禽补栏等日常管理工作的意识。此外，政府还组织专家为受灾较为严重的养殖户提供针对性指导，加快了养殖户生产恢复速度，提高了养殖户灾后修复能力以及技术水平。

第七，强化了宣传和人员防护。政府采用悬挂宣传标语、横幅以及发放传单、设立摊位现场指导等多种形式宣传，利用媒体推送预警信息、疫情信息和灾后动物防疫知识，组织各畜禽养殖场、屠宰场、交易市场等经营者参与"消毒灭源日"活动，使其认识到动物防疫工作的重要性，提高了经营者、养殖户的防疫意识。

第八，严格开展动物及其产品检疫，强化了检疫监管。政府通过产地检疫、屠宰检疫、严查动物检疫合格证明等方法，限制了疫病动物的移动和流通，将风险控制到最低。同时，严厉打击运输、加工病死或死因不明的动物等违法违规行为，保证了食品质量安全，维持了市场良好的运行秩序。动物检疫证明无纸化试点的启动，实现了服务信息化。

（二）主要做法和经验

第一，建立健全了广东重大动物疫情应急指挥体系。广东加强了对重大动物疫情应急工作的指挥领导，逐步建立和健全了广东省重大动物疫情应急指挥体系。首先，广东省基于《中华人民共和国突发事件应对法》的基本要求，进一步根据《中华人民共和国动物防疫法》《国家突发重大动物疫情应急预案》《广东省突发事件应对条例》《广东省动物防疫条例》《广东省突发公共事件总体应急预案》等法律法规及有关规定，坚持"以人为本、减少危害，快速反应、高效运转，预防为主、群防群控"的根本原则，于 2018 年发布《广东省突发重大动物疫情应急预案》，确定了省、市突发动物疫病的决策指挥部门，由省人民政府根据需要成立省突发重大动物疫情应急指挥部，各级人民政府针对突发重大动物疫情建立健全相应的应急指挥机构，确保应急响应过程中有统一的最高决策指挥主体。其次，在省突发重大动物疫情应急指挥部下设常设性省指挥部办公室，以宣传、发改、科技、公安、交通运输、农业、质监等部门单位为应急队伍联动主体，确定最高指挥下各职能部门和成员工作职责和工作内容，发挥"统筹全局"的坚实力量。如由省委宣传部负责组织协调新闻部门及时报道经农业部门授权发布的突发重大动物疫情信息，积极配合相关部门，加强对突发重大动物疫情应急处置工作的宣传报道。以东莞市为例，东莞成立了以市重大农业机械事故应急领导小组为应急管理机构、以市镇动物疫病预防控制机构为主的应急处理机构，负责突发重大动物疫情处置及日常管理工作。

第二，完善了广东重大动物疫情应急预案体系。广东深入推进动物疫病应急管理的法治化进程，依据《中华人民共和国动物防疫法》《重大动物疫情应急条例》，制定修订、印发了《广东省突发重大动物疫情应急预案》《广东省中长期动物疫病防治规划（2012~2020 年）》《广东省非洲猪瘟突发疫情应急处置预案》《广东省畜间人兽共患病防治行动方案（2022~2030 年）》《关于做好洪涝灾害后重大动物疫病防控工作的紧急通知》《洪涝灾区动物防疫技术指南（2023 年版）》等系列动物疫病应急管理相关政府规范性文件。动物疫病应急管理法治化进程较好地补齐和增强了动物防疫工作的短板和弱项，完善了动物防疫监管体系、动物疫病区域化管理制度、生产经营者的主体责任，完善了人畜共患病联防联控制度、动物检疫和调运管理制度，优化了病死动物无害化处理制度，补充了违法行为的法律责任，具有很强的针对性、指导性和可操作性，为广东省依法防治动物疫病提供了遵循和保障。

第三，建立了重大动物疫情应急组织体系和资源储备基础。为加强基层动物防疫力量、强化队伍搭建、完善组织体系，广东贯彻落实农业农村部乡村兽医和执业兽医备案管理制度，印发了《广东省签约兽医管理办法（暂

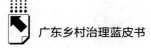

行）》，成立了省级动物防疫、动物卫生风险评估、动物病原微生物实验室生物安全评审管理、动物疫病净化评估专家委员会，同时坚持"一类事项原则上由一个部门统筹，一件事情原则上由一个部门负责"的管理理念。广东明确了应急管理职责清单，完善各部门单位的职责，在各地建立了专业化应急预备队。如县级建立了由各个指挥部成员、专家组成的7支突发重大动物疫情应急预备队和4支应急管理专家组。发生重大动物疫情时，各级专家组和应急处置预备队能够在1小时之内迅速及时到位，为构建协同高效的动物疫病应急组织体系提供了坚实的保障。同时，广东省持续推进动物疫病应急演练工作，一是各地政府定时定期有计划、有重点地组织实施突发动物疫情应急演练、应急培训班。二是在全省启动"动物防疫消毒灭原日"，各级动物卫生监督机构、动物疫病预防控制机构和乡镇畜牧兽医站、村级防疫员相互配合，于活动当天统一开展消毒灭原活动。

广东重大动物疫情应急组织体系也强调广泛调动社会力量参与突发重大动物疫情应急处置，各地加强了政府、社会、企业等多方主体的协同作战，成立突发重大动物疫情专家组，形成由多个政府部门和社会相关机构组成的应急管理组织网络，增加重大动物疫病应急管理专业化力量，有效提高应急响应过程的效率。

此外，广东省坚持"早、快、严"的应对原则，采取"实物+合同+产能"三合一的资源储备方式整合形成了应急物资储备基础，以保障应急物资供应。按照事件类型对储备资源进行划分，整合各地政府应急防疫物资资源，保障应急交通、通信和应急处置设施的配备，充分做好各级畜牧兽医行政管理部门如疫苗、诊断试剂、防控器械、消毒药品等应急物资的储备工作，维护和管理运输车辆、冷库等设施设备。

第四，优化应急响应处置程序，快速提升综合应急响应能力。在确立指挥主体、明确监测主体的基础上，广东持续优化重大动物疫病的应急响应机制，通过优化处置程序不断完善和提升综合应急响应能力。在灾后动物疫情处置过程中，现有《广东省突发重大动物疫情应急预案》已明确了不同动物疫情预警级别下动物疫病相关信息的报告与责任报告主体，以及信息的形式、内容和相应响应启动的具体程度。在此基础上，广东改变"条块"式的动物疫病管理体制，建立重大动物疫病联防联控机制和较为健全的动物疫病应急管理网络，不断优化应急响应处置程序，从而快速提升综合响应能力。以广州市为例，该市明确了重大动物疫病的应急处置程序，规范了应急操作流程，并在 2022 年举办的重大动物疫情应急演练中对重大突发动物疫情事件的现场处置能力进行了检验。在该场演练中，市、区两级政府部门应急指挥部现场指挥，检查了各成员单位的协同配合以及应急队伍和物资等要素的快速调配能力。类似的，2022 年洪灾后英德市政府部门快速响应以应对重大动物疫病，各镇区动物疫病预防控制中心成员与管辖区域中养殖户或村养殖负责人员对接了解动物伤亡相关情况，及时传达空栏消杀三个月的要求，为养殖户提供免费消杀药品，并提供人力、物力资源推进伤亡动物的无害化处理工作。同时，大多数养殖户都尽可能地利用现有资源积极开展养殖地场的消杀工作，积极配合伤亡动物无害化处理工作，有效实现了特大洪水过后动物疫情的防控工作。

第五，构建了重大动物疫情预警监测网络。广东构建了重大动物疫病监测识别和风险评估体系，基本形成了重大动物疫情预警监测网络。首先，在监测主体上，广东省贯彻农业农村部、中央编办《关于加强基层动植物疫病防控体系建设的意见》（农人发〔2022〕1 号）精神，制定《广东省兽医专业技术人员配备标准》，加强一线巡视队伍建设，完善基层疫情监测体系，加强村级防疫员、观察员、兽医师等基层疫情巡视监测队伍建设，加强官方兽医队伍建设，实施签约兽医制度和动物防疫专员特聘计划，加强执业兽医和乡村兽医管理，并探索兽医社会化服务，构建多元化动物防疫队伍体系。其次，秉持"早发现、早研判、早预防、早处理"的原则，广东构建了以省、市、县三级为主体的动物疫病预防控制机构和以乡镇为监测点的预警监测网络，涵盖疫情信息分析系统、数据库、地理信息系统、预警预报系统、跟踪监测及反馈系统等。并以动物疫情监测预警评估体系为支撑，依靠大数据的力量提高信息获取、整理、传输等能力，构建了风险评估体系，通过定期组织召开防控重大动物疫病应急指挥部扩大会议、重大动物疫病防控风险分析会、动物疫病风险评估会议，加强对台风、暴雨等自然灾害过后的动物防疫跟踪、巡查以及风险排查工作，重点关注活畜禽交易市场、畜禽养殖集中地，及时掌握动物疫情动态，评估动物疫病防治工作中所面临的重点难点和风险挑战，实现风险隐患的科学预警及防控。全面构建起"来源可溯源、去向可追踪、信息可分析、数据可统计"的全省动物溯源数据管理信息系统，实现跨省调运畜禽检疫证明关键信息的互联互通，形成了上下贯通、运转有序的信息化管理体系，日均电子检疫出证超 10 万张，居全国第一位。①

第六，初步建立了重大动物疫情应急响应机制。重大动物疫情应急响应是指政府部门在面对重大动物疫病时迅速反应和行动的过程，有效的应急响应可以减少灾难或突发事件的破坏性后果，是应对灾害或者突发事件的中心任务。决定快速响应的主要要素包括指挥主体统一、监测主体分级和处置过程清晰，同时，这也是提高动物疫病应急管理综合能力的关键因素。如在落实节日期间 24 小时专人值班和领导带班制度的同时落实重大动物疫情 24 小时应急值班制度，在遇到突发事件时，及时报告，随时响应。

根据动物防疫监督机构提供的监测信息，广东省重大动物疫情应急响应机制将突发动物疫情预警级别分为Ⅰ级（特别重大）、Ⅱ级（重大）、Ⅲ级（较大）、Ⅳ级（一般）四级预警，与《中华人民共和国突发事件应对法》"分类管理、分级负责"要求相契合，针对突发动物疫病不同的级别，更精确启动对应的应急响应措施，保证扑灭疫病效率。在经历了从早期以应急响应为中心的阶段后，当前应急响应机制已逐渐拓展到预防、准备和减缓等前置环节，在推动应急管理关口前置的同时，也加强了响应的主动性。近年来，广东省加强了重大动物疫情应急响应各个环节的程序和机制设计，包括应急决策与指挥、应急事件分类分级管理、部门应急协同、应急信息收集与分析等，大大提高了应急响应机制的有效性。

---

① 《2021 广东农村统计年鉴》，广东统计信息网，http://stats. gd. gov. cn/gdnctjnj/content/post_3729628. html。

三　广东农村灾后重大动物疫病应急管理存在的问题

尽管广东构建了完善的重大动物疫病应急管理体系，但当前广东省重大动物疫病灾后应急管理仍然面临较为严重的风险挑战。

（一）部分养殖户的风险意识与应急管理理念不足

养殖户是畜禽生产和动物疫情防控的主体。由于养殖户的基本特征、风险偏好、心理认知和经营效益等均会影响其防疫行为决策，动物疫病防控措施的有效性与养殖户的防疫决策和行为有紧密关联[①]，不考虑养殖户个人行为的政策评估可能高估了政策的效果。而作为理性经济人，风险感知、风险偏好和信息获取在养殖户动物疫病防控行为的决策中扮演了重要角色。不同规模养殖场户的动物疫病防控意识和防控能力均参差不齐，因此养殖户在面对动物疫病风险和预期收益的博弈时，可能会选择不同的疫病防控方式，在风险规避上也具有一定的侥幸心理。[②] 当前，尽管广东有部分养殖业如生猪养殖的产业化程度相对较高，但仍有相当多的养殖行业有大量的散养户，产业化程度并不高。当养殖户的风险偏好存在异质性，受其风险态度、风险认知和防疫信念的影响，部分散养户的风险意识和健康保护意识较为薄弱，对健康保护成本和收益的认知不足，易出现养殖户尽管知道防疫措施的效果和成本，但往往对疫病传播存在侥幸心理，基于自身利益根据个人经验进行风险规避，并不一定实施防疫行为的现象。

动物疫情防控的管理对象分散，管理链条长、环节多，应急管理的覆盖面也相应较宽，给动物疫病应急管理工作的有效开展带来了较大的挑战。调研中发现，尽管部分基层政府部门意识到了重大动物疫病应急管理的重要

[①] 高杨、牛子恒：《风险厌恶、信息获取能力与农户绿色防控技术采纳行为分析》，《中国农村经济》2019 年第 8 期。

[②] 王芸娟、马骥：《养殖户质量控制行为选择及其影响因素分析》，《中国农业资源与区划》2021 年第 8 期。

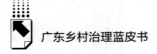

性，但是仍有基层部门存在"重治不重防"，"事后设防"的观念，导致动物疫情在预防投入上长期不协调，尤其是市、县、乡基层单位的预案修编不及时、针对性不强、可操作性有待提高，部门与部门之间的预案衔接性也不强。

（二）农村基层动物疫病防控工作的组织基础较为薄弱

调研中了解到，广东部分农村基层动物防疫工作的组织基础较为薄弱，其主要表现，一是部分县、乡两级动物疫病防控人员，特别是村级防疫员的文化层次和整体业务素质不高，缺少较高素质的兽医、专业技术人员驻村开展工作，队伍"青黄不接"的问题较为明显，难以适应新形势下动物防疫工作新需要。二是村防疫员到专门机构培训学习、提升疫病防控业务水平的机会较为缺乏，接受新技术、新知识速度慢，给加强队伍管理、组织技术培训、开展防疫技能竞赛等带来了难度。三是村级防疫员工作范围广、劳动强度大，应急性工作任务重，但补助标准偏低，难以吸引具有较高素质的农村青壮年劳动力，队伍稳定难。四是养殖户参与动物疫病防控应急管理的社会化组织程度较低，第三方服务机构参与度和作用发挥都较欠缺，社会协同应对突发事件的能力有待进一步提升。五是当灾后需要应急消杀时，部分基层部门的隔离、消毒、扑杀、无害化处理等动物疫情的快速处理设施、设备和储备物资的更新补偿等难以满足应急响应要求，甚至难以满足短时间大规模动物疫情处理的需要。有部分乡镇在灾后动物疫病的消杀工作中，由政府部门免费派发的消杀物资数量不足以完成消杀工作，部分受访养殖户甚至表示未收到派发消杀用品的消息，需要自费购买补充防疫物资。

（三）重大动物疫病的应急响应机制不健全

重大动物疫病的应急响应机制是指政府相关部门对突发性重大动物疫病快速作出反应的内部运行模式。当前广东已建立起重大动物疫病监测、预警和响应机制，地方政府对灾后重大动物疫病的防控工作非常重视，但调研中也发现，灾后重大动物疫病防控在应急响应方面仍存在一定的问题。

一是部分基层对重大动物疫情应急管理工作仍较缺乏区域性、整体性和系统性，缺乏有效的动物疫情信息交换和组织协调机制，动物疫病防护和畜产品安全管理职能分散在多个政府部门，政出多门、协调困难，协作部门间协同应对突发事件的能力还不够强。

二是动物疫病监测的信息采集点和信息量不够多，一定程度上滞后了动物疫病动态的及时反映，基层动物疫病信息传达效率有待提升。如在 Y 市实地调研中发现，个别村镇传达空栏三个月消杀的信息存在疏漏，部分养殖户表示并不知晓空栏三个月进行消杀的规定。并且后续虽然有相关部门定期跟进督查消杀落实情况，或者部分镇区要求养殖户保留消杀凭证以便于定期检查，但是督查覆盖范围仍然存在遗漏，监督力度不足。

三是尽管自然灾害发生后应急响应的工作人员较多，但对重大动物疫病统一指挥调度、疫病诊断、扑灭控制等应急反应机制不完善。调研中了解到，在快速组织动员人力、财力、物力采取应急处置措施等方面仍存在一定的障碍，扑杀评估和补偿机制亦不健全。

四是自然灾害发生后，重大动物疫病所涉及的各个政府部门之间关于"防""减""抗""救"的职能工作分工仍不够明晰，无害化处理联动不到位，隔离、消毒、扑杀、无害化处理等动物疫情快速处理设施设备也存在明显的不足。调研中了解到，有部分村镇缺乏基本的焚化炉等无害化处理设备设施，制约了"保险+无害化处理"联动机制的实施。

（四）促进养殖户灾后恢复重建的外部支持力度不足

自然灾害发生后，养殖户相关生产活动的恢复与重建至关重要。由于小农户和散养户的资源禀赋薄弱，灾后恢复重建的能力普遍较弱，外部支持包括政府补助、金融支持等对养殖户生产恢复的作用非常重要。但调研中发现，政府与金融支持在养殖户灾后生产恢复和重建中的力度仍不足以支撑养殖户需要。资金短缺是大部分养殖户面临的最大问题，主要原因包括补偿金

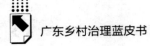

额过低、补偿范围过小以及补偿速度过慢等，因此，养殖户更多的是从亲戚朋友处获得资金和技术支持，对于事后风险管理的方法主要是利用家庭经济资源进行风险防范。

其主要原因在于，在动物疫病防控体系中，养殖动物扑杀补偿的标准不高，政府扑杀和保险责任的边界也未能界定清晰，因而补偿款对养殖户灾后生产恢复与重建造成了一定的制约。调研中了解到，Y市洪灾过后，尽管在当地政府以及农业农村局推动下，保险公司第一时间启动了政策性农业保险的理赔勘察等工作，对遭受损失的养殖户展开保险赔付活动，但仍有数量较多的小规模养殖户和自繁自养户由于各种原因未购买保险，无法获得保险赔付以缓解洪灾损失负担，这部分群体普遍存在着灾后恢复资金周转的困难。

四 广东灾后重大动物疫病应急管理的对策建议

为应对自然灾害频发和日益严峻的动物疫病挑战，广东仍需不断创新灾后重大动物疫病应急管理机制，推动广东省"百县千镇万村高质量发展工程"实施。

（一）加强宣传教育，提高养殖户防疫意识

有研究表明，在灾后重大动物疫病之下，养殖户行为存在较大的差异性，养殖户的心理认知是影响养殖户行为决策的重要因素。[①] 因此，要想改变养殖户传统的心理认知与养殖观念，建立健全重大动物疫病应急管理机制，就要从思想上充分认识到动物疫病防疫工作的重要性。只有各级畜牧兽医职工和养殖户树立起"养防结合，防重于治"理念，才能从根本上减少重大动物疫病的发生与传播。

---

① 黄炎忠、罗小锋等：《农户有机肥替代化肥技术采纳的影响因素——对高意愿低行为的现象解释》，《长江流域资源与环境》2019年第3期。

各级兽医部门可以采取座谈会、主题教育等形式，多次开展防疫体系技术总结交流、防疫技术专题培训班，并通过展板、宣传栏展示动物疫病防疫体系标准化的养殖场，确保养殖户认识到动物疫病防疫工作的目的、重要性、方法措施等，从源头上改变养殖户的传统观念。还可以利用微信、微博、抖音、快手等新媒体向养殖户普及防疫知识及措施，潜意识里提高养殖户对动物疫情的风险防范意识，促进养殖户营造良好的养殖场卫生环境，注意动物的饲养方式及日常的健康检疫等。养殖户防疫意识的提高，有利于兽医部门监测、消杀灭原以及无菌化处理等各项工作的开展，避免动物疫病的产生，及时阻断动物传播的途径。①

（二）促进养殖模式转型，推动养殖产业组织化

养殖模式有纵向一体化模式、自繁自养模式两种。纵向一体化模式划分为两类，即以"公司+农户"为代表的商品契约模式和以雇佣关系为代表的要素契约模式。② 纵向一体化模式在一定程度上能减少动物疫病风险。在纵向产业一体化模式下，养殖户可以获得企业提供的先进技术、基础设施、疫苗、饲料等资源，企业可以通过实时管理养殖户行为维持日常运行，在灾后与养殖户共同承担动物疫病亏损风险，避免养殖户机会主义行为的产生，从而形成动态循环的经济效应。③ 具体来说，绝大部分"公司+农户"纵向一体化模式的养殖户的防疫意识比自繁自养模式的养殖户要高，在灾后能够及时进行消杀、补种疫苗等工作，促进灾后动物养殖场的恢复与重建。

因此，政府要积极鼓励养殖户由自繁自养模式向纵向一体化模式转型。当前，广东养殖规模还较为分散，自繁自养模式较多，仍可能出现基层养殖户疫情不报告、擅自处理可能染疫动物等问题。政府在推广纵向一体化模式

① 陈伟、施王徵、应莺：《畜牧兽医动物防疫工作重点及存在的问题》，《北方牧业》2023 年第 23 期。

② 江光辉、胡浩：《生猪价格波动、产业组织模式选择与农户养殖收入——基于江苏省生猪养殖户的实证分析》，《农村经济》2019 年第 12 期。

③ 王玉斌、吴曰程：《肉牛紧密产业组织模式能否促进繁育养殖增收？——基于北方农牧交错带 427 个繁育户样本的实证分析》，《干旱区资源与环境》2024 年第 1 期。

的过程中要因地制宜，选择合适的纵向一体化模式，充分发挥各个地方的资源禀赋以及养殖户的生产禀赋。在当地资源禀赋相对固定的条件下，若养殖户生产禀赋较高，可以推行"公司+养殖户"为代表的商品契约模式，若养殖户生产禀赋较一般或者较低，可以推行以雇佣关系为代表的要素契约模式。此外，也可以综合采用这两种模式，进一步完善纵向一体化模式，促进该模式科学化、组织化、规范化发展。

（三）夯实人才支撑，提高防疫与应急能力

千秋基业，人才为本。重大动物疫病应急管理关乎人民的生命财产安全、公共卫生安全，需要强大的人力资源支撑起安全网，然而防疫的重点、难点在于基层，因为重大动物疫病信息预警、监测、分析研判，应急物资维护与搬运，号召群众参与等应急管理相关工作离不开基层防疫人员，基层防疫队伍是重大动物疫病应急管理的重要后备力量。

政府要重视基层防疫队伍建设，加快引进、培养高素质人才，提高高级技术职工比例，保持基层防疫队伍的专业化、年轻化。一是要完善基层防疫选人用人机制。[1] 通过向社会招聘、人才引进政策或者采用劳务派遣形式公平公开吸纳一批有乡村情怀、有学历、懂技术、能吃苦的年轻人加入基层防疫队伍。二是要健全基层防疫人员培训体系，加强高级技术与管理人才的培养。[2] 各级政府要充分利用"三农"大讲堂，定期邀请专家对基层防疫人员进行线上线下培训，定期把基层防疫人员送到高校学习，鼓励基层防疫人员在职深造，使基层防疫人员时刻保持着对该领域发展的敏感度，获得新理念、新技术并运用到实践中去从而提高防疫水平。同时，培训必须具体问题具体分析，根据培训对象的特点、培训的目的选择合适的培训方式方法，提

---

[1] 韩开林、浦华：《我国动物疫病防控体系存在的问题和建议》，《中国兽医杂志》2020 年第 4 期。

[2] 陈燕仿：《基层畜牧兽医动物防疫管理工作现状及措施》，《世界热带农业信息》2023 年第 12 期；李文婷：《基层动物疫病防控体系的薄弱现状及对策建议》，《基层农技推广》2024 年第 4 期。

高其专业素质能力，最大限度壮大基层队伍。三是要健全基层防疫人员保障机制。适当提高基层防疫人员的基础工资；建立工作考核激励制度，根据岗位级别设立考核目标与指标，公平公正衡量绩效；对在防疫工作中表现优秀者给予物质奖励。

（四）明确责任主体，完善应急响应机制

由于重大动物疫病暴发具有非常规性、紧急性、传染性强、破坏性强等特点，有效应对重大动物疫病危机事件，既需要政府健全应急指挥体系，明确各级责任主体、各人员岗位职责，避免政出多门，也需要各部门之间相互合作，防止多头指挥。[①] 但仅有政府国家强制力实施行政手段不能将动物疫病风险降到最小，还需要企业、社会组织、养殖户的积极配合。

一是各级政府要加强组织领导，完善相关责任制度体系。有效开展动物疫情防控工作，就必须落实政府属地管理、部门监管和养殖户（场）的主体责任，要细化工作人员的工作职责，建立相应的责任制度体系，全面明确岗位的权利和义务。[②] 二是要加强乡（镇）兽医行政主管部门的监督指导，严格执行监督制度，按照实际情况进行有效监管，全面把握动物养殖基地的运行情况。三是加强同林业、农业、安全生产等相关部门的联系，划分权力与职责，在平常时发挥重要的应急作用。四是要畅通信息传送渠道，实现信息共享。上下级政府之间要统一指挥，部门与部门之间要相互合作，共享信息。此外，各级政府应及时在门户网站等媒体上更新受灾程度、物资使用等情况，实时推送相关信息，打破"数据鸿沟"与"信息孤岛"，便于各级政府、企业、社会组织、养殖户获取信息做出响应。

（五）鼓励多元主体参与，完善应急响应网络

在遭遇重大灾害后，乡村往往自身韧性有限，仅仅依靠政府不足以应对

---

① 连小丽：《重大动物疫病应急管理的思考》，《今日畜牧兽医》2023 年第 3 期。
② 张伟静、周密：《突发公共卫生事件的应急管理研究——基于中央和地方政策的比较分析》，《经济社会体制比较》2022 年第 1 期。

灾后重建的大量需要，引入社会力量参与实现多主体协同援助便十分必要。因此，需要理顺政府、企业、民间组织、志愿者、灾区人民等各种主体在重建中的地位与功能，调动一切社会力量参与灾后重建，确保灾后重建工作有序开展，尤其是在灾后恢复中乡村面临资金不足的问题，社会力量参与下的多元主体援助能够一定程度弥补资金缺口，吸纳整合社会资源，多渠道筹集资金和物资，并且监督灾后资金物资走向。① 除此以外，社会力量自身所具有的不同领域的专业性以及民间资源优势，使其能够更好地了解农村不同人群、产业的重建需求，助力灾后农村社区重建工作的顺利开展。②

广泛开展全社会参与，一是要倡导多元主体协同动物疫病应急管理。在重大动物疫病发生后，所在辖区的市、县、乡三级人民政府或者应急指挥机构全方位组织力量进行救治，指导基层单位、人员进行自我保护；相邻的市、县人民政府根据不同的疫情严重程度提供相应的救助，倡导公民、企业、社会组织依据《中华人民共和国公益事业捐赠法》等有关法律法规的规定进行捐助，缓解物资供给压力。审计、监察部门依法对捐赠物资的使用情况进行监督与审查。二是要充分发挥多元主体力量，相互帮助，共同应灾防疫。政府要提高自然灾害发生前的预警监测能力、灾中获取信息与决策能力以及灾后重建与修复能力。企业承担起社会责任，为疫区人民提供防疫物资以及资金支持。社会组织利用自身资源与优势，加强对动物疫病防疫知识的宣传，志愿为疫区人民服务。养殖户要积极配合防疫工作。

（六）加大财政支持力度，提高灾后恢复能力

发达国家和地区能够构建完善的动物疫病应急防控体系并且快速从疫病损失打击中恢复，追根溯源离不开其完善的疫病防控财政支持与补偿体系。在疫病控制扑灭过程中需要扑杀大量染疫或疑似染疫动物时，政府对于扑杀的动物按当时的市场价进行补偿，欧盟国家采用"防控基金+市场支持"的

① 闫金山：《社会组织参与第三次分配的理论逻辑、实践困境及优化建议》，《理论月刊》2023 年第 9 期。
② 浦天龙：《社会力量参与应急管理：角色、功能与路径》，《江淮论坛》2020 年第 4 期。

模式，防控基金中部分来自养殖户所缴纳基金，其余部分通过欧盟内部实施的共同农业政策，由欧盟和各国共同承担。[①] 美国采用"防控基金+农业保险+市场支持"模式，引入政策性农业保险业务，而相关保险业务实行自愿与强制相结合。[②] 在必要时，若疫病对市场供需影响过大，政府会出面干预以维持供需稳定和生产秩序，如干预性收购或提供出口补贴。

建立健全动物疫病防控财政支持与补偿体系。一是加大财政支持力度。广东财政集中于教育、医疗、城市建设等方面，对畜牧业发展关注度较小，财政支持力度应与养殖户数量、规模相适应。二是调整畜牧业类财政支出结构，加大对重大动物疫病应急管理资金的供给力度。重大动物疫病应急组织体系的正常运行、基层防疫人员的队伍建设、动物疫病监测、养殖场重建与修复、设备维护与升级、病死畜禽无害化处理等都需要财政的支持。三是引入市场机制，完善扑杀机制。政府鼓励养殖户早报告，与企业、养殖户共同承担重大动物疫病风险，落实养殖户损失补贴。

---

① 林文声、朱烈夫、陈荣源：《欧美农业支持政策的资本化效应及其启示》，《农村经济》2021 年第 8 期。
② 李霞：《国际法视域下的农业补贴改革：形势与对策》，《宏观经济研究》2023 年第 11 期。

B.7
广东创新基层社会治理报告

——基于佛山市南海区58个创新项目末期自评报告的分析

陈玉生[*]

摘　要： 城乡基层治理是国家治理的基石，基层治理的关键在于提升社会参与水平，激发社会活力。本文分析了佛山市南海区社会治理创新实践，从一个侧面反映了广东省城乡基层治理的经验做法。南海区以社会建设创新奖励项目为工作抓手和动力杠杆，结合国家大政方针和省市发展战略，把握时代脉络，积极稳妥地创新"新型特色社会动员体系"，在社会治理基础、体系、环境、方式方面创新发展，取得成效。南海区社会治理模式注重社会动员和居民参与，形成了"社会治理共同体"创新典范，充分诠释了"以人民为中心，以社会为本位"的社会治理理念。

关键词： 社会治理　社会建设　社会治理现代化　城乡基层治理

　　当前，国家大政方针中对有关国家治理和社会治理的目标方向、价值定位、理念蓝图、内容框架等，已经有了非常清晰明确的要求和规定，因此，最重要的就是要创新中央精神在基层落实中的思路和做法。这些内容有，要"实现国家治理体系和治理能力现代化"这个总要求；要以解决影响国家安全、社会安定、人民安宁的重大风险为着力点，以实现人的现代化为立足点，统筹国内与国际两个大局、线上与线下两个战场，不断提升社会治理社

---

* 陈玉生，中国人民大学社会学博士，华南农业大学公共管理学院副教授，研究方向为社会史、社会治理、社会科学方法论。

会化、法治化、智能化、专业化水平，积极探索中国特色、时代特征的社会治理新模式，形成共建共治共享的现代社会治理新格局；要充分发挥党中央集中统一领导、集中力量办大事等一系列政治优势，以改革创新的思路，打造共建共治共享的社会治理新格局；要坚持系统治理、依法治理、综合治理、源头治理，充分发挥政治、法治、德治、自治、智治作用，加快推进社会治理方式现代化；要围绕打击、防范、监管、协商、服务等领域，有针对性地创新完善社会治理政策，提升社会治理实效；要坚持和发展"枫桥经验"，争取做到"小事不出村、大事不出镇、矛盾不上交"。

从创新项目看，南海区在充分理解和融合有关社会治理的大政方针的基础上，结合城乡基层实际，为切实提高基层社会治理水平、能力和效果，进行了深入有效的探索。通过探索，为南海区在城乡基层治理中合理有效落实中央有关国家治理和社会治理精神进行了有益尝试，为实践党的十九大有关2020~2035年"国家治理体系和治理能力现代化基本实现"和2035年到21世纪中叶"实现国家治理体系和治理能力现代化"两个阶段性目标做好准备，从而为科学谋划社会治理现代化的阶段目标和长远目标夯实了基础，并提供了有益经验。

一　创新奖励项目概况

对2017~2018年度南海区58个创新项目的末期自评报告采取定量分析法进行研究，将数据分析情况进行如下报告。需要说明的是，以下统计数据难免与真实情况有出入，因为有些自评报告信息不全，存在部分数据缺失的情况。

（一）项目服务内容主要有非户籍人口和特殊群体服务类、社会治理能力提升和社会资源环境培育发展类

2017~2018年，南海区共有58个社会建设创新奖励项目，其中2017年有创新类项目18个、优秀类项目16个，2018年有5个成效性项目和19个

探索性项目，相比于 2017 年，2018 年的项目少了 10 个。两年的项目内容多样，主要涵盖非户籍人口服务、特殊群体服务、社会治理能力培育提升服务和社会资源环境培育发展类服务，各占总项目数的 24.1%、24.1%、20.7% 和 20.7%，其中项目类别差异较为明显的是特殊群体的服务，由 2017 年的 10 个减少为 4 个，而社会资源环境培育发展类的服务有所增加，可见对于社会资源的培育和发展的重视度有所提高。在 1 年期间，非户籍人口服务类增长了 8.6%，由此可以看出南海区社会建设提高了对外来流动人口的重视程度，促进了外来流动人口对城市的适应与融合，也从侧面反映了对外来人口的关注。社会治理能力培育提升类在 1 年内增长了 7.4%。南海区的社会治理能力培育提升类比例的增加，恰恰说明了南海区在社区服务方面做出的努力，使社会治理的地基更加牢固，推动了共建共享共治的社会治理格局的形成，促进了社会治理的社会化与专业化。

（二）平均每个项目的服务覆盖（受益）3767人次、经费支出12.7万元

平均每个项目经费支出 12.7 万元，其中人员经费支出约 6.8 万元，占比 53.45%；活动经费支出约 4.1 万元，占比 32.59%。不同的项目资金有不同的资金使用情况，其中 57 个项目的收入金额在 3 万~30 万元，支出主要包含人员支出和活动支出，项目的人员支出往往高于活动支出。

平均每 5 人负责一个项目，与此同时，项目方采用了多方联动的模式，为不同的社会力量搭建了一个发挥作用的平台，进而更好地推动了项目的实施，平均每个项目至少得到了 10 个社会主体的支持。超过一半的项目培育了义工队伍，其中有一个项目义工 300 人，组建了 16 支义工队。在项目工作人员、多元主体和义工的共同努力下，项目开展了多场活动，平均开展了 65 次活动，平均 3767 人次受益，其中覆盖范围最大的是智慧图书馆（"24 小时读书驿站"）项目，有 4.5 万受益读者。南海区社会建设创新奖励项目发挥了多方联动、多元主体互动的作用，通过培育义工队伍，让更多群众受益，志愿者覆盖服务充分调动了群众积极性，实现了社会效益最大化，以

活动为载体，多方参与主体+培育义工队伍成为南海区社会建设参与项目的共同特点与特色，织线成网，有效地推动了社会治理的前进。

（三）总体而言，项目收入越多接受服务的受益人数越多

不同项目类型开展活动场次、受益人数、活动支出金额有显著差异。对项目类型与各项目产出指标进行皮尔森相关系数分析表明，项目类型与项目开展活动的场次之间的相关系数为-0.252，p值为0.013，可知项目类型与项目开展活动的场次存在弱的相关性。项目类型与服务受益人数之间的相关系数为-0.340，p值为0.004，表明二者之间显著相关。项目类型与项目收入之间的相关系数为-0.259，p值为0.018，表示项目类型与项目开展活动的场次存在弱的相关性。项目类型与活动支出金额之间的相关系数为-0.526，p值为0，说明项目类型与活动支出金额之间显著相关。

项目收入与项目开展活动场次、项目受益人数、项目多元参与主体数量之间呈正相关关系，与项目参与人数、项目培育的社会组织或队伍数、项目调动的志愿者人数没有明显的相关关系。项目活动支出金额与项目参与人数、项目开展活动场次、项目受益人数呈正相关关系，与项目培育的社会组织或队伍数、项目调动的志愿者人数、项目多元参与主体数量无明显相关关系。项目人员支出情况与项目各项产出指标没有明显的相关关系。

二 坚定政治方向，把握时代脉络，
积极稳妥地创新社会治理

南海区社会建设创新奖励项目顺应新时代新形势要求，紧紧围绕中央大政方针和地方重要工作部署，围绕人民群众对美好生活的向往，立足基层社区，聚焦脱贫攻坚、聚焦特殊群体、聚焦群众关切，积极有为，为推进城乡基层治理体系和治理能力现代化提供了鲜活案例。

（一）在"最后一公里"做文章

习近平总书记指出，基层是一切工作的落脚点，社会治理的重心必须

落实到城乡、社区。南海区创新项目，坚定不移地贯彻中央精神，把握时代脉络，将社会治理重心向基层下移，把人力、财力、物力更多地投到基层，强化城乡社区自治和服务功能，健全新型社区管理和服务体制机制。尤其注重在城乡社区发挥社会组织的作用，实现政府治理、社会调节和居民自治的良性互动。"最后一公里"成为南海区社会治理创新的主抓阵地，成为南海区社会治理空间地理学的探索之地。在"最后一公里"培育联系服务群众的社会动员体系，创新问计于民、问需于民的沟通机制，推行排民忧、解民难、顺民意的行动计划，打造双联系和便民服务的平台阵地。经过创新，南海区城乡社区初步建成社会协同和居民参与城乡基层治理的主要阵地，在实效上不断实现"小事不出村、大事不出镇、矛盾不上交"的目标。

（二）在"两个响应"中定方向

一是响应党和国家的大政方针和南海区中心工作要求，紧紧围绕中央"推进国家治理体系和治理能力现代化"的战略部署，紧紧围绕南海区具体实施社区建设、社会治理、脱贫攻坚、乡村振兴等中心工作。二是响应新时代人们对美好生活的向往，深入剖析和应对因发展不平衡不充分带来的突出问题，深切关心和回应新时代人们个性化差异化服务需求。正是在这样的思路下，南海区社会治理创新既坚持"政策导向和发展导向"，又坚持"问题导向和需求导向"，通过支助有关特殊人群服务、外来人口融入、安全防范治理、社区建设营造、乡村环境整治、社会协同共治、基层党建引领等创新项目，积极探索双重响应的基层社会治理体制机制。创新项目不搞唯上不唯下的官僚主义和形式主义，也不搞唯下不唯上的民粹主义和无政府主义，而是积极探索既要结合政策方针，又要解决实际问题的方式方法，务实进取，力争"支持一个项目，达成一件事情，履行一份使命"。

习近平总书记在纪念马克思诞辰 200 周年大会上的讲话中再次宣示，我们要始终把人民立场作为根本立场，把为人民谋幸福作为根本使命。

南海区通过创新项目，深入贯彻以人民为中心的发展思想，为增进民生福祉，为保基本兜底线，为织密扎牢民生保障"安全网"，为促进经济持续健康发展和社会和谐稳定，把党和政府的温暖送到城镇乡村的每一个角落。

（三）在"三个聚焦"下出成效

在 2019 年 4 月 2 日召开的第十四次全国民政会议上，习近平总书记对民政工作作出重要指示，强调聚焦脱贫攻坚、聚焦特殊群体、聚焦群众关切，更好地履行基本民生保障、基层社会治理、基本社会服务等职责。三个"聚焦"高屋建瓴，为民政工作开展提供了明确的行动指南，也为基层社会治理工作指明了方向。

南海区创新项目非常切实地聚焦了现阶段人民群众的福祉，聚焦大病儿童、自闭症儿童、精神病患者、老年人服务等弱势群体及其家属的需求，聚焦优抚对象、外来人口、刑满释放人员、戒毒人员、社区矫正人员等特殊人群的需求，聚焦党建引领、村居环境、传统文化、居民议事等群众关切的事情，只有通过聚焦这样一件件一桩桩具体的事情，才能做实事，做出影响力，做成品牌项目。2018 年 10 月 25 日，习近平总书记在深圳市龙华区民治街道北站社区党群服务中心考察时指出，社区情况复杂多样，群众需求多种多样，要把更多资源、服务、管理放到社区；社区工作者要履行好职责，切实把群众大大小小的事办好。

三 以人民为中心，以社会为本位，夯实城乡基层治理体系和治理能力现代化的基础

社会治理的根本属性就是社会性，从社会治理理念、目的、方式方法、领域、体制机制、政策等方面看，都强调社会属性。当前，社会治理创新遍地开花，但创新本身不是社会治理的本质，真正的治理应该是一种社会化的治理。只有当社会治理创新演化为一种群众艺术时，社会治理才会真正实

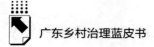

现。所谓群众的艺术，就是各社会主体和居民个人具有社会治理的知识、能力和意愿，并有社会治理的行动、方法和智慧，最终能够不自觉地在日常生活中协同实现社会治理目标。从这个角度而言，南海区创新项目深入理解和把握了社会治理的本质，在社会治理体系和治理能力建设方面，非常注重社会动员和协同参与，充分诠释了"以人民为中心，以社会为本位"的社会治理理念。下面，我们围绕创新项目本身，从社会治理基础、体系、环境、方式和效应 5 个方面共 15 点进行报告。

（一）夯实了社会治理基础

1. 培育了社会治理的人才

南海区社会建设创新项目实施，一个非常重要的结果就是培育社会治理人才，播下了社会治理文化理念，增强了社会服务和社会治理本土化能力。比如，"西樵镇驻村（居）社工服务深化及推广计划"对本地社会工作实务进行系统研究，研发《西樵镇驻村（居）社会工作项目指引》，为驻村（居）社会工作项目的人员资质要求、服务专业要求、服务过程标准、服务岗位任务等提供指引；"1+2+N"项目（"1 个服务平台""2 个服务模式""N 个服务品牌和 N 个社会服务人才"）提升了罗村社会服务水平；南海区国家生态工业园"职工共融"服务计划挖掘和培育了 16 名社团组织骨干成员；"融爱妈妈"助力社会治理服务计划针对社区妇女开展社区治理培训，提升了妇女骨干参政议政能力，增强了妇女骨干的自我效能感；"新型住宅小区矛盾预防及化解机制探索"项目对核心居民及志愿者进行培训与团建，发掘社区能人，将社区意见领袖转化为义工骨干，提高居民参与社区事务的能力。又如，南海区社会工作学者与学生联会在项目中探索出了"优才计划"动员青年大学生参与社区治理模式，该模式基于为期 1 年的动员青年大学生参与社区治理的行动研究。在优才计划行动研究中，主要采取项目制进行动员，组建了 13 支优才团队，通过引导和支持青年大学生团队策划、实施社会治理行动方案，缓解社区问题，发挥青年大学生在社区治理中的独特作用。该模式把优才计划项目作为案例分析，从项目制动员的角度切入，将整个动员过程和青年大学生社区治理行动变化分为形成期、风暴期、规范期和整合期四大阶段，分别探讨影响动员青年大学生参与社区治理的因素，构建青年大学生参与社区治理动力提升和支持保障体系。

这些人才队伍包括青年大学生、志愿者、楼长、社团骨干、外来务工人员、有特殊技能人才、公共司乘人员等。综合各项目内容，涉及人才队伍建设的就包括志愿者培育、骨干成员培训、社会工作专业支持、家庭照料者培训、社区议事能力提升、治理创新项目研发能力培训等。在项目实施过程中，有社工委的专业指导、专家评估意见、专业社工督导、课程培训等活动，提供项目支持和专业能力支持。

通过不断地培训教育，短期解决项目实施问题，长期看最为重要的就是播下了社会治理文化理念，启示普通居民能够看到社会治理的活，并最终提升社会自我修复能力。

2. 搭建了社会治理平台

社会治理的根本属性就是"社会性"，其中，社会协同和居民参与是重要内容。那么，如何推动协同参与呢？首先要建设协同参与的平台，释放大量社会参与的公共空间，夯实参与基础。南海区创新项目非常重视参与平台建设，比如，通过搭建"公益菜篮"的平台与塱心村长者建立沟通联系的桥梁，了解独居长者的饮食生活习惯，建立健康档案，及时向村委会工作人员反映情况；建设智慧图书馆（"24 小时读书驿站"），通过发挥志愿者的作用，提升原有公共服务平台的价值；建立了"新市民饭堂"就餐体系，重点解决交通行业新市民驾驶员的吃饭难问题。

我们以丹灶镇联沙社区在初期以"1+1"的运营模式为例。该项目以一个智慧妈妈服务团队+一个智慧心灵驿站议事平台，活化了社区自组织参与城乡基层治理的模式；成长期以多元联动"三位一体式"成长，其成长在于社区、社区自组织、社工相互间的联动，创建了"三位一体"平台发展模式；在运行期建立了社区建设机制，通过开展"户联系"，夯实群众基础，打造妇女自组织服务品牌。经过三年的探索，借助社区党建直联

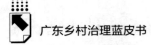

项目的资源优势，带领智慧妈妈团队开展社区"户联系"，夯实群众基础，以更精细化的社区需求为问题导向，结合优势进行支持回应。在服务形式上加以创新，在发掘社区需求上，注重发掘社区在地资源，如爱心商家的资源链接及维系，探索"取"之于社区、"用"之于社区的服务模式。同时，智慧妈妈团队搭建的定期骨干议事或移动议事，为社区治理提供一个发声的平台，一个展现团队力量的平台，一个传播社区正能量的平台。更重要的是，团队针对女性在城乡基层治理中的特殊性，通过个别化辅导及团建形式，增强团队的凝聚力，实现社区与自组织的互助，构建社区发展共同体。

可见，社会治理平台大概有三种思路。一是为新领域打造新平台，或提升既有平台功能价值。二是构建多元平台，如议事空间、文体活动场所、公益企业、教育阵地、服务机构、公共食堂、社区服务摊点等。三是充分发挥了平台作为社会治理人财物力集散点的作用，这些点既要发挥发展和发动社会力量的节点作用，也要发挥服务、监管和建设社会的节点作用。那么，社会治理平台到底怎么建设，还需要进一步研讨和思考。应该把握几个原则：公共性原则、用益人视角原则（如便民利民）、效用最大化原则、基本标准统一（规范）原则（如轮候制、规划合规）。

3. 创新了基层社会治理政策

社会治理政策是一个新课题，尚未得到系统研究。那么，社会治理政策有哪些内容呢？这里我们主要采取举例方式予以说明。比如，南海区国家生态工业园"职工共融"服务计划研发了《南海区国家生态工业园"职工共融"服务计划社区学院运作模式探究》《南海区国家生态工业园"职工共融"服务计划社区学院自组织及组织骨干培育路径探究》《南海区国家生态工业园"职工共融"服务计划社区学院校董会运作规划》，读书驿站项目研发了《读书驿站使用手册》《南海区读书驿站"学生馆长"志愿服务项目招募、管理、评优方案》《读书驿站：家门口的图书馆——南海区公共文化服务体系空间创新（行业版）》《读书驿站——南海区公共图书馆服务体系建设工作汇报》，"青·醒人生计划"预防青少年犯罪项目研发了《附条件不起诉及相关不起诉相关帮教服务程序》《预防青少年违法犯罪程序》，"展能就业驿站"助残障人士社区就业项目研发了《佛山市南海区低保、低保临界"三失"人群救助服务标准》《低保、低保临界"三失"人员服务标准》《低保、低保临界"三失"人员服务规范》《低保、低保临界"三失"人员服务指引》，"新型住宅小区矛盾预防及化解机制探索"项目研发了《新型住宅小区利益表达与协商机制》，"特殊儿童社区融合服务探索"项目研发了《特殊儿童社区融合服务探索项目操作指南》，等等。

又如，监狱—社区无缝对接服务项目研发了《"监狱—社区"无缝对接服务工作标准》。创新了西樵镇安置帮教工作服务手法，促进了西樵镇安置帮教工作的顺利开展，提高了刑满释放人员社会适应能力。通过验证"监狱—社区"无缝对接服务工作标准的有效性，进而优化"监狱—社区"刑满释放人员无缝对接服务措施，形成了标准化的"监狱—社区"无缝对接服务机制。其撰写的标准的服务机制包括基本的服务流程、人员配置及培训方案、制度建设、服务经验和技巧总结、政策支持等方面。此机制提高了刑满释放人员的社会适应能力，促进其融入社会，减少了再犯罪行为的发生，使服务更为精细，也有利于服务的推广，惠及更多的人群，为社会的稳定和谐作出了贡献。

回归项目的本身，该项目于2014年底开始尝试对刑满释放人员进行跟进，跟进过程覆盖其出狱前以及出狱后的时段，以促进安置帮教人员融入社区生活为主要目的，旨在从个人、家庭、社会等多个层面入手，结合司法部门安置帮教工作的措施，改变安置帮教人员的不合理认知，挖掘并发展其潜能，协助其链接并获得有效的社区资源，解决其家庭面临的困境难题，搭建起社会支持网络，帮助服务对象重新回归家庭和社区生活。现南海区的安置帮教工作主要由司法所和社工开展，虽说其在全国的安置帮教工作层面具有明显的先进性，但毕竟还处于探索阶段，而且各个镇街的安置帮教工作实施主体和服务措施不尽相同，需要通过不断地实践和创新来验证各镇街安置帮教工作的优劣性，取长补短，通过多方协调和配合形成统一的、标准化的安

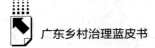

置帮教服务措施，令各镇街的安置帮教工作得以顺利开展，打开南海区安置帮教工作的新局面。

从上述内容可见，基层社会治理政策内容非常丰富，涉及的社会治理领域非常广泛。这些政策既是南海区创新项目的重要成果，也是南海区社会治理迈向现代化的重要成就，为南海区社会治理工作合理化、规范化、标准化、智能化、专业化发展做出了探索，提供了支撑。

（二）创新了社会治理体系

1. 发挥了党建引领的作用

在我国，党和人民的利益具有本质上的一致性，党建引领能最大限度调动全社会各方资源，共同满足人民美好生活需要。南海区在新时代社会建设创新项目中，"党建引领"发挥着重要作用。首先，创新"党建引领"做法，一是"党建引领·党员志愿服务网格化"模式，二是"党建引领+三社联动"模式，三是"党员+居民"义工队伍。由社区党委带领，各社党支部组建党员志愿服务分队，发挥党员引领作用。其次，党建引领在不同社会治理领域中发挥作用，包括公益服务、新市民融入、直联、社会动员等。最后，党建引领的作用得到发挥，如社区网格化后，党员志愿者被安排到网格中开展服务，了解社情民意，并在力所能及的情况下直接提供居民服务，帮助解决社区问题，对比较复杂的公共事务，组织居民议事协商解决。总之，通过两年的项目创建，南海区丰富了党建的内容和形式，既拓宽了党建引领的范围，又充分发挥了其作用。

比如，"直联+网格化+志愿服务"的党建服务模式做法如下。在社区党委的带领下，以各社党支部为实施主体，组建党员志愿服务分队，利用"熟人社会"效应，自主开展志愿服务活动。提高社区党员志愿服务质量和志愿服务的针对性，助力上层志愿服务资源下沉。在党委的带领下，党员志愿力量带动群众志愿力量，以志愿者培训和志愿者服务为载体，搭建志愿者之间的互动交流平台，促进志愿者助力社区发展、社区协助志愿者学习提升的良性循环。发掘成立骨干队伍，由骨干积极分子带领队伍开展志愿服务，使志愿队伍成为社区动员的亮点，努力在社区形成"人人支持、人人参与"的社区志愿行动氛围。

2. 畅通了协同参与的渠道

当前，畅通渠道主要关注技术层面的问题，如桂一社区居民议事协商共建社区项目（2018）形成"线上+线下"双重议事平台，畅通议事形式和途径。这必然重要，但是，我们注意到，协同参与渠道有两种，一种是公共物品的供给渠道，一种是公共物品的消费渠道。两条渠道都要畅通，并且要同时协调畅通。比如，很多地方培育了大量志愿者队伍，可是这些志愿者不知道往哪里用力，居民有需求时想找志愿者帮忙也找不到。又如，居民遇到纠纷，虽然有调解、诉讼等渠道解决，但居民因各种原因往往信访不信法，走上信访道路，这就不畅通。此外，还有共享、邻里互助、社区营造、社区议事等，都涉及畅通渠道问题。因此，当前协同参与渠道更需要同时畅通公共物品供给和消费的双轨渠道。

比如，"蒲公英计划——多元关爱流动儿童社区安全行动项目"通过走访社区居民，组织调研活动，招募社区热心居民，联合政府部门、各关爱团体形成聚爱同盟队伍平台，同时建立"安全童行"家长志愿服务队、罗行社区新市民志愿服务队，借助项目的安全关注营绘制社区地图，标识社区安全隐患，合力解决社区安全问题。项目同步对服务队骨干开展培力服务，通过社区议事的方式，筛选和讨论社区安全问题，对应流动儿童的各个需求分别开展行动服务，如 430 课堂、社区地图、绘本制作服务等，最终服务于儿童、家长。项目尝试为聚爱同盟搭建参与平台，联动聚爱同盟多方参与非户籍儿童社区安全活动，联合开展流动儿童社区关注营和智力营服务。努力向"发掘问题—解决问题—服务反馈"的思路摸索。

3. 创新了多方联动模式

综合分析各项目报告发现，多方联动工作有以下四个特点：一是几乎每个项目都有涉及，二是联动模式多样，三是联动的主体多元，四是联动都是为了某项事务。如"购买服务+社工+义工"文化志愿服务模式"、"直联—

社区—社工—楼长—物管"五方联席会议、"直联+社工+媒体"三位一体的社区自治新模式、"社工+司法所+司法局+社工委联席会议"、"四工一社联动"模式、"社区+社工+义工+两城管理处"、"机构运营,村居对接,家属参与,社会协同"残障服务模式,等等。

比如,桂一社区运用社情民意收集制度,通过"社工+楼长/热心居民"的创新方式入户向居民宣传小区围闭与停车位管理方案,发挥楼长/热心居民的作用,提升其参与社区公共事务的意识和能力,同时,推动楼长/热心居民与小区内居民之间的互动,拉近居民关系,保证居民对社区公共事务的知情权,及时收集居民对方案的意见,以此提升居民进一步的社区参与意愿。运用议事会制度,联动社区多元主体参与,培力社区骨干,根据居民特点制定小区的议事规则,围绕停车位管理及小区围闭等问题,定期开放议事会、不定期开展居民茶话会、组建议题小组等,拓宽居民参与社区议事会的途径,营造居民议事氛围,共同参与到小区问题的解决中。运用议事协商公开制度,充分利用网络平台、微信公众号、居民微信群、社区宣传栏、入户宣传等方式,公开社区问题解决方案的动态,激活居民社区参与的意愿,动员居民参与,落实议事协商公开制度,保证社区议事的透明度和传播及时性,提升沟通效率,促使社区自治行动更加顺利开展。

多方联动要思考的问题是,联动的动力源在哪里,谁主导;是临时性联动还是常规性联动,是否形成联动机制;"联动模式"与政府部门通过聘用人员形成的"协管模式"是否区别开来,联动社会治理是增量公共物品供给还是仅为政府部门职能外包(外派)服务;联动有没有违背各司其职、各归其位的原则;联动主要成本是公共财政还是社会资源;联动有没有更好地供给公共物品或提升社会资本。

基层社会治理的联动,可以坚持党支部引领,针对具体的事务发挥优势主体主导作用,在坚持各司其职的基础上,联动多方的力量和资源,合理安排,寻求最节省又高效的方案。具体概括为党建引领、优势主导、各司其职、多方协同、事务导向、科学有序。

（三）优化了社会治理环境

1. 培育了社会资本

创新项目除撬动社会资源外，还培育了社会资本，激发了社会活力，发展了社会力量，增强了社会治理能力。比如，南海区国家生态工业园"职工共融"服务计划成立2个社团组织（舞蹈协会、篮球俱乐部）；智慧图书馆项目吸收核心文化志愿者269名；南海区低保、临界低保"三失"人群关怀服务标准研制项目培育了一支50人的志愿服务队伍，定期探访"三失"人员；"乐善塱心菜连心"塱心村营造项目更是通过打造公益菜园，通过志愿者种地并将收获的果蔬送给社区老人，凝聚了志愿者和老年群体。通过这种组织化的社会资本的培育，壮大了第三领域，也悄悄改变着中国传统依靠个人关系网络的非组织化的社会资本形态。我们将很快看到，"社区生活社团化"的时代即将到来。未来，社区生活社团化将重塑公共物品供给方面的公共关系，重塑公共领域中的交往行为模式。

比如，丹灶镇金宁社区邻里相牵互助计划以小区为单位成立8支志愿服务队，有效活化5支舞蹈队并凝聚了社区社会公益组织的力量，摆脱了志愿者"僵尸粉"及团队凝聚力偏低的情况。注重骨干能力建设，提升参与社区自治能力，协助解决小区问题。项目通过考察社区志愿者积极挖掘培育了多名楼长且稳定参与服务，并试点成立2支专属小区楼道协作者队伍。探索出楼长培育的思路，明确楼长与业委会成员一致的成长方式，设立前期均需要陪伴式引导。楼长的设立确保社区建设有内生力量，以楼长带动志愿者，志愿者培育成楼长，是发掘社区治理领袖的良性循环。项目凝聚了6个社区社会组织，培育阳光妈妈亲子读书会自组织，推动自主服务，且为居民创造更多的联结空间与机会。通过培育这些社会资本，组织小区活动，不仅促进了居民与居民间的交流，更有助于促进新市民的融入，增强了居民对社区的认同感与归属感。

2. 撬动了多方社会资源

创新项目既是推动南海区社会治理发展的动力机制，也是撬动社会资源

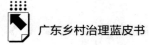
协同参与社会治理的杠杆。比如，下东村阳光驿站项目 2018 年暑期社区活动，链接了华南师范大学政治与行政学院伦研育穗队伍、灵子舞蹈学院九江分院、辖区义教老师支持。特殊儿童社区融合服务探索项目撬动了社区居委、公园和职工家庭资源，提供了场地支持和物资支持，为特殊儿童（自闭症儿童）营造一个良好的社区环境。

又如，智慧图书馆（24 小时读书驿站）项目积极争取与各职能部门联动开展阅读推广活动。联合文化教育部门以及镇街、学校一起举办南海区"校园读书驿站"现场会暨"学生馆长"聘任仪式活动。广东省文化教育部门领导，佛山、南海文化教育部门领导以及南海全区校园读书驿站所在学校代表，夏东小学学生代表参与了活动，并通过网络直播，吸引近万人在网上观看了活动，成效良好。联动镇街图书馆、区气象局及企业单位于 7 月 16~23 日组织开展"读醉美南海文化"——2018 年读书驿站"学生馆长"暑期探索之旅系列活动。活动通过行走阅读+现场体验，创新阅读活动的方式方法，让包括"学生馆长"在内的近 500 名青少年读者在参观南海区城市生态气象观测站、佛山科学馆及广东燕京啤酒有限公司期间接受相关科普知识培训的一系列过程体验，潜移默化中培养创新精神，提高自身科学素养、阅读兴趣及对项目的认同感和自豪感。

3. 提升了社会自治和社会修复的能力

中央提"法治、德治、自治"，其中对于自治怎么做，创新项目进行了深入探索。比如，"最美璜溪"古村社区营造项目的目的就是要提升村民参与璜溪的文化保育能力。为了做好这件事情，项目开展了文化合租社团建设、村民成长学堂、文化合作社培训工作坊、村落特色文化商讨会、"再见儿时回忆"文史导赏体验游设计等工作，大大提升了居民的文化保育、自我教育、自我管理、自我服务的意识和能力。社会治理一个非常重要的内容就是如何发挥社会自我治理的能力。按照有些学者的理论，在没有外力强制的情况下社会及其成员能够自我治理才是真正的治理。中国古代基层社会主要是通过社会自治和社会修复实现治理的。但是，当前随着城镇化的发展，基层社会自我修复能力开始退化，国家权力因此不断介入，如政府购买环卫工人提供清洁服务、政府为特殊群体购买社工服务等。

基层社会治理，要注意几个层次。首先是基层社会自治和社会修复。其次是购买社会服务，培育第三领域供给公共物品。再次是政府政务服务，直接供给公共物品。最后是政府管制，采取法治、强制、禁令等手段管控社会。社会自治和社会修复是最基础的，基础越不牢，政府就越忙。那么，如何提升社会自治和社会修复能力呢？我们注意到，几乎所有创新项目都设置了培训等专业支持内容，都开展了居民参与治理的活动。这就是方法，一是不断的教育培训，擦亮了居民的眼睛，使其能够看到社会自治的活；二是通过不断参与式治理活动，锻炼了居民双手，使其能够参与到公共事务中并上手处理这些事务。通过创新项目，居民提升了参与公共事务和提供社会服务的能力，真正做到"眼里有活、手上有活"。

（四）创新了社会治理方式

1. 探索了社会治理事务的解决模式

社会治理有问题导向、需求导向、政策导向、发展导向等取向。对于具体的社会治理事务，这些导向是很难分清楚的。比如，关于精神病患者群体的社会治理，可能同时既要面对患者和家属的心理问题、服务需求，又要回应国家政策、社区发展。但是，城乡基层治理通常被这些导向困扰。比如，明明看到居民确实有需求，但没有政策支持；或者明明有政策，就是没法落地，因为没有预算。以往人们将这些困扰归结为取向问题，但其实质首先是能力问题，要回答对哪些问题、哪些需求有能力回应，对哪些政策、哪些发展目标有能力实现。其次是系统问题，要回到对这些问题、需求甄别得清不清楚、准不准确，对这些政策、发展目标制定得科不科学、理解得到不到位。如何实现和实践国家治理体系和治理能力现代化，可以从上述两方面问题入手。

对此，有些创新项目提供了思路。比如，下东村精神康复家庭帮扶计划，该项目针对每个精神病患者及其家属，以问题、需求为导向制定了非常真实具体的服务需求，并以政策、发展为导向甄别清楚了当前服务供给情况，提出了尚未供给到位的原因分析和工作指引。该项目给出了两个启示，一是要制定社会治理事务清单。通过事务清单，把居民和社区存在的问题和需求搞清楚，把解决事务的政策和目标定位搞清楚，然后甄别清楚现阶段已经提供了哪些服务，还有哪些服务没有提供到位，未来阶段按现有政策应提供哪些服务，还有哪些服务预期怎么供给。二是要完善解决社会治理事务固化机制。针对事务清单，对事务进行分门别类，明确事务主体，完善政策，提供保障，培育社会力量，形成解决事务的长效机制和问责机制，做到各司其职，各归其位，社会补位，将事务固化到个体、到组织、到政策。

2. 以文化为载体创新社会治理方式

采取什么方式方法开展社会治理呢？中央提出要坚持系统治理、依法治理、综合治理、源头治理，充分发挥法治、德治、自治作用。南海区在贯彻落实中央精神的基础上，还创新了将文体活动融入社会治理行动的做法。比如，《生活·live》非户籍企业员工服务计划项目主要运用音乐方式，传播公益和开展服务，外来务工人员通过音乐媒介与本地居民交往互动，了解社区、融入社区，增强社区归属感；通过"家乡味 邻里情"百家宴美食节来促进邻里关爱文化发展；研发了"预防青少年违法犯罪"课程帮扶涉案未成年人；丹灶青工协会里的本土文学作者完成《印象罗行》和相关诗歌编撰。通过文化教育调整个体行为，创造社会资本，营造社区环境。

比如，罗行社区"筑福行动"竹编传承计划以罗行社区作为竹编文化传承基地，通过邻里资源以及丹灶镇各界资源，联合探索新型传播传承模式，推动开发竹编文化系列产品，鼓励群众参与竹编文化活化行动，提高本土文化归属感，促进社区和谐交流，进一步实现丹灶竹编文化的传承与发展。居民对竹编文化保育的关注度随着服务的深入而增强，在扩展更多有才能的居民群众参与文化传承的活动中，群众自发为竹编文化传承作诗、写歌，出版《印象罗行》纪念书籍，字里行间流露着群众对文化传承的态度与浓厚的文化情怀，竹编历史文化价值的呈现增强了社区居民凝聚力、自豪感和认同感，激发了居民参与活动的热情，扩大了社区居民对传统竹编文化的认同。

3. 坚持了源头治理

党的十八届三中全会在论述"改进社会治理方式"时提出"坚持系统治理、坚持依法治理、坚持综合治理、坚持源头治理"。创新项目在坚持源头治理方面做出了非常有意义的探索。比如,有关预防青少年违法犯罪服务、反邪教进家庭、廉洁之友、"监狱—社区"无缝对接服务、儿童社区安全、精神康复家庭帮扶等方面的项目,同样具有将社会治理重心从治标转向治本、从事后处置转向源头治理的性质。又如,古村社区营造、竹编传承计划、"公益菜篮"等项目,通过社区发展,创造了岗位,提升了居民收入,增进了社会福利,同样也有源头治理的效应。总之,对那些容易出现社会问题,如儿童安全、矛盾纠纷、食药品安全、公共设施安全、信访、环境污染等问题的一些根源,要摸清楚,从根本上源头上进行治理。

"手牵手新市民"志愿服务"一起走"项目针对文化习得的影响因素设立了小小文化义工导游课程,并建立小小文化导游义工服务队。小小文化义工能初步进行导游词介绍,在宣教活动中为新市民介绍西樵山一些景点的历史由来。在志愿者学院项目的深化下,以专才志愿服务的理念、西樵金典志愿 V 站为阵地帮助新市民进行樵山旅游的咨询。针对社会适应的影响因素设立了新市民亲子"走访社区—政策讲座"的模式,让更多的新市民了解社区的运作和功能。在政策讲座中,新市民能够学习到基本政策知识,更好地融入西樵。针对心理认同的影响因素还设立了新市民议事厅,让更多的新市民发声,将自己的想法表达出来。在新市民议事厅中,通过发现新市民融入问题,去思考如何解决,并通过新市民志愿服务队伍去实施。

新市民志愿者在了解项目培育的基础上能够主动寻找有需求的新市民,并引导其参加互助小组或文化小组。通过导师对服务模式进行脉络梳理、提升及研究,为西樵新市民的融入提供积分计分、职业辅导等资讯,实现新市民互助社独立运营。这些活动从源头上开展,增强了社会团结、认同与信任,有利于减少社会摩擦和冲突。

总体而言,创新项目主要是一些服务、营造和建设类项目,这类项目采取柔性化手段,增促社会资本,融洽社会关系,提升居民能力,在源头上引导人们积极向善。这里举一例说明。社区电梯事务多元共治体系的构建项目，通过开展电梯安全知识宣传、指导旧楼加装电梯、调解小区电梯矛盾、培训安全乘梯志愿者、开展电梯应急救援演练等，对因电梯可能引发的一些意外事故、矛盾纠纷在源头上进行防范。

很遗憾的是，这类源头治理的项目，确实很难表征项目的社会效应。当然，源头治理还是需要国家层面加强民生事业和社会福利政策建设，加强公共安全环境、社会信任、廉政服务等建设。

（五）强化了社会治理效应

1. 丰富了特殊人群的服务内容和关爱模式

创新项目近一半主题涉及特殊人群，包括残疾人、老年人、未成年人、妇女、最低保障对象等弱势群体，外来人口、刑满释放人员、解毒人员、社区矫正人员等边缘群体，以及复员军人、现役军人家属等优抚对象。比如，桂城街道2017~2019年精神病患者社区康复跟踪管理服务项目为精神病患者提供服药跟踪、就业帮扶等服务，"监狱—社区"无缝对接服务项目为刑满释放人员开展"入狱帮扶服务""出狱跟进服务"，特殊儿童社区融合服务探索项目为自闭症儿童及其家庭提供服务，优抚对象项目总结提炼"身心社义"服务模式。尤其是关于外来人口的创新项目，占总项目的近1/6，这些项目包括手牵手新市民志愿服务一起走、《太阳计划》外来子弟流动音乐学院、"爱丹灶·我文明"我们都是新市民文化关怀行动、南海区国家生态工业园"职工共融"服务计划、"筑巢北园家，共建幸福园"——狮山镇北园职工·家社会工作服务项目、《生活·live》非户籍企业员工服务计划项目、"丹灶·第二故乡"新市民融入项目、手牵手新市民志愿服务进简村、我是城市小主人——新市民子女社会融合支持计划、蒲公英计划——多元关顾流动儿童社区安全行动等。可见，创新项目非常重视特殊人群的关爱服务、教育保护、矫治监管。

又如，里水镇"聚爱里水"儿童保护项目除了通过紧急帮扶金的发放平台撬动社会上更多的资金资源对重病儿童进行帮助，还通过培训、辅导等服务提升照顾者的管教能力，整合资源，补充提升家庭照顾功能。特别是在社区联动方面，主要针对村居妇女主任、和善社工以及从事儿童青少年服务相关的项目社工开展"风险儿童识别转介机制"培训，协助其明晰"风险儿童"的范围以及转介的流程等，实现个案转介，项目对以上提及单位及所转介的个案进行跟进并反馈，使"风险儿童"的健康、教育、情绪及行为发展、家庭与社会关系、社会参与、自我照顾得到必要的保障。

特殊人群服务监管是社会治理的重要内容，做得好不好，直接影响社会治理水平的高低。南海区通过创新项目，丰富了特殊人群的关爱服务内容，创新了服务模式。比如，为服刑人员和刑满释放人员开展"入狱帮扶服务""出狱跟进服务"，将服务延伸到出狱前和出狱后，对于刑满释放人员在回归社会时做好心理准备、能力建设、职业发展等方面具有积极意义。此外，通过这类柔性服务，有利于控制和降低再犯率。总体而言，创新项目为服务监管特殊人群丰富了内容，创新了做法，提升了水平。

2. 注重创新项目的可持续性

作为创新项目，以往非常关注其模式化，并要求可复制可推广可持续。复制推广实际上是项目本身具有的社会效应，是一种创新项目的外部效应，但在今天各地方都在创新的情况下，社会治理创新的"试点—推广"思路越来越困难了。南海区在新形势下，将创新项目的创新意义转而确定在可持续性方面，具有现实的意义。可持续性强调项目的内部效应，对于社会治理事务而言，提出了可持续的解决方案及回应要求，做到支助一个创新项目，就能够解决一项社会治理事务，随着项目的拓展，社会治理事务解决体制机制相应增量发展。比如，智慧图书馆项目打造了两个固定读书驿站（桂城颐景园、大沥九龙公园读书驿站）；丹灶镇金宁社区邻里相牵互助计划项目促成了社区议事机制；预防青少年违法犯罪服务模式项目加入区检察院的"同心圆"计划，可在全区颁布施行"预防青少年违法犯罪活动实施办法"；促进新市民融入发展项目与6个多元主体单位签订长期合作协议。

当然，并不是所有的创新项目都要求可持续，因为有些事情就是一次性的，如社区营造项目，其有周期性，是事本主义的，事情办完了，项目也就

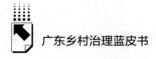

结束了。但对于一些长期性的社会治理事务，要求可持续性就具有非常重要的意义。通常情况下，一个项目可持续，其复制推广的价值也高。

3. 打造了一些特色品牌项目

一些创新项目能够从问题、需求角度出发，目标清晰且富有理想；能围绕或满足大多数人或某类群体的需求，或者能够较好地解决某方面的问题，或者改变某个区域或领域的面貌；居民广泛参与，工作做得细致且运作流程化或模式化；结果符合大多数人的价值观或社会主义核心价值观；得到居民群众的认可，在一定区域内有较强的影响力。这样的项目具有品牌价值。按照这样的思路甄别，近两年的创新项目形成了一些特色品牌项目，如罗行社区"筑福行动"竹编传承计划、"公益菜篮"塱心村长者关怀行动、"优才计划"——动员南海区青年大学生参与试点社区治理、"风雨路上伴你前行"——下东村精神康复家庭帮扶计划等。

比如，"展能就业驿站"助残障人士社区就业项目，通过营造接纳平等尊重的社会氛围，协助残障人士获得相应的劳动权。首先，项目借鉴了其他地区身心障碍就业服务新进经验，结合罗村展能中心的情况，制定出一套罗村残障就业服务流程、一套残障就业能力评估，令项目利益相关方明晰残障就业服务流程，为执行统一方向奠定基础。其次，社工对残障人士进行职业能力评估，设置职业能力培训课程；针对就业能力高的学员，制订推荐就业衔接计划。再次，在人员配备上，除了社工，再招聘对外拓展岗位、具有专业技能的职业导师，建立起社工+职业导师+企业师傅的就业服务阵营。最后，项目正式启动以罗村展能中心为职业训练据点，向外输出残障人士职业推荐、陪伴就业、职业岗位设计服务、职业资源链接服务、就业跟踪服务等，完善罗村残障就业服务链，最终形成了以残障人士为对象的特色品牌项目。

四　推进城乡基层治理体系和治理能力现代化的建议

为贯彻落实党的十九届四中全会精神，确保党中央重大决策部署和习近平总书记重要指示精神一贯到底、落地生根，现就有效推进各地区域治理体系和治理能力现代化工作，提出如下几点建议。

第一，对标国家战略规划和要求，出台"区域治理能力和治理体系现代化实施意见"及相应配套实施方案等文件。要抓住贯彻落实党的十九届四中全会精神这个重大机遇，提升各地治理现代化水平。可以直接对照全会公报，结合各地实际，一个条目一个条目研究，并全面自查、评估、检讨各方面政策，部署工作，系统谋划实施意见，拿出具体实施方案。（最高指示和作战方案）

第二，开发利用好"三个信息"，全面掌握区域治理情况。一是大数据信息流。整合智慧城市（社区）信息资源，对在真实的物理空间和虚拟的网络空间流动的人财物等要素可视化，尤其要研究涉及区域治理的重要信息，进行动态监控。二是城乡基层治理信息流。充分利用网格化等基层服务管理工具，形成常规化的城乡基层治理工作信息流。三是建立城乡基层治理事务清单制度。对居民的真实需求真实状况，当前只有一些零散的调研数据，没有形成区域性系统性全局性信息，这也是造成我们的公共物品供给和政策很难落地的一个重要原因。怎么办？建立"事务清单制度"，要制定出一份事关全区域的全面系统详细的区域治理事务清单和具体实施清单。这是区域治理的"账本"，账本不清，就无法科学治理，也就谈不上治理现代化。（作战图和情报）

第三，以"空间"资源溢价"区域治理"，培育"社会治理共同体"。当前，几乎全世界都面临公民参与公共治理不足的困境，为此人们采取了"项目制""时间银行""社会动员""慈善""社会企业"等多种办法。这些办法可继续采用，但可创新利用"空间"这个新的工具。全面盘点清查各地政府拥有所有权或支配权的物业，将那些闲置未用的、使用效率不高的、违背公共物业使用性质的公共物业进行处理，通过开展"公共物业整理"工作，盘活起来，规划好，释放到治理领域。用空间换服务，用空间培育治理共同体。谁使用，谁组织社会治理团队，服务物业所在区域。这种"空间"资源是最恒久的，是群众参与和公共精神培育的真正基础。（营帐和军饷）

第四，创新"身份体系"，优化区域治理人力资源。先秦古人利用"以名责实"理念进行社会改革。角色身份的形成会自然推动社会的角色期盼，有期盼人们就会自动去学习，有期盼人们就会监督落实，治理能力自然就上去了。以史为鉴，进行一次系统的"公共服务供给者整理"。一是优化基层涉及公共服务的所有人员，要整合条条块块聘用人员，做到人尽其用，不能养人不养事。二是对基层公共服务人员的角色身份要宣示于群众，促成群众对他们产生角色期盼并形成监督。（建制和队伍）

第五，进行"公共物品供给侧"改革。基层有不少志愿者，他们很想提供志愿服务，但找不到向谁提供服务；有许多基层工作人员整天忙忙碌碌，功夫用在事外，老百姓没有感受到服务，这说明基层公共服务存在错位、失位、缺位问题。怎么办？依据上述"治理事务清单制度"甄别清楚公共物品的需求侧，然后进行公共物品的供给侧改革。必须从居民的切实需要出发，提供有效的有针对性的公共物品，优化配置公共物品，并尽可能地减少公共物品供给的中间环节。（任务分配和资源分配）

第六，组建"区域治理办公室"，统筹协调区域治理工作，为区域治理提供持续动力和目标定位。办公室下设于政法委，与政法委合署办公，办公室主任由各地领导兼任，下设专职副主任 2 名，其他职员若干。要从两方面抓，一从协同参与治理方面，建设人人有责、人人尽责、人人享有的社会治理共同体。二从条块行政体系方面，打破各自为政、本位主义，区域治理要作为"全区一盘棋"的工作来抓。要充分认识到没有居民参与的治理，政府系统内部不协调的治理，不符合"治理体系现代化"的要求。（司令部）

第七，组建"区域治理研究院（中心）"，提供智库服务。区域治理办公室牵头组建并作为业务指导单位。为区域治理提供决策咨询、规划调研、人力资源培育、治理文化培育、治理理论研讨、治理创新等服务。（参谋部）

第八，开展区域治理能力和治理体系现代化创新试点工作。改革要遵循"稳定轨"和"创新轨"双轨制逻辑，可以选择若干地市、县区创新试点区域治理现代化。试点工作可依托办公室和研究中心，或临时组建的由各地领导、专职干部、专家学者、基层干部等人员构成的团队，具体负责。试点工作一定要严肃认真，从设计、实施到总结等全过程，要有科学的"创新体制"加以保障。倾心打造区域治理体系和治理能力现代化的标杆。这个标杆要有高度和质量，要起到影响和决定未来区域治理水平的作用。（演练）

B.8
广东省粤东粤西粤北乡村教师
支持政策执行报告

刘辉　王静　巩玉涛*

摘　要：　通过调研发现，广东省粤东西北地区乡村教师队伍建设在近年来取得了不错的成绩，总结出一些非常有效且符合乡村教师发展规律的做法，但也存在乡村教师整体专业素质不高、教师供给不足、结构矛盾突出、调节手段指向偏移、职业压力较大、培训效果不明显等主要问题。为此，需要进一步深入贯彻实施乡村教师支持政策：在发挥政策引领功能上，进一步加大资金投入，并给予教师更多礼待和尊重；在政策精准实施上，进一步实施对口帮扶政策，尤其是加强市县内纵向不同阶段不同学校的帮扶联系，同时教师之间的合作关系要有针对性，符合教师发展需求，激发教师内驱力；在政策评估上，双层落实政策监管，政府及相关部门责任需更进一步到位，适当引入第三方机构，在决策前和实施后评估中发挥循证参考和监督作用。

关键词：　乡村教师　教师培训　对口帮扶

一　政策梳理

教师强则教育强，教育强则国家强。《国家中长期教育改革和发展规划纲要（2010~2020年）》明确要求"严格教师资质，提升教师素质，努力

---

* 刘辉，博士，华南农业大学公共管理学院副教授，研究方向为农村教育管理、基层应急管理；王静，华南农业大学公共管理学院讲师，研究方向为城乡基层治理；巩玉涛，华南农业大学公共管理学院讲师，研究方向为城乡公共服务。

造就一支师德高尚、业务精湛、结构合理、充满活力的高素质专业化教师队伍"。优化教师队伍，乡村教师发展是重点。2015年6月1日，国务院办公厅发布了《关于印发乡村教师支持计划（2015~2020年）的通知》，着力解决如何缩小城乡师资水平差距，采取有针对性的措施，提高老少边穷岛等边远贫困地区的乡村教师队伍水平，保障每个乡村孩子共享公平、有质量的教育。

基础教育发展不平衡不充分同样是广东教育的短板，提升粤东西北地区教师队伍整体素质和教育教学水平是促进广东省教育整体质量提升中关键的一环。2013年，广东省就确定了"创强争先建高地"战略部署，将提高农村教育发展水平作为教育创强的重点，其中包括农村建设规划要优先保证教育用地，经费安排要优先保证农村学校建设，实施和完善农村教师岗位津补贴制度等一系列政策，持续不断地推动城乡教育一体化，逐步缩小区域间、城乡间教育发展水平差距。党的十九大提出乡村振兴战略，教育精准扶贫成为乡村振兴战略中的关注点。广东省根据实际情况，聚焦粤东西北贫困地区、山区的乡村教师，以全省"一盘棋"思路，颁布了一系列有助于贫困山区乡村教师发展的配套政策和具体措施，围绕"下得去、留得住、教得好"的政策目标，使广东乡村孩子都能接受公平、有质量的教育，为巩固脱贫攻坚、实现共同富裕打下了坚实的人才基础。

为此，广东省人民政府在2021年8月发布《广东省推动基础教育高质量发展行动方案》（以下简称《行动方案》），提出一系列更具体、全面、可操作性强的教育政策，全力聚焦两大核心问题——教师队伍建设和公办优质学位供给，力争用15年时间，解决广东省基础教育发展不平衡不充分的问题。其中，关于教师队伍建设，《行动方案》特别强调以"新强师工程"和对口帮扶为重要抓手，重点加强粤东西北地区校长教师队伍建设，并向原中央苏区、革命老区、民族地区倾斜。每5年实现一个目标：2025年，实现粤东西北地区校长教师队伍的能力素质显著提升；2030年，实现粤东西北地区校长教师队伍能力素质与珠三角地区差距明显缩小；2035年，实现粤东西北地区校长教师队伍整体水平与珠三角地区大体相当。可以说，《行

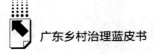

动方案》吹起了全面振兴粤东西北教师发展的号角，显示了省政府发展粤东西北地区教育的坚强决心，未来一段时期内，这一政策将对广东省乡村教师发展产生重大且深远的影响。

二 粤东西北地区乡村教师支持政策执行现状

随着《行动方案》的实施，粤东西北地区乡村教师支持政策体系已进入完善阶段，在政策目标、支持内容、支持方式和服务供给方面都有了清晰的指引。具体来说，就是进一步做好对口帮扶、教师补充、教师培训、教师管理、福利政策几个方面。

（一）对口帮扶的实施现状

1. 对口帮扶的基本概况

开展对口帮扶，广东很早就有相关政策谋划。2002 年 10 月，广东省颁布《关于珠江三角洲经济发达市与山区市县对口帮扶的实施意见》，确认珠三角地区的任务之一是支持和帮扶山区加快经济发展；山区市县要依靠自身努力，发挥内因作用，加快发展。教育领域的省内帮扶机制也随之呼应而出。此后，世行贷款学校对口帮扶项目在 2020 年 9 月正式启动，对口帮扶更加具体化。具体规定帮扶学校共 500 对，共安排 1.5 亿元资金，平均每对学校 30 万元。2021 年的《行动方案》中，以世行贷款学校对口帮扶政策为基础，提出结对帮扶机制要"全口径""全方位""融入式"，以此进一步加快粤东西北基础教育的发展，扩大对口帮扶的范围和内涵。

首先，以点带面，形成优质资源的扩散效应。珠三角地区的高等学校、教研机构开展结对帮扶支援粤东粤西粤北地区，重点帮扶对象为粤东粤西粤北地区（含惠州市、江门市、肇庆市的欠发达县）的县城和乡镇中小学校（含幼儿园），确立以中小学校长、骨干教师、教研员为三类教师核心主体，通过提升校长的教育管理能力、教师的教育教学能力、教研员的教研科研能力，来吸引珠三角市、县、教研机构（教师发展机构）的优质资源以及各高等学校的优质资源向外扩散，进行有序的结对帮扶工作。

其次，划分周期，重视帮扶过程的落实。分三步走，力争用3轮帮扶周期（每轮5年），推动粤东粤西粤北地区基础教育加快发展，实现全省基础教育高质量发展。

最后，创新结对方式，扩大帮扶范围。按照帮扶规定，结对帮扶主要建立七种结对关系，包括市与市结对，共15对结对帮扶关系；县与县结对，共84对结对帮扶关系；师范院校与市结对，共15对结对帮扶关系；非师范类院校与市县结对，共140对结对帮扶关系；教研机构（教师发展机构）之间结对，共98对结对帮扶关系；中小学之间结对，每个帮扶周期内确定1000对左右的结对帮扶学校以及有关市、县区域内结对。

2. 不断创新对口帮扶形式模式

（1）"学校托管+人员派驻"模式

自2020年以来，广州市、区两级共投入教育帮扶资金约3.8亿元，支持清远新建学校和改善学校教学条件等；积极推动联合办班办学，深入推进"校镇结对"和教师交流，大力支持清远教育持续发展。广州大学附属中学美林湖学校由清城区人民政府与广州大学附属中学正式签约合办。这种合作办学属于"学校托管+人员派驻"的模式，通过引进广州大学附属中学优质的教育资源，在美林湖片区先试先行，不断优化清远教育资源。

（2）"云端课堂"模式

佛山为发挥教育优秀师资的优势，举办"文明佛山·云端扶志"项目，策划名师讲座和教学论坛，邀请教育名师分享教学经验，帮助两地教师对接教育资源，在不断地交流研讨中提高受援地的教师教学水平。同时，通过线上与线下相结合的方式，打造一支线上线下相结合的"云教师"志愿者队伍。

佛山还推行了网红"云支教讲师"计划，并融合佛山新闻网的"网红打造计划"策划组织云课堂讲师展示活动，对优秀讲师进行培训包装，打造"云支教网红讲师"团队，为有学习困难的贫困青少年提供"一对一""多对一"学业辅导，打响云支教品牌知名度，吸引更多社会力量参与，从

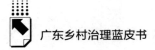
而为云支教输送更多优质的师资力量和社会力量。值得一提的是，为了更好地推动佛山优质教育资源向乡村贫困青少年延伸，"文明佛山·云端扶志"项目还将推行"双师"线上教学计划，以网络云课堂的形式面向学子开展"双师"教学，推动优质教育资源向贫困青少年延伸。同时，定期组织优质师资走进乡村学校开展话剧、演讲、绘画、音乐、舞蹈、体育、科技等素质教育公益送教活动，并且通过项目小记者活动让佛山学生参与到本次活动中，弘扬社会主义核心价值观和志愿服务精神。

（3）校镇结对的模式

2021年1月，广清对口帮扶指挥部联合清远市教育局制定《广清教育帮扶"校镇结对"教师跟岗学习实施方案》，计划5年内从清远乡镇学校选拔500名中青年优秀骨干教师分批到广州市跟岗学习，每批一学期，深度培养业务能力。同时，通过广州各区教师发展中心和清远各县区的教师发展中心结对，联合提高教学研究水平和教师培养能力。目前，首批57名骨干教师作为"种子教师"，从2021年春季学期开始，已分派至广州市38所优质学校跟岗学习。据统计，广州、清远两地结对学校已超过230所，涵盖学前教育、义务教育、高中阶段教育和中技教育。推动"校镇结对"实现全覆盖，全市85个乡镇（街道）97所学校与广州市78所学校实现结对。此外，清远市华侨中学与广东广雅中学、连南民族高级中学与广州市铁一中学、阳山县南阳中学与广州市第六中学均于2020年成功结对。

（4）"联合办班"模式

广清在教育帮扶工作中通过开展"校校、校镇结对"帮扶，尝试联合办学、托管办学等方式，不断扩大清远优质教育资源，帮扶工作成效显著。例如，新办广州大学附属中学英德实验学校已于2020年秋季开学，新增2400个学位，首批800名学生已入读；广东外语外贸大学附设清远外国语学校将于2021年秋季开学，华南师范大学附属清远高新学校预计2022年秋季学期开学；"广州一中连州班""连州二中广州一中实验班"自2015年创办以来，教育教学质量逐年提升，2020年高考本科上线率达100%，打破了连州二中上高优线历史"零记录"。可见，在联合办班办学之下，教育扶贫的教学成绩有了质的飞跃。

（5）高校帮扶基础教育模式

2022年1月17日，清城区分别与广州美术学院、广州中医药大学签订全口径全方位基础教育对口帮扶协议，加快推进实现教育现代化，开创了广东名牌大学帮扶清城区教育的先河。

广州美术学院与广州中医药大学充分利用教育协作帮扶与共建共享，充分发挥两校在管理、人才、资源、技术方面的优势，帮助清城区基础教育在学校管理、党建团建队建、教学质量、师资素质、办学水平等方面全面提升，整体缩小并努力补齐城乡之间基础教育水平的差距。其中，广州美术学院将进一步推动清城区中小学校美育日常化、多样化、特色化发展，全面提高全区师生的审美素养和人文情怀，切实提高美术教学水平和质量。广州中医药大学将发挥学科优势，在提高教师队伍心理健康教育、学生体质健康水平方面予以大力支持，推动中医药科普进校园。努力实现"开局年签署帮扶协议、前三年帮扶成效初显、后两年巩固深化"的目标愿景，助推清城区基础教育高质量发展。

广东财贸职业学院、广州城市理工学院分别与连南瑶族自治县教育局签订基础教育帮扶协议，两校以列任务清单的形式对连南在提升办学水平、加强校长队伍建设、提升中小学教师综合素质、推进教研协作、推动高等教育帮扶基础教育、推动中华优秀传统文化传承发展。其中，广州城市理工学院结合学校的办学特色和资源，在推进连南中小学科普工作、开展儿童心理辅导与教育、开展职业技术学校交流等方面展开帮扶，同时帮助中小学校在学校管理、党建团建队建、教学质量、师资素质、办学水平等方面实现全面提升。

（二）乡村教师补充政策的实施现状

1.上岗退费激励效果显著

2007年12月，广东省正式颁发《广东省高校毕业生到农村从教上岗退费实施办法（试行）》，引导高校毕业生到农村从教。2008年4月9日，

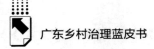

《广东省高校毕业生到农村从教上岗退费实施细则（试行）》明确规定，高校毕业生有意愿且签订连续 5 年到农村学校进行教学工作的协议，即可申请享受就学期间学费返还优惠，广东省财政厅按照每人每年 6000 元的标准进行统一安排，返还的学费从到乡村学校从教上岗一年后就开始发放。不仅如此，上岗退费政策不但在学费优惠上吸引大学生，同时还体现在专业资格评定方面支持大学生毕业后的职业发展。例如，针对非师范类高校毕业生通过继续培训获得教师资格证后，在发展水平较低的地区从教，同样也可以申请上岗退费政策。

上岗退费首先被应用到了经济相对较欠发达地区的幼儿园。至 2018 年，该政策的退费标准进一步提高，以 5 年为限退费，本科学历且拥有学士学位的每年返还 8000 元，全日制研究生每人每年返还 12000 元。此项政策起到了双重效果，一方面激励了高校毕业大学生选择前往乡村学校就业，缓解了大学生就业难的问题；另一方面解决了乡村教师下得去、留得住的问题，为乡村教育添砖加瓦。

该政策每年吸引几千名大学生补充到欠发达地区乡村学校，累计突破 5 万名，20%以上是乡村学校紧缺学科的教师，缓解了广东部分欠发达农村地区紧缺学科教师来源不足的问题，优化了当地教师队伍结构。以 2022~2023 学年为例，申请"上岗退费"人员中共有 4481 人符合"上岗退费"条件，其中全日制研究生学历 226 人、本科学历（学士学位）3711 人、专科学历 544 人。

2. 定向培养政策

2018 年 4 月，广东省颁布《"新师范"建设实施方案》，拉开了粤东西北地区中小学教师"定向培养"政策序幕。该方案提出要明确师范院校办学定位，优化广东省师范生培养工作布局，按照"自愿报名、择优录取、公费培养、定向从教、限期服务"的原则，每年为粤东西北地区中小学培养一批全科教师，涵盖学前教育、特殊教育、小学教育（全科）和义务教育各个阶段的师资培养，尤其是音乐、体育、美术等紧缺学科教师。同时，打造高中阶段研究生学历层次教师培养模式，广东也是全国首个开展公费定向培养教育硕士研究生的省份。该政策根据粤东西北各市需求，每年招 1600~1700 人，经费总投入达 5 亿元。

首批确定承担公费定向培养粤东粤西粤北中小学教师培养院校为华南师范大学、广东技术师范大学、岭南师范学院、韩山师范学院、广东第二师范学院、广州大学、韶关学院、嘉应学院、惠州学院、肇庆学院和广东省外语艺术职业学院、广东茂名幼儿师范专科学校、湛江幼儿师范专科学校等，根据学校的培养规模和能力确定招生人数，省教育厅再统筹部署全省定向培养需求计划，每年对培养院校进行适当调整。

定向培养政策为粤东粤西粤北地区中小学精准培养一批高素质专业化创新型教师人才，基本满足地方基础教育领域师资需求，进一步提高教师学历层次，优化教师队伍素质结构，提升农村教师队伍的整体水平。

（三）乡村教师培训政策的实施现状

2022 年 3 月，广东省教育厅颁布《关于印发〈广东省粤东粤西粤北地区中小学教师全员轮训实施方案〉的通知》（粤教师函〔2022〕7 号），吹响了粤东西北地区在职教师培训的号角。这是在先行推动"三区"教师全员轮训的基础上，逐步扩大和带动粤东西北地区教师全员轮训，目标是进一步提升粤东西北地区教师队伍整体素质和教育教学水平。计划在 2022~2025 年，培训粤东西北地区 15 个地市、84 个县（市、区）教师 70 万人，每位教师必须参加不少于 12 天（96 学时）的面授培训和不少于 60 学时的网络研修，并且综合跟岗学习、送教下乡、专家指导、校本研修等培训方式进行，分层分类、分科分段组织，一县一案，不断创新培训模式。

1. 校长交流培训形式多样

（1）任职资格培训

任职资格培训主要针对初任或拟任校长、园长一职，以形成校长、园长的专业理念与认识，掌握履行岗位职责必备的专业知识和专业能力为主要内容，课程设置以"应知""应会"为重点，做到理论课程与实践课程相结合，必修课程与选修课程相结合。培训时间不少于 300 学时，可采取分段实施的方式进行培训。培训内容分为理论学习、跟岗实践、网络研修和案例研究四个模块，具体如下。理论学习（150 学时）：系统学习"教育政策与法规""国内外教育改革与发展趋势""学校领导与管理""素质教育理论、方法与实践""现代学校校长专业理念""学校开办与发展规划""现代学校文化建设""学校管理科学研究""应用信息技术推进教学改革和管理创新"等课程。跟岗实践（90 学时）：赴省内外校长培训实践基地和优质学校考察、跟岗实践。网络研修（30 学时）：理论课程和实践课程相关内容的拓展学习。案例研究（30 学时）：通过校长论坛、答辩、总结交流等形式，开展管理案例研究和培训成果展示。计划组织 150 名中小学校长进行专题培训，培训采取集中研修、研讨交流、观摩学习、跟岗学习、网络研修等混合模式分阶段进行，培训时间 30 天，网络研修不少于 60 学时。

（2）能力提升培训

中小学骨干校长研修：中小学校长进行专题培训，目的是提升参训校长的理论修养，引导和启发参训校长进行前沿思考，帮助参训校长总结办学经验，提升校长实践创新能力，培训采取集中研修、研讨交流、观摩学习、跟岗学习、网络研修等混合模式分阶段进行，培训时间 12 天（96 学时），网络研修不少于 60 学时。

中小学校长后备干部培训：针对副校长、优秀中层干部和名校长工作室的培训。旨在帮助参训者树立正确的办学思想，使其具备履行职责必备的思想政治素质、品德修养、知识结构和管理能力，为其成长为具有坚定理想信念、高尚道德情操、扎实学识和仁爱之心的好校长奠定基础。培训采取集中研修、跟岗学习、网络研修等混合模式分段进行，开展不少于 12 天（96 学时）面授和不少于 60 学时网络研修的专项培训。

校本研修能力提升：帮助学员掌握国内外校本研修最新理论和实践创新成果，梳理总结本校校本研修经验，帮助构建"一校一案""一科一策""一师一题"的广东校本研修新模式。

贯彻落实中小学校党组织领导的校长负责制，进一步提升全省中小学校教师"双带头人"开展党建工作的能力和水平，落实立德树人根本任务，充分发挥"头雁"作用，推动党建与教学双融双促，切实提高党组织书记抓党建工作的政治意识和责任意识，更好地把握新时代党建工作的基本内涵、基本方法，把握新时代中小学校党建工作要求，不断提升党建工作水平。

2. 骨干教师培训精准增效

粤东西北地区骨干教师培训主要分为学科骨干教师、骨干班主任以及紧缺领域骨干教师（如心理健康教育、劳动教育、国家安全教育、科学教育等领域），结合每年教师专业课培训、校本培训需求，围绕"师德教育""教学基本功""信息技术应用能力""学科教学""教学管理能力""教师培训者业务"等内容开展培训。培训以专题研修、专题讲座、名校参访、沙龙研讨、论坛交流等方式进行，开展不少于12天（96学时）面授和不少于60学时网络研修的专项培训。

骨干教师具有较高的思想政治与职业道德水平、专业知识与学术水平、教育教学能力与水平，能在本地区推进基础教育改革和实施素质教育过程中发挥骨干和带头作用。而在"双减"政策背景下，骨干班主任需要具备较好的带班育人经验，提升班集体建设能力、学生发展指导能力和教育沟通协调能力。中小学心理健康教育骨干教师通过培训，有助于开阔他们的专业视野，提高心理学理论素养与研究水平，着重提升心理危机干预能力、个别辅导能力、团体辅导能力和学科研究能力。国家安全教育骨干教师则通过培训使他们熟练掌握国家安全教育的具体内容、教育教学方法等，有效提升国家安全教育骨干教师的教学水平，从而带动提升全省国家安全教育师资队伍的整体水平。

中小学劳动与综合实践教育是近几年的教育热点，骨干教师比较紧缺，通过培训，有助于让教师理解习近平总书记关于劳动教育的重要讲话精神，进一步提升劳动与综合实践教育教师的专业素养，推动广东省中小学劳动教育持续、高质量发展。科学骨干教师培训，有效帮助小学科学骨干教师深入学习《义务教育小学科学课程标准》，不断更新教育观念，进一步提升小学科学教师的专业素养。

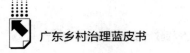

3. 全员培训深化推进

（1）办好师范教育

广东省各类师范院校在培养乡村教育师资方面起到了重要作用。创立于2014年3月的"华南师大—普通中小学"协同发展联盟，促使粤东西北珠三角地区的180多所名优中小学加盟，为师范生提供了量足质优的实践基地，也为向粤东西北地区输送过硬的师资力量打下了扎实基础。从大一开始，学生就进入教育实践场域，以"实践—实习—实训体系"支撑培养高素质师范生；设立"4+2"本硕卓越教师培养计划、"本硕博"培养一体化模式，满足教师职业发展、学历提升的需求。岭南师范学院致力于推进海岛乡村教育，赋能海岛学校基础教育高质量发展，建立了高校、地方政府与中小学幼的协同育人机制，学校与湛江、茂名两地92所中小幼特学校签订结对帮扶协议，着力抓好基础教育师资职后培养培训，助力地方中小学教师职业成长和专业发展。肇庆学院以乡村基础教育高质量发展为主线，以高校新师范教育为主导和推手，服务山区县最薄弱的中小学，建立了20多家专家工作室，注入先进教育资源，以"师徒制"结队帮扶教学、教研，实现资源最优整合。

（2）完善中小学教师发展机构

广东教师队伍规模庞大、差异性大，培训需求日益呈现专业化、个性化和多样化的特点。为此，广东从培训队伍建设，建立培训机构体系、课程体系、质量监测体系等方面入手，着力推进教师培训"四梁八柱"建设，打造一支热爱教育、能力过硬、开创未来的"南粤之师"。

自2014年起，广东省教育厅依托省内主要师范院校，创新教师培训机制，在全省布局建设省级中小学教师发展中心，随后推动各地整合培训、教研、科研、电教等部门职能和资源，建设市县级教师发展中心，实现教科研训一体化。目前，全省建成了11个省级中小学（中职）教师发展中心，计划建设150个市县教师发展中心，已挂牌成立147所，已完成基本建设任务112所。依托教师发展中心，广东大力推进中小学教师素质能力提升，省级按2%的比例开展教师示范培训，市级按10%的比例开展骨干教师培训，县级落实教师全员培训，构建起多层次、全学段、全覆盖的教师培训体系，为促进教师专业发展提供强有力的保障。

2023年，广东拟推进粤东粤西粤北地区中小学教师全员轮训，省级教师培训学员参训率不低于90%，省级教师培训学员结业率不低于90%，省级教师培训项目整体满意度达到85%，培养培育中小学"百千万人才培养工程"省级培养学员497名，着力培养造就一批高水平教育人才。力争到2025年，教师发展体系健全完善，教师队伍治理体系和治理能力进一步提升。

广东不断强化教研机构的职能定位，加大资源整合力度，加强各级教研机构内外联合，建立健全校本教研制度，构建形成省、市、县、校上下协同联动的教研工作机制和教研训一体化教师发展共同体。聚焦打造高素质专业化创新型教研队伍，广东以深化教研机构改革和省级教研基地建设项目为抓手，督促指导各地配齐配强各学科专职教研员。

（四）教师编制管理的实施现状

广东省教师编制管理政策坚持遵从"总量控制、动态管理"的基本原则，中小学的班额、生源、学校规模、师资结构、教学改革需要等因素都是各县（区）编制核算和分配的基本依据，以确保教师编制的及时动态调整。针对学生规模较小的学校（含村小、教学点）的编制核定，广东提出采取"生师比"和"班师比"相结合的方式，确保城乡教师的资源符合社会发展的需要，同时进一步促进教育资源的合理流动与共享。在此背景下，粤东西北地区教师编制管理通过"县管校聘"和职称倾斜两个手段，使教师从数量上实现"配额补偿"和质量上实现"配置平衡"的目标。

1. 县管校聘

为妥善解决现有的教师交流轮岗遇到的问题，确保城乡教育资源科学配置，加快教育事业的公平发展，广东省在2017年就颁布了《关于推进中小学教师"县管校聘"管理改革的指导意见》，并在全国率先实施。"县管校聘"制度改变了教师的人事编制关系，使教师不从属于某个学校，改为由教育行政部门负责，此时教师成为"系统人"，也就是教师不再只属于某个学校，根据教育事业发展的现实需求进行"调配"。详细地说，"县管"表示县级教育行政部门承担地区内所有教师的管理责任，"校聘"表示学校和教师签署招聘合同，教师主要教学任务由学校监管。全省深入推进中小学教师"县管校聘"改革以来，约60.8万名教师参加竞聘，有18.42万名校长教师参与交流轮岗，其中县级以上骨干教师占27.95%。根据规定，县域内每年义务教育阶段教师城乡交流人数占教师总数的比例不低于5%，义务教育阶段教师在同一所学校连续任教9年以上，校长在同一学校任满2届，原则上要在本县域内交流轮岗。2017年全省共3.9万名校长教师参与交流，占符合交流条件教师数的17.8%，其中县级以上骨干教师约占21%。

作为全省第一个以市为单位全面开展"县管校聘"改革的地区、教育部批准的第二批义务教育学校教师"县管校聘"管理改革国家级示范区，韶关市于2016年4月率先开展"县管校聘"改革试点工作。韶关首先通过"校内聘任""跨校竞聘""组织调剂"，实现了优秀校长和教师向农村学校和薄弱学校有序流动；通过重新核定各校教职员编制，解决了编制紧缺学校的师资问题，提高了编制使用效率。韶关义务教育学校首轮参与交流轮岗校长达132人、教师2020人，教师交流比例达7.2%。"县管校聘"改革推动编制使用效率进一步提高，当年韶关公开招聘教师825人，比上一年多招录119人。

2. 职称倾斜

在省人力资源和社会保障厅、省教育厅发布的《关于做好2020年度中小学教师职称评审工作的通知》中明确规定，粤东西北地区和县（区）所属单位工作的中小学教师，职称对外语和计算机应用能力条件不作要求；对乡村学校教师职称评审不作论文、课题项目、奖项、头衔称号（含表彰荣誉）等刚性要求。允许乡村小学教师按照所教学科评聘职称，不受所学专业限制。同时，在革命老区、中央苏区和民族地区连续工作4年以上且考核合格的中小学教师，申报中级、高级职称时，任职年限在《广东省中小学教师水平评价标准（试行）》相关要求的基础上放宽1年。

216

在乡村学校任教累计满 25 年且仍在乡村学校任教的教师，聘任专业技术岗位时，不受岗位职数的限制。也就是说，在农村教学一线连续从事教育教学工作满 30 年，且当年年底距离法定退休年龄不满 5 年的农村教师，可以不受单位结构比例限制专设职数考核认定为中小学一级教师。另外，鼓励城市教师到农村支教和交流，对城镇学校到农村学校支教、交流 3 年以上的，同等条件下优先评聘。

近年来，广东乡镇、农村专任教师中小学具有高级职称的比例由 0.49%提高到 5.33%，粤东粤西粤北地区小学专任教师具有中级以上职称的比例高于珠三角地区；农村初中专任教师高级职称占比 15.56%，较 2015 年提高 8.51 个百分点，与城市占比基本持平；农村高中专任教师高级职称占比 21.55%，增长速度（5.98%）高于城市（2.28%）。

3. 购买临聘教师服务

临聘教师是指在公办中小学校在核定编制外，经批准设置的非常设岗位，主要用于解决公办中小学在编专任教师因脱产进修、长期病假、产假、支教、学科调整及增加学位等情况造成的教学岗位临时性空缺问题。

湛江市教育局在 2020 年联合市委机构编制办、财政局、人力资源和社会保障局等部门，经过反复向社会广泛征求意见，同时也为更好地贯彻落实《中共广东省委 广东省人民政府关于全面深化新时代教师队伍建设改革的实施意见》提出的"县级教育部门会同机构编制、财政部门加强公办中小学临聘教师管理，按照有关规定统一标准、统一招聘、统筹调配临聘教师，所需人员经费由本级财政核拨，确保临聘教师与公办教师同工同酬"的要求，最终制定了《湛江市公办中小学临聘教师管理办法》，给粤西地区提供了一个解决教师资源紧缺的可行性方案。

《湛江市公办中小学临聘教师管理办法》明确提出，原则上临聘教师管理采取政府购买服务方式，由县级教育行政部门通过统一招标方式确定的第三方机构提供服务。第三方机构必须拥有教师招聘平台及满足招标数量需求的教师储备。所有临聘教师均与第三方机构签订劳动合同，其人事关系隶属于第三方机构。教育行政部门与第三方机构签署合作框架协议，同时以各公办中小学为购买主体再分别与第三方机构签订购买服务合同，明确相关的责任及义务。每年4月底前，由各公办中小学向主管教育行政部门申报下一学年的临聘教师使用计划。教育行政部门依据职责权限，依据额度控制、一校一核、动态监管等原则分别予以审核，提出临聘教师工作方案，经本级机构编制管理机构、财政部门批准，由教育行部门统筹使用并实行实名制管理。

（五）福利待遇政策的实施状况

福利待遇主要包括用以保障教师生活所需的工资收入、生活补助、住房保障、社会保险和医疗保障待遇。目前，全省中小学教师工资福利待遇已基本实现"两相当"（县域内教师与公务员大体相当、乡村教师与城镇教师大体相当）。而在"十二五"期间，粤东西北地区教师平均工资水平就增长了2倍多。同时，省财政每年安排约30亿元资金用于补助各地保障乡村教师工资福利待遇，其中约20亿元用于乡村教师生活补助。从2013年起，广东省开始实施乡村教师生活补助政策，突出差别化补助，分类分档进行补助，实现农村教师的全覆盖，且建立了生活补助长效机制。2015年起将补助标准进一步提高到不低于人均800元/月，2017年提高到912元/月，2018年提高到1000元/月。当前，乡村教师平均工资水平比当地城镇教师平均工资水平高约15%，部分县区乡村教师生活补助最高达到1400元/月。

可以说，广东省乡村教师的生活福利政策执行得比较到位，教师获得感较好，职业吸引力明显增强，乡村学校骨干教师流失的情况明显好转，部分地区还出现了城镇学校教师主动要求到乡村学校任教的现象。

三 粤东西北地区乡村教师支持政策中的执行问题

为深入了解粤东西北地区乡村教师支持政策执行状况，笔者在疫情期间做了一次调查。参考借鉴其他学者已验证有效的乡村教师支持计划执行调查量表，编制了详细的调查问卷。调查问卷采用匿名形式，为了确保被调查者的真实作答，在问卷前面详细说明了研究目的及对结果保密等条款。本研究采用方便抽样的方法收集样本，以网上填写为主，所幸的是，本次调查都有涵盖粤东西北地区，尽量做到能反映整体情况。问卷中"基本信息"的统计结果基本上反映了当前粤东西北地区乡村教师的实际情况，可以作为本项目的参考依据（见表1）。同时，也配合电话访谈，对乡村教师支持政策的执行状况进行了一定的深入探讨。

表1 问卷调查样本信息

单位：人，%

样本类别	分类标准	人数	占比
性别	女	1049	60.64
	男	681	39.36
年龄	30 岁以下	11	0.64
	30~39 岁	130	7.51
	40~49 岁	1243	71.85
	50~65 岁	346	20.00
婚姻	未婚	123	7.11
	已婚	1553	89.77
	离异	54	3.12
从教年龄	1~3 年	97	5.61
	4~6 年	65	3.76
	7~10 年	82	4.74
	11~15 年	205	11.85
	16~20 年	283	16.36
	20~25 年	492	28.44
	26~30 年	251	14.51
	30 年以上	255	14.74
职称	小教一级	175	10.12
	小教二级	84	4.86
	小教高级	172	9.94
	中教一级	756	43.70
	中教二级	200	11.56
	中教高级	241	13.93
	其他	102	5.90

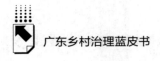

（一）教师补充政策效力不足，普遍存在"三缺"

虽然乡村教师支持政策执行多年，在培养补充、待遇保障、质量提升方面有很大成就，但依然存在"三缺"，即缺年轻教师、缺高级教师、缺骨干教师。调查显示，粤东西北地区乡村教师的年龄集中在 40～49 岁，占比71.85%；50 岁及以上的教师占比也达到了 20.00%；有家庭的教师占多数，约为 89.77%。从教龄上看，10 年以上的占比超过 85%，可见乡村教师队伍年龄较大，有一定的教学经验。在职称上，受调群体集中在中教一级，其次是中教高级，小学高级职称占比 9.94%，可见，高级职称在乡村教师中占比较低，而中教高级的占比相对小学好点，但也偏低。

访谈中就职称评聘话题有教师提到："其实乡村教师职称倾斜是有一定体现，但主要是外语、计算机这些条件放宽了不做硬性要求，但论文、课题这些条件还是非常看重的。因为县城的教师觉得自己教的学生人数很多，工作量很大，还需要做课题、写论文，挺辛苦的，所以，教育局并没有对乡村教师有特别的指标照顾，大家一起 PK，我也能理解，毕竟自己在论文方面是弱了点。"

可见，《乡村教师支持计划（2015～2020 年）》政策中规定在职称评聘时需要对乡村教师倾斜，但实际上很难做到完全不看论文、课题条件，城乡教师各有各的实际困难，教育行政部门也只能酌情考虑，这使得处于科研弱势的乡村教师评高级职称时不具优势，使得高级职称占比比城市学校低。

访谈中，乡村教师结构化失衡是教师们心里所担忧的："年轻教师不愿待在乡村，乡村教师队伍老龄化和断层现象趋于明显，有的学校甚至在未来3～5 年内教师全部到退休年龄。而课程教师更是存在结构失衡问题。体育、音乐、美术、英语、信息技术等学科教师普遍不足。"

（二）政策外援支持不足，教师职业压力增大

调查显示，粤东西北地区乡村教师普遍感到职业压力，主要表现在个人情绪低落、对学生热情减退、教学创新动力不足等方面，农村中小学环境闭

塞、信息闭塞、人员长期不变、文化娱乐活动相对不足的情况下更容易产生和蔓延职业倦怠。此外，乡村教师多半把家安在城市，生活压力依然存在。农村学生尤其是住宿制学校，留守儿童较多，学生管理较为困难，教师有时候更显示出一种无力和无奈感。调查显示，薪酬、学生管理、教学工作也是乡村教师压力的来源（见表2）。

表2 乡村教师职业压力来源（可多选）

单位：人，%

选项	人数	占比
职业发展机会少	752	43.47
家庭生活困难	812	46.94
教学工作压力大	113	6.53
工资待遇低	142	8.21
学生管理难度大	128	7.40
自身发展动力不足	766	44.28
其他	24	1.39
有效填写人数	1730	100

访谈中，教师还谈到另一种的隐形压力："隐形压力，还有一部分来自考试排名及生源争夺。统考末尾的名次会在乡镇几所农村薄弱学校之间轮回，有时来自校内的隐形竞争可能更甚于乡镇薄弱学校之间。此外，留住生源也是乡村教师难以操控的局面。生源恶性循环是造成学校薄弱的原因之一，每学期开学都不能保证生源数量能与上一学期一样，优质学生往外流失，既默许又无奈。"

（三）调节手段指向性偏移，乡村教师较难感到真正的实惠

仅以"物质满足"为调节手段的政策指向在激发乡村教师积极性中存在偏离倾向，缺乏尊师重教的环境、缺乏精神引领和心理支持，不能有效提高职业吸引力。如表3显示，超过一半的教师认为"教师思想素质和师德水平建设""教师生活待遇""教师荣誉制度"三个问题迫切需要解决。而

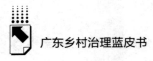

乡村教师队伍扩大、推动城镇教师向农村学校流动、能力素质提升等方面未让乡村教师足够感受到实惠。访谈中有教师表示，对口帮扶政策有利于提升教师能力，但提升效果和时间因人而异、因校而异。因为最优的和最薄弱的学校容易结成帮扶关系，二者在教学水平、资源、社会声望等方面的差距决定了它们不是在一个水平线上竞争。建立在工作关系基础上的帮扶制度，在一定程度上对现有学校等级秩序起到了确认和固化的作用。以行政控制性和强迫性为典型特征的人为合作文化，通过一系列正规制度安排来制订学校合作计划，在实施的过程中行政命令取代了发展需求，难以达到预期的效果。"来帮扶的学校好像代表着主流文化、城市文化，以强势的姿态向我们学校进行文化征服，从学校硬件设施建设到教学风格、教师素质，都毫无例外是以优质学校为标杆来对我们提设计建议。我们学校很难在短时间内做出改变，校长也很无奈，的确是实际情况不一样，大家差距还是挺大的。"

表3　乡村教师对最迫切解决问题的感知（可多选）

单位：人，%

选项	人数	占比
教师思想素质和师德水平建设	991	57.28
乡村教师队伍的扩大	723	41.79
教师生活待遇	1025	59.25
解决教职工编制	286	16.53
职称评聘向农村地区倾斜	711	41.04
推动城镇教师向农村学校流动	422	24.39
教师能力素质	730	42.20
教师荣誉制度	895	51.73
有效填写人数	1730	100

（四）教师培训政策偏强制命令，培训满意度不高

调查显示，粤东西北地区乡村教师参加国家级培训的比例为13.87%，省部级培训占35.26%，地市级培训占29.48%，县级培训占21.39%。而在培训

形式上，远程培训是当前乡村教师培训的最主要形式，其次是校本研究。在培训内容上，乡村教师主要接受的培训内容在师德与法制教育（73.99%）、学科课堂教学与信息技术应用（83.41%）上，而在心理健康教育（55.43%）、传统文化教育（24.74%）等方面的培训略显较少（见表4）。

表4　乡村教师培训内容（可多选）

单位：人，%

选项	人数	占比
师德与法制教育	1280	73.99
学科课堂教学与信息技术应用	1443	83.41
心理健康教育	959	55.43
经典阅读、书法等传统文化教育	428	24.74
其他	462	26.71
有效填写人数	1730	100

评估培训的作用，只有9.71%的教师认为培训作用非常大，22.37%的教师认为培训效果一般，而接近20%的教师认为培训发挥的作用比较小甚至没有作用（见表5）。

表5　对培训作用的评估

单位：人，%

选项	人数	占比
非常大	168	9.71
比较大	851	49.19
一般	387	22.37
比较小	220	12.72
没有作用	102	5.90
有效填写人数	1730	100

访谈中，教师表示培训时间安排不合理，工学矛盾突出，网络培训课程很多都是硬性要求，在规定时间内必须完成，经常下班后就要抓紧时间听网

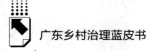

课，没有时间听。教师们的不满可以从政策文本中找到原因，"落实""必须""学时数"等词语是培训政策中使用频率较高的，带有一定命令性，而较少政策文本中关注"时间要素"，也就是说没有明确告知哪个时间段是教师集中培训的时间，这就让教师只能利用周末或其他休息时间来完成培训课程，导致教师感到一定的培训压力，进而影响培训效果评估。

（五）"县管校聘"政策"失真走样"，教师流动管理难度加大

"县管校聘"的执行过程中涉及教师编制管理、薪酬待遇、教师聘用、教师考核和晋升、专业培训等不同方面，因涉及教育、财政、人社、编办等不同机构的协同管理，沟通成本极大，教育行政部门统筹协调困难。同时，虽然教育行政部门对"县管校聘"进行了整体的规划和系统的顶层设计，但是教育行政部门并没有制定完善的督查评估机制，缺少有关监督制度以及考核规范，没有对政策的落实和政策实施后期进行调查，或者引入第三方监督机制，造成部分学校仅仅是机械地完成上级要求的交流任务。调查发现，当前的"县管校聘"方案中教师交流方式以被动交流为主，自主参与交流轮岗的教师不多，优质师资向薄弱学校的流动和轮岗仍然困难。

以肇庆市为例，肇庆近年来中小学教师的综合能力显著提升，然而具体师资配置方面也出现相对突出的结构性超编或者缺编问题。各个学校的教师资源差异较大，农村偏远山区的教师存在明显的结构性不足问题。另外，学校在学科教师数量以及质量方面出现不平衡问题，部分学科教师不足，部分学科教师过多，其中语文、数学、英语这些所谓的主科教师尤其缺乏。学校为了提高教学质量，都设法引进主科老师，因此教师的流动群体中，占比最高的是语文、数学、英语等教师，甚至有些学校的在其他学科的交流教师到岗后安排去教语文、数学、英语这些科目。以上专业不对口问题，不仅影响教师的专业发展，也会导致教学质量不稳定，不利于教育事业的发展。

制定"县管校聘"政策的初衷是通过优秀教师的交流轮岗引导农村教师成长，激发教师队伍的积极性，破解农村教师队伍长期存在的工作惰性，让优秀教师在农村教师队伍中发挥带头示范作用。然而实际上，派遣的大多

数优秀教师，在农村学校教师不足的情况下，在上课的时候只能去弥补未开足的课程，没有空闲时间去指导其他的教师。在某学校工作一定时间以后还会交流到其他学校，教师不是任何学校的"固定人员"，成为不同学校的"过客"。目前，学校对教师来说只是教学工作的一个站点，并不是唯一。这样的"无校籍管理"使教师归属感降低，产生强烈的漂泊感，觉得随时都有可能流入教师人才管理服务中心或被安排到其他地方，参与交流后，因为心理压力过大而忽视教学工作。

四 对策建议

（一）政策功能引领：复利与复礼，双向提升乡村教师的获得感

乡村教师支持政策的功能，表面上是让教师能够"下得去、留得住、教得好"，实际上是促进教育均衡发展，实现乡村振兴，实现中华民族伟大复兴。[①]深入实施乡村教师支持政策，就要深入学习习近平总书记要从战略高度来认识教师工作的极端重要性，把加强教师队伍建设作为基础工作来抓的重要论述，从战略高度认识乡村教师工作的重要性，把乡村教师队伍建设作为基础工作来抓。

1. 更大的经费投入

薪酬保障是基本前提，未来可进一步发挥薪酬的吸引和利益驱动的作用。[②] 近年来，国家出台的加强乡村教师队伍建设的系列政策大大提高了乡村教师的工资收入，尤其是在疫情期间，教师稳定的工资收入给该行业带来了"入职潮"。因此，粤东西北地区要抓住这个契机，加大政策宣传力度，吸引越来越多的高校毕业生投身乡村教育。

[①] 封鸽、李鑫、李孔珍：《政策工具视角下我国乡村教师政策文本研究》，《首都师范大学学报》（社会科学版）录用定稿，网络首发时间：2023 年 6 月 16 日。

[②] 邓涛、白淋微、冯静瑶等：《"公费师范生"入职后的职业幸福感——基于全国四大地区3400 名教师的调查》，《东北师范大学报》（哲学社会科学版）2024 年第 3 期。

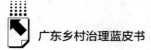
同时，积极构建吸引社会资金、多渠道筹集经费的投入机制。如继续积极联系乡贤和社会热心人士，广泛发动捐资助学，募集"奖教奖学"基金和物资，对扎根教学点、村小的教师，以及教学实绩突出的乡村中小学教师实施表彰和奖励。通过建章立制，不断健全"奖教奖学基金会"财务管理制度、监督制度和可持续发展机制，强化制度管理，公开、公正、公平地管好、用好资金，为乡村中小学教师专业发展提供物质支持。

2. 给予更多礼待和尊重

更多礼待乡村教师，刻不容缓。要深入贯彻习近平总书记关于全党全社会要弘扬尊师重教的社会风尚，让教师真正成为最受社会尊重和令人羡慕的职业，要让全社会广泛了解教师工作的重要性和特殊性，让尊师重教蔚然成风等重要论述，努力提高乡村教师社会地位，增强乡村教师职业吸引力。制定乡村教师发展政策，既需要从教师的价值认同和情感需求出发，满足教师积极、合理的内在需求，也要引领和培育教师"最近成长区"需求。[①] 执行政策时，不仅教育行政部门需要聆听教师的诉求，积极为乡村教师发声，同时，各级政府部门，尤其是"一把手"领导都可以定期走访村小、教学点，看望教师，给教师精神关怀和礼待，让乡村教师的精神力量得以激发，内在使命感和工作价值感得到释放。具体来说，尊重和礼待乡村教师，可以利用一些特殊日子，如教师节、春节、建校纪念日等，县、镇、村等各级党委或工会领导干部可以组织形式多样的教工慰问活动，及时表达组织的关怀和温暖，提高乡村教师职业荣誉感和幸福感。也可以创新生命健康关怀的活动与形式，如设立乡村教师基本医疗卫生服务专项制度，定期对乡村教师进行身体健康检查等。

（二）政策精准实施：复联与复合，双位牵引乡村教师的内驱力

"政策精准性"是公共政策应然属性。当前，全国乡村教师的问题说到

---

① 刘毅玮、张云晶、封文波：《乡村教师队伍建设中的困境与突破——基于乡村教师对政策感知与态度的调查》，《中国教育学刊》2020 年第 6 期。

底就是"下不去""留不住""教不好"三个突出问题，这在国务院办公厅印发的《乡村教师支持计划（2015～2020年）》中已经做出了精准的政策回应，提出了8个方面举措，即提高思想政治素质和师德水平、拓宽补充渠道、改善生活待遇、制定统一城乡教职工编制标准、职称评聘向乡村倾斜、城乡教师流动、提升能力素质、建立乡村教师荣誉制度。这些举措基本涵盖了乡村教师发展的外在条件需求，要求政策执行者齐抓共管、协调完成。经过不断努力，现今学术界和社会各界普遍反映，"下不去""留不住"问题基本解决，"教不好"的问题还需要更进一步找到精准方案。《广东省推动基础教育高质量发展行动方案》（2021年）算是为解决"教不好"开出了精准良方，压实责任、抓好带头骨干、做好帮扶与交流、保障支持是未来广东省粤东西北地区乡村教育发展的主要工作，亟须几年努力实现。但是，提升教师内驱力是被忽略的关键要素所在，建立双位牵引机制，瞄准"如何联合、如何合作"，激发教师内部发展驱动力。

1. 联系更精准

外援性的"市与市结对""县与县结对""师范院校与市结对""非师范类院校与市县结对""教研机构之间结对"等虽然可以进行经验复制或资源共享，但县域内的统筹规划，全市、全县一盘棋也非常重要。所谓联合精准，是指深入挖掘县域内的纵向对口帮扶资源。社会关注县级基础教育的质量水平，往往是考查学生普通高考的"出口"质量，而高中教育和义务教育之间常常需要相互支持。通过提高小学教育质量来支撑初中教育的质量，初中教育的质量支撑高中教育的质量。推进县域教育的整体式优化，环环相扣，做细做强市、县区域内的对口帮扶结对工作的整体设计、长远规划。粤东西北地区义务教育阶段语、数、英师资较好，但物理、地理、历史、政治等科目的教师匮乏、专业不对口的现象严重，校本研修很难有开展且取得效果。因此，县域内帮扶尤显重要，且容易形成"教师利益共同体"。让县里的高中派出骨干教师帮扶支援初中学校，参与一定的教学任务或管理工作，依此类推，每一所初中对口支持附近的几所小学，一所小学对口支持几所幼儿园，以德育常规、教学常规、学校文化建设为主要内容，目的是夯实基

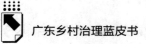

础，一条龙贯彻，提前谋划，规范管理。

2. 合作更精准

调研发现，粤东西北地区乡村教师表示学校的校本研修、集体备课、课题研讨等工作，形式化、应付式居多，团队合作的教育意识形态还很淡薄。教学成绩排名、教学能力评优争先等竞争机制，让同一门课、同一年级的教师之间各行其是、互不相干，甚至是相互提防、彼此孤立，单打独斗式的教师团队，不利于提高学校的教学质量，这也是当前乡村教育质量发展一直停滞不前的重要原因。

加强教师之间的精准合作，需要先尽快减少校内教师之间的恶性竞争，把以激励个人为主转换成以激励团队为主，让单个体的教师在学校内部环境中，瞄准所在团队的发展目标而相互支持、相互合作、共同努力。① 创新教师团队负责人的考评制度，可采取 360 度考核，易于做出比较公正的评价，同时通过反馈可以促进公平公正，有利于教师团队建设和沟通。此外，在合作内容方面要精心设计，不是处处合作、随时合作，为合作而合作，而是要找到教师的痛点，从专门设计那些单靠个人无法完成的工作内容开始，可以单独拉出几个合作内容模块，如"作文训练专题""书法训练专题""英语口语交流专题""理科综合实验"等，让有特长的教师牵头组织跨班级授课，其他教师则配合纪律、作业批改、反馈与档案记录等工作。如此，慢慢形成合作的氛围，激发教师合作兴趣。

（三）政策评估尺度：复位与复证，双层监管乡村教师政策的实施效果

1. 政府责任应该更到位

首先，政府要提升推动乡村教育发展的责任意识，且要对政府及有关部门进行有效评估。乡村教师支持政策的评估不仅要评估乡村教师的

---

① 朱向阳：《乘势而起·精耕细作：农村学校卓越教师团队建设的路径》，《中小学管理》2018 年第 10 期。

发展，也要对政策执行主体进行相应的评估，即围绕政府和教育行政部门作为政策制定者、执行者、宣传者、监管者的责任主体作用，这是最终影响乡村教师支持政策效果的重要环节。其中，政策宣传分为对内宣传和对外宣传。对内，主要是指政府以及相关教育行政机构必须通过各种形式，让乡村教师和社会大众了解相关政策，进而提升乡村教师的职业认可度和社会地位。对外，主要是政府应加强对县域外的发达地区政府及有关部门宣传，以期形成政府合作、教育帮扶结对，吸引各界更多的关注和支持，助力乡村教师发展。其次，政府的责任还需要体现定期走访、监督乡村学校，搜集第一手资料，确保乡村教师专业发展各项目顺利实施。教育是最大的民生，积极发挥政府对于教育的管理职能和优势，探索乡村教育资源的调配与组织协调路径，进一步强化了政府在教育领域的责任。[①]

2. 引入第三方机构进行循证评估

乡村教师支持政策实施多年，其实施效果和影响需要经常进行"摸家底"式的评估。为确保乡村教师质量提升，引入相对独立的第三方评估机制，可将身份从"运动员"向"裁判员"过渡。放眼全国，有很多省、直辖市成立了省一级的教育评估院，在评估目标的确立、指标的选择、标准的确定、结果的衡量等每一环节，无不渗透着政府的意志和价值取向。例如，江苏教育评估研究院将乡村教师发展支持政策纳入义务教育均衡评估工作中，以评促建、以评促改，引领推动各地优化义务教育资源配置和内涵提升。广东省可加快推进第三方评价制度，将评估范围扩大到事前的可行性论证和风险分析，以及事中政策实施的督查监测和修正纠偏。通过几轮的循证评估，促使政策制定者和实践者重视政策评估的核心标准，使高强度的研究证据在实践中具有更高可信度和更强的指导意义。

同时，循证评估还可以让不同评估主体之间反复对比参照。通过扩大社会力量参与教育治理的渠道，让高校学术团体、教育研究机构以课题研究的

---

① 马焕灵：《政策调适："后计划"时代的乡村教师支持》，《当代教师教育》2023 年第 1 期。

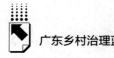

形式，参与收集资料数据、确定指标、监督过程、分析论证。社会力量因独立于政策制定与实施过程，有利于实现教育政策评价的客观公正性，而政府通过拨款、分配资源，以委任或购买服务的形式，进一步扩大社会对乡村教育的关注，这样就形成了充分的实证资料、明确的数据相互印证，使政府、社会和学校三者之间相互影响、相互作用的方式更为透明、公开，协同各方共同提升乡村基础教育质量。

B.9
广东优化乡村医疗卫生资源配置的思路与建议

李韵婷　张日新　罗均敏*

摘　要：　党的二十大报告提出，把医疗卫生工作重点放在农村。本文全面总结了党的十九大以来广东在优化村级医疗卫生资源配置方面的工作经验，结合课题组在粤东西北地区深入调查研究和对调研数据的实证处理，总结发现目前广东乡村医疗卫生在资源配置方面面临的挑战，如资源配置进入整合优化阶段，资源供给总量不足和结构失衡现象并存，镇、村医疗卫生资源配置失衡等。围绕"优质资源扩容，区域均衡布局"目标，提出坚持高位推动、落实部门协同、整合资源优化等思路建议。

关键词：　乡村医疗卫生资源　村卫生站　优质资源扩容　区域均衡布局

　　近年来，广东省委省政府坚持以习近平新时代中国特色社会主义思想为指导，全面贯彻落实党的十九大、二十大精神，深入推进健康中国行动，以"强基层"为广东医疗卫生深化改革的切入口和突破口，以实现"小病不出村"为目标，通过优化乡村医疗卫生配置、提升村卫生站医疗服务能力，逐步形成具有广东特色的村级医改经验，推动基层卫生健康事业发展，让广大农民在家门口享受更优质的医疗卫生服务，就医体验和健康获得感得到较大提高。乡村医疗卫生资源均衡布局，筑牢了广东乡村振兴的生命健康线。

---

* 李韵婷，华南农业大学公共管理学院讲师，研究方向为农村社会保障；张日新，广州理工学院研究员，研究方向为农业经济管理；罗均敏，华南农业大学公共管理学院本科生，研究方向为社会保障。

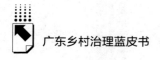

一 广东优化乡村医疗卫生资源配置的现状

"十三五"以来，广东省委省政府统一决策部署，以实现"小病不出村"为目标，加大各级财政投入，推动村级卫生站医疗服务能力持续提升。《广东省卫生健康统计年鉴》数据显示，截至 2021 年底，广东全域有村卫生站 25448 个，由于撤停并改等原因，较 2016 年减少 1438 个，降幅为 5.35%。在行医方式方面，以中医为主、中西医结合的卫生站有 17739 个。在人员配置方面，乡村医生 17793 人，较 2016 年减少了 27.11%；执业（助理）医师 10973 人，注册护士 2136 人，卫生员 1015 人，分别较 2016 年增长了 59.86%、21.57%、74.70%。2021 年全省村卫生室提供门诊服务 8673.2 万人次，满足广大村民基本服务需求。广东省村级卫生资源总量稳步增长，乡村卫生健康人才队伍建设不断壮大，粤东西北地区医疗卫生服务可及性得到显著提升。

（一）坚持发展是第一要务，全面夯实硬件基础

一是加强规范化村卫生站建设。村卫生站是农村三级医疗卫生服务网的网底，关系村民群众最基本的医疗卫生服务需求。根据广东省卫生健康委员会数据，截至 2017 年，粤东西北地区完成公建规范化建设的村卫生站比例不足 20%，大多数村卫生站是乡村医生个人住宅改建，建筑简陋、设备短缺，未能满足村民就医需求。2015 年，广东省出台《关于做好村卫生站公建民营规范化建设的通知》（粤卫函〔2015〕114 号），开启省域范围内实施村卫生站公建民营规范化建设。2017 年，省委省政府出台《关于加强基层医疗卫生服务能力建设的意见》（粤办发〔2017〕2 号）、省财政厅印发《关于财政支持加强基层医疗卫生服务能力建设的实施方案》（粤财社〔2017〕33 号），提出在 2017~2019 年开启粤东西北地区 1 万间村卫生站规范化建设项目。预算每个卫生站 20 万元，省级财政补助 16 万元，剩下部分由地方财政负责。根据《广东省村卫生站公建规范化建设实施方案（试

行）〉》（粤卫办〔2017〕18号），新建村卫生站产权公有，具有统一外观、内部布局和标识系统，统一配备心电监护仪、血压仪、血糖仪、电针仪、药箱、氧气包、电脑等38种基本医疗设备，房屋面积不少于80平方米。截至2020年12月，全省1万间村卫生站全部建设完成并投入使用。万座村卫生站标准化工程也发挥示范带动作用，广东各地市按省级标准，主动对此前未被纳入建设名单的村开展村卫生站建设。外观统一、卫生整洁的卫生站，不仅筑牢了基层医疗网络的网底，成为基层卫生防疫的安全线，也成为美丽乡村的风景线。

二是加强远程医疗平台建设。2019年广东启动"AI医生进乡村"项目，为全省2277个省定贫困村配备智能健康监测设备包，引入AI医生对接省远程医疗平台，项目总投入2732万元，每个村补助标准为1.2万元。村医在公卫一体机录入患者信息、建立健康档案，上级医疗卫生机构接诊医生通过系统不仅可迅速阅览信息，大数据还会给出相应的诊疗提示，较大地提高了村民生命救治的速度和质量。此外，上级医疗机构专家可以通过远程诊疗系统指导乡村医生对患慢性病村民实施实时诊断，调整用药方案。2020年，清远市被确定为国家基本公共服务标准化试点，连山壮族瑶族自治县进一步探索构建村、镇、县、市四级紧密型联动式区域医疗移动平台。AI医生项目有效缓解了乡村医生诊疗水平与先进医疗设备不匹配问题，通过链接上级机构医疗资源，使得村民在村卫生站有更好的就医体验。截至2022年7月，全省初步建成贯通省、市、县、镇、村五级医疗卫生机构的远程医疗服务体系。

（二）坚持人才是第一资源，完善"留用育退引"机制稳定村医队伍

在"留"方面。一是稳定薪酬待遇。2017年广东省委省政府出台的《关于加强基层医疗卫生服务能力建设的意见》提出的基层医疗卫生机构实行"公益一类财政供给，公益二类事业单位管理"，为全国首创基层医疗卫生机构改革新模式。广东花都"村稳"实践成为广东基层卫生综合改革典型，被国家卫健委在全国范围推广应用。二是提高医生补贴。2006年，广东在全国率先建立省财政的村卫生站医生补贴制度，补助标准为每行政村1万元/年。

2022 年 12 月，2023 年经济欠发达地区的乡村医生补贴近 3 亿元不仅提前下达，补贴标准还提高至每人每年 2.5 万元。

在"用"方面。一是规范乡村医生职业注册。2020 年省卫生健康委会同省司法厅、省教育厅修订制定了《广东省乡村医生注册管理试行办法》（粤卫规〔2020〕2 号），对乡村医生的招用和《乡村医生职业证书》的领取进行了明确的规定。二是拓宽职业上升渠道。2016 年，省人力资源和社会保障厅与省卫计委联合出台《关于进一步改革完善基层卫生专业技术人员职称评审工作的实施意见》（粤人社规〔2016〕14 号），提出单独组建基层卫生高级职称评审委员会。2019 年广东进一步完善基层卫生职称高级职称评审机制，对服务于粤东西北地区基层医疗卫生机构的紧缺专业人才的副高级职称认定进行制度规范。2022 年广东印发《广东省卫生健康专业技术人才职称评价改革实施方案》（粤人社规〔2022〕6 号），持续深化基层人才职称改革。

在"育"方面。一是实行镇村一体化管理。2011 年广东出台《广东省乡镇卫生院机构编制标准》（粤机编办〔2011〕36 号），明确规定对实行镇村一体化的行政村，按照服务人口数量增加 1~3 名人员编制。二是学历提升补助。由地方财政对进入中等医学（卫生）院校参加学历教育并获得相应学历的在岗村医予以适当补助。

在"退"方面。一是分类解决乡村医生养老保障问题。2022 年省卫健委、省中医药局联合发布《广东省乡村医疗卫生基本公共服务提升行动实施方案》（粤卫基层函〔2022〕16 号），根据乡村医生是否被纳入乡镇卫生院编制实施养老保险的分类管理。二是实施已离岗接生员和赤脚医生生活困难补助。2012 年广东发布《关于做好农村已离岗接生员和赤脚医生生活困难补助发放工作的通知》（粤卫〔2012〕166 号）。截至 2022 年 12 月，全省 2023 年 1.8 亿元的生活困难补助资金已提前下发，补助标准为每人每月 700~900 元。

在"引"方面。一是实施全省基层人才专项招聘。2018 年，广东出台《广东省基层卫生人才队伍建设三年行动计划（2018~2020 年）》（粤卫〔2018〕69 号），以解决基层人员聘用问题。以"用得其所、用当其时"为目标，通过降低门槛、优化测评、减少成本等举措，合理设置招聘条件，有效缓解了基层医务人员总量不足的问题。二是推动优质人才下沉。2021年广东发布《关于进一步推进广东省紧密型县域医共体建设深入可持续发展的意见》（粤卫基层函〔2021〕11号），推动建立医共体内部医务人员收入"多劳多得、优绩优酬"薪酬激励制度。

2016~2021年广东村卫生室村医结构如表1所示。从表1可以看出，通过对村医人力资源政策的创新、延续和不断优化，一方面，广东村医总量虽有所下降，但人均村医数相对稳定。近年来，广东村医总数随广东农村人口减少和村卫生站减少而逐年递减。根据《广东省国民经济和社会发展统计公报》，截至2016年底广东有农村常住人口3387.69万人，村医33612人，平均每万人拥有村医9.921人；2021年底有农村常住人口3217.93万人，村医31917人，平均每万人拥有村医9.918人，较2016年仅有轻微下降。另一方面，村医职称结构得到较大优化。2021年底，全省村卫生站拥有执业（助理）医师10973人，较2016年增长59.86%。这不仅得益于广东致力于让部分年老乡村医生有序退出，也得益于鼓励乡村医生向执业医师和执业助理医师转化的政策。总体而言，广东村卫生室医疗服务人员的素质能力有了明显提升。

表1 2016~2021年广东村卫生室村医结构

单位：人

年份	执业（助理）医师	注册护士	乡村医生数	卫生员	村医总数
2016	6864	1757	24410	581	33612
2017	7112	1896	23417	634	33059
2018	7673	1998	22382	682	32735
2019	8678	2152	21161	649	32640
2020	9704	2176	20205	630	32715
2021	10973	2136	17793	1015	31917

资料来源：2016~2017年《广东省卫生和计划生育统计年鉴》、2018~2021年《广东省卫生健康统计年鉴》。

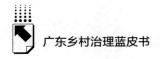

（三）坚持创新是第一动力，持续推进紧密型县域共同体建设

为整合重构县域医疗卫生服务体系，调整优化医疗卫生资源布局，2017年6月，广东印发《广东省推进医疗联合体建设和发展的实施方案》（粤府办〔2017〕49号），开启了全省兴建县域医共体的征程。2019年10月，广东发布《加强紧密型县域医疗卫生共同体建设实施方案》（粤府办〔2019〕18号），进一步明确医共体的建设方式和主要任务。广东紧密型县域医共体建设成绩斐然，涌现了阳西、和平等多个典型经验，2021年在全国医共体建设评分中排名第5。2022年7月，广东发布《广东省紧密型县域医疗卫生共同体高质量发展行动方案（2022～2025年）》（粤办函〔2022〕245号），对未来3年的县域医共体建设提出了新要求。截至2022年9月，粤东西北的15个地市的70个县（市、区）已经覆盖紧密型县域医共体，4500万常住人口受惠。

通过探索实践，广东已经基本确立县域医共体建设的顶层设计，并创新建立省市逐级绩效评价、县域医共体内部运行、各地县域医共体管委会外部治理三大机制。乡村作为三级医疗卫生机构，借助行政、人员、财务、质量、药械、信息系统"六统一"管理机制，有效吸引紧密型县域共同体内的优质医疗卫生服务资源从县级医院、乡镇卫生院流入农村。

第一，医疗技术资源下乡。以远程心电诊断技术为例，县总医院成立远程心电诊断资源中心，乡村医生在互联网医院上传心电图，心电图被同步远程送达县总院，由县总院医生诊断。通过技术资源下沉，弥补村级医疗技术空缺，提升村卫生站全科"守门人"能力和特色专科能力。通过紧密型县域共同体建设，村民在村卫生站的首诊意愿得到了较大的提高。

第二，顺畅高效转诊机制。健全县域与镇、村的双向转诊机制。县级医院为基层转诊开辟绿色通道，乡村医生通过微信工作群反映转诊需求，县级医院值班医生、工作群客服迅速对接，过程衔接紧密，顺畅高效。村民术后康复阶段，由乡村医生开展随访，协同县级医院医生为患者提供医疗护理服务，实现优质服务不中断。

第三，专家下乡，乡村医生"拜师"。自 2018 年起，广东建立省高水平三甲医院组团帮扶县级医院长期机制。以河源市和平县为例，截至 2022 年 6 月，医共体总医院专家下乡达 8277 人次（包括管理骨干下乡 693 人次、医务骨干下乡 4800 人次，接受基层分院人员进修学习 108 余人次）。紧密型县域共同体内部还有县帮镇、镇帮村的帮扶链条。乡镇分院和乡村医生建立导师制和医师定期巡诊制度，镇卫生院每月都有县直医院专家坐诊带教和开展针对乡村医生业务的培训，乡村医生还有机会到总医院跟班学习，对提升乡村医生业务水平有较大帮助。

二 广东乡村医疗卫生资源配置的问题及原因

经过多年努力，广东村级医疗卫生服务体系建设已经取得明显成效，但广东区域之间、城乡之间发展不平衡不充分问题仍然突出。为进一步探讨粤东西北地区在医疗卫生资源配置方面是否均衡的问题，课题组进行了专题调查。2022 年课题组在广东省揭阳、梅州、茂名、清远和河源 5 市开展深入调研，历时 6 个月。其间，课题组成员对村卫生站负责人开展访谈和派发调查问卷，最终回收村卫生站问卷 284 份，其中有效问卷 248 份，包括揭阳市 133 份（53.63%）、梅州市 63 份（25.40%）、茂名市 23 份（9.27%）、清远市 19 份（7.66%）、河源市 10 份（4.03%）。通过实地调研，课题组整理汇总了样本行政村医疗卫生资源配置的现状。从调研情况看，广东村级医疗卫生资源供给水平总体呈上升趋势，但仍然存在制约发展的因素。

（一）资源配置进入整合优化阶段

课题组参考学界研究，结合乡村医疗卫生服务资源的特性、评价内容的全面性和数据的可获得性，从物力资源和人力资本两个维度，构建乡村医疗卫生资源供给评价指标体系，对样本村卫生站的资源配置水平进行评价。物力资源包括"卫生站面积""设备投入"2 个测量项目。人力资本方面，兼

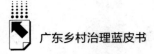

顾规模和质量两方面的因素，包括"村医数量""村医学历""专业数量"3个测量项目。为进一步体现紧密型县域医共体建设后县域内不同层级医疗卫生机构间资源流动，特别是县医院、乡镇卫生院对村卫生室人力资本方面的帮扶，增加"上级派驻"1个测量项目。整个乡级医疗卫生资源测量指标体系包括2个维度6个测量项目，原始条目来源及描述性统计分析结果如表2所示。

表2 变量测量及描述性统计分析（N=248）

类型	变量	原始条目来源与变量编码	最小值	最大值	均值	标准差
物力资源	卫生站面积	村卫生站面积（平方米）	0.00	350.00	85.815	38.581
	设备投入	医疗设备投入（万元）	0.00	35.00	4.114	3.759
人力资本	村医数量	村医人数（人）	1.00	5.00	1.133	0.470
	村医学历	根据村医平均学历赋值：中专=1,高中=2,大专=3,本科=4	1.00	4.00	1.444	0.842
	专业数量	拥有医学类专业数量（个）	1.00	3.00	1.149	0.368
	上级派驻	根据派驻情况赋值:镇派医生+县派医生,其中有镇派医生=2,有县派医生=3	0.00	5.00	0.923	1.467

为体现不同资源要素间的相关关系，采用因子分析法对乡村医疗卫生资源供给指标进行赋权。首先，对调研数据采取一些统计处理。采用Z-score法对指标数据进行标准化，保证不同定量指标之间的可比性。KMO检验和Bartlett球形检验结果显示，适合进行因子分析。其次，采用主成分分析法和具有Kaiser标准化的最大变异法，经过4次迭代后收敛，6个指标归为3个因子，共同解释了总变异量的70.641%，可以认为选用的6个指标能较好地反映了样本乡村医疗卫生资源供给水平。最后，通过方差最大正交旋转矩阵结果对公因子进行命名（见表3）。从表3的结果来看，乡级医疗卫生资源供给是个多维度结构，包括3个组成部分。第一个公因子F1在"村医数量"、"卫生站面积"和"上级派驻"上有较大的负荷，可以称之为"医疗

规模";第二个公因子 F2 在"村医学历"和"设备投入"上有较大的负荷，可以称之为"医疗水平";第三个公因子 F3 仅包含"专业数量"1 个指标，可以称之为"医疗专业"。利用 Cronbach's Alpha 检验测量量表的信度，6 个指标的 α 系数为 0.531（>0.5），量表具有一定的可信度。

表 3 旋转后的因子载荷矩阵

测项	因子负荷			因子名称	方差(%)
	F1	F2	F3		
村医数量	0.879			医疗规模	31.883
卫生站面积	0.867				
上级派驻	0.506				
村医学历		0.857		医疗水平	21.729
设备投入		0.726			
专业数量			0.957	医疗专业	17.029
累计方差贡献(%)					70.641

实证结果有以下启示。第一，在变量维度方面，医疗规模可解释方差为 31.883%，这表明对规模指标的投入能直接提升农村医疗卫生资源供给水平;而代表质量的两个维度医疗水平和医疗专业合并可以解释方差为 38.758%，说明对于村卫生站而言，医疗卫生资源的质量将逐步替代规模对医疗卫生资源供给发挥更大效用。第二，在具体指标方面，村医数量、卫生站面积和上级派驻三个指标成高度相关关系，表明县、镇两级医疗机构对村级卫生站人力资源派驻能在一定程度上有效解决村级医疗卫生人员不足的问题;村医学历和设备投入存在着较强的正相关，这表明对于村卫生站而言，两个要素互为必要条件，即医疗设备发挥作用有赖于村医学历的匹配，而村医专业水平发挥也有赖于基本设备的完善。调研发现，样本村卫生站的场地、设备等硬件条件已改造升级，面貌焕然一新，但村卫生健康人员的专业素质和诊疗技术水平仍有较大提升空间。

（二）资源供给总量不足和结构失衡现象并存

根据旋转后的因子载荷矩阵结果计算样本的医疗卫生资源供给水平 F，计算公式如（1），计算结果如表 4 所示。

$$F = \sum f = 0.31883 \times F1 + 0.21729 \times F2 + 0.17029 \times F3 \qquad (1)$$

表 4　村级医疗卫生资源供给水平测度（部分）

行政村	医疗规模 F_1	医疗水平 F_2	医疗专业 F_3	总因子
揭东区龙尾镇美联村	15.09	1.62	−0.33	5.11
五华县双华镇虎石村	9.61	9.71	−0.41	5.10
英德市横石塘镇前锋村	12.31	3.01	1.8	4.89
五华县转水镇长源村	8.56	0.93	0.06	2.94
揭东区龙尾镇新丰村	8.16	0.5	0.06	2.72
英德市横石塘镇仙桥村	6.47	−0.31	−1.08	1.81
揭东区龙尾镇珠坑村	4.8	−0.47	0.21	1.46
揭东区龙尾镇东湖村	4.53	−0.19	0.27	1.45
电白区望夫镇望夫村	1.57	3.28	0.61	1.32
揭西县棉湖镇贡山村	0.31	5.63	−0.36	1.26

实证结果为王波等[1]、王俊豪等[2]研究发现"我国医疗卫生资源供给总量不足和结构失衡现象并存"提供了村一级的证据。资源供给总量方面，样本情况显示少数行政村医疗卫生资源水平较高，但大部分的村医疗卫生供给较弱。首先，通过异常值检查可以筛选出供给水平突出的样本村卫生站。全样本的医疗卫生资源水平均值为 0，方差为 0.653，计算得"均值+3δ"为 1.959，即排名前 5 的行政村，包括揭东区龙尾镇美联村（F=5.11）、五华县双华镇虎石村（F=5.10）、英德市横石塘镇前锋村（F=4.89）、五华

---

[1]　王波、杨林：《共享发展理念下医疗卫生资源有效供给：基于城乡比较》，《东岳论丛》2017 年第 9 期。

[2]　王俊豪、贾婉文：《中国医疗卫生资源配置与利用效率分析》，《财贸经济》2021 年第 2 期。

县转水镇长源村（F＝2.94）、揭东区龙尾镇新丰村（F＝2.72）。其次，通过比较中位数和均值大小可以进一步发现，样本乡村的医疗卫生资源供给均值为0，中位数为−0.132，中位数小于均值，即样本中只有极少数表现比较优异的村，而大部分样本村卫生站的医疗卫生资源供给较弱。最后，从综合得分看，有60.89%的村医疗卫生资源供给得分为负值，低于平均水平。在资源供给结构方面，146个样本村（占比59.68%）卫生室只有1个医学专业，而162个行政村（占比65.32%）没有得到县、镇医疗卫生机构的人员派驻。

（三）镇、村医疗卫生资源配置失衡

由于医疗卫生资源配置存在空间关联性，可以进一步测度资源区位差异导致的农村医疗卫生资源供给的差异。描述性统计分析结果显示，样本村卫生站到镇卫生院的平均距离为4.72公里，标准偏差为3.675，最小值为0.09公里，最大值为21公里。通过百度地图定位起点为村卫生站，终点为镇卫生院，选择摩托车为交通工具，用"村卫生站到镇卫生院的摩托车时长"测定村卫生站的医疗资源区位。结果发现，样本村卫生站到镇卫生院的摩托车时长均值为8.3分钟。基于均值，把170个"摩托车时长≤9分钟"的村归类为"区位优异村"，其占比68.55%，其余归类为"区位较差村"。

运用独立样本K−S检验结果表明，样本数据不服从正态分布，因此应采用非参数检验对乡村医疗卫生资源影响因素进行分析。采用非参数检验M−W检验分析不同"资源区位"的村级医疗卫生资源供给是否具有显著差异，结果如表5所示。结果显示，资源区位对农村医疗卫生资源供给水平有显著差异（$p=0.022<0.05$），差异主要来源于医疗水平（$p=0.037<0.05$）。进一步分析发现，区位优异村的医疗水平会弱于区位较差的村（平均等级118.07<138.51），即靠近镇卫生院的村卫生站的医疗水平反而更弱。

表5 资源区位的 M-W 检验结果 （N=248）

检验值	规模因子	水平因子	专业因子	总因子
Mann-Whitney U	5624.000	5537.000	6373.000	5427.000
Wilcoxon W	20159.000	20072.000	9454.000	19962.000
Z	-1.919	-2.085	-0.490	-2.295
渐近显著性（双侧）	0.055	0.037	0.624	0.022

研究结果表明，资源区位对乡村医疗卫生资源供给的影响也是明显的。但与预想结果不同，区位较弱村获得的医疗卫生资源显著优于区位优异村，这可能因为，其一，近年来，广东积极采用促进基本公共卫生服务均等化的政策措施对于医疗卫生服务资源相对匮乏的地区能够实现有益的补充[①]，从而使区位较差的村的医疗卫生资源水平也有较大的提高。其二，对于资源区位较好的村，由于和镇卫生院距离相近，高层级医疗卫生机构对本来就稀缺的医疗卫生资源产生"虹吸效应"，导致村医疗卫生资源相对短缺。另外，从医疗服务利用角度看，资源区位较好的村的患者就医选择也可能导致医疗卫生资源以消费形式流向县、镇卫生院，加剧了该区域镇、村医疗卫生资源配置失衡。

三 对策与建议

（一）坚持高位推动

在区域不平衡的深远影响下，广东实现高质量发展的突出短板在县、薄弱环节在镇、最艰巨最繁重的任务在农村，因此广东乡村医疗卫生资源扩容必须从省域层面开展均衡布局，压实乡村公共卫生体系建设工作的"责任仓"。为深入学习贯彻党的二十大精神，推动全省县镇村高质量发展，2022

---

① 马志飞、尹上岗、乔文怡等：《中国医疗卫生资源供给水平的空间均衡状态及其时间演变》，《地理科学》2018年第6期。

年 12 月广东印发了《关于实施"百县千镇万村高质量发展工程"促进城乡区域协调发展的决定》；2023 年 1 月省委省政府出台《关于推进卫生健康高质量发展的意见》（粤发〔2023〕1 号）；2023 年 4 月省卫健委出台《落实"百县千镇万村高质量发展工程"实施新一轮基层卫生健康服务能力提升五年（2023~2027 年）行动计划》系列文件，旨在新形势下把乡村医疗卫生服务体系纳入乡村振兴战略全局统筹推进，把提升基层医疗卫生资源优质扩容和区域平衡发展与广东"百千万工程"有效结合。在新一轮"百千万工程"中，各级政府需要制定具体工作举措，进一步配齐配强村卫生站设施设备、强化乡村医生人才帮扶和培训、提升村卫生站中医服务内涵管理，以5 年内基本实现"小病不出村"目标，建立指挥架构，健全制度机制，搭建政策体系，完善调研机制，为村民健康提供便捷可及、优质高效的医疗卫生服务。

（二）落实部门协同

广东省委省政府继续高度重视基层医疗卫生机构的建设。省委省政府全面贯彻落实党的二十大精神，落实新时代党的卫生与健康工作方针，推动卫生健康工作重心下移、资源下沉，牢牢把握高质量发展主题，推动全省卫生健康事业均衡协调发展。广东省卫健委牵头总体工作，协同财政、人力资源社会保障等部门，加大对粤东西北地区的政策支持力度，推动资金、人才等资源向粤东西北地区流动，与各相关市、县（市、区）共同推动粤东西北地区基层卫生健康实现高质量发展；协同省委编办、省医保局等部门，加强基层卫生人才编制管理，促进优质医疗卫生人才通过多种方式下沉到村卫生站；协同省教育厅、省人力资源社会保障厅、省医保局、省中医药局等部门，加快市县镇村医疗一体化建设，推动优质医疗资源下沉，继续大力推动县域医共体资源整合的机制建设。

（三）整合资源优化

一是适度提高农村医疗卫生资源规模。粤东西北农村地区的村级医疗资

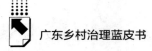

源规模均处于规模报酬递增阶段，扩大村级医疗卫生资源配置规模，将有利于医疗服务增加，并促进医疗卫生资源使用效率。对各县市区而言，村级医疗卫生事业财政支出应该与当地社会经济发展相匹配，同时，也要注重城乡、地区间卫生院配置均衡性。

　　二是优化医疗卫生资源配置结构。在要素结构方面，注重医疗卫生人力资本与硬件条件之间的匹配。当村卫生室的经营面积得到保障并配备现代化医疗仪器设备后，应该从医疗资产有效配置入手，加快紧密型县域医共体建设，从医疗卫生人员数量、水平、专业等方面提高人力资本技术水平。在地域结构方面，以实现分工明确、功能互补为目的，有效规划中心镇域与周边村医疗卫生资源配置，为医疗卫生资源服务的协作性安排奠定基础，防止出现县、镇、村间医疗卫生资源配置的失衡。根据距离、服务人口需求、医疗资源配置等因素对村卫生站实行分类建设、分类管理。通过各种激励手段协调医、患、保之间的关系，促进资源区位较优地区的患者有效就医。

　　三是加强制度建设，促进优质人力资源向村卫生室流动。实践表明，高层级医疗卫生机构天然具有优势，因此即便村卫生站配置先进的仪器设备，对于具备流动性的医疗卫生人员而言也并没有足够的吸引力。通过人才补贴、购房优惠等政策引导优质医疗卫生人力资源下沉也需要相对较长的时期。因此，现阶段可以从两方面进行，一方面，保障村卫生站薪酬收入和福利，确保现有村级医疗卫生人员"留得住"；另一方面，政府通过成本补贴等方式激励县、镇高等级医疗卫生机构人力资本定期、定量向村卫生室流动和溢出，促进优质医疗卫生人力资本"下得来"。

技术治理篇

B.10
广东城乡社区智慧矫正发展报告

蒋红军　缪怡玲　蔡倩瑜*

摘　要：　智慧矫正是有效落实《中华人民共和国社区矫正法》的重要创新。面对新一轮科技革命浪潮，广东综合运用互联网、云计算、物联网、大数据、人工智能和区块链等现代信息技术，通过"智慧管理""智慧监控""智慧教扶"三大创新，改革传统社区矫正工作，逐步实现从入矫到在矫的规范化、智能化，显著提升社区矫正现代化水平。面对实践中顶层设计不足、功能发挥不够、支撑资源缺乏等难题，未来广东城乡社区智慧矫正需要进一步强化组织保障、建设指引、功能优化以及资源投入，坚持走高质量发展之路。

关键词：　社区矫正　智慧矫正　智慧治理

---

*　蒋红军，中山大学法学博士，广州大学乡村振兴研究院副院长，公共管理学院政府管理系主任，副教授，研究方向为城乡公共治理、数字治理；缪怡玲，广州大学南方治理研究院研究协理，研究方向为社区治理；蔡倩瑜，广州大学乡村振兴研究院研究协理，研究方向为数字社会治理。

随着社会发展与技术进步，大数据、区块链、人工智能等技术逐渐广泛应用于各个领域，在为人们的生活带来便利的同时，也为国家治理各项公共事务提供有力"抓手"。《中华人民共和国国民经济和社会发展第十四个五年规划和2035年远景目标纲要》提出"要加快建设数字经济、数字社会、数字政府，以数字化转型整体驱动生产方式、生活方式和治理方式变革"。习近平总书记在党的二十大报告中也提出要"加快建设制造强国、质量强国、航天强国、交通强国、网络强国、数字中国"。在新一轮科技革命大背景下，各行各业各领域都在积极迎接数字化浪潮、推进数字化变革，社区矫正工作也不例外，智慧矫正因势而生。

十三届全国人大常委会第十五次会议审议通过的《中华人民共和国社区矫正法》已于2020年7月1日正式实施。该法在第5条中明确要求，"国家支持社区矫正机构提高信息化水平，运用现代信息技术开展监督管理和教育帮扶。社区矫正工作相关部门之间依法进行信息共享"。在此背景下，社区矫正工作应从新的角度出发，顺应数字化转型的需要，思考如何将信息技术与社区矫正工作更好地融合起来，探索社区矫正数字化变革。[①] 为全面开展"数字法治、智慧司法"信息化体系建设，进一步加快智慧矫正建设步伐，司法部陆续下发《关于加快推进全国"智慧矫正"建设的实施意见》《关于开展"智慧矫正中心"创建工作的通知》《社区矫正中心建设规范》等指导性文件，推动全国探索智慧矫正工作。按照司法部的总体部署，结合工作实际，广东省司法厅印发了《关于加快推进全省"智慧矫正"建设的实施意见》《全省"智慧矫正中心"创建工作指引》，大力促进社区矫正创新发展，推动互联网、云计算、物联网、大数据、人工智能、区块链等现代信息技术与社区矫正工作的深度融合。[②]

基于此，本文立足广东探索智慧矫正实践，在深刻分析广东社区智

---

① 司法部预防犯罪研究所主编《社区矫正前沿》，中国法制出版社，2022，第445页。

② 《广东省"智慧矫正中心"创建工作方案》，神州科技网，http://www.china-technology.net/article/760.html。

慧矫正创新态势的基础上,进一步总结广东推进社区智慧矫正的工作成效,剖析社区智慧矫正建设过程中的痛点和难点,以期提出有针对性的政策建议,提升新时代智慧矫正运行效能,推动广东城乡社区矫正工作再上新台阶。

一 广东城乡社区智慧矫正创新态势

(一)社区智慧矫正缘何创新

社区矫正以改造人为宗旨,旨在矫正社区服刑人员的不良心理和行为,使其成为遵纪守法的公民,维护社会稳定。[①] 自 2002 年国家推动社区矫正制度试点以来,经过 20 年发展,尤其随着 2020 年 7 月 1 日《中华人民共和国社区矫正法》的正式实施,社区矫正制度对于矫正对象重新融入社会、预防和减少犯罪产生了深远的积极影响。然而,从宏观上看,由于矫正机制、矫正方式、矫正力量等因素影响,社区矫正仍面临着数据难共享、管控难精准、矫正形式单一、社会参与不足等多重挑战。在此背景下,智慧矫正成为优化传统社区矫正方式、提升社区矫正效能的重要选择。

一是部门数据壁垒待打破。多年以来,矫正对象个人信息及矫正情况登记多依赖人工完成,这种传统的方式容易造成人为的登记失误和登记规范的不统一,影响数据的准确性。同时,传统的社区矫正储存于各个管理部门之间的信息较难做到跨域连接,降低了社区矫正效率。智慧矫正有助于构建各部门联合互通的"一体化"平台,获取更加全面、及时的数据资源,推进管理智能化。

二是脱管漏管虚管待防治。传统社区矫正主要运用人力或简单的手机定位技术完成对矫正对象的监管,难以对矫正对象实现全天候、全方位的精准

[①] 贾宇:《社区矫正导论》,知识产权出版社,2020,第 38 页。

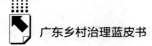

管控，容易出现"脱矫""漏矫""虚矫"。智慧矫正将识别技术、定位技术、微信应用等融入电子定位终端，开发各类移动 App，用技防措施填补人防手段的不足，有助于构建精密"一张图"，编织"无形之网"，实现管控精准化。

三是矫正方式单一待优化。传统社区矫正"重监管，轻帮教"，针对矫正对象的矫正方案容易出现"一案多用"现象，难以有效回应矫正对象的个性化需要，无法达到"对症下药"的效果。智慧矫正将简单的人工评估升级为智能化精确评估，通过评估危险系数、确定监管等级，形成"一对一"的个性化矫正方案，打造"无形之腿"，助力矫正多元化。

四是社会参与不足待扩展。社会对社区矫正工作了解较少，存在恐惧、猜疑、抵触等思想情绪，对于矫正工作的参与度较低，严重影响社区矫正质量。智慧矫正不仅能够在人民法院、人民检察院、公安机关、司法所等法定机构之间织密权力网络，而且能够链接公众、社会组织、银行、企业等外在支撑力量，构建支撑网络，通过扩大社会力量参与，助力社区矫正效能提升。

（二）广东城乡社区智慧矫正创新情况

按照司法部的总体部署，基于智慧矫正总体建设框架，广东省运用互联网、云计算、物联网、大数据、人工智能和区块链等现代信息技术对传统社区矫正工作进行多方面创新，力图提升社区矫正工作现代化水平与智能化程度，推动社区矫正工作高质量发展。总体而言，广东城乡社区智慧矫正主要围绕"智慧管理""智慧监控""智慧教扶"三个方面进行创新（见表1），现已建成覆盖全省的社区矫正远程视频督察系统、电子定位监控系统、远程教育平台等。①

---

① 广东省司法厅:《广东省司法厅"智慧社区矫正"信息化体系入选全国政法智能化建设创新案例》,《人民调解》2018 年第 8 期。

表 1　广东社区智慧矫正典型创新一览

创新面向	运用技术	创新内容	具体实践
智慧管理	运用大数据、区块链等技术	1. 构建"一体化平台",深化"数字赋能"; 2. 利用互联网及其相关先进技术,开发各类 App 小程序实现对矫正对象的有效管理	1. 珠海智慧司法小程序; 2. 茂名"电子档案一键查询"系统; 3. 韶关"智慧社矫电子网格管理平台"; 4. 佛山矫正 App"佛矫通"、佛山"区块链+社区矫正"; 5. 广州、深圳、佛山、汕头、汕尾、茂名等地均已建立五级贯通、部门互联的一体化平台
智慧监控	融合电子通信技术、使用移动执法终端以及电子定位终端	利用电子定位系统等手段进行动态监管,克服距离与空间上的阻碍,实现数字智控	1. 梅州"司法 E 通"App; 2. 佛山"社区矫正机器人"; 3. 河源声纹视频手机定位系统; 4. 深圳"社区矫正电子警察"巡检系统
智慧教扶	融合人工智能、心理特征识别技术	1. 实现线上远程多样化教学,并为矫正对象打造个性化教育方案; 2. 为社区矫正对象建立心理档案和数据库,对矫正对象进行评估与量化评分	1. 东莞"VR 沉浸式"震撼教育; 2. 韶关"心理评估精准矫治"; 3. 广州"1+1+N"心理矫治工作体系; 4. 广东省"粤知心"心理矫正评估分析子系统

从智慧管理来看,广州、深圳、佛山、茂名等地均已构建数据共享的一体化平台,将司法、行政、综治、公安、检察等部门资源有效整合在一起。比如,佛山市大力推进"区块链+社区矫正"创新,通过"社矫链"实现数据上链、上链监管、上链塑信用、上链证清白、上链优服务,五个环节共同重构了社区矫正的数字环境生态,推动实现社区矫正管理智慧化。

就智慧监控而言,广东各地积极与各类互联网企业、科研院所合作,设计移动执法终端并开发了一系列高效适用的软件程序,如深圳福田的电子手环、河源声纹视频手机定位监控系统等,都着力于构建"电子围墙",加大智能监管力度。

在智慧教扶层面,广东打造了"粤知心"心理矫正评估分析子系统,通过心理档案大数据增强社区矫正精准度。在此基础上，各地还将人工智能与心理矫正有效融合，大力研发创新项目，如东莞"VR 沉浸式"震撼教育、韶关"心理评估精准矫治"项目等，推动教扶方案多样化。

（三）广东城乡社区智慧矫正创新特点

首先，注重以数据共享为牵引，驱动各部门互通互联。在创新智慧矫正过程中，广东各地积极运用现代信息技术推动传统社区矫正数字化转型，大力建设一体化大平台，努力贯通部、省、市、县、乡五级以及联通公检法司等多个部门，加大数据共享力度。借助一体化大平台，广东社区矫正逐步实现了从"传统方式""一种服务""单打独斗"向"智慧治理""多元共融""搭台唱戏"转变，有效破解了各系统条块分割、数据壁垒未通的治理难题。[①]

其次，注重以闭环管理为重点，形成全环节智慧管控链条。在"入矫"阶段，各地矫正中心启用"社区矫正监管机器人"，采用指纹识别、声纹识别、数据上链等技术完成入矫程序；在矫正过程中，矫正工作人员利用各类 App 与小程序，如"司法 E 通""微+智慧矫正"等，实现对社区矫正对象定位、在线报到、信息核查、教育学习等日常管理，做到矫正道路上处处留痕，也为后续"数据再分析""个性化教育"打下基础。此外，各地社区矫正中心还基于大数据分析技术开发再犯风险预警研判功能，帮助实现后台的即时管理与预警。[②]

再次，注重以数字身份为抓手，强化社区矫正效能提升。社区矫正对象因其犯罪记录，在回归社会时往往面临着"自证清白难"的窘境。部分地方借助区块链数字身份技术，为社区矫正对象建立"个人数据空间"，构建了"一本式"文档，记录社区矫正对象的基本信息、矫正期间的行为

---

① 《智慧矫正启航，共建数字法治——创新"1+7+N"智慧法治基地模式，打造法治建设"鹤山品牌"》，鹤山市人民政府网，http://www.heshan.gov.cn/zwgk/xxgk/hsssfj/gzdt/content/post_2655781.html。

② 司法部预防犯罪研究所主编《社区矫正前沿》，中国法制出版社，2022，第 455 页。

表现、终止矫正后三年内的跟踪帮扶情况以及信用情况等。在此基础上，区块链技术提供的数字身份，能够有效连接实体世界与链上世界，在政府支持下为社区矫正对象"证明清白"，帮助其顺利回归社会，提升社区矫正工作效能。

最后，注重以智慧教育为突破口，推动社区矫正形式多样化。与传统社区矫正相比，智慧矫正更注重"智慧教育"，充分运用人工智能等技术增强教育形式的多样性。如采用 VR 技术实施"震撼教育"活动，让矫正人员亲身体会在监服刑与社区服刑的天壤之别，降低矫正者再犯的概率。

二 广东城乡社区智慧矫正实施成效

相较于传统的社区矫正，智慧矫正创新无疑是一次质的飞跃。传统的社区矫正工作流程纷繁复杂，仅入矫流程就需要依次递送材料给人民法院、监狱、看守所、公安和司法所进行审查①，社区矫正各部门之间衔接不畅，矫正监管效果欠佳。广东智慧矫正对传统的社区矫正进行了优化，从入矫到在矫逐步实现规范化、智能化，成效较为显著。

（一）初步缓解了信息壁垒难题

2012 年广东省建成全省统一的社区矫正管理信息系统，成为全国较早实现部、省、市、县、镇五级联通的省份。2021 年广东省投入 507.42 万元新建省级社区矫正一体化平台，推动构建集业务应用、管理决策与指挥调度于一体的全流程智能化集约化信息平台。② 在广东省司法厅的推动下，各地纷纷建立起信息数据平台，合力破解信息壁垒难题。如佛山市禅城区运用区块链技术建立全国首个"区块链+社区矫正"应用项目，将公、检、法、司、监狱等相关部门的"条数据"变成"块数据"，实现数据共享、数据上

---

① 孙培梁：《社区矫正信息化》，华中科技大学出版社，2013，第 70 页。
② 广东省司法厅：《充分发挥社区矫正委员会统筹协调指导作用 推动广东社区矫正工作高质量发展》，《中国司法》2022 年第 6 期。

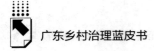

"链"，极大地解决了各部门数据对接堵点，为社区矫正工作提速增效、提档升级奠定了坚实的基础。①

（二）较大程度提升了社区矫正工作效率

在开展智慧矫正工作之前，各个部门之间的材料交接需要快递寄送纸质法律文书，但常常因为寄送时间过长，出现"人已到，法律文书还未到"的情况，可能造成社区矫正对象的漏管。在开展智慧矫正工作之后，广东省积极推进社区矫正信息平台系统建设，推动纸质档案向电子档案、"线下审批"向"电子审批"转变。利用电子档案，社区矫正工作人员不仅可以实现法律文书电子卷宗的实时送达，还可以直接抓取所需要的信息，避免基础数据反复录入、错误填写等问题。社区矫正干部表示，"得益于智慧矫正建设，我们第一时间得到了社区矫正对象的资料，可以提前做好矫正计划"。截至2022年1月21日，广东省已经网上办理调查评估、交付执行案件8263宗，发送变更执行、解除和终止矫正等通知3.48万份，全面梳理社区矫正与政法各家19个业务协同流程，极大地提升了社区矫正工作效率。②

（三）初步实现了对矫正对象的智慧化监管

物联网、区块链等信息技术的应用，促使社区矫正监管工作从"人防"走向"技防"，推动了监管智能化、信息化。截至2018年，广东省共对接807个实时音视频通讯点、1059个视频监控点，广东省社区矫正对象电子监控率达92.56%。③ 广东省的监管方式主要以定位手机和电子手环监管为主。2017年6月，潮州市为全市760名在管社区矫正人员佩戴电子手环，自动

---

① 《构建"智慧社矫"体系，看佛山禅城如何推进！》，佛山司法微信公众号，https：//mp. weixin. qq. com/s/6CrbQ_ 5SYb5XuXHA3BhJ1g。

② 朱剑：《积极推进"四个建设"努力促进广东社区矫正工作高质量发展》，司法部官网，http：//www. moj. gov. cn/pub/sfbgw/fzgz/fzgzxsqjz/202201/t20220121_ 446847. html。

③ 《砥砺奋进，广东社矫工作从粗放到规范的蜕变》，澎湃网，https：//www. thepaper. cn/newsDetail_ forward_ 7435921？ ivk_ sa＝1023197a。

化开展实时定位监控。① 除了电子手环定位的方式，手机定位监管也卓有成效。如广州市利用"穗智矫"微信小程序对社区矫正对象每天的定位进行监管。截至 2022 年 8 月，白云区 24 个司法所"穗智矫"微信小程序覆盖率达 100%，社区矫正对象"穗智矫"微信小程序使用率达 99%，大大提升了社区矫正对象的监管效率。

（四）心理与教育矫正的数字化转型成效初步显现

心理矫正能够帮助特殊人群放松压力、缓解情绪、转移矛盾、强化融入，有助于弥补法律末端的人性关怀与援助的不足。广东省高度重视心理矫正治本作用，近年来积极探索心理矫正智能化发展，充分利用心理矫治工作平台，建立心理档案和数据库，制定个性化心理健康教育、心理测验、心理咨询方案，实现心理测评、心理辅导、心理治疗的矫治功能，力争达到社区矫正安置帮教工作从面到点的精准聚焦和有效监管。在总结省级心理矫正项目经验的基础上，2022 年广东省再投入 217.58 万元研发"粤知心"心理矫正评估分析子系统，极大地提高了全省心理矫正工作精准化、智能化水平。② 教育矫正则是社区矫正日常工作的核心环节，通过教育矫正有利于促使社区矫正对象转变不良心理，促进其再社会化。在智慧矫正工作开展过程中，教育矫正不断向智慧化发展。依托省远程教育平台，广东省推动教育矫治数字化，加强线上教育，突出分类教育。2021 年以来，有 6.7 万名社区矫正对象参加在线学习，完成课程 161 万个，学时 163 万小时。③ 东莞市积极探索使用 VR 虚拟技术，利用人机交互技术为社区矫正对象模拟搭建现实场景下的监狱环境，使其能身临其境地感受违法犯罪后被收监执行的各种监狱生活场景，突出智慧矫正的体验性、互动性

---

① 《今年来我市多措并举提升社区矫正管控水平》，潮州市人民政府网，http://www.chaozhou.gov.cn/ywdt/czyw/content/post_ 3412506.html。
② 广东省司法厅：《充分发挥社区矫正委员会统筹协调指导作用 推动广东社区矫正工作高质量发展》，《中国司法》2022 年第 6 期。
③ 广东省司法厅：《充分发挥社区矫正委员会统筹协调指导作用 推动广东社区矫正工作高质量发展》，《中国司法》2022 年第 6 期。

和生动性。VR 虚拟技术的应用对社区矫正对象起到了强烈的震撼警示教育作用，提高了教育矫正的质量，由此东莞成为全国最早一批实行"沉浸式"震撼教育的城市之一。

（五）有效降低了社区矫正对象的重新犯罪率

与传统的社区矫正工作相比，智慧矫正通过规范报到、宣告、走访、集中点名、训诫、加强电子监控、执法检查等措施，确保广东社区矫正"四个不发生"。社区矫正对象的重新犯罪率呈逐年下降的趋势，目前保持在0.2%左右的较低水平，2018 年全省重新犯罪的社区矫正对象人数比 2016 年减少约 30%。[①] 以东莞市莞城街道为例，截至 2022 年 8 月底，莞城街道累计接受社区矫正 386 人，其中解矫 331 人、在矫 55 人，未发生因脱管漏管而引发的重大治安和刑事案件，解矫人员也未发现重新犯罪的情况。[②] 一个个成功的矫正事例背后，体现的是智慧矫正工作数据化、管理智能化、管控精准化、教育便捷化的优良成效。

三　广东城乡社区智慧矫正面临的主要问题

当前，随着广东省社区矫正数字化转型工作有序推进，各地开展的智慧矫正创新取得了较好的成绩，但仍有不少问题制约着智慧矫正的高质量发展。

第一，智慧矫正创新的法治保障较为缺乏。现有的政府规范性文件发挥了指导性、纲领性作用，但尚缺乏有关社区矫正信息化监管体系建设的具体实施方案。比如，2019 年司法部办公厅印发《关于加快推进全国"智慧矫正"建设的实施意见》，要求运用现代信息技术对传统社区矫正工作进行全

---

① 《砥砺奋进，广东社矫工作从粗放到规范的蜕变》，澎湃网，https://www.thepaper.cn/newsDetail_forward_7435921? ivk_sa=1023917a。
② 《东莞多举措落实社区矫正工作，当好矫正对象"灵魂摆渡人"》，广东政法网，https://www.gdzf.org.cn/xbsy/gddt/content/post_124028.html。

方位的改造，但是并没有阐明具体的建设标准以及该如何开展工作，具体的实践主要依靠各地自主探索。由于各地的经济社会发展水平不一致，智慧矫正工作的创新质量也参差不齐，从而导致部分地区工作效果没有达到预期。与此同时，智慧矫正中的社区矫正对象权益法治保障也尚未受到重视。当前已有的规范性文件大多是关于各地智慧矫正中心的建设问题，比如《智慧矫正 总体技术规范》《关于开展"智慧矫正中心"创建工作的通知》等，对社区矫正对象的权益保障问题并没有太多的涉及。然而在实践中，不论是矫正平台的个人信息流通还是利用信息化手段对个人行踪的监视，这些都无法排除个人信息遭到泄露的风险，亟须提高社区矫正对象合法权益的法治保障水平。

第二，部分地市缺乏开展智慧矫正的创新意识。综观广东各地的智慧矫正工作开展情况发现，各地市之间存在较大的差异。智慧矫正是一种区别于传统社区矫正的全新工作理念和模式，而部分地市仍然沉浸在传统社区矫正的工作模式中，没有真正确立智慧矫正的工作理念，对于智慧矫正工作落实不到位，开展智慧矫正工作的方式仅仅是购买一套设备或者只是简单地开一次会议，存在敷衍了事的现象，制约了社区矫正工作的创新性和持续性发展。

第三，智慧监管有效性与安全性有待提升。就有效性而言，当前社区矫正人员的监管定位主要采用手机定位跟踪、电子腕带监控以及声纹认证的方式，但是实际与理想效果仍存在差距。大部分地市如佛山市、汕头市都采用移动手机进行线上报到、接受教育等，目的之一是减轻矫正工作人员的工作负担。然而，目前大多数社区矫正对象使用的手机与普通手机无太大差异，存在信号覆盖不好、手机欠费、手机关机、手机故障等诸多状况，这在降低监管成效的同时，也增加了管理人员的工作和维护负担。[①] 而电子腕带监控也同样存在些许不足。当前的电子腕带产业发展不充分，在使用电子腕带的

---

① 孙培梁：《社区矫正信息化》，清华大学出版社、华中科技大学出版社，2013，第 297 ~ 304 页。

过程中经常出现系统失误告警的现象，一旦出现告警，司法所工作人员就必须第一时间进行核实，但结合多次告警实例来看，基本上都属于系统误告警，浪费了工作人员的时间和精力，给监管工作带来诸多不便。声纹认证的方式虽然避免了"人机分离"的现象发生，但是容易受到外在环境的制约。当周围的环境嘈杂，难以正常录制个人声音的时候，使用声纹认证的方式就无法达到预期效果。不仅如此，不论是电子脚环或者是手机监管，这些监管方式都仅仅只能确保社区矫正对象在某一特定区域内活动，并不能识别到其在该区域内所做的事情。而现代新型犯罪方式层出不穷，如果矫正对象尚未树立正确的矫正意识，在特定区域内进行聚众赌博、电信诈骗等违法犯罪行为，那么社区矫正的工作人员很难主动发现，这会大大增加社区矫正对象重新犯罪的风险。从安全性来看，党的二十大报告指出，要把维护国家安全贯穿党和国家工作各方面全过程，确保国家安全和社会稳定，以新安全格局保障新发展格局。然而，当前我国的互联网仍然面临严峻的风险。2021年国家互联网应急中心发布的《2021年上半年我国互联网网络安全监测数据分析报告》显示，CNVD验证和处置涉及政府机构、重要信息系统等网络安全漏洞事件近1.8万起，被篡改政府网站高达177个。在此背景下，由于部分基层司法行政机关的局域网直接由互联网接入，内外网的边界和接入点安全保障不足，易遭受"蠕虫""木马"等网络攻击。① 且部分基层工作人员缺乏信息安全保护意识，平时针对信息安全所开展的培训较少，因此，社区矫正平台以及管理系统可能存在信息泄露、信息恶意传播、信息损毁、侵犯社区矫正对象权益等安全风险。

第四，社区矫正信息化应用力度仍不足够。一方面，当前广东省仍处在由传统社区矫正向智慧矫正过渡的时期，社区矫正的所有业务还未完全转换到信息化体系之中，目前只在部分地市探索应用大数据、云计算、区块链等信息技术，然而地市之间的系统和数据格式并不兼容，数据信息孤岛化较为严重，无法实现数据的双向交流，制约智慧矫正发展；另一方面，信息化应

---

① 孙培梁：《社区矫正信息化》，清华大学出版社、华中科技大学出版社，2013，第5页。

用不足，当前信息技术主要应用于数据收集和归集管理阶段，对于数据再分析、数据再研判的作用发挥不明显，不能有效把握社区矫正对象重新犯罪的规律。

第五，支撑社区智慧矫正创新的资源相对不足。智慧矫正队伍力量薄弱是制约智慧矫正创新的重要人力资源因素。据司法部统计，2020年我国专职社区矫正工作人员约1.2万人，与社区矫正对象的配比率仅为1.7%，[①]远不能满足社区矫正工作需要。近年来，社区矫正对象的数量不断增加，成分愈加复杂，使得基层社区矫正工作人员不足的问题日益严重，以往的粗放型管理已无法满足新时代社区矫正工作的需要。随着"智慧矫正中心"创建工作被列入《"十四五"司法行政事业发展规划》，社区矫正对信息化人才队伍建设的需求不断增强，缺口也更加明显。然而，与之相对照，基层矫正工作人员的信息化水平参差不齐，仍存在不会用、用不好等现象。不仅如此，受到工资薪酬以及经济发展的影响，大部分信息化人才都趋向于在发达城市谋求工作，珠三角地区的信息化人才较为充足，粤东西北地区的信息化人才紧缺，信息化人才分布不均衡进一步制约了经济落后地区开展智慧矫正工作。另一个制约智慧矫正创新的因素是财力资源。社区矫正工作拨款受到地方财力影响很大，部分地区出现经费严重不足现象，无法保障智慧矫正工作有效开展。以惠州市为例，各县区社区矫正经费平均仅有24万元，其中最高的为博罗县47万元，龙门、仲恺两地则分别为6万元、5万元，人均不到1100元，[②]这与2016年省司法厅委托第三方专业机构测算的人均5026元/年形成巨大反差。社区矫正信息化专项经费不足严重影响了智慧矫正工作的落地落细，导致社区矫正信息化水平与司法部、省司法厅工作精准化、实战化要求差距甚远。

---

① 《司法部对十三届全国人大三次会议第9023号建议的答复》，司法部官网，http://www.moj.gov.cn/pub/sfbgw/zwxxgk/fdzdgknr/fdzdgknrjyta/202012/t20201231_208182.html。

② 冯爽、邓志聪：《关于加强我市"智慧矫正"建设的建议》，惠州市人大网，http://rdzt.huizhou.gov.cn/pages/cms/rdlh/html/1301_yajy/b752f448d47c4822b205db109998b49e.html？cataId=a966da79564848b48a007878c08a2f54。

四 广东城乡社区智慧矫正优化发展的对策前瞻

基于现代信息技术的智慧矫正是落实《中华人民共和国社区矫正法》的创新举措，是新时代社区矫正发展的新趋势和新命题。从广东城乡社区智慧矫正创新实践来看，智慧矫正在广东已经初具规模、发展迅猛，但也面临着顶层设计不足、功能发挥不够、支撑资源缺乏的难题，未来需要进一步强化组织保障、建设指引、功能优化以及资源投入，推动广东城乡社区智慧矫正高质量发展。

（一）强化智慧矫正工作的组织保障

各地级及以上市党委应加强领导统筹，把智慧矫正工作纳入市域社会治理现代化重要内容，加强制度建设，解决重大问题。在此基础上，进一步强化党建引领、经费保障、责任落实，为智慧矫正工作提供坚强的组织保障。

在党建引领方面，各地智慧矫正中心应大力吸收党员干部充实社区矫正队伍，使党的领导、党的影响力更加有效地覆盖社区智慧矫正工作。在矫正过程中，充分发挥基层党员先锋带头作用，利用党员带动矫正对象主动参与社会服务活动，变"监管对象"为"社会服务参与者"，增强矫正对象的社会参与感与认同感，实现"党员助矫"。此外，各地智慧矫正中心要重视党史主题教育，创新设置多样化社区矫正学习内容，如"红色课堂""法治课堂"等，以党史教育、法律法规为主要内容，引导社区矫正对象树立正确的价值取向，实现党史学习教育与智慧矫正的同频共振。就加强经费保障来说，各地应加大公共预算对智慧矫正的支持力度，不仅要做好成本估算工作，明确政府购买服务经费和场所建设、装备采购等日常运营经费的支出，① 而且要积极动员社会组织和个人提供经费上的资助，缓解智慧矫正工

---

① 《完善体制机制 强化社区矫正经费保障》，最高人民检察院官网，https://www.spp.gov.cn/llyj/201605/t20160516_117932.shtml。

作经费不足且发展不均的局面。就加强责任落实来说，在开展智慧矫正工作的过程中，工作人员除充分利用信息平台技术优势之外，还需积极发挥人的主观能动性，时刻关注矫正对象的需求，不断增强服务意识与责任意识，让矫正工作在充满"智慧"的同时不失人性的"温暖"。

（二）出台"广东智慧矫正标准体系建设指南"

广东智慧矫正工作尚处探索创新阶段，在省级层面及时出台"广东智慧矫正标准体系建设指南"，通过标准化提升全省智慧矫正工作质量，是深化社区矫正数字化转型的重要步骤。总体而言，"广东智慧矫正标准体系建设指南"旨在构建智慧矫正工作标准化体系框架，主要包括一体化平台建设标准、监管技术使用标准、数据分析标准、业务服务标准、矫正成果评估标准、经费保障标准等六个方面的内容。

其中，一体化平台建设标准要求全省形成统一的智慧矫正工作语言基础，规范平台系统数据格式，力求各部门、各地区之间的系统和数据格式兼容，破解社区矫正数据信息孤岛化难题。监管技术使用标准强调全省应规范互联网、大数据、人工智能、物联网、区块链等信息技术在智慧矫正工作中的应用，建立健全定位系统、移动客户端、智能管理系统等设施的技术应用规范。数据分析标准侧重规范数据采集与数据分析，在规范电子档案数据采集的基础上，强调规范风险识别、评估、预警等数据分析功能的流程标准。业务服务标准不仅强调规范从入矫接收到解除矫正的系统业务流程，而且注重针对不同的人群如未成年人、女性等制定富有特色的智慧教育矫正标准。矫正成果评估标准强调制定一系列成果评价机制，加大对各地智慧矫正中心的工作评价力度。经费保障标准重在明确社区智慧矫正各项业务经费标准，促进各地加大投入，保障智慧矫正工作可持续发展。

（三）"三位一体"提升智慧矫正平台运行效能

基于智慧矫正平台的智慧矫正工作效能主要体现在管理、服务、安全三个方面，彼此不可偏废。未来的智慧矫正效能需要特别关注管理、服务、安

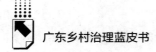

全"三位一体"的融合发展。

在管理维度，省级智慧矫正平台应加大力度搭建各业务子系统，将数据资源渗透到社区矫正各个业务环节中。比如，结合社区矫正心理健康智能管理平台数据资源，构建分析模型，加快开发社区矫正执法评估、矫情分析、辅助办案、应急指挥等辅助决策子系统。[①] 此外，各地应统一智慧矫正平台的网络接入形态，推动全省智慧矫正系统的一体化运行。

在服务维度，各地应强化智慧矫正平台的服务供给，提供如"线上签到""线上教育"等服务，全面优化矫正对象的服务体验。在此基础上，进一步建立健全"自下而上"的服务反馈机制，推动省市智慧矫正平台的服务优化和功能完善。

在安全维度，各地要综合利用密码技术、安全审计等手段强化智慧矫正平台及其移动端的安全保障和风险防控能力，切实保障平台的安全高效运行。与此同时，各部门需要进一步加强数据安全管理，强化对重要政务数据、敏感个人信息等的保护，保障用户知情权、选择权和隐私权，确保智慧矫正网络和数据信息安全。

（四）深化智慧矫正与基层治理的融合发展

智慧矫正工作旨在推动社区矫正的数字化转型，其成功的重要条件之一在于形成支撑数字化转型的治理环境。由此论之，从纵横两个方面构建支撑智慧矫正的共建共治共享基层治理格局，深化智慧矫正与基层治理的融合发展将是未来的重要努力方向。

从纵向层面来看，省市政府部门应积极推动管理资源、服务向县乡下沉，给予县乡智慧矫正工作更多的指导和培训，有效保障县乡智慧矫正中心的建设工作经费，尤其对于偏远落后的县乡，在创建智慧矫正中心、购买信息化设备方面给予资金倾斜，确保智慧矫正工作的全域开展。就横向层面来

---

① 劳泓：《浙江数字化改革背景下深化"智慧矫正"的探索与实践》，《中国司法》2021 年第 6 期。

说，各地市应依托广东省综合网格改革工作，积极探索"智慧矫正+网格共治"的模式，推动网格员参与社区矫正对象的监督工作和心理矫正工作。通过司法所与网格中心联合开展智慧矫正工作，各地市在扩大智慧矫正参与主体的同时，也能更好地掌握社区矫正对象的思想动态和生活情况，确保矫正对象不脱管、不漏管。在此基础上，积极引入社会组织、专业社工、志愿者、居民群众等力量参与智慧矫正，构建多元参与、融合发展的智慧矫正工作格局。

（五）加大智慧矫正队伍建设力度

智慧矫正队伍力量薄弱是制约社区矫正数字化转型的重要短板。未来，广东省市相关部门应进一步加强领导统筹，从队伍规划、管理、培训等方面强化队伍建设，为智慧矫正创新奠定坚实基础。

在队伍规划方面，省司法厅应对全省智慧矫正发展的人才需求及人才现况进行摸底调查，在此基础上制定广东省智慧矫正队伍建设规划，加大力度指导各地强化智慧矫正人才队伍建设。根据省市的智慧矫正队伍建设规划，各地应以建立健全考核机制为重点强化队伍的管理使用。各智慧矫正中心需进一步优化社区矫正工作人员配置，将合适的人放在合适的岗位上，做到人尽其用，并以科学的激励机制调动工作人员的积极性和创造性，保障智慧矫正可持续创新。此外，各地还需进一步加强智慧矫正队伍培训，积极探索"智慧矫正+企业""智慧矫正+高校"的方式，通过与高校、企业建立合作平台，设立培训班，定期组织工作人员参与学习进修，提升工作人员信息化素养，为智慧矫正创新提供能力支撑。[①]

---

① 尚甜甜：《我国社区矫正信息化监管体系研究》，硕士学位论文，2022。

B.11
广东数字技术赋能乡村治理的实践报告[*]

张小娟　周诗淳**

摘　要:　　数字技术在乡村治理中的应用，推动了乡村治理体系的优化和乡村治理能力的提升。按照国家战略部署，广东省因地制宜地推进了数字技术赋能乡村治理的实践。在顶层设计和制度建设层面，广东省印发了推进数字乡村建设和数字农业农村发展的规划文件，构建了广东省乡村数字化治理的体系框架，并不断优化完善乡村数字化治理的体制机制。在乡村治理的活动体系层面，广东省各地深入推进了乡村智慧政务、乡村智慧党建、智慧村务、乡村智慧公共服务等一系列创新应用。在基础支撑体系方面，广东省乡村网络设施水平不断提升，并实现了广泛覆盖，各类信息基础设施在赋能乡村治理实践中发挥了基础性支撑作用。数字技术在乡村治理中的广泛应用，有效提高了广东乡村地区的治理能力和治理水平，提升了乡村地区公共服务的品质及效能，也明显增强了村民群众的满意度和幸福感。但也存在一些问题，如多样化的系统平台导致数据共享和业务协同难以实现，信息基础设施的建设和应用脱离当地实际需求，其存在的各类问题制约着乡村数字治理的发展。建议进一步完善数据标准规范建设和数据共享交换机制，充分联系、收集、回应和满足农民需求，提升涉农管理者和农民数字素养，大力推进农业农村数字化人才队伍建设，以及多渠道拓宽资金来源和提高资金使用效率，提升农村地区信息网络质量和覆盖水平。

---

   * 本文系国家社会科学基金青年项目"数字技术驱动乡村治理效能提升的机理与路径研究"（22CZZ033）的阶段性成果。

  ** 张小娟，博士，华南农业大学公共管理学院副教授，研究方向为数字乡村、乡村数字治理；周诗淳，华南农业大学公共管理学院硕士研究生，研究方向为乡村数字治理。

关键词：　数字技术　乡村治理　数字治理　广东

一　引言

　　党的二十大报告指出，要加快建设数字中国。作为数字中国建设的重要组成部分，乡村的数字化转型和数字治理受到党中央和国务院的重视。2023 年中央一号文件提出了"提升乡村治理效能"任务，强调要发挥数字技术的作用，在具体措施中提出要完善网格化管理、精细化服务、信息化支撑的基层治理平台，并提出要完善推广数字化、"接诉即办"等务实管用的治理方式。广东省委决定实施的"百县千镇万村高质量发展工程"也提出要创新乡村治理方式方法，推广应用数字化、网格化等治理方式，开展乡村治理示范创建。在国家印发《数字乡村发展战略纲要》并提出数字乡村试点工作部署后，广东省出台了《广东省数字乡村发展试点实施方案》，对提升乡村治理信息化水平，推进乡村治理能力现代化做出了部署和具体安排。同时，广东省大力推进数字政府建设，提出"打造全国数字化治理示范省"，构建全省纵横联动、五级协同的"一网统管"工作体系，实现省域治理的"可感、可视、可控、可治"。广东省各地市以数字乡村建设的试点县、试点镇为重要据点，以全省乡村地区为重要阵地，基于各地信息化基础和发展特色，因地制宜地推进了数字技术赋能乡村治理的实践。在全面建设社会主义现代化国家和实现中国式现代化的新征程中，广东省在以数字技术赋能乡村治理实践中进行了哪些探索，取得了怎样的成效，以及目前还存在哪些问题，未来应如何有效突破，都是值得关注的现实问题。本文将结合广东各地市乡村数字治理的实践案例，对广东省以数字技术赋能乡村治理的实践进行归纳总结，并分析存在的问题，提出相应的对策建议。

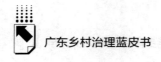

二 广东数字技术赋能乡村治理的创新实践

数字技术赋能乡村治理是指以数字技术为动力赋予乡村治理主体能力，以促进开展"参与、互动与合作"的乡村治理过程。这种方式赋予了乡村治理以传统乡村治理所不具有的资源整合、多维互动与能力拓展等价值，推进乡村治理体系优化和乡村治理能力提升。从其内在逻辑来看，通过搭建多主体合作的数字化治理平台，乡村治理可以突破时空区隔、缩短权力距离、协调多方利益，依照再造乡村治理空间、整合基层权力碎片和联结乡村利益共同体的赋能逻辑，实现跨域式、互动式和协作式的乡村治理。数字技术对乡村治理的赋能主要划分为以下两个方面：一是科学、合理地设计乡村数字治理的规划、制度，二是通过信息基础设施的建设将数字技术嵌入乡村自然生态系统的物质实体之中。其赋能为乡村治理主体参与、互动与合作提供技术支撑，提升了乡村治理的数字化、网格化、智能化水平，推进乡村治理体系的优化和治理能力的提升。因此，本部分将从顶层设计和制度建设、乡村治理的活动体系及基础支撑体系三个方面分析广东数字技术赋能乡村治理的实践现状。

（一）数字技术赋能乡村治理的顶层设计和制度建设

1. 顶层设计：构建了广东省数字技术赋能乡村治理的体系框架

广东省印发了推进数字乡村建设和数字农业农村发展的规划文件，从顶层设计层面构建了乡村数字化治理体系，形成了广东省以数字技术赋能乡村治理的基本框架。

首先，以国家战略布局为基础，实现全省行动一盘棋的总体布局。2020年，为了贯彻落实中共中央办公厅、国务院办公厅印发的《数字乡村发展战略纲要》和农业农村部、中央网信办联合印发的《数字农业农村发展规划（2019~2025年）》，广东先后印发了《广东省贯彻落实〈数字乡村发展战略纲要〉的实施意见》和《广东数字农业农村发展行动计划（2020~

2025 年)》，以全省一盘棋的布局对广东省以数字技术赋能乡村治理进行了顶层设计和具体部署。在信息基础设施以及传统基础设施的数字化转型方面，指出加快乡村信息基础设施建设，大幅提升乡村网络设施水平，推动乡村信息服务供给和基础设施数字化转型。同时，推进农业农村大数据基础工程、农村社会事业数据项目工程、农村集体资产数字化工程、农村宅基地数字化工程、农业执法和应急指挥智能化工程等，发挥信息化在推进乡村治理体系和治理能力现代化中新型基础设施建设的支撑作用。在乡村治理的数字化发展方面，提出了推动"数字政府"改革建设向农村基层纵深发展，加快推进"互联网+政务服务"，推动"互联网+党建"，加快推进实施农村"雪亮工程"，推进"互联网+公共法律服务"，深入推动乡村教育信息化，完善民生保障信息服务，加强农村网络文化阵地建设。

其次，围绕数字政府建设提出了实现省域乡村治理"一网统管"的总体方案。2021 年 5 月，广东省人民政府办公厅发布《广东省数字政府省域治理"一网统管"三年行动计划》，构建横向到边、纵向到底、全闭环的数字化治理模式，实现省域范围"一网感知态势、一网纵观全局、一网决策指挥、一网协同共治"，以及提出要构建全省美丽乡村数据动态化、场景可视化、应用智能化的数字乡村管理模式。

2. 制度建设：完善了乡村治理信息化平台一体化建设的体制机制

随着国家乡村数字化治理部署的不断推进，广东省也不断优化完善乡村数字化治理的制度设计。2022 年以来，党中央和国家有关部门相继印发《数字乡村发展行动计划（2022~2025 年）》《关于做好 2022 年全面推进乡村振兴重点工作的意见》《2022 年数字乡村发展工作要点》等文件，对提升乡村数字治理能力和效能做出了具体部署。在此背景下，广东省通过统一部署乡村治理信息化平台来构建广东乡村数字治理架构。

第一，完善全省政务数据的数据共享协调机制。广东省于 2021 年 4 月印发了《广东省首席数据官制度试点工作方案》，建立了首席数据官制度，通过市县政府试点，强化市县、镇村的基层数据资源共享开放和信息化建设统筹协调。

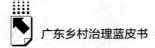

第二，统一规划全省的政务信息化基础设施。省财政三年安排12亿元，集中支持粤东粤西粤北欠发达地区政务外网、政务云平台和数据中心建设，基本建成"全省一片云"，连通"全省一张网"，推动欠发达市县区数字政府基础设施接近或基本达到珠三角地区平均水平。按照国家部署要求，广东省组织开发省乡村振兴服务信息化平台，研究设置了"治理有效"业务子系统模块，并按照"全省一片云"的原则完善基层政务云基础和网络安全保障，推进省域治理"一网统管"，构建覆盖省市县镇村五级横向到边、纵向到底、全闭环的数字化治理模式。

第三，在全省统一平台基础上建设乡村治理特色应用专题。广东省选取了广州、深圳、佛山、汕尾、中山、江门、茂名、潮州等8个市以及部分区县作为试点，建设市、县两级基础平台，在省统一平台支撑下有效推进基层特色应用专题建设。

第四，建设全省统一的网络安全保障体系。广东建成了省市一体的政务云安全运营平台，加强对各级系统、网站、数据库的安全监测和风险排查，有效提升了网络安全保障的智能化、精细化水平。

第五，加强乡村数字治理的人才队伍建设。于2022年推出的由农业农村部与腾讯计算机系统有限公司共同组织的"耕耘者"振兴计划，面向村两委干部培训乡村治理的理论、方法以及"积分制""清单制""数字化治理"等治理路径和模式。同时，广东省农业农村厅组建了"广东省数字农业农村咨询专家团队"，发挥国内电子政务、大数据、农业信息技术、地理遥感、智能装备、数字农业等领域专家学者和行业领军人才的智力支撑作用，支持广东省数字农业农村信息化规划、立项、建设、发展和咨询工作。

在地区实践中，县（市）、镇（街）等建设主体也会结合当地实际情况制定数字乡村及乡村数字化治理的建设方案。例如，潮州市湘桥区官塘镇结合自身实际制定了《官塘镇数字乡村发展试点工作方案》，其中乡村数字化治理项目作为四个试点项目之一得以顺利进行。梅州五华县华城镇也结合自身实际制定了《五华县华城镇数字乡村信息化平台建设方案》，提出创建乡村治理、数字商城、智慧消防和农业、法律援助、志愿服务、智慧党建6大板块的特色项目，重点打造一个手机前端即"数字华城"小程序和一个管理后台的数字乡村信息化平台。

（二）数字技术赋能乡村治理的活动体系

1. 智慧政务：政务服务平台和终端向县、镇、村覆盖，并实现了"一门一窗一网一次"式办事服务

广东省各地积极推进智慧政务服务向乡村地区的延伸。在佛山市南海区，区级政务服务一体化平台实现了市、区、镇、村四级联动，全区超过97%的业务可在镇（街道）和社区办理。东莞市大朗镇完成了村级综合窗口设备配置、第一批事项上线运行、人员上岗培训等工作，各村（社区）党群服务中心均按照一体化平台上形成的标准进行业务办理，推动了窗口前台收件、后台审批模式的转变，实现村级综合窗口全覆盖，有效提升了村级"互联网+政务服务"水平，进一步推进了市镇村三级政务服务高效联动和无缝对接。在惠州市惠阳区，推动"一门通办、集成服务"延伸到镇，再逐步延伸到村，为所有村配备政务服务一体机，有近400项事项可通过一体化办理，实现村事直办，促使"数据多跑路，群众少跑腿"。在韶关市新丰县，电子政务外网已覆盖县、镇、村三级，全面实现政务外网100%全覆盖，形成1000兆到县、100兆到镇（街）、50兆到村（居）的电子政务外网基础网络。同时，在全市统一事项基本要素标准的基础上，按照镇村事项汇总目录，全力推进政务服务事项管理系统延伸工作。目前，已建立镇级政务服务事项400项、村级事项100项，确立了全县7个镇（街）、157个村（社区）统一办理标准和办事流程，打造基层群众"小事不出村、大事不出镇"的新格局。通过扎实推进"粤智助"政府服务自助机投放应用，新丰县在2021年底实现政府服务自助机在全县141个行政村全覆盖，为群众提供"就近办、自助办、安全办"一站式体验。在肇庆市四会市下茆镇，镇公共服务办统筹实施、积极推动"粤智助"政府服务自助机运行，目前已实现"粤智助"自助机在全市15个行政村（社区）全覆盖，打通了政务服

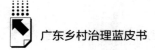

务"最后一公里"，补齐了农村地区政务服务短板。同时，充分发挥"粤智助"特色优势，指导行政村（居）将"粤智助"推广应用与社保办理和老人生存认证等重点工作相结合，如办理老人生存认证、打印身份证等，带动群众参与使用"粤智助"，体验政务服务就近办的方便。

广东省县（市）、镇（街道）等政务服务实现了"一门、一窗、一网、一次"式办事服务，并取得了良好成效。在东莞市大朗镇，大朗镇政务服务中心按照"一门一窗一网"标准完成办事大厅升级改造，共设置了88个办事窗口，实行"前台综合收件、后台分类审批、统一窗口出件"的政务服务模式，实现除公安、税务、社保业务外的26个部门977项业务"一窗式"综合收件，可办理全镇1200多个政务服务事项和公用服务事项，实现全镇政务服务办事窗口和事项"一门式"集中。在韶关新丰县，在7个镇（街）政务服务大厅普及"一门式一网式"业务系统的应用，并以马头镇政务服务大厅为试点，推广"互联网+政务服务"模式，建设政务服务大厅网络机房、叫号评价终端、窗口显示屏、叫号显示屏、信息宣传发布屏等硬件设备并安装调试使用，实行"一窗通办""一窗通取"，最大限度让群众叫一次号、走一个窗口、办完一件事。在惠州市湖镇镇，整合镇内设机构及基层站所行政审批和公共服务事项资源，围绕"一窗通办"原则，打造综合性窗口，大大提升窗口服务质量，实现"一门式"服务"一站式"办理，群众业务办理提质增效。截至目前，已有社保、医保、民政、市场监督、人社、户政、计生等168个进驻事项、7个综窗受理事项进驻湖镇镇便民服务中心。在云浮市罗定市罗平镇，在党群服务中心设立9个综合办事窗口，实行一人多业、一窗多办，覆盖民政、水务、林业、司法等22项业务，通过实行"一站式"集中审批服务，优化了办事流程，精简了办事程序，让办事的群众从过去的"办一事进百门"成了现在的"办百事进一门"。以办理临时救助为例，以往群众需要到市区跑民政局、卫健委、医院等多个部门才能够办理，起码耗时半天，现在在镇党群服务中心可以实现一站式办理，半个小时就可以办理完毕，"一站式"集中审批服务让群众少跑路、少耗时。在肇庆市四会市下茆镇，为解决群众办事难、办事慢、办事烦琐等问题，下茆镇依托公共服务中心为群众提供"一门受理"的便民服务，打造基层"一站式"综合便民服务平台，并通过跟踪反馈机制优化服务，进一步提高基层响应群众诉求和为民服务的能力，推动实现"最多跑一次"省市县乡村全覆盖，让群众"最多跑一次"落实到服务群众的"最后一公里"。

2. 智慧党建：数字技术成为乡村党组织创新党建活动形式和服务群众的有力支撑

在党建活动中，数字技术的运用推动数字平台成为乡村基层党建学习的重要渠道和工具。

一是在广州从化区，区委组织建设的"仁里集"共建共治共享云平台，入选了"广州党建十大品牌"和"党建引领社会治理创新"类案例。该平台以实现农村党建工作智能化和科学化为目的，设置了"党史教育""党员教育""组织建设""联系群众"等栏目，为基层党员接受最新学习教育、参加支部活动、服务群众提供移动互联网平台。

二是在潮州市湘桥区官塘镇，数字平台成为基层开展党史学习教育的重要渠道和平台。自 2021 年以来，官塘镇依托数字平台创新举办了多场次"线下+线上"党史宣讲活动，如官塘镇委党校先后举办的"学党史守初心，干实事担使命"学习教育专题宣讲报告会和"中国共产党夺取全国政权的历史经验"党史学习教育专题研讨班，分别将老党员陈贤力和市委党校培训科科长章晓敏同志的精彩宣讲报告直播连线至各村（社区）党支部。为庆祝中国共产党成立 100 周年，官塘镇创新学习方式，利用数字乡村智慧党建平台开设"百年党史学习"专题，在镇级、15 个行政村和 1 个社区的管理平台上均发布 102 幅关于"伟大征程、光辉粤迹——中国共产党广东历史一百年"流动展板，把"党史课堂"搬到基层各个角落，大力营造知史爱党、知史爱国的浓厚宣传氛围。数字乡村平台的运用，大大提高了镇开展党史学习教育活动的便利性、实效性和覆盖面，使得广大党员干部可以足不出户参与其中，享受数字便利，进一步打通"送课上门、送学上门"的"最后一公里"。

三是在阳江市阳东区，数字技术为加强乡村精神文明建设，提升村民的思想道德水平和精神风貌搭建了平台。阳东区"智慧乡村"电视门户专门设立了"新时代文明实践中心"专区，宣传党的理论、社会主义核心价值观，宣传村规民约，宣传好人好事，普及各类科学文化知识，确保习近平新时代中国特色社会主义思想和党的二十大精神、习近平总书记系列重要讲话精神以及党的富民政策、科学文化教育和道德文明教育精准传递给每一个家庭和每一位村民。每天固定广播时间和节目内容的村广播室，成了村里宣传党的方针政策、农业技术、各类文化科学技术的重要工具，丰富了群众文化生活，筑牢乡村思想文化建设阵地。"乡村党建"专区的内容以视频和动漫的形式表现出来，通俗易懂、生动活泼、重点突出，很适合农村部分文化水平不高的党员学习掌握。通过"乡村党建"的学习，农村广大党员增强了党性观念。

同时，数字技术推动了乡村基层党建宣传内容和方式的创新。东莞市中堂镇积极运用数字技术建设和打造新时代文明实践中心（站），实现了党建内容的展示、宣传、服务和交流等工作的创新开展。在实践中，东莞市中堂镇的具体做法主要有以下几个方面。

一是利用智能终端进行与群众的互动交流。在实践中心大堂的两侧摆放《人民日报》机、科普e站、触屏电脑、文化莞家取票机、网络电视和朗读亭等多媒体设备供群众体验互动，同时，也在服务前台放置了党建机器人"三宝"，让群众在互动过程中生动直观地学习到党史知识。另外，中堂镇利用大数据平台，升级改造文明积分进万家系统，把文明积分进万家系统和前台点单系统相结合，形成线上线下互动的完整服务体系。

二是利用数字技术进行党建内容的展示和宣讲。在新时代文明实践中心的宣传展示区，党建文化主题展览等文化展览服务内容的部分以电子屏滚动播放的形式进行展示，呈现文明实践服务的相关服务照片，服务照片会根据实际情况定时更新。在宣讲区设有电子显示屏、讲台以及学习椅等设施，主要用于相关主题的道德讲堂、政策宣讲以及实践活动开展等。

另外，数字技术为党群服务提供了创新性平台。在云浮市云城区河口街道，数字平台成为村级党群服务中心为外来人口、少数民族等群体提供优质服务的重要工具。云城区河口街道针对辖区外来人口多、少数民族聚居、个私企业密集的情况，村（社区）党组织与辖区"两新"党组织结对共建，建立了"外来务工人员服务中心""少数民族之家"，通过整合网上办事大厅开展全天候服务，主动为外来务工人员提供居住证办理、物业管理、子女上学等个性化服务，协调解决1000多人次住房问题，帮助300多名外来务工人员子女成功入学。

3. 智慧村务：利用数字技术实现了村级治理的一体化、高效化、精准化、透明化和互动化

利用数字技术实现了乡村社会治理的精细化和服务的高效化，在镇村末端环节推动了省、市、县、镇、村五级联动的省域治理"一网统管"体系的建立。在广州市番禺区沙湾北镇，"百县千镇万村高质量发展工程指挥调度信息平台"率先建立。通过汇聚"专职网格员+党群服务队"常态化摸排基础数据，信息平台汇集全区26个部门71个系统100个行政村超过1.33亿条数据，构建党建、人、屋、车、场、网、企、事、安全管控九个一张图专题，摸清底数，赋能管理，形成动态底册，实现区、镇街、村一本账，助力基层巡查、治理精细化。在佛山市南海区，随着跨部门跨层级业务高效协同处置的实现，村级工业园改造挂图作战、重点建设项目全生命周期管理、一物一码城市精细化管理、智慧环保、智慧交通、智慧应急、智慧"三农"等一批智慧场景应运而生。佛山市禅城区按照"一图、一库、一平台、一服务"标准建设了"乡村大脑"，从"人、财、事、物、组织"五个维度全面梳理农业农村底数，形成农业农村底层数据库，数据库与应用系统实时连接，管理者、基层用户、群众根据对应权限和需要可随时查阅相关数据。潮州市湘桥区官塘镇与阿里巴巴旗下的钉钉合作，利用钉钉全国统一数字乡村平台功能，搭建镇级和15个行政村的管理平台，开发了便民电话本、"三务"公开、党员之家、镇村通知、书记信箱、村镇风采圈等各种党建和政务服务模块，助力提升村级综合服务信息化水平，实现全镇所有村重要公告、重要活动一键告知。在惠州市惠阳区，依托"互联网+网格化"，实现了"云智慧"治理平台与网格化管理体系相结合，全面梳理了辖区大小网

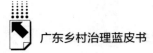

格内人、事、物，将辖区村（社区）边界线、河道、内涝点、排污口等地理位置信息，以及三小场所、违章建筑、环保巡查、综治维稳特殊人员等数据纳入平台，设置综合网格 132 个、二级网格 266 个，建立了"村（社区）—网格员—指挥中心—业务部门"一体联动的事件处理机制，实现了"一张网"内"办小事、报大事"与部门"办实事、解难事"相衔接。惠阳区为每位网格员配备与智慧治理平台模块对应的移动工作设备，随时随地实时更新数据，方便外出工作人员利用手机 App 及时与平台指挥中心沟通，做到网格案事件快速反应、快速处置。在江门市江海区，以"粤平安"综合网格服务管理系统为依托，构建区、街、村（社区）三级综合指挥平台，横向连接区级职能部门，纵向贯穿区、街、村（社区）、网格，编织网格化管理指挥体系。在阳江市阳东区，借助于"智慧乡村"系统，村委会可以通过电视监控墙连接安装在村头巷尾的监控摄像头，利用监控系统随时监督村庄公共区域的卫生状况。茂名市高州市云潭镇是广东省"一网统管"镇域试点镇街，2022 年启动了镇域治理"一网通管"工作，通过汇聚 324 路视频点位与视频资源实现了对全镇区人、车、物等要素的感知，建成了无人机智能机巢以实现对违法建设、违法用地、河流情况、日常安保、应急处置等相关事项的精细巡查，增设了高空鹰眼点位用于镇域治理 AR 实景指挥，以实现远程的精准指挥处置。在汕尾市，"民情地图"精准化展示了地、事、人、物、组织等各类基层治理元素，建立了"田字型"的治理结构，即横向为"镇、村、组"三级、纵向为"大数据+网格化+群众路线"运行机制。各个网格中发生的要情动态和村情民意，都能在"民情地图"上及时精准地得到展现，事件的分拨调度和处置反馈情况也能在民情地图上一览无遗，如网格员在巡查时将无法就地处理的异常情况上报"民情地图"平台，分拨相关职能部门限时处理，群众也可以在手机端找到负责干部，了解问题的解决情况。

数字技术提升了乡村社会治安和应急管理的科学化、精准化水平。中山市与中国电信合作打造的"数字乡村平台"，结合 AI 视频监控、天翼云播、智慧大屏、慢直播、智慧党建、智慧停车等村委看得见摸得着的乡村信息化应用，实现"信息化与乡村治理"深度融合。截至 2022 年 6 月，中山市已建成 87 个示范点，全市所有镇区共覆盖超 13000 个监控、3600 线天翼云播，实现了乡村治安防控"全覆盖、无死角"。在梅州市大埔县，百侯镇和广东移动梅州分公司合作共建了全天候、全方位、多用途的数字平台，借助平安乡村视频高清摄像头、远程视频查看、拍照录像、远程对话、红外夜视等多项应用功能，开展安防基础设施建设和社会治安综合治理，有效提升了群众安全感和满意度。在惠州市惠阳区，依托"互联网+网格化"建成的智慧治理平台构建了一张立体化信息化社会治安防控网，通过设置综合治理视频网接入点，实现了"天网工程"与村（社区）的接会功能，能够实现及时调度、统一指挥，规避了费时费力的传统事件上报流程弊端，保障了辖区内的安全生产及两违整治。同时，智慧治理平台的指挥中心实行 24 小时轮值制度，监控点实现全天候实时监控，对台风等各类突发紧急事件第一时间进行应急处理。在阳江市阳东区，"智慧乡村"系统在村头巷尾安装多个监控摄像头，在村委会安装电视监控墙，通过电视机顶盒将所有视频监控全部连接到了村民家中的电视机，村民们通过手机 App 即可查看实时视频监控。同时，在农村的主要路口安装了紧急求助可视对讲通话报警器，当村民在户外遇到突发事故或紧急困难时，按一下报警器，即可通过可视通话向村委会报警求助，有效提升了村庄公共安全保障水平。为降低自然灾害的影响，村里还建起了应急广播系统，村委会建立了村应急指挥中心，通过视频监控系统和应急广播系统，对村里的环境整治、村容管理、维稳处突、抢险救灾、治安管理、消除纷争等进行第一时间的应急处置，大大提高了村委会管理和服务民生的能力水平。在作为国家和省级数字乡村试点县的韶关南雄，珠玑镇和水口镇在依托数字技术提升社会治安防控能力方面进行了有益探索。珠玑镇率先在南雄实现镇村两级全覆盖视联网点位，23 个村（社区）全面完成了"雪亮工程"工程建设，全镇共安装视频监控摄像头 349 个，覆盖各村居主要进出路口、重点场所、治安敏感区域。同时，切实发挥"综治 E 通"的治安作用，要求镇村两级的干部按照"每日一巡查"的工作机制，加强对辖区的摸底排查，每人每月录入 20 宗事件，每月登录时间不少于 18

天，以此来监督治安防控工作的落实。在韶关市南雄市，水口镇在广东铁塔公司协助下，建立了"1+1+3+N"（一张感知网络、一个综合治理中心、三类管理端口、N 个模块）的数字乡村基层治理平台，实现了乡镇综治管理、森林防火预警、防溺水、道路安全管理、社会治安管理等全域覆盖、全局掌控。在清远市佛冈县，在"雪亮工程"建设将摄像头覆盖村内主要路口和重要场所的基础上，迳头镇建设的"数字乡村"智慧平台将智能摄像头安装到了村民的房前屋后，可以识别、记录车牌号码，对进出村人员人脸抓拍，以有效应对突发事件，实现了农村治安防控的"无死角、全覆盖"。

数字技术成为村务公开和农村集体资产管理的有力工具。在广州市从化区，"仁里集"平台除了即时和定期公开党务村务财务信息和行政村事务信息之外，还建立了囊括农户所属经济社、年人均纯收入、房屋建设面积等信息的村民信息数据库。在佛山市禅城区，"乡村大脑"中的"村务共治"小程序有效破解了村务信息公开不及时的难题。按照村务公开制度，各村必须及时将涉及村民重大利益问题及群众关心的事项在"村务共治"小程序上进行公开，村民股东在手机上可以查看财务收支、物业出租、民主表决等村务信息。在禅城区，通过"乡村大脑"对集体物业出租进行智能监察和"双随机"检查，经过监督检查，有效杜绝了监管漏洞，防止集体资产流失。在阳江市阳东区，"智慧乡村"系统中的"村务公开"专区设置了政务公开、财务往来、集体三资、扶贫工作等栏目，内容涉及村委会工作纪要、村收入支出情况等，还能准确地查到村里防返贫监测对象的详细资料和帮扶计划。

数字技术拓宽了群众参与乡村治理的渠道，搭建了村民参与村务的平台，保证了群众的知情权、参与权、决策权和监督权。

首先，数字技术推进了村务信息的宣传，保证了群众的知情权。在惠州市惠阳区，建设了农村智慧云广播，通过"大喇叭"、云广播宣传政策、传播正能量、传递服务信息。在清远市清新区三坑镇，通过安装"应急广播"，利用智能手机和智慧广播系统打破时间和地理条件限制，有效打通防汛宣传"最后一公里"。不同于传统的应急广播，新型的应急广播大喇叭可以随时收听在电视台或者融媒体中心播报的新闻，可以在县镇村的广播室由固定的宣传员进行广播，同时可以采用各种接入方式，灵活地进行播报，如在手机上直接喊话或者是发布消息，发布的文字可直接转化为语音等。同时，"应急广播"这项技术可以实现"中央—省—市—区—乡镇"的五级联动，精确并安全地传达官方权威信息，广播到每一个自然村，让每一位群众实时知晓应急动态。在阳江市阳东区，通过乡村直播室，村民在家可以通过电视机，在外乡亲也可以通过手机 App 同步实时收看村里召开的各类会议直播，监督村委会工作，提高村委会民主决策的公开透明度，促使决策更加体现民意。在东莞市麻涌镇，2021 年 10 月升级的"村村通"广播系统广播点更多、覆盖面更广，并实现了前端、传输和终端的全数字化。

其次，数字技术为村民参与乡村治理提供了技术手段。在广州市从化区，"仁里集"平台也是村民进行参与村务的重要平台。平台开通"我要说话"民意咨询窗口，群众可以在平台上匿名发布意见建议和进行服务咨询，问题将直接反馈到责任部门，由相关责任部门对事项进行答复。另外，平台也开发了线上民主投票功能。村（社区）可以通过"仁里集"云平台"我要投票"功能发布征地拆迁、基础设施建设、教育医疗、农村土地问题等相关投票，向群众征询意见建议。群众可以通过参与网上投票对本村（社区）大小事项进行决策和监督。在佛山禅城区，群众可以通过"村务共治"小程序主动反映问题、提建议，各村必须在 5 个工作日内审核受理、10 个工作日内进行处理和反馈，群众反映问题办结率为 100%。潮州市湘桥区官塘镇在数字乡村平台上添加了"随手拍"模块，村民可以更好地将人居环境、违规违建、好人好事拍摄反映到各村平台上，突出农民主体地位，引导农民积极参与公共服务建设，激发农民内生动力，更好地督促两委干部履行职责。在阳江市阳东区，"智慧乡村"系统支持村民们通过家里电视机的监控互相监督、自我约束，以往乱丢垃圾和乱放鸡、狗在村里跑的一些不文明行为得到了根本的转变。

此外，也有很多地区将数字技术与积分制相结合，进行数字化积分制的治理实践，通过数字技术的赋权赋能机制和积分制的激励约束机制共同引导村民积极参与乡村治理，如清远市佛冈县的"正能量积分制小程序"、中山市小榄镇的"积分银行数字化工具"等，形成了具有鲜明现代化乡村治理

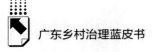

特色的"广东经验"。

4. 乡村智慧公共服务：利用数字技术破解农村公共服务供给不足和供给不平衡问题

在公共法律服务领域，"互联网+公共法律服务"充分利用信息化服务手段为村民提供便捷、高效的法律服务，促进矛盾纠纷远程在线化解，破解农村法律服务的"最后一公里"问题。在惠州市惠阳区，通过打造公共法律服务云平台和建立"一律所包一镇街司法所"的"所所对接"服务模式，将法律服务延伸至最基层、最前端，同时解决法律资源供给不足和供给不平衡等问题。惠阳区9个镇（街）司法所分别对接的8个律师事务所，全部配置了云平台一体机。同时，在秋长街道周田村、高岭村，沙田镇东明村、东澳村，永湖镇乌泥埔村，良井镇霞角村、矮光村等7个村级公共法律服务工作室配置了一体机，当群众寻求法律服务时，司法所对解决不了的专业法律问题，通过一体机向对接律所发单，对接律所接单后根据律师专业优势派单，为村民们提供足不出村的远程法律服务，使群众切身享受到"指尖上的法律服务"。2021年，该平台共提供线上咨询200余人次。在惠州市惠阳区，依托线下多级多点的公共法律服务网络阵地，为全区26个法律服务机构配备云平台终端机，实现公共法律服务区、镇二级云平台全覆盖，云平台一拨就通，线下实体平台进门即办，精准高效的公共法律服务正在惠及更多人群。在韶关市仁化县黄坑镇，镇政府与广州法通公司于2020年7月13日签约共建数字乡村，商定首期高标准、高质量推出灵敏高效的"互联网+公共法律服务"平台。该平台充分运用大数据、云计算、人工智能等技术手段，将人工与机器人服务有机结合，前方有驻点的法通机器人，后方有专业律师团队24小时在线，在法通机器人的助力下，解决了律师不在身边、村委会法律知识不足的问题，能有效弥补农村法律资源欠缺等短板，实现了小事不出村、大事不出镇的目标，有效维护了社会和谐稳定。在东莞市麻涌镇，有着强大数据支撑的"法通小博士"机器人可以为群众提供包括法规查询、诉讼引导以及实体问题解答在内的专业法律咨询服务。其问题库收录4万多个诉讼程序问题及6万多个常见的实体法律问题，法律法规库中收录了 8800 多部法律、25 万多法条、3000 万个案例。面对机器人难以解决的复杂问题，老百姓可以借助"法律村村通"平台实现智能咨询、远程调解、在线诉讼等需求，也可以远程与法律专家视频连线咨询，面对面交流。在梅州市兴宁市，面对"矛盾纠纷日益增多，法律服务资源供不应求"的困境，陂蓬村引进了"法律机器人"，运用"互联网+大数据"为村民提供 24 小时在线的法律咨询、远程调解等法律服务。该平台在引进半年的时间内，就快速调解 10 多起矛盾纠纷，调解成功率达 90%。

在乡村医疗、教育、交通等公共服务领域，数字技术为农村地区享受优质公共服务，实现城乡公共服务均等化提供了平台。

一是在乡村智慧医疗方面，乡村远程医疗平台和智慧乡村系统便民医疗服务可以帮助村民享受优质的医疗服务。在潮州市潮安区，积极推进远程医疗平台建设，区人民医院、15 个乡镇卫生院已完成远程医疗建设，并为 10 个省定贫困村配备智能健康监测设备包，基本实现远程医疗"一站会诊"。在阳江市阳东区，阳东区人民医院在"智慧乡村"系统"便民服务"专区专门设立了乡村就诊绿色通道，村民们如果需要到阳东区人民医院就诊，可通过绿色通道进行咨询，预约专家挂号，大大节省了看病时间，为村民到城里看病提供了方便。

二是在乡村智慧教育领域，数字技术为农村留守儿童的教育和农民的科普教育提供了技术平台。在阳江市阳东区，为了保证农村留守儿童正常学习、健康成长，"智慧乡村"系统电视门户利用"乡村课堂"专区将小学一到六年级以及初中的同步教材以视频形式呈现在电视机里，孩子们在家里随时就能跟着电视机里的老师一对一进行温习预习功课，有了"家庭辅导老师"，父母们省心了不少。在肇庆市怀集县，中洲镇与广东电信合作推出"智慧纸笔"，通过实时收集、传输作业数据，精准诊断每个学生的学习情况并形成错题集，还能推送个性化的学习资源，为学生提供伴随式成长数据。而家长可以在线查看作业批改情况和学情报告，加强家校之间的信息融通，协同教师一起科学指导和辅导孩子。中洲镇也致力于打造智慧校园示范点，积极推动云视讯远程教育系统、校园视频监控、电子班牌和电子学生证等设备的上线。在江门市新会区大鳌镇，数字技术为发展智慧农村科普教育提供了极大便利。为了适应新形势发展的需要，结合工作实际，大鳌镇购置了一台价值2万多元的智能会议平板（65英寸），充实东风村党群服务中心科普教育阵地。该科普电子设备集宣传信息、科普画廊、科普智能问答等功能于一体，向广大农民定期宣传有关农业技术、传统节日等科普知识和国家大政方针，受到广大村民群众的好评。

三是在乡村智慧交通领域，数字技术帮助解决乡村停车难问题，改善乡村道路环境，为市民出行提供更大便利。在东莞市麻涌镇，针对旅游业发展带来的华阳湖国家湿地公园景区附近及麻涌镇中心区出现的堵车问题，麻涌大力实施智慧交通工程，借力科技手段打造智慧停车系统和采用"智慧停车"模式，充分挖掘辖区内的停车资源，利用闲置地块建设生态停车场。据统计，麻涌通过统筹华阳湖片区、麻涌市场片区及麻涌行政服务中心片区约2700个停车位，实施智能化管理，有效缓解了停车难。

（三）数字技术赋能乡村治理的基础支撑体系

1. 信息网络：实现了乡村信息网络的广泛覆盖和升级换代

高速、泛在、融合的信息网络是实现乡村数字治理的基础。2020年5月，广东省委办公厅和省政府办公厅印发的《广东省贯彻落实〈数字乡村发展战略纲要〉的实施意见》提出，要大幅提升乡村网络设施水平，加快农村宽带通信网、移动互联网、数字电视网和下一代互联网发展，推进全省行政村5G网络建设和20户以上自然村光纤网络和4G网络深度覆盖。开展乡村4K超高清视频+5G应用试点示范，推进农村有线数字广播电视网络与5G网络融合网建设。随后，广东省工业和信息化厅下达全省20户以上自然村光网建设计划，安排省级财政资金7000万元支持省级电信运营企业推动粤东粤西粤北12个地市3500个20户以上自然村光网覆盖。截至2022年底，广东全省行政村光纤宽带和4G网络100%覆盖，广东移动在农村地区拥有5G网络客户超过400万，宽带客户485万，电视客户约370万，"移动看家"等安防业务规模超100万，实现了全省行政村和农业产业园区5G覆盖。乡村网络设施水平的提升和广泛覆盖，为广东省农村地区推进乡村治理体系和治理能力现代化提供了坚实的支撑。

2. 智能终端：形成了多元化、立体化、全方位的乡村智能终端系统

各类信息基础设施在赋能乡村治理实践中发挥了基础性支撑作用。

一是"粤智助"政府服务自助机。"粤智助"在广东省数字技术赋能政务服务方面发挥了核心作用。截至2022年，广东省投入了40348台自助设备，覆盖全省19721个行政村，提供打印证明、网上挂号预约、城乡居民养老金资格认证等211项基层高频服务事项，实现了群众办事"小事不出村、大事不出镇"，目前日均业务量达13万笔。

二是智能手机终端。在智能手机上运行的微信和各类微信小程序为乡村地区村务管理和公共服务提供了极大便利。广东各地行政村、村民小组普遍建立微信工作群，有些地方通过视频、网页、小程序等形式，将村级议事协商、民主决策、村务公开等信息传递给村民。汕尾市运用"善美村居"小程序的应用场景，打造线上议事平台，开展"阳光村务工作"。梅州市五华县搭建的"数字华城"微信小程序平台，按照"旅游服务、就业服务、便民服务"三大功能板块进行开发，既能为当地群众提供"一站式"服务、"指尖上"服务，又能满足外地游客朋友衣食住行等刚性需求。潮州市湘桥区官塘镇应用的钉钉全国统一数字乡村平台中的"随手拍"模块，也是依赖智能手机终端来实现对人居环境、违规违建、好人好事的相关照片的拍摄和上传。

三是其他各类智能设备。如广东惠阳"云智慧"平台中，无人机、无人巡逻船、移动鹰眼、高空鹰眼、地面鹰眼、天网摄像头、移动对讲机等智能设备成为对社会治理问题进行数字化、网络化、智慧化重塑的技术工具。韶关市仁化县黄坑镇，法通机器人是"互联网+公共法律服务"平台为村民用户提供专业法律服务的智慧终端。在东莞市中堂镇，现代文明实践中心大堂的《人民日报》机、科普e站、触屏电脑、文化莞家取票机、网络电视和朗读亭等多媒体设备为群众提供体验互动服务。在阳江市阳东区，安装在村主要路口的紧急求助可视对讲通话报警器也是乡村实现应急管理的重要工具，当村民在户外遇到突发事故或紧急困难时，按一下报警器，即可通过可

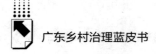

视通话向村委会报警求助。

3. 公共信息平台：搭建了实现数据共享和业务协同处理的乡村一体化治理平台

公共信息化平台是实现乡村治理各类数据共享和业务协同，从而利用数字技术赋能乡村治理的关键所在。为了向群众提供高效便捷的政务服务，广东省不断深化数字政府建设，推出了"粤省事"（民生移动政务服务平台）、"粤商通"（涉企移动政府服务平台）、"粤省心"（12345政务便民热线平台）等"粤系列"标志性成果。截至2022年底，"粤省事"平台集成全省2389项便民服务，平台实名用户超过1.76亿，日均查询及办理业务10576万笔，在办理残疾人证和困难补贴、老年人异地领取养老金以及出生证领取等方面，全部可"零跑动"掌上办理。惠州市惠阳区建立的"云智慧"平台，根据工作需要划分为基础信息、指挥调度、工作管理、重点人员、组织架构、空间管理、分析研判等智能应用模块，实现了公共服务、综合执法、应急处置等社会治理工作可视化、痕迹可溯化，形成工作覆盖"一张网"，实现社会治理问题跨部门协同处置以及对应急事件的快速响应。在梅州市五华县，按照前端和后端两大板块进行分类打造华城数字乡村信息化平台，在前端开发搭建"数字华城"微信小程序平台，以满足当地群众和外地游客的一站式服务需求，在后端开发搭建"华城数字乡村信息化平台"后端管理系统，构建基层治理一张图以及智慧党建一张图，实时了解掌握全镇基层治理工作动态情况，收集群众诉求、解答群众咨询问题、一对一联系群众。同时，华城数字乡村信息化平台积极对接县直部门现有的11个系统平台资源，一是接入"粤省事"、"五华惠民信息平台"以及"i志愿"等多个政务服务平台，为群众提供一个智慧服务"总入口"。二是对接镇431路的平安乡村视频监控资源及10多所学校的明亮灶视频监控资源，通过平台可实时有效监管查看各重点场所地区的视频图像，切实为基层治理提供数字保障。在阳江市阳东区，智慧乡村系统集"高清互动电视、公共WiFi、宽带网、视频监控、可视紧急报警、应急广播、乡村直播室、新时代文明实践中心、乡村广播室、村务电视公开、便民服务、乡村党建、乡村普法、精准扶贫、扫黑除恶、乡村健康、乡村课堂、乡村资讯、廉洁乡村、致富门路、手机App"等20多个功能板块于一体，可以让村民通过电视机查阅村务信息，学习党的路线方针政策，掌握农技新知识，查看监控视频，联系城里医院挂号，跟电视老师温习预习功课等内容。潮州市湘桥区官塘镇利用阿里巴巴旗下钉钉全国统一的数字乡村平台功能，搭建了镇级和15个行政村的管理平台，开发有便民电话本、三务公开、党员之家、镇村通知、书记信箱、村镇风采圈、随手拍等各种党建和政务服务模块，实现了镇所有村重要公告、重要活动一键告知。目前，官塘已有4000多户加入钉钉基层治理平台。在佛山市南海区构建的"空天地"一体化治理平台，由500多条无人机三维航线织起的"低空遥感网"，基本覆盖了佛山市南海区丹灶镇所有重点监测区域，支持5~10分钟现场及时响应，实现了"天上看、空中拍、地上巡"全时空实时感知、全周期实时监测、全要素实时评估，纷繁复杂的违建、河道、交通、国土、应急、工业园区气体监测等巡查任务都被"一网打尽"。阳江市阳东区在村委建立了村应急智慧中心，通过视频监控系统和应急广播系统，对村里的环境整治、村容管理、维稳处突、抢险救灾、治安管理、消除纷争等进行第一时间的应急处置，大大提高了村社会管理和服务民生的能力水平。在2018年防御超级强台风"山竹"时，广播电视公共服务融合体系发挥了强大的功能作用。北环、乌石、彭村三个行政村的村干部在村委会通过视频监控屏幕和应急广播有条不紊地指挥着村里的防台风工作，村民们则在家里通过电视机上的监控时刻盯着自己的小渔船、农作物遭受台风袭击的情况，出现异常情况立即处理。

三 广东数字技术赋能乡村治理的成效与存在的问题

（一）成效

1. 有效提高了乡村地区的治理能力和治理水平

"乡村大脑""云智慧""大喇叭"等各类乡村智慧治理平台和系统在

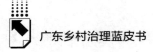

乡村政务、党务、村务管理等多个领域的应用，推进了乡村地区人、地、事、物、组织的全面整合，实现了跨部门、跨地区信息的高效传递和业务协同，也实现与基层村民的积极互动和交流，推进了乡村治理能力和治理水平的有效提升。如佛山市禅城区的"乡村大脑"让农村"党务、村务、财务"更加公开透明，让农村"三资"交易更加阳光透明，集体经济管理问题不断减少。2021年禅城区集体资产交易共18106宗，通过"双随机"精准抽查216宗预警交易，查处13宗未上平台交易事件，仅占全年交易量的0.07%，同比下降43%。同时，在农村集体经济组织换届选举中对候选人"三资"管理问题的举报仅有3宗，且经核查均为不实举报，是历届选举中投诉举报最少的一次。在惠州市惠阳区，通过充分利用高空鹰眼、地面鹰眼、"天网哨兵"监控以及各类智能"触角"，在河道、流动商贩聚集点等重点管控区域安装带有大喇叭功能的地面鹰眼，可以通过"隔空喊话"对下河游泳、占道经营等相关问题人员进行远程劝阻警告，实现对环保巡查、露天焚烧、山林防护、河道巡查、占道经营、三小场所、违章建筑等治理难题的及时、精准、高效应对。同时，惠阳区的"云智慧"网格，通过推动服务资源整合、高效协同，2021年上半年，网格员活跃度为96%以上，上报事件5079件，录入工作日志86032条，事件办结率100%，乡村治理成效明显。2022年，惠阳利用"云智慧"治理平台系统，累计发现辖区大小露天焚烧事件超过1000起，指挥村（社区）办结率达100%。惠阳区的公共法律服务平台，2021年共提供线上咨询200余人次，全区8家对接律所指派律师到各司法所开展现场法律咨询解答、法律援助等服务，联合司法所工作人员开展矛盾纠纷排查50余次，调解矛盾纠纷10余件，及时有效化解群体性上访事件。此外，数字技术的运用拓宽了群众参与乡村治理的渠道，让群众和基层的关系更加紧密，增加了群众对村委工作的信任和支持，使农村基层治理更加顺畅。在梅州市五华县，搭建的华城数字乡村信息化平台实现了权责明确、流程可控、时限可控，第一时间掌握群众和基层反映的问题，快速响应办理回复，为基层群众参与公共事务管理提供了新路径。自2022年4月初启动该板块功能以来，已成功处理15

起群众反映诉求问题。

2. 有力提升了乡村地区公共服务的办事效率和服务质量

随着数字政府建设向乡村地区的延伸，区、县、镇级政务服务中心实现了"一门集中""一门通办""一网通办""一门式一网式""一表填报""就近办""一次办"等业务模式，"粤智助"政府服务自助机也实现了在全省行政村的全覆盖。数字政府在乡村地区的延伸，在为村民、企业提供便民服务方面发挥了重要作用。自 2021 年以来，韶关市新丰县"一门式一网式"政务服务系统共受理事项 51080 件，其中县级事项合计受理 7153 件，各镇（街）事项合计受理 4199 件，各村（社区）事项合计受理 39728 件。佛山市南海区推出的"1+1+N"代办服务模式，使在南海区丹灶镇奠基动工的百事食品广东生产基地工程动工比原计划提前了近 5 个月。东莞市大朗镇在政务服务中心设立了咨询取证区、便民服务区、5G 政务服务体验区，提升了业务办理速度，减少了群众等候时间，方便了群众办事。为了提升服务质量，大朗镇在政务服务中心推出了适老服务、优才服务以及周六延时服务。对于困难人群和超过办理 30 人次的企业、学校等对象，大朗镇提供"上门办"暖心服务。为了优化营商环境，大朗镇为企业推出"不见面审批""一网通办""一表填报"服务，并通过部门并联审批、邮寄取证等加快企业开办速度。同时，大力推进区域通办，通过一体化政务服务平台实现了 30 个市直部门 860 个市级政务服务事项前移通办、623 项政务服务事项跨镇通办，并与深圳市级大厅、龙岗区大厅实现 259 个政务服务事项跨城通办，切实提升深莞两地市民办事便利度。在韶关市新丰县，为了切实改进政务服务质量，新丰县实施县镇村三级政务服务"好差评"，县镇村三级领导经常关注"好差评"情况，分管领导亲自抓，充分依据"好差评"的评价情况，协调和要求窗口人员主动加压，改善服务态度，提升办事效率，积极引导群众进行评价。在肇庆市四会市下茆镇，为了提高基层公共服务效率，紧扣基层公共服务需求，梳理发布村（社区）"就近办""网上办"事项清单，将高频热点事项置顶方便民众办理，同时按照本地总业务量从高到低对事项进行排列，新增事项置顶 1 个月。云浮市云城区河口街道通过整合网上办事大厅开展全天候服务，主动为外来务工人员提供居住证办理、物业管理、子女上学等个性化服务，协调解决 1000 多人次住房问题，帮助 300 多名外来务工人员子女成功入学。数字技术也推进了优质法律服务资源下乡。惠州市惠阳区构建"惠阳区退役军人法律服务之家"，在镇街级增设退役军人法律服务岗，每周安排律师在服务之家提供至少两天的线下法律服务，其他时间通过云平台提供线上远程法律服务，为退役军人和其他优抚对象提供全天候、全方位、高效能的法律服务。韶关市仁化县黄坑镇推出的法通机器人，解决了律师不在身边、村委会法律知识不足的问题，2021 年黄坑镇共排查出矛盾纠纷 32 宗，受理 32 宗，涉及当事人 74 人，调解成功率达100%，有效弥补了农村法律资源欠缺等短板，实现了"小事不出村、大事不出镇"的目标，有效维护了社会和谐稳定。

3. 明显增强了村民群众的满意度和幸福感

数字技术的运用推动了优质资源下沉到村一级，以智能化应用服务乡村振兴，改变着农村地区生产生活方式，让农民有更直接、更实在的获得感、幸福感、安全感。截至 2022 年底，广州市从化区借助"仁里集"便民服务平台，在全区试点村（社区）发布网上投票 2976 条，运用民主议事决策机制讨论村级重大事项 1768 次，参与议事的村（居）民代表共 3.4 万人次。同时，收集群众建议意见 5127 条，帮助群众解决生产生活问题 6956 件，有效解决了一批就医难、饮水难、灌溉难、行路难、就业难等群众最直接最关心的利益问题。东莞市大朗镇政务服务中心新启用以来，累计服务群众约 80 万人次，办理业务约 51 万件，群众满意度得到明显提升。韶关市新丰县马头镇政务服务大厅进驻事项 393 项，涉及部门 20 个，首推 7 个"一件事"高频事项延伸到镇级政务服务大厅办理，将办事模式从原来的"群众来回跑"转变为"部门协同办"，减少群众跑动、表单填写和材料提交，获得群众好评，2022 年 3月 9 日被评为"韶关市镇级标杆大厅"。在梅州市五华县，通过为群众提供多种方便的在线服务，有效推动了数字便民服务"掌上办、指尖办"，解决服务群众的"最后一公里"问题，实现了数字赋能。截至目前，已完成 4 例创业贷款咨询服务，有效处理了近 10 人次困难弱势群体的医疗服务，解决了广大

群众随时查询惠民信息的诉求。在韶关市新丰县，全县"粤智助"服务群众
27551 人，服务 40264 次，为群众提供"就近办、自助办、安全办"一站式体
验，2022 年第一季度，县"好差评"政务服务质量满分，差评整改率 100%，
推广度 100%，办事评价覆盖度达到 99%。

（二）存在的问题

1. 多样化的系统平台导致数据共享和业务协同难以实现

在实践中，除了"粤省事""粤智助"自助机是由广东省政务数据管理
局牵头统一集中建设开发的以外，广东省不同地市的不同县（市、区）、镇
（街）及村（居）分别结合自身实际与不同信息技术公司合作，采用了不同
的信息系统和数字化平台。如中山市打造的"数字乡村平台"和清远市佛
冈县打造的"正能量积分制小程序"是与中国电信合作的，清远市清城区
凤城街道清郊社区信息化应急平台的"智慧广播"项目是与中国联通公司
联手打造的，佛山市南海区的"空天地"一体化治理体系是与航天宏图信
息技术股份有限公司合作开发的，清远市南雄市水口镇的"数字乡村基层
治理平台"是与广东铁塔公司合作建立的，潮州市湘桥区官塘镇的数字乡
村平台是与阿里巴巴旗下的钉钉合作建设的，阳江市阳东区阳东"乡村振
兴"广播电视公共服务信息化系统是与广东省广播电视网络股份有限公司
共同建设的，仁化县黄坑镇"互联网+公共法律服务"平台是与广州法通公
司共建的。不同的信息科技公司结合当地政府的需求开发和建设符合当地实
际的数字化系统平台，推进了各地数字技术赋能乡村治理的特色应用，但也
带来了系统平台互斥与数据孤岛、数据共享和业务协同难以实现的问题。由
于存在条块平台分割、系统独自运行的矛盾，在实践中，各地建设的乡村数
字治理平台之间以及它们与广东省统一的数字政府系统在数据共享与资源互
通方面存在困难，难以建立全省统一的农业农村大数据一体化应用平台以及
有效实现政府运行的"一网协同"。

2. 信息基础设施的建设和应用脱离当地实际和村民需求

部分地区在乡村数字化治理领域建设的信息基础设施及其数字化平台难

以发挥实质性的治理效果，从而呈现一种"表面数字化"假象。目前，广东省在这方面存在的问题主要体现在以下三个方面。

一是很多部门为了推进相关工作，纷纷推出了相应的信息化系统，但却忽略了实际效用问题。很多信息系统的设计由于没有基层的参与，开发公司对实际工作又了解有限，信息系统的实用性不强。虽然花费了大量的人力物力，但在完成阶段性工作后就开始闲置，成为形象工程。

二是有些信息系统和平台的设计不科学，反而加重了乡村治理的负担。有的地方的信息系统是紧急上线，造成系统设计不科学，如没有批量导入的功能，使用起来录入工作量繁重。很多部门使用的信息系统只是为了汇总本部门所需的数据和信息，难以与其他现有的政府信息系统兼容，也难以实现与其他各部门的数据共享，因此产生了大量重复且低效的工作，加之仍有大量的基础信息需重复录入，使得信息系统的使用不仅没有减轻基层工作压力，还增加了额外的工作负担。

三是部分地区农村信息基础设施薄弱，难以实现乡村数字治理的广泛覆盖。在调研中发现，在部分较为偏远和落后的乡村地区，由于地形复杂，农村交通基础设施和信息基础设施建设都不完善。虽然在行政村通了信息网络，但并未实现所有自然村的全覆盖，部分交通和地形不便利的自然村仍然没有网络信号覆盖，导致部分村民难以参与到数字化的乡村治理中去。一些农村地区宽带信号不稳定、带宽受限等问题一直未得到妥善解决，这在某种程度上也制约了乡村网络教育、远程医疗、网络娱乐等的应用质量。

3. 乡村发展存在的各类问题制约各地乡村数字治理的发展

推进乡村振兴战略实施以来，农村地区的生产生活条件得到了根本性的改善，但受限于农村地区的资源禀赋及各类限制性条件，广东乡村数字治理的发展工作仍需进一步推进。

一是数字化人才缺乏。数字乡村及乡村治理的数字化建设涉及大量的数字技术及其信息系统的开发和应用，需要大量数字化专业人才的参与和支持。但与城市相比，农村的数字化环境和薪资均处于劣势，数字化人才难以扎根农村，并且部分地区由于缺乏经费，对数字农村的人才培养培训不足。

这就导致很多乡村地区在这一领域的各类技术人员较少，并且专业技术水平还远远满足不了工作要求。

二是建设经费短缺。在广东的粤东西北等地区，由于乡村各类基础设施建设历史欠账较多，终端设备建设不够。而数字乡村建设对资金投入需求较大，现有的经费无法正常满足数字乡村建设需求。

三是乡村的人口结构不利于实现数字化治理。目前较多村庄的现状是中青年人口大量流出，留在村庄里居住的大多是老年人和儿童。而大多数老年人对于智能手机等智能终端操作不熟悉，致使很多需要智能终端操作的数字化应用难以在村庄的老年人中得到广泛应用。

四是乡村治理的分散性问题。部分村庄地域分布较为分散，或者有的村庄是只有几户人的"空心村"，村庄的分散和人口的稀疏导致这些地方数字基础设施建设的成本收益率较低，不利于乡村数字基础设施的建设。

五是部分乡村数字化建设氛围不浓厚。部分村庄在乡村数字化建设中存在着"上热下冷"的情况，村民的数字素养不高，不习惯利用信息化办事。

四　广东数字技术赋能乡村治理的对策建议

（一）完善数据标准规范建设和数据共享交换机制，构建乡村治理主体协同共治体系

一是贯彻执行《广东省"数字政府 2.0"建设服务"百县千镇万村高质量发展工程"若干措施》的相关部署，以数字化赋能乡村治理，构建纵向联通、横向协同、智能管理、多级闭环的协同共治体系。

二是针对乡村治理数据来源分散、格式不一导致难以实现信息共享和业务协同的问题，亟须按照统一规范构建乡村社会治理数据标准体系，从而打通数据壁垒，实现跨部门、跨层级、跨区域的数据汇聚和治理协作，为提升乡村治理的科学化、精细化、智能化水平夯实根基。应加快制定和修订数据采集、处理、评价等系列标准规范，打破涉农信息壁垒，建立乡村社会治理

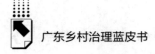
大数据共享机制，推动政务数据、社会数据的深度融合，实现各类乡村治理数据的互联互通，减少重复填表的现象，切实有效地为乡村基层干部减负增能。

三是以"粤治慧"协同联动中心为枢纽，完善各部门信息系统数据资源共享交换机制，实行数据综合采集、实时更新。对于一些基础数据，如死亡人口数据、城区居住证数据、就业数据、入学数据等，同步更新至数据中心，提升基础数据的准确性和权威性。

四是以县域为单位，推进数字一体化平台的建设。通过县域数字一体化平台的推进，纵向上形成"中央—省—市—县—乡"各层级基础数据资源的互联贯通，横向上注重各部门条口的数字协同与涉农数据资源的开放共享。立足县域角度，系统设计农村人居环境治理的数字化方案和操作规范，厘清环境监测评估、设施运维管理、公众诉求响应、行政监管督察等关键环节的职责边界，并明确各相关主体的具体责任，确保农村人居环境数字化治理各项任务落到实处、取得实效。推动建立信息化管理平台，以县为基本单位，将农村公共厕所、污水处理、垃圾收集转运和处置、黑臭水体整治、规模化畜禽养殖场所管理等领域的基础数据进行数字化采集、存储和应用，实现农村环境设施和问题区域的可视化管控、精细化调度和智能化决策，全面提升农村人居环境管理的效率和水平。

（二）充分联系、收集、回应和满足农民需求，持续完善乡村的数字治理运行机制

数字技术赋能乡村治理，不能将其单纯地理解为在乡村地区建设一些较为先进的信息基础设施，也不能理解为信息技术的单纯应用，应遵循"以村民为中心"的基本逻辑，在充分了解、搜集、掌握村民的实际需求、体验与反馈的基础上，实现数字技术与村民需求、乡村实际的对接与互融。

一是利用数字技术加强政策宣传、民意沟通。推广运用"村民微信群""乡村公众号"等，注重运用互联网、移动终端 App 等信息化手段，运用交互式理念打造线上交流界面，加大农村厕所革命、生活污水垃圾治理、村容

村貌改善、生态环境保护、卫生健康知识宣传等的力度，加大基层党务、政务、村务信息公开力度，促进信息公示公开透明。

二是认真收集村民意见和建议。在现有数字平台的基础上，进一步优化功能设计，打造农村人居环境治理"互联网+监督申诉"端口，开设随手拍、移动客户端、微信小程序等多样化的信息反馈入口，并建立网上即时受理、限时反馈、限期办结的闭环运作机制，切实提高环境诉求响应的及时性和有效性。

三是搭建便民互动的数字化协商议事和监督平台。积极运用信息化手段提升村级事务网络监管的针对性和开放性，推动村务公开与民主管理，加强对农村基层权力运行的动态监测和及时纠偏。充分利用互联网和移动通信技术，拓宽民意表达和诉求反映的网上渠道，为农民提供便捷高效的参与乡村公共事务的途径，保障农民的知情权、参与权、申诉权、监督权，切实增强农民的主体意识和责任担当。

四是充分利用"智慧党建"联系农民群众。在推进农村基层党建创新的进程中，完善"智慧党建"平台，使其成为一个党员学习交流、建言献策以及宣传展示党员先锋风采、党支部先进做法经验和基层党务公开的线上窗口，全面记录和动态跟踪党员联系服务群众的过程和成效，实现党群互动的可视化和精准化管理，切实解决党员联系群众"最后一公里"的问题。

五是充分激发农民利用数字技术参与乡村治理的内生动力。为充分调动农民参与乡村人居环境治理的积极性，积极运用数字化手段开展形式多样的树立先进典型活动，甄选、宣传和推介在运用数字技术参与农村人居环境治理中涌现的先进个人、集体及其事迹，引导更多农民自觉运用数字化工具参与乡村治理。积极探索乡村治理和志愿服务积分制，将乡村事务和志愿服务内容量化为积分指标，再进行适当的物质奖励和精神鼓励，进一步激发群众参与乡村治理和志愿服务的积极性。

（三）提升涉农管理者和农民数字素养，大力推进农业农村数字化人才队伍建设

一是提升乡村干部和农民的数字素养。在推进乡村治理数字化转型的进程

中，应高度重视加快培养一支精通数字化管理的涉农干部队伍。聚焦乡村基层干部，有针对性地开展数字技能培训，帮助他们全面提升数字素养，树立数字化思维，学会依托数据开展调研分析、科学决策、精细管理和创新服务，不断提高乡村治理的精准化、智能化水平。同时，面向广大农民群众广泛开展数字技能培训，重点提升农民运用数字化手段参与乡村事务的意识和能力。通过线上线下相结合的方式，帮助农民掌握必备的数字技术技能，不断提高适应数字社会发展、融入乡村数字治理的素质和本领。注重加强农民的信息安全教育，增强农民的数据安全保护意识和风险防范能力，为农民积极参与乡村数字治理创造良好的环境。

二是积极推进农业农村数字化发展急需的高素质人才的培养。在广东省目前包括华南农业大学在内的 42 所普通本科高校开设的数据科学与大数据技术、大数据管理与应用、物联网工程等农业农村数字化相关专业基础上，继续加强农业农村数字化相关课程建设和专业人才培养，推动农业农村数字化多学科、多部门协同合作。具体措施包括鼓励更多高校设置大数据、物联网等农业农村数字化相关专业，推动高校开设深度融合互联网和大数据平台的农业生产、农村管理有关课程；大力推动农业农村相关专业与互联网、物联网、大数据等的交叉融合，加强高校与农业生产企业、农村基层部门协同合作，促进产教融合，培养农业农村数字化发展急需的高素质人才；建立农业农村数字化相关教材、案例、课程等教学资源的共建共享机制，丰富各高校农业农村数字化相关专业人才的培养资源。

（四）多渠道拓宽资金来源和提高资金使用效率，提升农村地区信息网络质量和覆盖水平

第一，多渠道拓宽农村信息基础设施建设的资金来源，并提高资金使用效率和效益。其具体做法，首先，强化对财政资金及对应建设项目的监督管理。建立健全财政资金绩效考核体系，强化绩效目标管理，细化绩效指标，严格绩效评价，切实提高财政资金使用的经济性、效益性和有效性。同时，加强对数字农业农村发展项目建设全过程的监督管理，建立"事前审批、

事中监控、事后评估"的全链条管理机制，确保项目规划科学合理、建设进度符合时序、建设成果满足需求。其次，不断完善支持数字农业农村发展的政策体系和保障机制。制定专门的扶持政策和优惠措施，加大对农业数字化转型的支持力度。积极引导金融机构创新金融产品和服务模式，加大对数字农业农村发展的信贷支持力度，提供优惠利率、简化审批流程等针对性金融服务。探索建立绿色农产品标准体系认证激励机制，对通过认证的数字化生产农产品给予费用减免、贴息贷款等优惠政策，引导农业生产经营主体积极参与农业数字化转型。最后，支持民间资本进入数字农业领域，与国有企业开展合作，以及探索通过政府购买服务或合作经营等方式，引入实力雄厚的互联网企业提供技术支撑服务与保障，实行市场化运作。

第二，统筹推进乡村地区光纤网络、移动通信网络、数字电视和下一代互联网建设，推动乡村地区智能交通、智慧物流、数字金融、数字商贸、智慧教育、智慧医疗、智慧文旅等数字应用场景建设，创新服务内容和模式，提升服务质量和效率。在全面推进乡村振兴战略的背景下，加大农村地区特别是偏远地区的信息基础设施投资力度，积极引导和支持电信运营企业加快农村网络建设步伐，优化网络布局，扩大网络覆盖范围，不断提升农村地区的网络质量和接入水平，为农村居民提供优质、高效、便捷的信息服务。

第三，针对面临分散性难题的乡村地区的信息基础设施建设，应根据实际情况分层次、分阶段开展数字基础设施布局建设。比如，在相对分散的村庄，可以先满足农户基础的数字便民需求，再逐步推进其他乡村数字治理场景的应用。

参考文献

王薇、戴姣、李祥：《数据赋能与系统构建：推进数字乡村治理研究》，《世界农业》2021年第6期。

武小龙：《数字乡村治理何以可能：一个总体性的分析框架》，《电子政务》2022 年第 6 期。

广东年鉴编纂委员会编《广东年鉴（2021）》，广东年鉴社，2021。

《新基建项目投入和创新应用不足 委员建议加快推进广东数字农业农村发展》，金羊网，https：//news. ycwb. com/2022-09/23/content_ 41063593. htm。

《关于省政协十二届五次会议第 20220807 号提案答复的函》，广东省农业农村厅网站，https：//dara. gd. gov. cn/gkmlpt/content/3/3990/post_ 3990284. html#1604。

B.12
广东农业数字化转型发展报告

游艳玲 赵汴 罗天莹*

摘 要： 本文在梳理农业数字化转型的政策体系与概念内涵的基础上，以农业基础设施数字化转型、农业生产主体数字化转型、农业新型经营主体数字化转型、农技服务数字化转型和农业风险防范数字化转型为框架，报告了2020~2022年三年内广东省农业数字化转型的发展实践与取得的成果。分析发现广东省农业数字化转型具有三大经验：一是农业数字化转型的环境优势明显，二是强化顶层设计，三是形成政府引导、市场运作、多元共建的发展模式。提出加快广东省农业数字化转型的展望和建议：一是打造创新联合体，促进创新与应用的融合；二是促进多部门协同，加强数据支撑。

关键词： 农业基础设施 农业数字化转型 广东省

数字化作为当代推动社会变革的主要力量，深刻地嵌入了社会运行的每一个角落。近年来，党中央围绕国家治理现代化、数字中国、数字化转型作出了一系列重要的战略部署。在2021年3月颁布的《中华人民共和国国民经济和社会发展第十四个五年规划和2035年远景目标纲要》中，进一步提出要加快建设数字经济和数字政府，通过"数字化转型驱动生产方式、生活方式和治理方式变革"。政策利好和市场需求的双重驱动，使得在农业农村领域，大数据、云计算、物联网、区块链、5G等新一代信息技术也逐渐

---

* 游艳玲，博士，华南农业大学公共管理学院副教授；赵汴，博士，华南农业大学新农村发展研究院茂名分院院长，华南农业大学经管学院副教授；罗天莹，华南农业大学公共管理学院副教授。

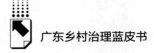

成为乡村振兴的有效引擎和持续动力,既促进了农业的转型升级,也重塑了乡村治理格局,农业数字化转型初见成效。数据显示,我国数字乡村发展迈出革命性步伐,已成为世界第一大农产品电子商务国,2023 年全国农村网络零售额达 2.5 万亿元,全国农产品网络销售额达 5870.3 亿元。

在广东省,虽然"农业耕地面积少,资源禀赋低",但是广东省的"农业生产结构调整起步较早",且有较好的推进数字农业的技术基础①,因此在农业数字化转型方面开展了许多创新探索,并获得了相应的进展。

一 农业数字化转型的政策背景与概念内涵

(一)政策背景

农业农村现代化在当前仍然是我国"四化同步"发展进程中的短板。②中国信息通信研究院发布的《全球数字经济白皮书(2023 年)》显示,2021 年,中国数字经济规模为 7.1 万亿美元,位居全球第 2,其中产业数字化仍是数字经济发展的主引擎,占数字经济的比重为 85.3%,一二三产业数字经济占行业增加值比重分别为 9.1%、24.7% 和 45.7%。可见,农业数字化转型空间较大。

1. 国家政策

为了加快推动农业数字化和智能化,国家实施数字乡村战略,先后颁发了一系列政策文件,推动农业数字化转型,其中包括《中共中央 国务院关于实施乡村振兴战略的意见》《乡村振兴战略规划(2018~2022 年)》《数字乡村发展战略纲要》等。2019 年 5 月印发的《数字乡村发展战略纲要》明确提出了包括加快乡村信息基础设施建设、发展农村数字经济、激发乡村振兴内生动力等在内的十大数字乡村建设任务。为贯彻落实上述政策,加快

---

① 郑业鲁、唐宇清:《数字农业与广东农业信息化发展的思考》,《南方经济》2004 年第 12 期。
② 姜长云:《科学理解推进乡村振兴的重大战略导向》,《管理世界》2018 年第 4 期。

农村农业数字化转型，农业农村部在 2019 年 12 月联合中央网络安全和信息化委员会办公室共同印发《数字农业农村发展规划（2019~2025 年）》，系统安排数字农业农村建设五大重点任务，即基础数据资源体系的构建、生产经营的数字化改造、管理服务的数字化转型、关键技术装备的创新和重大工程设施的建设。该规划还制定了路线图和时间表，成为今后一段时间内指导农业农村数字化转型的纲领性文件。2022 年 4 月中央网信办、农业农村部和多部门联合印发《2022 年数字乡村发展工作要点》，部署了包括数字基础设施、智慧农业、数字经济新业态在内的 10 个方面 30 项重点任务，激发了多地农业数字化转型创新热情。同年 8 月 21 日，农业农村部办公厅印发《农业现代化示范区数字化建设指南》，要求落实《"十四五"推进农业农村现代化规划》和《"十四五"数字经济发展规划》，用数字化引领驱动农业现代化，推动农业生产、农产品加工和农产品流通的数字化转型，探索耕地种植用途管控"一张图"、农业社会化服务"一张网"、农业科技信息服务"一朵云"和农产品质量安全追溯"一个码"等数字支撑应用场景。2022 年 10 月 16 日，中国共产党第二十次全国代表大会首次将"农业强国"写进党的二十大报告，明确指出要坚持农业农村优先发展，强化农业科技和装备支撑。

2. 省级政策

广东省委省政府响应中央号召，先后颁布了一系列政策，包括 2019 年印发的《广东省实施乡村振兴战略规划（2018~2022 年）》、2020 年印发的《广东省贯彻落实〈数字乡村发展战略纲要〉的实施意见》、2021 年印发的《广东省推进农业农村现代化"十四五"规划的通知》。上述政策明确了广东省在推进农业现代化"十四五"规划期间的一大主题、一条主线、两个动力和三个主攻方向。

3. 农业部门政策

为了响应广东省委省政府的政策与精神，广东省农业农村厅在 2019 年首次提出了关于数字农业农村建设的"三个创建、八个培育"做法和设想。2020 年 6 月"三个创建、八个培育"作为总体目标被写入了《广东数字农业农村发展行动计划（2020～2025 年）》。"三个创建"是指广东省将通过打造三大平台成为"数字农业硅谷"，即数字农业试验区、数字农业发展联盟和大湾区数字农业合作峰会。而"八个培育"则是指构建数字农业农村重大应用场景（模式），将原有的"一村一品、一镇一业"建云上云，同时精心培育数字农业产业园区、科技示范创新团队、数字农业农村重大项目、数字农业示范龙头企业、数字农民专业合作社、数字农业农村新农民等。2022 年 3 月 1 日，广东省农业农村厅印发《2022 年广东省数字农业工作要点》，大张旗鼓地提出农产品"12221"市场体系建设，强调要大力发展农业农村数字经济，用数字化引领驱动农业农村现代化。2022 年 3 月 22 日《广东省农业机械化"十四五"发展规划（2021～2025 年）》提出，广东省农业要重点向农机装备智能化发展。

（二）概念内涵

何为数字化转型？学界对数字化转型的定义尚未统一。数字化转型（Digital Transformation，DT）的概念来源于私营企业的实践，一般可以定义为通过信息、计算、通信、连接等数字技术的组合，触发实体属性的重大变革以改进实体的过程。[1] 人类社会的数字化转型大致经历了三个阶段[2]，一是数字技术的崛起，二是数字技术对组织和社会产生影响，三是数字技术对政府和治理的变革，当前我国的数字化转型正处于第三阶段。学者们普遍认为，数字化转型的关键驱动要素是数据，具有技术应用和组织深刻变革两个显著特征。[3] 从结构上来说，数字化转型主要包括经济数字化转型、生活数字化转型和治理数字化转型这三大领域。[4]

---

[1] Vial Gregory, "Understanding Digital Transformation: A Review and a Research Agenda," *The Journal of Strategic Information Systems*, Vol. 28 No. 2, 2019, pp. 118-144.

[2] 李文钊：《数字界面视角下超大城市治理数字化转型原理——以城市大脑为例》，《电子政务》2021 年第 3 期。

[3] 翟云、蒋敏娟、王伟玲：《中国数字化转型的理论阐释与运行机制》，《电子政务》2021 年第 6 期。

[4] 郑磊：《城市数字化转型的内容、路径与方向》，《探索与争鸣》2021 年第 4 期。

何为农业数字化转型？在理论研究和实践领域中，较少提农业数字化转型的概念，更多的是数字农业的概念。农业数字化转型是数字农业建设的产物。农业数字化转型是指"通过数据重构农业生产要素配置效率形成农业数字化生产运营的根本性变革"，它需要经历"数字化补课与数字化创新两个阶段"。①

农业数字化转型的基本内容是什么？有学者认为包括三个方面，即农业要素信息数字化、农业生产过程数字化和农业管理数字化。② 有学者认为数字农业在实践发展上表现为农业生产全流程数字化、农产品流通电商化和农业公共服务多元化三种趋势。

结合农业数字化转型的概念、内涵与相关数字农业的政策规定和现实操作，本文将农业数字化转型限定于经济化转型领域，它包括农业基础设施数字化转型、农业生产主体数字化转型、农业新型经营主体数字化转型、农业全产业链数字化转型、农技服务数字化转型和农业风险防范数字化转型六个方面，以此为分析框架，报告 2020~2022 年广东省农业数字化转型的实践与成果。

二　近三年广东农业数字化转型的实践与成果

农业数字化转型的创新和探索，有政府主导模式，也有企业主导模式，还有农民自主创新模式，以及政府和企业合作模式。本文主要以 2020~2022 年政府主导和政府与企业合作的数字化转型为主，以相关政策的重点工作任务为框架来展开。

（一）农业基础设施数字化转型

2019 年，中共中央办公厅、国务院办公厅印发《数字乡村发展战略纲

① 谢康、易法敏、古飞婷：《大数据驱动的农业数字化转型与创新》，《农业经济问题》2022年第 5 期。
② 郑业鲁、唐宇清：《数字农业与广东农业信息化发展的思考》，《南方经济》2004 年第12 期。

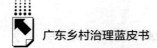
要》，提出要加快推动农村地区基础设施的数字化、智能化转型，推进水利、交通、电网、农业、物流的智慧化建设。2020 年 10 月印发的《广东省推进新型基础设施建设三年实施方案（2020～2022 年）》提出，广东省按照"1+4+10"框架，统筹推进信息基础设施、创新基础设施和融合基础设施建设。

1. 信息基础设施

信息基础设施建设是农业农村数字化转型的前提条件。中国电信股份有限公司广东分公司自 2021 年全面启动数字乡村建设，构建面向农业农村的综合信息服务体系。在信息基础建设方面，一是加快乡村网络基础设施升级，包括快速推进农村千兆覆盖，按需做好 2B 业务 5G 网络覆盖、稳步开展农村 2C 业务 5G 网络建设，持续推动乡村 4G/5G 网络共享共建。二是以云网融合 2.0 为基础，打造覆盖乡村的云网安一体化能力底座，推动天翼云粤港澳区域中心建设。到 2021 年底，千兆光网覆盖全省 20 户以上自然村，共建共享 4G 网络小区达 4.5 万个，县城及发达乡镇 5G 网络全覆盖，天翼公有云 70 万核。此外，结合"5G+智慧农业"提供产业管理的农业数字化平台，在 2021 年底开发完成三大产业园信息化解决方案。

中国联通广东公司以"五新工程"即数字乡村新基建、新平台、新应用、新生态、新服务为方向，打造了"数字阳西""新兴生猪试点"等国家级数字农业农村样板，服务"国家级茂名果旺早熟荔枝智慧产业园""省级惠来凤梨产业园智能信息化建设项目"等 30 多个国家级/省级现代农业产业园数字化项目，同时在沿海多个地市全面加强网络覆盖，建设了数字渔船、智慧水产等多个项目。

2. 创新基础设施

根据《广东省推进新型基础设施建设三年实施方案（2020～2022年）》，创新基础设施主要是指国家实验室、重大科技基础设施、省实验室、产业技术创新平台等技术创新研发平台，以及算力设施和人工智能、区块链等新技术基础设施集群。

岭南现代农业科学与技术广东省实验室。2019 年 8 月 29 日岭南现代农业科学与技术广东省实验室作为广东省实验室（第三批）建设项目启动。该实验室采用"核心+网络"的模式组建，由广州市承建核心实验室，在深圳、茂名、肇庆、云浮市设立分中心。它以岭南特色农业产业为重点对象，聚焦生物种业、生态循环农业、动植物重大生物灾害防控、农产品加工与食品安全，以及智能农机装备农业、农业新型材料等领域，开展现代农业基础理论研究，突破核心关键技术，开发高新技术产品，打造岭南优势特色农业产业。

广东数字农业发展联盟。广东数字农业发展联盟由 100 家企业、单位联合发起，并于 2021 年 3 月正式成立运作。其主要发起单位，一是数字农业领域的产业龙头、科技企业，二是金融与产业服务机构，三是新闻媒体，四是科研机构及高校。该联盟重点围绕"推进广东农业农村的新基建，打破信息壁垒"和"共享数字成果，推动乡村振兴"等方面开展合作，力图用数字化手段系统推进乡村经济与人才振兴，加快农业农村现代化。

数字农业产业园区。根据《广东数字农业农村发展行动计划（2020~2025 年）》，广东省以国家级和省级现代农业产业园为重点建设数字农业产业园区。较早获批成立的有两大园区。一是佛山市南海区里水镇"农产品跨境电子商务"综合试验区。试验区成立于 2021 年 1 月 24 日，是广东首个农产品跨境电商综合试验区。佛山市里水镇历来是珠三角乃至全国花卉园艺产业名镇，里水镇内拥有超过 7 万亩农地，2019 年全镇农业生产总值 17.75 亿元，拥有四大超千亩现代农业园区，农业产业基础雄厚。试验区设定商务金融、花卉种植、生产商贸、农旅示范、农业科教、仓储物流六大功能区，计划 3~5 年建成，将为广东省实现农业数字化发展、迈向国际市场提供可复制可推广可借鉴的"南海模式"。二是广州市增城区 5G 智慧农业试验区。自 2019 年以来，广州市增城区积极落实广东省政府关于加快 5G 产业发展的决策部署，制定《增城区数字农业农村发展规划（2021~2025 年）》，通过搭建大数据云平台，打造实体数字农业产业园区和数字农业示范龙头企业，尤其是重点培育 5G 智慧农业示范基地等方式，加快 5G 智慧农业试验区建设。目前，搭建了一个整合现有各类涉农信息

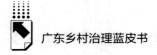

化系统包括农业 11 个子系统的数字农业大数据云平台。

另外，大力建设阳西县省级数字农业示范县。至 2021 年 5 月，阳西县已建设有荔枝和程村蚝两个省级现代农业产业园、南药市级现代农业产业园，大力建设 30 个县级现代农业产业园。建成"一馆一云四园"示范项目，"一馆"即数字农业展览馆，"一云"即建设一批数字农业云应用，"四园"即推进荔枝、程村蚝、罗非鱼、东水山茶四个产业园数字化转型。①

3. 融合基础设施

融合基础设施是指传统基础设施在深度应用互联网、大数据、人工智能等技术进行转型升级后形成基础设施，是新型基础设施的重要方面。

高标准农田"一张图"建设。全国遥感监测"一张图"工程建设是我国地籍管理的一次重大变革，2009 年全国"一张图"工程建设启动，首次在全国全覆盖遥感监测的基础上，全面完成全国"一张图"数据库建设。② 2017 年 9 月，针对全国高标准农田建设，国土资源部等五部门联合印发《关于切实做好高标准农田建设统一上图入库工作的通知》，要求全面实行"一张图"管理，通过"数据收集"、"数据汇交"和"质量检查"，做到"底数清、情况明"以实现"藏粮于地"的国家战略。③ 2017 年广东省颁布《广东省高标准农田建设总体规划（2016~2020 年）》，提出要尽快实现全省高标准农田建设"一张图"管理。机构改革后，广东省农业农村厅为摸清高标准农田建设情况，整合高标准农田建设管理的全部职能，采取全生命周期管理和实时动态管理的方式，精心打造农田建设管理信息系统（二期），并于 2020 年 3 月正式上线使用。④ 新系统以广东省粤政图和土地利用现状图为底图，全面承接 2011 年以来散落在各部门关于农田建设项目的立项、实施、验收、使用等相关历史数据，在此基础上嵌入开发上图入库的管

① 《数字赋能以"智"提"质"》，《南方日报》2021 年 5 月 28 日。
② 张晏：《2009 年全国遥感监测"一张图"工程建设将启动》，《国土资源》2009 年第 8 期。
③ 《解读〈关于切实做好高标准农田建设统一上图入库工作的通知〉》，广东省自然资源厅官网，http://nr.gd.gov.cn/zwgknew/zcjd/gj/content/post_2783326.html。
④ 《广东省农田建设信息管理系统（二期）正式上线》，广东省农业农村厅官网，http://dara.gd.gov.cn/nyyw/content/post_2934755.html。

理模块，从而率全国之先完成了省级高标准农田建设数据统一上图入库工作，既实现了广东全省农田建设统计"一张表"，也实现了成果"一张图""以图管地"①，使得广东省高标准农田建设管理"以图说数""有据可查"，提升了农田建设管理科学化精细化水平。2020 年 5 月，广东省人民政府办公厅出台《关于进一步加强高标准农田建设的通知》，突出信息化的支撑作用。2021 年广东省农业农村厅在已有基础上开展农田建设管理信息系统（三期）建设，建立"互联网+高标准农田监管"体系。通过"互联网+"的方式，不仅实现了对高标准农田建设从立项、实施，到验收和管护等全过程移动巡查监管，还将建成后的高标准农田利用监管纳入，辅助有关部门严格管控耕地"非农化"、防止"非粮化"。② 2022 年，广东省启动"数字农田"建设，持续推进农田建设管理信息系统升级改造及运营，实现全流程、无死角、精细化管理，为广东深入落实"藏粮于地、藏粮于技"战略提供了有力支撑。

"区块链+"试验区。天眼查数据显示，截至 2022 年 1 月 24 日，全国现存区块链企业总共 101288 家，其中广东省内名称中含有"区块链"和经营范围包含"区块链"的公司（以下简称"区块链公司"）共计 43732 家，占比高达 43%。区块链技术的信任机制、透明性、可追溯性有着其独有的价值，为农业数字化转型提供了特有的机会。《数字农业农村发展规划（2019~2025 年）》中就提出，要推动区块链技术在农业领域的创新应用，尤其是要重点运用于农业资源的监测、农产品的质量安全溯源，以及农村金融保险和农业产业透明供应链等方面。2019 年 11 月，广东省委常委会召开会议时就指出，区块链作为提升广东农业农村发展的必抓项目，作为广东数字农业的重点工作，发展"区块链+产业""区块链+平台""区块链+展会"

---

① 《广东高标准农田建设管理实现"一图统管、一网通办"》，广东省农业农村厅官网，http://dara.gd.cn/nyyw/content/post_ 3085655.html。

② 《广东聚力打造"升级版"高标准农田》，农业农村部官网，http://www.moa.gov.cn/xw/qg/202202/t20220222_ 6389283.htm。

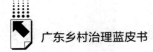

"区块链+冷链物流""区块链+乡村"等一系列"区块链+"先行试验区。[①]广东省农业农村厅于2019年10月选中阳西县作为先试县,将"区块链+农业"技术应用试点在实施乡村振兴战略。2021年5月1日,"区块链+农安产品集散中心"在肇庆开业运营,通过生产链、生产资料供给链、征信及社会信誉链、仓储物流销售链、大健康服务链、监督链六链融合,建立具有"不可篡改""全程留痕""公开透明""集体维护"等特征的农产品质量安全溯源系统,保障国家重要的食品质量安全。[②]

碧桂园万亩智慧农业园。佛山市三水区万亩智慧农业园在2021年11月23日被评为"粤港澳大湾区现代都市农业综合示范基地",2022年3月1日,该农业园的生态智慧渔业示范区和农耕文化旅游示范区正式动工建设。该智慧农业园集"育种、生产、加工、销售"于一体,以万亩土地规模为载体,通过农业的数字化建设,以多功能开发为主线,推动"农业+科技、农业+工业、农业+旅游"三次产业融合发展。

农业大数据中心。新兴县是广东省17个国家级畜牧大县之一,拥有生猪产业园和优质鸡产业园两个省级现代农业产业园,是全国农业产业化重点龙头企业温氏股份的总部所在地。2019年新兴县获得了国家级数字农业农村试点项目(生猪),政府紧紧把握住这一机遇,以数字化为抓手,聚焦生猪数字农业生产,集成区域内涉农和畜禽等重要领域和关键环节数据资源,建立了新兴县数字农业服务平台,实现畜禽养殖生产智能化、自动化、数字化,在全国属首创。据测算,平台项目建成后将实现年增收7004.1万元,推动全县年生猪出栏量55万头,辐射带动农户养殖超50万头,生猪出栏率175%以上,生猪屠宰加工转化率达90%以上,农民人均纯收入在现有基础上增收5000元以上。

① 《广东计划打造农业农村"区块链+"先行试验区》,《南方农村报》2020年8月19日。
② 刘雷:《六链融合打造"农安"防线,溯源保障国家粮食安全》,《广东科技报》2021年5月6日。

（二）农业生产主体数字化转型：电商模式的"粤农讲堂"

一般认为，交易电商化是农业主体数字化转型的开始。[①] 我国的涉农电商已经走过 20 多年历程，近年来在国家扶贫导向的政策激励下，作为农村电子商务新方向的"数商兴农"更是呈现星火燎原之势。[②] 2021 年 1 月，商务部下发了《关于加快数字商务建设 服务构建新发展格局的通知》，把"数商兴农"列为数字商务建设的五大任务之一。2021 年 10 月，《"十四五"电子商务发展规划》提到"积极开展'数商兴农'"。2022 年中央一号文件也提出，实施"数商兴农"工程，推进电子商务进乡村。

为了实现数字惠农，2020 年 9 月 22 日，广东省农业农村厅启动"粤农讲堂"，即以百万农民为对象的线上免费培训项目。"粤农讲堂"由广东省农业农村厅人事处等部门牵头，由广东一人一亩田网络科技有限公司（以下简称"一亩田"）负责落实，依托于一亩田负责运维的广东农产品"保供稳价安心"平台，以实现"聚集千名优秀老师、万堂精品课程、百万农民培训"为目标，围绕农民关心的种植技术、生产加工、市场销售等环节，打造农民看得懂、学得进的线上课堂。此外，一亩田广东公司还开发了一亩田手机 App 和微信小程序。目前，平台上已有超过 120 个关于"种植养殖技能""做货和产地品控""电商平台运营"的视频。培训希望达到的效果是"第一周学习，第二周就有机会卖货挣钱"，即经过培训的农民不仅可以在一亩田 App 平台上开店，也可以在广东农产品"保供稳价安心"平台上获取采购商。"粤农讲堂"可以提高农民的数字化素养，对他们的种养、加工、销售技能有一定的帮助，在一定程度上使得"手机新农具、直播新农活、主播新农人已经成为广东数字农业农村新时尚"。

在推进数字新农民培训的同时，广东省农业农村厅、省发展改革委、省

---

① 孙超超：《交易电商化是农业主体数字化转型的开始——专访中国社会科学院信息化研究中心原主任汪向东》，《中国农民合作社》2022 年第 9 期。

② 孙超超：《交易电商化是农业主体数字化转型的开始——专访中国社会科学院信息化研究中心原主任汪向东》，《中国农民合作社》2022 年第 9 期。

财政厅、省商务厅联合印发《关于组织推荐广东省"互联网+"农产品出村进城工程省级试点县的函》，联合组织开展广东省"互联网+"农产品出村进城工程省级试点县建设工作。在 2022 年推选出 22 个县（市、区）作为"互联网+"农产品出村进城工程省级试点县，其中包括梅州市梅县区、广州市增城区和阳江市阳西县 3 个国家级试点县。①

（三）农业新型经营主体数字化转型："保供稳价"数字平台

2020 年 1 月 27 日，在广东省农业农村厅的指导下，经一亩田公司提议，广东农产品采购商联盟牵头，南方农村报社推动，向社会发出农产品"保供稳价安心"倡议，搭建起"保供稳价安心数字平台"。短短一个月时间，全省农产品供应商、采购商、流通商等企业纷纷响应入驻。逾 1800 家企业入驻保供平台，全省主要农产品生产稳定，供应充足，价格平稳。

2020 年 3 月 16 日，广东省"保供稳价安心·菜篮子车尾箱工程"启动活动在广州市举行，创新优化线上线下融合的新零售销售模式。全新打造的菜篮子"车尾箱"新零售品牌，产品全部来自广东省优质农产品基地，依托遍布全省 2000 多家易捷便利店进行销售，还将有 800 多家核心示范店陆续加入。其中"易捷净菜"网上商城于 3 月 14 日在"加油广东"App 开通，首批已入驻包括水果、海鲜水产、肉类和"菜易选"礼包等 29 种"菜篮子"产品。

"保供稳价安心数字平台"更像一个基层政府和农产品企业数字化转型的助推器，快速地推进广东数字农业转型升级。"采购商网络直通车""采购商网络会客室""网红直播间"等新营销载体如雨后春笋般出现，该平台也成为服务广东乃至全国的农业数字平台。2022 年 12 月，"湾区品质　数字赋能"第十一届广东现代农业（线上）博览会暨 2020 粤港澳大湾区国际农产品采购商峰会，充分发挥广东农产品"保供稳价安心"数字平台和

---

① 《关于公布广东省"互联网+"农产品出村进城工程省级试点县名单的通知》，广东省农业农村厅官网，http://dara. gd. gov. cn/tzgg2272/content/post_ 3975613. html。

"优农云展" App 作用，运用数字农业技术，全面实施云端展示，是广东现代农业博览会有史以来的首次突破①，实现了从"华南农产品第一展"到"华南农业线上第一展"的数字化转变，大大提高了广东省新型农业经营主体的数字化发展水平，为广东农产品打通广阔的数字销路。

（四）农业全产业链数字化转型——从田头智慧小站到预制菜

预制菜一般是指已加工成成品或半成品的食材，食用时只需简易处理就可以成为一道便捷风味菜品。过去的几十年间国家经济高速发展背景下成长起来的主流消费群体（"80 后""90 后"），既流行懒经济、宅经济，又注重健康饮食，使得预制菜市场兴起。红餐网发布的《2022 中国餐饮产业生态白皮书》显示，中国预制菜行业规模 2021 年为 3459 亿元。但从行业整体的发展进程来看，由于我国预制菜行业起步较晚，产业建设尚处初级阶段，产业园、冷链网络等基础设施还有待加强，且目前行业龙头企业较少，市场集中度较低。农业农村部在 2021 年 5 月发布了《关于加快农业全产业链培育发展的指导意见》。在广东省，为了建设在全国乃至全球有影响力的预制菜产业高地，推动广东预制菜产业高质量发展，2022 年 3 月广东省人民政府办公厅颁布《加快推进广东预制菜产业高质量发展十条措施》（粤府办〔2022〕10 号），既牵引了上游农产品生产加工销售，又推动了下游餐饮以及配套制造业发展，实现了农产品从田间地头到餐桌的全产业链的高质量转型发展。2022 年 6 月，肇庆市粤港澳大湾区（高要）预制菜产业园正式入选 2022 年省级现代农业产业园创建名单，成为广东省乃至全国首个预制菜产业园。

做好预制菜的核心是供应链，需要全程冷链保障食品新鲜，其中产地冷藏保鲜设施目前在广东省还处于起步阶段，而且现有大多冷库属于自建自用，多数中小规模农户无法享受冷链保鲜设施带来的便利。广东省探索田头

①《第十一届广东农博会与您"云"上相约》，广东省农业农村厅官网，http：//dara. gd. cn/mtbd5789/content/post_ 3157391. html。

智慧小站模式，以破解农产品流通"最先一公里"难题，已形成高州模式和增城模式。① 在肇庆市广宁县江屯镇，广东供销、江屯镇政府、广宁供销社、广宁农业农村局和广东国粮共建了"江屯龙须菜田头冷链示范中心"，实现龙须菜订单收购、预冷、恒温分拣包装、冷藏存储、电商服务、产品检测、政策引导、冷链运输、产销对接、保鲜技术服务等 10 项功能，提升了龙须菜品质。在广州增城区，区政府支持建设 10 家田头智慧小站，打造田头智慧小站 2.0 版本，针对 ABCD 四类田头智慧小站，给予不同程度的扶持和补贴，大大激发了有冷库需求主体的建设积极性。田头智慧小站形成田头大数据平台，实现了冷链设施的区域共享，实现产业链延长、价值链提升，达到农民增收、农业增效，实现农业可持续发展。

（五）农技服务数字化转型——"数字+轻骑兵"模式

农业农村现代化，关键在农业科技现代化，重点在农业科技的推广应用。进村、入户、到田，被称为农技推广服务的"最后一公里"。为加快互联网与农业科技推广服务的深度融合，不断拓宽农技服务的覆盖面，提升农技培训质量，着重打通为农服务"最后一公里"，广东创新农技推广服务方式，统筹各级农技公共服务和社会化服务力量，围绕各地产业发展和技术需求，组建农技服务"轻骑兵"。农技服务"轻骑兵"以新品种、新技术、新装备、新模式、新营销、新农人"六新"为抓手，着力品种培优、品质提升、品牌打造和标准化生产，以小分队形式，深入生产一线，送技术到田头，线上线下精准施策，开辟强农兴农新路径。

2021 年 6 月，"数字+农技推广"服务轻骑兵队伍正式组建。截至 2022 年 7 月底，广东省农业技术推广中心已组织实施了 14 期"数字+轻骑兵"田头课，关注樱桃番茄落花裂果、荔枝幼果期管理、农业生产托管等诸多难题，超百万人次在线观看，得到了行业和社会的广泛关注和好评（见表 1）。

---

① 《广东多地探索建设田头智慧小站》，《南方农村报》2021 年 8 月 17 日。

表1 "数字+轻骑兵"田头课开设一览

期数	时间	地点	场名	主题
第1期	2022.03.02	湛江遂溪	遂溪樱桃番茄专场	如何保花保果、如何预防重茬根腐
第2期	2022.03.02	茂名电白	电白樱桃番茄专场	前期早挂果、后期产量高,晚疫病等病毒防控技术
第3期	2022.03.05	湛江遂溪	田头智慧小站(遂溪樱桃番茄专场)	樱桃番茄预冷保鲜、分选包装注意要点,田头智慧小站操作功能介绍
第4期	2022.03.10	湛江徐闻	徐闻菠萝专场	高品质菠萝种植技术、新品推荐
第5期	2022.03.31	广州增城	增城荔枝专场	荔枝开花保果关键技术、荔枝产业高质量发展经验介绍
第6期	2022.04.16	湛江徐闻	徐闻荔枝专场	荔枝幼果期关键管理技术、荔枝病虫防控解决方案
第7期	2022.05.11	阳江阳春	生产托管专场	暴雨过后,生产托管水稻,在管理上要注意什么
第8期	2022.05.17	佛山三水	冬瓜专场	如何种出好冬瓜、卖出好价钱
第9期	2022.05.18	潮州	潮州茶叶专场	茶园病虫害如何绿色防控、丘陵地区如何进行农业机械化
第10期	2022.05.31	广州从化	荔枝病虫害绿色防控及精准用药技术讲解专场	防控荔枝三病两虫,要抓住关键期关键部位
第11期	2022.06.14	肇庆德庆	德庆田头智慧小站专场	荔枝采后保鲜及果树管理技术讲解
第12期	2022.06.23	珠海金湾	珠海莲雾专场	产期调节
第13期	2022.07.20	湛江	湛江樱桃番茄专场	如何育出樱桃番茄优质苗、育苗大棚建设标准及关键技术讲解
第14期	2022.07.28	广州白云山	白云荔枝专场	荔枝高位嫁接关键技术及新优品种选择讲解,荔枝病虫害绿色防控技术分享,如何种出高品质荔枝、卖出好价钱

资料来源:作者根据网络资料自制。

为确保"数字+轻骑兵"的农技服务工作有效实施,2022年1月26日广东省农业农村厅印发了《广东农技服务"轻骑兵"乡村行工作方案》,结

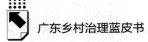

合广东数字农业建设，确定"政府引导、市场驱动"的原则，将"轻骑兵"农技服务分为常态化服务、应急性服务、技术攻关性服务三大类型，对运行机制、工作任务和重点工作进行了规定。按照先行先试原则，根据全省重点产业及技术需求，率先组建水稻、荔枝、柑橘、蔬菜、南药、甘薯、畜牧、渔业、农机作业等 24 个产业技术服务"轻骑兵"。同时，建立全省统一的农技服务数据资源库和农技服务精准对接平台，2022 年 10 月，数字农技推广服务平台——"粤农技"小程序上线，还开发了培训课程体系，播出"农技服务田头课""专家线上行"等课程，总结出了一套可复制、可推广、线上线下相融合的"数字+农技推广"经验模式。根据该方案确定的六项重点工作，每年还要定期组织召开表彰大会，总结全省轻骑兵服务成效，树立全省先进标杆，对服务成效好、农民满意度高的轻骑兵和服务机构进行表彰，扩大轻骑兵服务影响力。2022 年 12 月 14 日，由广东省农业农村厅指导，广东省农业技术推广中心公开表彰了 2022 广东农技服务轻骑兵"十大先锋人物""十大先锋队伍"，公布了 2022 广东农技服务轻骑兵"十大典型服务案例"。

（六）农业风险防范数字化转型——数字农险

自 2007 年推行政策性农险以来，我国农险制度逐步建立和完善。2019 年 9 月，财政部、农业农村部、银保监会和林草局印发了中央全面深化改革委员会第八次会议审议并原则同意的《关于加快农业保险高质量发展的指导意见》，对农业保险提出了"扩面、增品、提标"要求。

广东保险业长期服务"三农"，制定了农业保险高质量发展战略。2020 年 6 月，广东省多部门联合印发《关于大力推动农业保险高质量发展的实施意见》，明确了总体要求和任务目标。2021 年，广东省《政府工作报告》将"大力推动农业保险扩面、增品、提标"列为十大民生实事，稳步扩大覆盖面。2022 年 6 月，广东省保险行业协会向各保险机构下发《广东农业保险防灾减损工作指引》，明确防灾减损资金来源、费用列支、具体举措、工作目标等核心问题。

根据这些发展战略，广东省一方面是积极推动构建农业保险"保防救赔"一体化模式，为粮食等重要农产品的保障提供有效供给。遵循"防赔并举""以防为先"的保险理念，以及"政府引导、市场运作、自主自愿、协同推进"原则，引导广东保险机构全省各地市确定防灾减损试点品种和试点区域，实现由灾后补偿向灾前预防升级，满足广东农业产业发展日益增长的风险保障需求，形成政府引导、行业自律和保险机构参与协同的防灾减损"广东模式"。近年来已逐步形成"1+1+8"农险制度体系和"12+8+3+N"农险险种体系，在全省落地近 200 个特色农险品种。据广东银保监局的数据，截至 2022 年 7 月末，涉农贷款余额 1.88 万亿元，较 2018 年末增长 57%，近两年农险风险保障金额更是年均增速达到 80%。2021 年底，在水稻、水果和水产方面试点保防救赔一体化服务体系，累计投入资金 474.42 万元，为 400 亩水稻、5.7 万亩水果、2000 亩水产养殖提供防灾减损服务，让近 1 万户次农户/农企受益，减损降本增效超 1200 万元。

另一方面是通过数字技术发展数字农险，推动"指数类"保险产品先试先行。创新"气象指数保险""价格指数保险""保险+期货"等，为农业生产增收、创收起到了重要的推动作用。所谓"保险+气象"，即在赔付机制中引入气象指数阈值，当气象灾害达到保单约定的风力级别、降水量水平等阈值时即可触发赔付，有效提高农险的赔付效率和效果，助力农户防灾减灾和复工复产。"保险+期货"，即保险公司利用期货市场对农产品价格波动进行风险转移和对冲，主要是适用于有期货交易的大宗农产品保险创新。目前，广东各地运作比较成熟的主要是大商所生猪、生猪饲料的"保险+期货"模式。此外，鸡蛋、花生、橡胶等"保险+期货"模式也在逐步落地和发展。这些数字农业的探索加快推动了农业保险实现由保成本向保价格、保收入等的转型升级，实现由"传统保险产品供给"向"指数型保险产品供给"转变。

此外，广东省基于大数据的科学建模首创了全国巨灾指数保险，稳步开展"保险+期货"、"保险+气象"、农险防灾减损等试点，构建了以"监测—预报—信息发布—风险评估—指数定级—快速赔付"为特色的防灾减

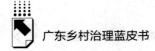

灾救灾气象服务链条，根据强降水、台风等级等气象数据实现快速理赔。该试点已覆盖广东省 19 个地市，累计赔付超 10 亿元，为巩固拓展脱贫攻坚成果提供了保险方案，着力打造保险业服务乡村振兴的"广东样板"。2020年、2021 年广东农业保险保额的增速连续两年保持全国第一，农业风险保障金额的年均增速达 80%。

三 广东省农业数字化转型的经验与展望

近几年，广东省正在积极探索数字农业农村发展模式，打造"数字农业硅谷"，努力从农业科技输出大省向全球农业科技输出地迈进。据 2022 年12 月 12 日召开的 2022 年世界数字农业大会透露，目前广东数字农业的试点示范已初见成效：全省建设了增城、阳西、梅县三个"互联网+农产品出村进城"工程国家级试点县，阳西、连山、罗定、濠江四个省级数字农业试点，佛山里水、汕头澄海两个农产品跨境电商综合试验区，4 家单位被认定为国家农业农村信息化示范基地，新兴县数字农业农村试点、番禺区国家数字农业创新应用基地建设取得初步成果。①

（一）广东省农业数字化转型的经验

1. 农业数字化转型的环境优势明显

2019 年 11 月 15 日，时任广东省委常委叶贞琴在江西省南昌市中国国际农产品交易会数字农业农村发展论坛上归纳了广东省农业数字化转型的五大环境优势。一是农业资源优势。广东农产品资源丰富，数字经济规模居全国首位，信息基础设施齐备，5G 基站居全国第一位。二是市场优势。广东常住人口全国第一，消费水平高、个性化要求高，市场需要旺盛。三是科技优势。广东拥有强大的创新驱动力，农业科技进步贡献率高。四是发展环境

---

① 《粤种强"芯""数"造未来——2022 世界数字农业大会侧记》，新华网，http://m.news.cn/gd/2022-12/14/c_ 1129205297. htm。

优势。广东经济实力雄厚、数字治理能力领先，有力地支撑了农业数字化转型。五是创业创新浓厚氛围优势。华为、腾讯等一批全球领先的数字经济企业，以及深耕农业基因的华大基因、植保无人机龙头大疆和极飞科技等高新技术企业的发展壮大营造了良好的数字技术创新及广泛应用的社会氛围。[①]在 2020 年 12 月 12 日召开的 2020 世界数字农业大会上，广东省农业农村厅和华为技术有限公司签订了《科技兴农，共同推动广东省"碳-硅湾"建设战略合作框架协议》，华为农村一体化智慧杆站具有供电、监控、预警功能，可在数字乡村和农场中广泛应用。[②] 2022 年 12 月 1 日，在 2022 腾讯全球数字生态大会的农业专场上，腾讯首次公布了智慧农业战略，发力农业赛道，用数字科技助力农业现代化发展。[③] 极飞科技发布的 2021 年度企业社会责任报告显示，其运营的农业无人化设备数量超过 8.2 万台，覆盖全球 50 个国家和地区，累计为农民提供无人化生产服务 1.03 亿人次，农田作业面积达 9.9 亿亩次。[④] 2022 年 10 月，极飞科技推出专门为中小型农场和家庭农场服务的数字化管理平台——极飞农场 App，一款集农场数字孪生、农事工作协同、农机智能管理和生产效益分析等功能于一体的数字化工具，以便农场主足不出户掌握整个农场情况，大幅降低了管理的时间和人力成本。[⑤]

2. 强化顶层设计

在农业数字化转型建设上，广东省坚持"统筹规划、有序推进"的原则，强化顶层设计。一是厘清建设思路。立足广东省经济社会情况和农业特

---

① 《背靠五大优势，广东数字农业未来可期——广东省委常委叶贞琴谈建设数字农业农村》，广东省农业农村厅官网，https://dara.gd.gov.cn/nyyw/content/post_2700760.html。

② 张玉丹、吴秒衡：《华为：打造数字农业底座，携手广东省农业农村厅共推"碳-硅湾"建设》，南方+，https://static.nfapp.southcn.com/content/202012/12/c4429854.html。

③ 《腾讯首次公布智慧农业战略，用数字科技助力农业现代化》，中国日报中文网，https://cn.chinadaily.com.cn/a/202212/02/WS63898f06a3102ada8b224eda.html。

④ 《极飞科技：在运营的农业无人化设备数量超过 8.2 万台》，中新网广东，http://www.gd.chinanews.com.cn/2022/2022-06-27/421867.shtml。

⑤ 《极飞科技推出农业数字化管理平台，让农场主一部手机种好地》，网易，https://www.163.com/dy/article/HKPD6TCR051480G7.html。

点，制定《广东数字农业农村发展行动计划（2020～2025 年）》，突出农业农村数字经济在数字化转型中的中心地位，把加快促进数字技术与农业产业体系、生产体系、经营体系、消费体系的融合作为总体目标，明确政府引导、市场运作和多元共建的运行模式。二是设计总体架构与建设蓝图。成立广东数字农业农村工作领导小组，把"三个创建"和"八个培育"列为建设任务，规定了每项建设任务的牵头单位和协同部门，强化人才支撑。此外，每项任务还规定了具体的建设项目，使计划落实于行动。

3. 形成政府引导、市场运作、多元共建的发展模式

广东省农业的数字化转型建设强化政府引导作用，坚持市场运作。数字化转型的前提是基础设施和科技人才。数字农业基础设施不仅包括农业传统基础设施的数字化升级，还包括电商平台、渠道、大数据等公共服务体系的建设。广东省的农产品"12221"，即建设"1"个农产品大数据，组建销区采购商和培养产区经纪人"2"支队伍，拓展销区和产区"2"大市场，策划采购商走进产区和农产品走进大市场"2"场活动，实现品牌打造、销量提升、市场引导、品种改良、农民致富等"1"揽子目标。2019 年，广东农产品"12221"市场体系建设从湛江徐闻"菠萝的海"出发，正是充分发挥了市场主体的资金和技术优势，由拥有全国领先的一亩田天机农业大数据系统和农产品 B2B 交易平台的一亩田公司打造了"一亩田徐闻菠萝流通大数据"，用大数据的力量为徐闻菠萝建立了产地与市场之间的有效链接，解决了徐闻菠萝"卖难问题"。

此外，广东省还鼓励农民和新型经营主体开展技术创新、模式创新、应用创新，形成多元主体参与的共建格局。以"惠来模式"为例，惠来县被评为第三批全国农村创业创新典型县，入选全国农产品数字化百强县。2020年以来，惠来县委县政府为打开惠来特色农产品的销路，以惠来鲍鱼率先发力数字农业，探索创新"网络节+云展会"结合的新模式，积极推进一条云街一批云店，打造云展会"数字天幕"矩阵。云对接惠来鲍鱼、凤梨和荔枝等农产品；与运营商、互联网平台积极共建"惠来数字农业平台"和电商体系；与腾讯视频、抖音等平台搭建短视频直播体系，汇聚新华网、央视

频、《南方农村报》等各方资源。在多方合力下，成功打响了惠来鲍鱼、凤梨、隆江猪脚、荔枝、鱼丸的惠来"五宝"品牌体系。同时实施数字人才培训行动，近三年来培训青年电商带头人 3000 多人；强化示范引领，以数字化和"链长制"推动鲍鱼、凤梨、南药、家禽等省市现代农业产业园和 10 个农业"万亩工程"，创建 5 个智慧果园和数字农业生产示范基地，通过数字化农业带动全县农业全产业链发展。正是通过多元主体参与共建数字农业营销，实现了"新模式""新价值""新市场主题"三大突破，走出一条数字营销助力、产业链条完善的特色产业发展之路。

（二）加快广东省农业数字化转型的展望

1. 打造创新联合体，促进创新与应用的融合

在广东省农业数字化转型中可以看到，数字技术创新多、应用少，尤其是缺乏农业农村大数据平台，相关农业数据平台存在各自建设、信息孤岛突出、数据融合及共享性差的问题，同时农业数据信息的采集、整理、集成、分析、利用水平还较低。

2. 促进多部门协同，加强数据支撑

农业数字化转型是一个系统工程、复杂工程，涉及部门多，从数据的收集到数据的分析再到数据的应用需要多部门协同才能实现数据赋能。以数字农险为例，由于气象数据、历史损失数据缺失，气象指数保险建模困难，"数字+农险"模式的理赔效果、成效仍有较大的提升空间。

B.13
广东数字乡村试点发展报告

宋星洲　何宁娜*

摘　要： 围绕全面建成社会主义现代化强国的战略目标，党中央作出了全面推进农村振兴、加快建设农业强国的战略部署。数字乡村是乡村振兴的战略方向，也是建设数字中国和农业强国的重要内容。广东省政府敏锐地捕捉到国家的战略意图，并结合本省的发展实际，采取高位推动、系统谋划推进的做法，选取部分有条件、有积极性、有代表性的县（市、区）、乡镇，开展数字乡村发展试点工作，在乡村信息基础设施建设、农村数字经济、乡村治理能力现代化、信息惠民服务和乡村网络文化发展五个方面取得了一系列的成果。然而，当前数字乡村建设依然存在着数字治理理念"悬浮"、数字平台作用"虚化"、数字治理绩效"内卷"、农民主体参与"缺位"及政策嵌入存在"风险"等问题，未能充分解放和发展数字化生产力，调动农民的积极性，激活乡村振兴的内生动力。为进一步提升数字乡村的治理效能，本文在对广东数字乡村建设的经验和做法进行总结的基础上，针对发展中出现的问题提出优化顶层设计、内化数字治理理念、推进数字平台规范化建设、保障数字性和价值性的平衡、突出农民的主体性等相应的对策建议，以期为推进新时代新征程广东省现代化建设出谋划策。

关键词： 乡村振兴　数字乡村　广东省

---

* 宋星洲，华南农业大学公共管理学院讲师，广东城乡社会风险与应急治理研究中心研究员，研究方向为城乡公共治理；何宁娜，华南农业大学公共管理学院本科生，研究方向为基层治理。

一　广东数字乡村建设背景

要理解数字乡村建设背景，有必要先对数字乡村的内涵进行界定，在不同的历史发展阶段，不论是政府还是学界对其认知都经历了一个由浅入深的过程，由开始的技术嵌入到充分挖掘背后数字的价值，而这种认知的差异也体现在所颁布的政策之中。

（一）数字乡村概念解析

从政策视角看，"数字乡村"是新时代我国为深入推进乡村振兴战略而提出的概念，最早见端于 2018 年的中央一号文件《中共中央 国务院关于实施乡村振兴战略的意见》，但此时并未对数字乡村内涵做细致的解释，更多的是针对农村基础设施提档升级而提出。2019 年发布的《数字乡村发展战略纲要》，则对数字乡村概念做了官方的界定，即"数字乡村是伴随网络化、信息化和数字化在农业农村经济社会发展中的应用，以及农民现代信息技能的提高而内生的农业农村现代化发展和转型进程"。

从学理视角看，学界对于数字乡村的认识也经历了不断深化的过程。早期学者对于数字乡村的定义偏向于智慧乡村，即运用现代化信息技术来提升乡村治理的整体效能。[1] 自数字乡村战略提出以来，关于数字乡村的研究逐渐受到学者们的重视，对其内涵的认识也不断加深，认为数字乡村不是数字技术的简单叠加，而是农业信息化的进一步延伸，是依托数字经济的发展，以现代信息网络为重要载体，以现代信息技术为重要推动力，重构乡村经济发展的一种手段、过程和状态[2]，能够最大化发挥数字红利的普适、普惠作用，使农村、农民都能享受数字福利[3]。

---

[1]　常倩、李瑾：《乡村振兴背景下智慧乡村的实践与评价》，《华南农业大学学报》（社会科学版）2019 年第 3 期。

[2]　王胜、余娜、付锐：《数字乡村建设：作用机理、现实挑战与实施策略》，《改革》2021 年第 4 期。

[3]　陈潭、王鹏：《信息鸿沟与数字乡村建设的实践症候》，《电子政务》2020 年第 12 期。

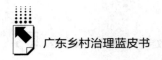

（二）广东数字乡村建设的政策背景

从西蒙的"刺激—反应"模型来看，广东数字乡村建设可视为广东省政府在数字时代面临新的制度环境所做出的战略性回应。

1. 国家关于数字乡村的战略部署

2016 年 7 月，中共中央办公厅、国务院办公厅印发了《国家信息化发展战略纲要》，提出要把信息化作为农业现代化的制高点，重点强调信息技术和智能装备在农业生产经营中的应用。2018 年中央一号文件《中共中央国务院关于实施乡村振兴战略的意见》首次提出实施"数字乡村战略"，强调信息技术在乡村治理中的普及和应用，以弥合城乡数字鸿沟。在随后五年（2019~2023 年）的中央一号文件中，都在不同领域对数字乡村建设进行了补充和完善，相继提出深入推进"互联网+农业"、开展国家数字乡村试点、实施数字乡村建设发展工程、深入实施数字乡村发展行动、推动数字化应用场景研发推广等内容，并印发了《数字乡村发展战略纲要》《关于开展国家数字乡村试点工作的通知》《数字乡村发展行动计划（2022~2025 年）》《数字农业农村发展规划（2019~2025 年）》等一系列重要文件，从国家战略的高度不断深化对数字乡村建设的认识和政策的引导。

2. 广东对于数字乡村的战略回应

为响应国家对数字乡村发展的强烈号召，广东省先后颁布了一系列实施政策。2020 年 5 月，广东省印发了《广东省贯彻落实〈数字乡村发展战略纲要〉的实施意见》，把加快乡村信息基础设施建设、发展农村数字经济、推进乡村治理能力现代化、深化信息惠民服务和繁荣发展乡村网络作为广东省推进数字乡村建设的五大重点任务。2020 年 8 月公布的《广东省数字乡村发展试点实施方案》，确定了珠海市斗门区等 10 个县（市、区）为数字乡村发展试点县，广州市黄埔区新龙镇等 20 个镇（街道）为数字乡村发展试点镇。2022 年 3 月，《关于印发 2022 年广东省数字农业工作要点的通知》提出，将现代农产品生产流通体系、农产品大数据和数字农业基础设施建设以及智慧农业和数字乡村体系的建设完善列为工作要点。2022 年 12 月，广东省委宣布实施"百县千镇万村高质量发展工程",强调稳步实施乡村建设行动,推动综合服务平台向村一级延伸,逐步实现农村现代化建设。2023年6月,中共广东省委十三届三次全会明确"1310"具体部署,重在解决广东现代化建设面临的城乡区域发展不平衡的痛点,这也为广东数字乡村的建设指明了方向。

在新时代背景下,广东省结合本省实际,积极探索与乡村人口知识结构相匹配的数字乡村发展模式,以期走出一条适应数字时代的广东乡村振兴之路。

二　广东省数字乡村的发展现实

广东省政府采取高位推动、系统谋划推进的做法,在省、试点县和镇建立数字乡村发展试点工作协调机制,明确试点任务和方向,在乡村信息基础设施建设、乡村数字经济、乡村治理数字化、信息惠民服务和乡村网络文化发展五个方面取得了阶段性的成果。据2022年5月30日北京大学新农村发展研究院发布的《县域数字乡村指数报告》,在数字乡村"百强县"榜单中,广东省共有9个上榜,包括惠城区(101.5)、普宁市(90.7)、博罗县(89.4)、惠东县(89)、南沙区(88.8)、海丰县(87.7)、增城区(87.5)、龙湖区(87.2)、斗门区(86.5),在数字乡村百强县榜单中排名第4,占各省(区、市)参评县域的9%。[①]

(一)乡村信息基础设施不断完善

统筹乡村基础设施和公共服务布局,是党的二十大报告的重要内容。《广东省贯彻落实〈数字乡村发展战略纲要〉的实施意见》也提出,要加快乡村信息基础设施建设。

广东省逐步实现"同网同速",农村宽带通信网、移动互联网、数字电

---

① 《县域数字乡村指数(2020)》,北京大学新农村发展研究院。

视网和下一代互联网加速发展，农村宽带网络质量不断优化提升。如阳西县，截至 2021 年底，全县实现了 4G 网络在乡镇中心区域布局建设 100%连续覆盖、行政村 100%覆盖，在全县 8 个镇建成 122 个 5G 基站，实现了所有镇 5G 100%覆盖。[①] 实施"九大攻坚"行动，加快农村基础设施建设，填补短板，光纤接入用户超过 1100 万户。[②] 据 2022 年发布的《国务院关于数字经济发展情况的报告》，全国现有行政村全面实现"村村通宽带"，农村通信难问题得到历史性解决。

全面实施信息进村入户工程，构建为农综合服务平台。如湛江市徐闻县于 2021 年建成广东省首个数字乡村为农综合服务平台，包括党建、政务、公共法律服务、农产品出村进城、医疗、普惠金融、旅游等 14 个"互联网+"项目，推动了信息进村入户，对推进当地政治、经济、文化等各个方面具有积极作用。此外，加快农村地区基础设施的数字化、智能化转型升级被摆在更加突出的位置。如梅州市兴宁市永和镇与广东联通进行合作，建设基础网络设施，逐步实现网络覆盖，开发使用森林防护"沃哨所"系统，在林区安装智能摄像头，监测并利用大数据分析人员与车辆的情况，遇到异常时可通过语音进行森林防火警示，为森林火灾的防范提供了智慧模板。

（二）乡村数字经济蓬勃发展

发展农村数字经济，包括推进农业数字化转型，创新农村流通服务体系，激发乡村发展新动能等，是广东建设数字乡村的重点任务。随着网络在乡村地区的普及和新一代信息技术在乡村地区的延伸，信息消费逐步走向农村。广东省数字乡村试点区域抓住机遇，积极促进乡村数字经济蓬勃发展。

推进农业数字化转型。如江门市新会区推进农业数字化转型，强化科技

---

① 《省委网信办专家调研组到阳西县调研国家数字乡村试点工作》，阳西县人民政府网，http://www.yangxi.gov.cn/xw/yxxw/content/post_578958.html。

② 王伟中：《政府工作报告——2022 年 1 月 20 日在广东省第十三届人民代表大会第五次会议上》，广东省人民政府网，http://www.gd.gov.cn/gkmlpt/content/3/3774/post_3774882.html#45。

创新供给，收集分析茶枝柑成本、预计产量、价格和收益等信息，在市场销售数据的基础上，输出产业决策分析核心指标，全方位监测该产业的市场发展，为未来防范市场风险提供科学依据。阳江市阳西县努力实现供应端数字化，通过大数据精准分析当地特色产品荔枝、程村蚝的销售数据，了解市场需求与价格变化，保障产品的收益，减少价贱伤农情况的出现。湛江市徐闻县利用信息数字化建成"菠萝交易网"——产销大数据微信小程序系统，该系统拥有农户数据 1.93 万个、全国水果市场档口数据 1.24 万个、全网水果电商数据 4486 个、菠萝加工厂数据 25 个、徐闻劳务工队数据 230 个。与此同时，徐闻良姜大数据平台也在产销方面发挥着巨大的作用，该平台具有良姜基础数据采集上报、标准化种植管理、良姜产品质量安全溯源等功能，每 3 个小时更新一次数据，让农户了解到徐闻良姜的种植面积、种植户数、市场价格等信息，在种植方面实现科学化决策。[①]

创新农村流通服务体系。如南雄市已经实现农村电子商务服务体系市镇村三级全覆盖，其中镇级电商服务站 18 个、村级电商服务站 237 个，还成立了电子商务协会，组建了南雄市电子商务发展顾问团，在其他区域的帮扶下还在 18 个镇成立了强镇富村公司[②]，多举措打通供销平台，助力乡村振兴。江门市新会区为弥合新会陈皮产业冷链物流发展的巨大缺口，加快建设区供销社现代农业仓储物流中心和丽宫冷链物流中心，为陈皮产业的发展保驾护航。阳江市阳西县顺欣集团将冷链加工、储存、物流配送集于一体，再融入数字元素，打造完整的产业链，建成了全省最大超低温冷库和省内第一条国产金枪鱼加工生产线，一年内生产总值逾 5 亿元，带动鸡鸣墟村每年人均收入增加到 13 万元。[③] 清远市英德市发挥大学生志愿者、返乡乡贤代表等力量，通过直播、短视频、公众号、朋友圈等方式，打通了当地竹笋、三

---

① 《徐闻推进农产品产销数字化赋能乡村振兴：菠萝照 X 光保品控 良姜上户口可溯源》，徐闻县人民政府网，http://www.xuwen.gov.cn/xwyw/shgz/content/post_ 1593914.html。

② 《电商助力农产品销售 为乡村振兴按下"加速键"》，南雄市人民政府网，https://www.gdnx.gov.cn/xwdt/nxyw/content/post_ 2361294.html。

③ 《广东数字农业县长研修班开班 孙波分享阳西数字赋能乡村振兴模式倍受推崇》，阳西县人民政府网，http://www.yangxi.gov.cn/xw/yxxw/content/post_ 497189.html。

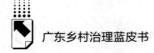

华李、沃柑等特色产品的销路。

激发乡村发展新动能。农民是当前乡村振兴的直接参与者，培养农民数字意识，提升农民数字素养与应用能力，是激发内生动力、释放数字红利的关键。潮州市潮安区着力推进农村电商基层示范站认定工作和益农信息社建设，深入挖掘本土优质农产品资源，不断提高农业经营主体的现代信息技术应用水平，探索出了一条"电商+农特产品"销售助农增收的新路子。韶关市南雄市的电商中心就智能手机使用、电商平台应用、农产品电商摄影、直播带货等内容对村民开展培训，截至 2022 年 12 月，累计开展各类培训活动150 场、覆盖 8841 人次①，多途径促进农产品的销售，拓宽农民的致富渠道。以为农服务为根本宗旨，江门市新会区的供销社创建新型职业农民培育工程，不定期通过专家线下授课、现场分享与交流、实地考察、线上直播学习等方式，组织农民开展数字化服务培训，提升农户自身发展技能。

（三）乡村治理数字化深入展开

以数字政府引领数字乡村建设，助推精准治理与脱域供给，构建全方位覆盖的现代化乡村治理体系，是县域数字乡村建设的应有之义。随着乡村信息基础设施的不断完善，广东政务平台系统逐渐延伸至乡镇一级，不断推进政务服务"一窗受理""一站办理""一网通办"，从而实现基层的精准治理，提升政府服务的质量和效率。②

建立一体化的信息系统和综合指挥平台。湛江市徐闻县以"一片云""一张网"进行数字政府改革，不断加强政务服务平台的支撑能力，将系统迁移到云端。截至 2022 年 10 月，已经完成全市 57 个单位 126 个业务系统发放云资源和提供满足网络安全三级等保要求的云安全服务。③ 同时，湛江

---

① 《电商助力农产品销售 为乡村振兴按下"加速键"》，南雄市人民政府网，https：//www. gdnx. gov. cn/xwdt/nxyw/content/post_ 2361294. html。

② 宋星洲、唐斌：《县域数字乡村建设助推新型城镇化》，《南方日报》2023 年 9 月 23 日。

③ 《加快推进"数字政府"改革 让群众乐享数字化红利》，徐闻县人民政府网，http：// www. xuwen. gov. cn/zfxxgk/zjsxwxzwfwsjglj/content/post_ 1684089. html。

市政数局不断优化证照签发与共享业务的流程，将电子证照、电子印章等运用在网上办事业务中，全面提升政务服务能力和水平。清远市英德市以"数字政府"建设构建数字现代化治理体系，计划将 299 个村级政务外网点位统一接入电子政务骨干网络①，加强以村（社区）为末梢的国家体系电子政务外网建设，有利于形成基层治理新格局。珠海市斗门区以"一个平台、七个应用、三个终端"的体系化建设思路，利用信息化数字化打造党群服务中心综合服务平台。同时，依托数字技术建设宅基地审批平台，开展宅基地改革试点，该平台的建设打造了当地宅基地数字资产，共收集形成了包括区、镇、村各级有关农村生产、生活和管理的 729045 条公共数据，通过入户走访形式，完成全区 101 条行政村、91672 宗宅基地数据补充调查工作②，这为后续相关单位在该地开展房地管理工作提供了数据支持。

推动"互联网+党建"。阳江市阳西县在全县 149 个村和社区上线了"党建为村"平台，该平台包含了党务、村务、服务、商务、事务五大板块，具有 70 多个功能。③ 当地村民可通过"党建为村"平台向村干部反映自身诉求，村干部也能及时了解并为村民排忧解难。梅州市兴宁市联合广东联通开发"沃视通"流动党员管理系统，系统具有线上三会一课、会议留痕签到、线上民主决策、电子会议纪要、党建数据统计、全域党建融合六大功能，大大推动了"互联网+党建"，助力组织振兴。

实现"互联网+公共法律服务"，提升农村公共法律供给能力。梅州市兴宁市建立"智慧司法云"平台，实现"互联网+公共法律服务"，借助信息技术和司法大数据，为村民提供便捷、专业的法律服务，数据显示全市2020 年公共法律服务实体平台咨询量达 19835 人次，业务受理量 6572 件，

---

① 《"我为群众办实事"——以"数字政府"建设打造网络综合治理新格局》，英德市人民政府网，http：//www.yingde.gov.cn/zwgk/zwdt/bmdt/content/post_ 1495002.html。

② 《斗门区政务服务数据管理局聚焦"数字赋能"乡村治理》，珠海市斗门区人民政府网，http：//www.doumen.gov.cn/zhsdmqrmzfmhwz/sy/zwdt/bmdt/content/post_ 3444728.html。

③ 《阳西基层党建整县推进全域提升》，阳西县人民政府网，http：//www.yangxi.gov.cn/xw/yxxw/content/post_ 535098.html。

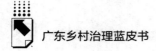

业务办结量6001件，①"智慧司法云"工程为建设法治乡村添砖加瓦。

建设农村"雪亮工程"，助力农村治安与综合治理。阳江市阳西县推进"雪亮工程"，在社会中安装AI视频摄像头，建设视频云管理平台，可以对异常情况发出警告，提醒相关部门进行解决，努力建成"平安乡村"，提高了社会治安防控能力，保障了群众的平安。

（四）信息惠民服务持续优化

数字乡村的建设有助于跨域公共服务的供给，从而不断缩小城乡之间的差距，提升城乡居民的幸福感，如广东推出的"粤智助"政府服务自助机，已实现全省行政村覆盖率100%，涵盖30多个政府部门、211个服务事项，真正实现全省政务服务就近办理、异地办理、一次办成。

打通政务服务"最后一公里"。珠海市斗门区人民政府与珠海农商银行共同于斗门区管辖区域内的3个镇级政务服务中心和101条行政村投放了104台"粤智助"政府服务自助机，截至2022年9月底累计办件量24511次，服务基层群众17552人②，让当地群众实现在"家门口"快捷办理政务服务事项，真正做到了"大事不出镇，小事不出村"，打通了政务服务覆盖乡村基层"最后一公里"。湛江市徐闻县努力实现政务服务"就近办"、指尖点点"指尖办"，在镇（街）投放"粤智助"政府服务自助机，该自助机能够办理社保、税务、民政等8大类127项政务服务事项，目前全市已经安排了2305台自助机，累计办理业务量72.5万件。③该县还持续拓展"粤系列"政务服务平台的服务事项，促进政务服务"普惠化"，方便群众办理事务。清远市英德市也在相关部门的联合下，于2022年在镇、村两级279

① 《数字乡村建设指南1.0》，中央网信网，https：//www.cac.gov.cn/2021-09/03/c_ 1632256398120331.htm。
② 《斗门区政务服务数据管理局聚焦"数字赋能"乡村治理》，珠海市斗门区人民政府网，https：//www.cac.gov.cn/2021-09/03/c_ 1632256398120331.htm。
③ 《加快推进"数字政府"改革 让群众乐享数字化红利》，徐闻县人民政府网，http：//www.xuwen.gov.cn/zfxxgk/zjsxwxzwfwsjglj/content/post_ 1684089.html。

个办事点投放"粤智助"政务服务自助机①，将办事服务窗口"搬到"群众家门口，大大缩短了办事成本。

推动基本公共服务均等化。通过数字技术实现基本公共服务的跨域供给，不断缩小城乡公共服务差距，提升城乡居民的幸福感和满意度。如阳江市阳西县推进"互联网+教育"，全县乡村学校宽带互联网光纤接入率达到100%②，让县级优质教育资源与乡村教育资源共建共享。同时，大力发展"互联网+医疗健康"，通过建立远程医疗平台并延伸至村一级，让村民实现跨地就医，从而缓解甚至解决"就医难"困境。

（五）乡村网络文化繁荣建设

文化振兴是全面推进乡村振兴的重要内容，推动乡村网络文化的发展，也是弥补城乡文化资源领域"数字鸿沟"的主要途径，《数字乡村发展战略纲要》中提出，繁荣发展乡村网络文化，要从"加强农村网络文化阵地建设"和"加强乡村网络文化引导"两个方面着手。

加强农村网络文化阵地建设。江门市新会区围绕"三农"题材，以融媒体的形式宣传乡村振兴成效，深入挖掘、打造并宣传数字文化资源，获得了2020年广东省乡村振兴粤西片区（县级）第一名。2022年新会区融媒体中心通过新闻信息、短视频、电视节目、广播小品的方式宣传有关"三农""乡村振兴""数字乡村"题材的讯息和作品，其中新闻信息507篇、短视频38个、电视节目19期、广播小品10期。新会区特别注重融媒体中心的建设，现共运营管理广播、电视、报纸、App、微信公众号、抖音号、电视门户等平台达40个。其中，电视台综合频道覆盖全区90万人，新会电台98.3频率讯号覆盖全省20多个市区，官方微信公众号"相约新会"粉丝量

---

① 《英德市政务服务数据管理局与英德农商银行召开2022年"粤智助"政府服务自助机推进工作座谈会》，清远市英德市政务服务数据管理局官网，http://www.yingde.gov.cn/yqydzsj/gkmlpt/content/1/1513/mpost_1513915.html#1231。

② 参照《省报看阳西：激活数字引擎迈向"数字阳西"》，阳西县人民政府网，http://www.yangxi.gov.cn/xw/yxxw/content/post_582318.html。

达 20 万并入围"全国地方广电微信公众号最具影响力 TOP10",累计获得奖项达 450 项①,不断巩固农村网络文化阵地建设。

加强乡村网络文化引导。潮州市潮安区江东镇利用 VR、5G 等先进技术丰富红色教育和乡村风貌的展示形式,推出《百年风华·红色潮安 VR 展示》,将各乡镇的特色风貌以 VR 的形式纳入其中,让用户在指尖滑动手机就能沉浸式体验当地的红色文化遗址,在云端就能体会乡村美景,在积极宣传红色文化的同时,也能让人直观感受到数字乡村建设的成果。

三 广东数字乡村建设面临的主要问题

当前,广东省数字乡村建设处于探索阶段,随着实践的推进,一些问题也逐渐暴露出来,主要体现在以下几个方面。

(一)数字治理理念的"悬浮"

数字时代的到来为乡村治理的变革提供了契机,但受到传统治理理念及其他诸多因素的影响,不论是基层政府主体抑或是治理对象,对于"数字乡村"的理解多数还停留在概念的阶段,未能将数字治理理念内化于乡村治理实践中,造成治理主体动力不足、治理对象参与有限,悬浮于整个乡村治理体系之上。城乡和区域发展不平衡不充分是广东省数字乡村高质量发展的最大短板,习近平总书记强调,广东要下功夫解决区域发展不平衡问题。粤东粤西粤北大部分地区都是农村,在城乡二元结构的长期分化下,城乡居民对于数字乡村的认识存在显著差异,而且乡村基础设施建设的不足依然是制约乡村发展的重要因素,因此,数字治理理念难以在短期内扎根于乡土社会。对于基层政府而言,为满足人们日益增长的物质文化需要,繁杂的行政事务已占据基层领导干部的主要注意力。因此,除试点以外,多数基层政府

---

① 《新会区数字乡村建设 "数字乡村"为乡村振兴赋能增速》,数字菁英网,https://www.digitalelite.cn/h-nd-2285.html。

不会将数字乡村纳入"优先事项"中去。对于农民而言，由于长期受小农经济的影响，还难以适应数字化所需要的协作及分工，甚至不自觉地存在抵触心理，导致"上热下冷"的现象依旧存在。

（二）数字平台作用的"虚化"

数字平台能带动乡村治理变成"智理"，为此，广东省数字乡村发展试点纷纷建立了一体化的信息系统和综合指挥平台，但同时也还存在着数据资源分散化和共享机制不规范等问题，导致数字平台作用的"虚化"。一是数据资源分散化。在处理乡村治理问题时，基层干部和村民之间往往使用微信、QQ 等工具进行沟通交流并处理相关事务，造成所建立的数字平台使用率偏低，加之基层工作烦琐复杂，部门种类繁多，缺乏统一的数据收集规范体系，更是加重了基层工作人员的行政负担，同时也虚化了平台治理的效用，未能真正释放数字平台的效能。二是共享机制不规范。数字技术的关键要素之一是海量的数据，数据拥有者彼此间共享平台数据能够提升数据的利用率，释放数据的潜能并实现数据的交换价值。从现实建设情况来看，数字化平台中"数字壁垒"高墙渐起，"信息孤岛""数据烟囱"等问题日益凸显。究其原因是缺乏明确的平台共享机制，没有统一规范的体系指导数据共享工作，多数情况下数据共享的权责不清，最终造成许多部门数据共享的意愿性不强、积极性不高。信息开放共享会给当事人带来一定的风险，很多村民不愿意共享或者提供数据，导致上级政府未能真正了解到"三农"实际发展情况，制定政策面临着"不接地气、脱离实际"的问题。

（三）数字治理绩效的"内卷"

近年来，在数字中国和农业强国建设的全面推进下，乡村治理数字化转型如火如荼地开展。通过"技术赋权""技术赋能"，数字乡村多元主体建设的效能显著发挥，治理效率明显提升，激活了乡村社会的内生动力。乡村数字化治理是将数字技术与乡村治理相结合，但随着治理主体对数字技术的依赖，乡村数字治理绩效的价值理性与技术理性无法统一，造成科技社会的

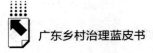

异化。

工具理性强调效率最大化，价值理性重视行为本身是否符合价值即公共利益，两者良性融合统一是数字乡村治理绩效的内置要求。然而许多乡村深陷于数字技术带来的高效便捷，忽略了治理过程是否真正实现公共利益，许多时候看似快速地处理了公共事务，但村民的实际问题依然存在，真正需求未能满足。"技术决定论""数字锦标赛""指尖上的形式主义""唯数据论"等也都阻碍了乡村数字治理的智慧化转型，绩效"内卷"现象时有发生。

（四）农民主体参与的"缺位"

在建设主体方面，政府官员、专家学者两个群体占据主导地位，掌握着较大的话语权。而其中作为数字乡村建设最重要的主体和受益者——农民，其主体性和内生动力并没有发挥出来。其一，村干部积极性有待提高。村干部拥有掌握信息和调动资源的天然优势，应该主动承担起统筹推进数字乡村建设的作用，成为联结起政府和村民之间的纽带。然而较多村委都是听从上级安排配合开展数字乡村建设工作，没有充分发挥自身主观能动性，难以反映村民的实质性需求，而且由于待遇问题，也难以调动村干部的积极性。其二，村民参与的意愿不高。在"自上而下"模式中，村民往往处于被动地位，许多村民产生"投入成本高，入不敷出""没啥实际作用"的想法，缺乏参与建设的动力。其三，村民表达意愿的权利得不到充分保障。上级政府利用信息技术收集各项数据，对许多事项具有优先的知情权，而村民却处于信息劣势，无法充分保障自身的权益。

（五）政策嵌入存在的"风险"

政策嵌入能够为数字乡村建设提供方向指引和制度保障，广东相继出台了《广东省贯彻落实〈数字乡村发展战略纲要〉的实施意见》《广东省数字乡村发展试点实施方案》《广东数字农业农村发展行动计划（2020～2025年）》等各项有关数字乡村建设的纲领性文件。但广东省数字乡村的建设还处于探索阶段，将嵌入政策与具体实践两者融合发展的顶层设计还不够完善，一些政策制定不接地气，到了地方执行难度大，最终沦为"空中政策"。与此同时，与数字乡村建设配套的监管尚未跟进。目前数字经济加速兴起，发展势头强劲，影响范围广、程度深，但在新兴技术为各行各业的发展赋能的过程中，由于监管体系存在漏洞，直播带货中对所售卖的产品夸大其词、以次充好的现象频繁出现，销售的农产品无法追溯生产源头，存在一定的食品安全隐患。

四 广东数字乡村建设的对策前瞻

（一）优化顶层设计

数字乡村建设的一系列政策为乡村发展提供了坚强有力的政治保障。为应对目前政策嵌入方面的不足，一是广东省要加强完善和创新数字乡村建设政策体系，贯彻落实可持续发展理念，以长远的眼光，建立健全数字乡村关键领域的政策，为数字乡村发展营造良好的生态环境。二是要打通政策落地的"最后一公里"，党的重要方针政策是开展工作的行动指南与基本遵循，广东省各基层干部不能一味机械地传递，生搬硬套，而是要研读弄通政策背后的真正要义，再因地制宜形成具体的落实方案，让国家政策从顶层设计落到实处。三是要完善与数字经济相配套的监管体系，坚持规范与发展两手抓、两手都要硬的原则，适应数字时代发展新态势，利用先进的监管科学技术，凭借大数据分析、算法操纵等应对数字经济发展中不正当的牟利行为，限制资本的无序扩张，推进监管体系和监管能力现代化。

（二）内化数字治理理念

理念先行，能够为数字乡村建设注入"强心剂"。在当前"自上而下"的试点模式中，数字治理理念的"悬浮"是数字乡村建设过程中所面临的最为普遍但又亟须克服的难题，需采取积极的措施将数字治理理念内化于乡村治理的具体实践中。一是要继续加强不同层级试点的宣传工作，因地制

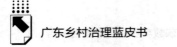

宜，采取多样化的方式，积极宣传党和国家的方针政策，增强基层政府、村干部及村民对政策的认知和认同，让数字治理理念内化于心、外化于行。二是要畅通城乡流动要素，有效支撑城乡融合发展和市场经营体系，打破城乡二元结构，深化村民对数字乡村的认识。全面建成便捷高效的农村骨干路网，提高农村交通的通达深度，推进乡镇对外产业深度融合发展，从而促进生产要素的流动。三是推进农村基础设施网络化，加快落实《乡村建设行动实施方案》，实现农村光纤网络、移动通信网络、数字电视全覆盖，继续推动"互联网+"产业向深拓展、向下延伸。总而言之，要让农民真正享受到数字乡村发展带来的红利，催生乡村发展的内生动力，减少农民对数字乡村建设的误解，强化农民的数字涵养。

（三）推进数字平台规范化建设

加快数据融聚，推动数据有序流动，充分发挥数据资源价值，能够为国家治理现代化提供重要支撑。一是要完善数据统筹整合管理运行机制，各地区要积极探索，因地制宜建立健全统一的数据平台，对数据进行统一收集与管理，摸清数据资源的来源，规范数据目录，同时厘清数据管理权责，理顺协调机制，减少政府部门重复采集数据、村民多次录入信息等问题。二是充分利用现有的数据共享渠道，完备共享制度，明确数据共享的目标、对象、内容、范围、路径等标准，规定各方的相互关系和权利义务，消除数据提供、管理和使用部门的后顾之忧。三是不断健全数据资源共享体系，推动数据采集汇聚、开放共享，强化数据安全与保护，保证数据取之于民、用之于民。

（四）保障数字性和价值性的平衡

数字性与价值性的失衡容易导致数字治理绩效的"内卷"，一味强调数字性可能导致工具理性膨胀，出现人文关怀迷失与匮乏的科技社会异化现象，过分主张价值性而忽视数字性则容易造成经济与社会发展停滞不前。因此，实际工作中要保障数字性与价值性平衡，两者相辅相成，在提高治理发展效率的同时也能确保农民幸福感稳步提升。一是要建立合理的绩效考核标准，乡村数字化治理主体在考核理念上需避免只看数据、指标而忽视实际问题与农民需求，跨越"表面数字化"的陷阱，更不能借用形式主义来堆砌所谓的"政绩"。二是要防范数字伦理风险。信息技术已经渗透到每个人的日常生活中，相应地也带来了伦理风险。因此，要重视责任、情感等非理性因素，始终坚持科学技术造福人类的正确导向，在乡村建设中为村民带来福祉。三是塑造情感治理共同体。数字乡村建设中的农民主体具有目标一致性，要利用强烈的本土认同和地方情感，重塑情感治理共同体，从"政府主导"向"多元共治"转变，形成共建、共治、共享的乡村共同缔造机制，减少甚至是避免"政府在干、农民在看"的现象发生。

（五）突出农民的主体性

广大农民群体是乡村振兴的主力军，农村要发展，从根本上要依靠亿万农民。从 2016 年至今，多年的中央一号文件、农村工作条例等均强调农民在乡村振兴战略中的主体地位。一是要激发村干部进行数字乡村建设的活力。村干部作为乡村建设的"主心骨"，其管理水平和技能直接影响乡村治理的效能，要不断加强与之适配的教育培训，使其能挑起数字时代乡村振兴的重担，在加强日常管理和监督的同时，也要通过增加工资福利等激励方式，减轻村干部的行政任务压力，使其能全身心投入数字乡村建设中去。二是加强农民对数字乡村建设的认识，加大涉农教育的培训力度，培育知农、爱农、为农、务农的新农人，通过提升农民的数字素养，打消农民的顾虑，从而改变农民的小农经济意识。三是提升农民参与数字乡村治理的动力，不仅要从制度上对农民的主体地位给予保障，还要从技术层面落实，借助多元化的数字化平台拓宽农民参与决策的渠道。

附　录
广东农村治理大事记

（2017年10月18日至2023年12月31日）

鲍天源　黄鲁青　卢炜祺*

2017年

10月27日　广东省人民政府印发《广东省沿海经济带综合发展规划（2017~2030年）》，其中包括推进滨海美丽乡村建设，全面推进农村人居环境综合整治，加大农村基础设施建设力度，进一步推动城镇公共服务向农村延伸，优化农村建设布局，实现城乡一体化发展。

11月14日　党的十九大报告明确提出将"实施乡村振兴战略"作为贯彻新发展理念、建设现代化经济体系的重要措施。要坚持农业农村优先发展，按照产业兴旺、生态宜居、乡风文明、治理有效、生活富裕的总要求，建立健全城乡融合发展体制机制和政策体系，加快推进农业农村现代化。

11月28日　时任广东省委书记李希赴韶关市调研，强调要实施好乡村振兴战略，落实好习近平总书记关于"厕所革命"的重要指示，倡导文明的生活方式，在为群众办实事中贯彻社会主义核心价值观，积极推进乡村治

---

* 鲍天源，华南农业大学公共管理学院硕士研究生，广东省城乡公共安全与数智治理重点实验室研究助理，研究方向为城乡融合治理；黄鲁青，华南农业大学公共管理学院硕士研究生，广东城乡社会风险与应急治理研究中心研究助理，研究方向为农村治理；卢炜祺，广东科技学院教师，广东城乡社会风险与应急治理研究中心研究助理，研究方向为农村治理。

理，牢牢守住青山绿水，建设美丽家园，让群众望得见山、看得见水、记得住乡愁。

12 月 29 日　中央农业工作会议对实施乡村振兴战略作出新的全面部署，强调"走中国特色社会主义乡村振兴道路"，其中包括"创新乡村治理体系，走乡村善治之路"。

2018年

1 月 8 日　中共中央、国务院就实施乡村振兴战略提出意见，肯定农业农村发展取得的重大成就和"三农"工作积累的丰富经验，明确新时代实施乡村振兴战略的重要意义。根据实施乡村振兴战略的总要求，要提升农业发展质量，培育乡村发展新动能；要推进乡村绿色发展，打造人与自然和谐共生发展新格局；要繁荣兴盛农村文化，焕发乡风文明新气象；要加强农村基层基础工作，构建乡村治理新体系；要提高农村民生保障水平，塑造美丽乡村新风貌；要打好精准脱贫攻坚战，增强贫困群众获得感；要推进体制机制创新，强化乡村振兴制度性供给；要汇聚全社会力量，强化乡村振兴人才支撑；要开拓投融资渠道，强化乡村振兴投入保障；要坚持和完善党对"三农"工作的领导。

2 月 25 日　时任广东省委书记李希主持广东省委常委会扩大会议，会议听取了市委书记抓基层党建工作述职并进行评议。李希强调，要提升基层党组织推动乡村振兴、脱贫攻坚能力，精准选配和管好用好第一书记及驻村工作队员，持续整顿软弱涣散基层党组织，推动社会治理和服务重心向基层下移，在党组织领导下形成有效的乡村治理体系。

3 月 5 日　广东省人民政府成立省信息进村入户工作领导小组，信息进村入户是发展"互联网+"现代农业的一项基础性工作，对于促进农业现代化、缩小城乡差距、实施乡村振兴战略具有重要意义。为全面做好信息进村入户工作，加快农村信息化服务普及，以信息化引领驱动农业现代化加快发展，深入推进农业供给侧结构性改革，省政府决定成立省信息进村入户工作领导小组，统筹协调信息进村入户基础资源信息和服务支撑体系建设，组织落实国家工作部署，研究制定省有关政策措施。

3月29日 广东省农业厅等三部门印发《关于2018～2020年广东省政策性农业保险的实施方案》，深入贯彻习近平总书记对广东重要指示批示精神，实施乡村振兴战略，以服务"三农"、保障民生为宗旨，建立由政府、种植（养殖）户、保险公司共同参与的农业风险分担机制，提升农业抵御风险和自救发展的能力，保障农业生产安全和农产品有效供给，促进农民持续增收。

4月10日 时任广东省委书记李希到云浮市调研，强调要加强农村基层党组织建设，选优配强村党支部书记，健全完善自治、法治、德治相结合的乡村治理体系，让乡村社会既充满活力又和谐有序。

4月30日 《中共广东省委关于加快推进新时代全面深化改革的若干意见》发布并指出要探索乡村治理新模式，完善村民自治制度，健全自治、法治、德治相结合的乡村治理体系。

5月2～3日 农业农村部在天津市召开了2018年全国都市现代农业现场交流会，广州市副市长黎明参加了会议并代表广州市人民政府作了《健全乡村治理 促进乡村振兴》的典型发言。农业农村部领导及与会代表对广州着力推进乡村基层基础建设，不断完善自治、法治、德治相结合的乡村治理体系等工作给予了充分肯定和高度评价。

5月22日 广东省农业厅举办领导干部学习宪法辅导报告会。会议专题学习包括宪法的国家根本法理论、本次宪法修改的主要内容、修改宪法的意义等方面内容。会议要求厅各处室单位党支部在学习中，认真结合工作实际，特别是结合在实施乡村振兴战略中如何健全和加强自治、法治、德治相结合的乡村治理体系建设，加强依法行政和法治政府建设开展认真讨论。

6月13日 广东省委办公厅印发《中共广东省委 广东省人民政府关于推进乡村振兴战略的实施意见》，对推动广东省乡村振兴作出全面部署。意见要求到2022年，党建引领基层治理作用明显，现代乡村治理体系基本建立。

6 月 15 日　广东省加强基层党组织建设工作会议在广州召开。广东省委办公厅印发《广东省加强党的基层组织建设三年行动计划（2018～2020年）》，计划提出广东省将通过 3 年工作，推动党在基层的组织覆盖和工作覆盖更加有效，党组织的领导核心作用更加坚强，政治引领更加突出，体制机制更加科学，基层党建与基层治理结合更加紧密，党支部建设更加规范，党组织书记队伍建设更加系统，党员教育管理更加精准，党员先锋模范作用发挥更加充分，基层党组织保障更加有力，党在基层的执政根基更加牢固。

7 月 12 日　广东省民政厅印发《广东省村（居）民委员会工作职责事项指导目录》，该目录包含以下三方面：一是围绕城乡社区治理的重点任务推动落实，二是切实发挥基层群众性自治组织的基础作用推动落实，三是着眼于推进城乡社区减负工作推动落实。目录表明城乡社区治理要充分发挥基层党组织领导核心作用，有效发挥基层政府主导作用，注重发挥基层群众性自治组织基础作用，统筹发挥社会力量协同作用，增强社区居民的参与，推进村（居）民委员会工作职责事项落实。

8 月 24 日　广东省委省政府印发《关于加强和完善城乡社区治理的实施意见》，提出坚持以基层党组织建设为关键、政府治理为主导、居民需求为导向、改革创新为动力，全面提升城乡社区治理社会化、法治化、智能化、专业化水平，努力将城乡社区建设成为和谐有序、绿色文明、创新包容、共建共治共享的幸福家园。

9 月 21 日　习近平总书记在主持十九届中共中央政治局第八次集体学习时强调："坚持农业农村优先发展的总方针，就是要始终把解决好'三农'问题作为全党工作重中之重。我们一直强调，对'三农'要多予少取放活，但实际工作中'三农'工作'说起来重要、干起来次要、忙起来不要'的问题还比较突出。我们要扭转这种倾向，在资金投入、要素配置、公共服务、干部配备等方面采取有力举措，加快补齐农业农村发展短板，不断缩小城乡差距，让农业成为有奔头的产业，让农民成为有吸引力的职业，让农村成为安居乐业的家园。"

10 月 23 日　广东省政协在广州召开"推进我省农村基层社会治理"专

题协商会。会议指出，省委省政府高度重视农村基层社会治理工作，要以维护农村秩序为核心，以实现乡村振兴为目标，建立起自治德治法治相结合的农村基层社会治理体系；要以政府机构改革为契机，科学定位乡镇政府职能，以职能定机构设置；要以改善民生、优化治理为出发点，在农村基层治理、营造共建共治共享社会治理格局上提供广东的做法和经验，发挥广东在全国范围内的示范引领作用，走在全国前列。

12月25日 广东省人民政府印发《广东省涉农资金统筹整合实施方案（试行）》，主要目标是按照中央统一部署和要求，探索建立广东省涉农资金统筹整合长效机制。到2018年底，实现农业发展领域行业内涉农专项转移支付的统筹整合；到2019年底，实现行业间涉农专项转移支付和涉农基建投资的分类统筹整合；到2020年底，建立权责匹配、相互协调、上下联动、步调一致的涉农资金统筹整合长效机制，并根据农业领域省级与市县财政事权和支出责任划分改革以及转移支付制度改革，适时调整完善相关政策措施，切实提升财政支农政策效果和支农资金使用效益。

12月28日 中共中央印发《中国共产党农村基层组织工作条例》（新修订），以习近平新时代中国特色社会主义思想为指导，贯彻党章和新时代党的建设总要求、新时代党的组织路线，是新时代党的农村基层组织建设的基本遵循。条例提出强调农村基层党组织的领导地位。规范农村基层党组织设置。规定乡镇党委和村党组织的主要职责。明确农村基层党组织领导经济建设、精神文明建设、乡村治理的重点任务。提出加强农村基层党组织领导班子和干部队伍建设，加强党员队伍建设的明确要求。强化各级党委特别是县级党委要认真履行农村基层组织建设主体责任。

2019年

1月28日 时任广东省省长马兴瑞在广东省第十三届人民代表大会第二次会议上作《政府工作报告》时指出，过去一年来，广东省在大力实施乡村振兴战略，实施"头雁"工程，强化农村基层党组织建设，深入推进文明村镇建设方面取得新成效。接下来将推进乡村组织振兴和文化振兴。实施基层党组织"头雁"工程和南粤党员先锋工程，强化基层党组织建设，加强农村干部培训。以社会主义核心价值观引领修订完善村规民约，大力推进优秀传统文化传承发展和移风易俗。实施基层文明创建工程，建设一批名镇名村和文明示范县镇村。

3月8日　广东省春耕生产现场会暨支农服务下乡活动启动仪式在湛江雷州市举行，动员部署广东省春耕农业生产，对标全面建成小康社会"三农"工作硬任务，全力以赴抓落实。会议强调，要扎实推进乡村治理，创新工作方式，突出源头治理，有力推动乡村治理体系和治理能力现代化。

3月9日　十三届全国人大二次会议广东代表团举行全体会议，传达学习习近平总书记参加河南代表团审议时的重要讲话精神。全国人大代表李希发言强调，要加强农村基层党组织建设，大力实施"头雁"工程，深入开展扫黑除恶专项斗争，学习借鉴"枫桥经验"，树立文明乡风良好家风淳朴民风，引领乡村治理上新水平。

3月20日　党中央、国务院和省委省政府高度重视引导和鼓励高校毕业生到基层工作，围绕打赢脱贫攻坚战和乡村振兴战略，先后出台引导和鼓励高校毕业生到基层工作和实施乡村振兴战略等文件。为贯彻落实中央和省委省政府有关要求，广东省人力资源和社会保障厅、广东省财政厅发布《关于扩大"三支一扶"计划招募规模及提高"三支一扶"人员补贴标准的通知》，这为补齐广东省广大农村教育、医疗卫生、现代农业技术推广等方面的人才短板提供了更有力的政策支持。

6月5日　中央农村工作领导小组办公室、农业农村部首次发布全国乡村治理典型案例，惠州市"一村一法律顾问"、广州从化区"仁里集"信息平台、佛山市南海区"织密三级党建网络"入选，为全国各地的乡村治理提供了有益借鉴。

6月23日　中共中央办公厅、国务院办公厅印发《关于加强和改进乡村治理的指导意见》，明确了实现乡村有效治理是乡村振兴的重要内容，并提出主要任务十七条：要完善村党组织领导乡村治理的体制机制，要发挥党员在乡村治理中的先锋模范作用，要规范村级组织工作事务，要增强村民自治组织能力，要丰富村民议事协商形式，要全面实施村级事务阳光工程，要积极培育和践行社会主义核心价值观，要实施乡风文明培育行动，要发挥道德模范引领作用，要加强农村文化引领，要推动法治乡村建设，要加强平安乡村建设，要健全乡村矛盾纠纷调处化解机制，要加大基层小微权力腐败惩治力度，要加强农村法律服务供给，要支持多方主体参与乡村治理，要提升乡镇和村为农服务能力。实现乡村有效治理是乡村振兴的重要内容，要推进乡村治理体系和治理能力现代化，夯实乡村振兴基层基础。

7月12日 广东省委省政府印发《广东省实施乡村振兴战略规划（2018~2022年）》，指出要建设生态宜居美丽乡村、焕发乡风文明新气象、构建乡村治理新体系等。

7月29日 中共广东省委农村工作办公室、广东省农业农村厅等六部门联合发布《关于开展乡村治理体系建设试点工作的通知》，拟定广州从化区、佛山南海区、梅州蕉岭县、惠州惠阳区、清远连州市为广东开展乡村治理体系建设首批试点县市区。试点工作主要包括探索共建共治共享的治理体制、探索乡村治理与经济社会协调发展的机制、探索完善乡村治理的组织体系、探索党组织领导的自治法治德治相结合的路径、完善基层治理方式、完善村级权力监管机制、创新村民议事协商形式、创新现代乡村治理手段等八方面内容。

8月21日 广东省人民政府办公厅印发《农业农村部 广东省人民政府共同推进广东乡村振兴战略实施2019年度工作要点》，其中，省政府强调要加强乡村治理。总结宣传广东基层党组织"头雁"工程、党员人才回乡计划和南粤党员先锋工程等经验。支持开展乡村治理示范村镇建设和乡村治理体系建设试点。指导制定或修订村规民约，将乡村振兴要求、移风易俗、村庄规划管理纳入村规民约。支持平安乡村建设，坚决打赢扫黑除恶专项斗争攻坚仗，将农村安全"雪亮工程"纳入新农村基础设施建设范畴，实现乡村主要道路卡口、学校、幼儿园、广场等人员密集场所的视频监控。

9月5日　广东乡村振兴咨询委员会成立大会暨第一次全体会议在广州举行。会议深入学习贯彻习近平总书记关于"三农"工作的重要论述，审议广东乡村振兴咨询委员会章程，为第一届广东乡村振兴咨询委员会委员代表颁发聘书。会议强调，乡村振兴咨询委员会是聚集"三农"领域专家智慧的重要平台，要围绕农村改革、乡村产业振兴、生态宜居美丽乡村建设、乡村治理、脱贫攻坚、要素政策支持等乡村振兴重点领域做好相关工作，为广东扎实推动乡村振兴战略出谋划策、添砖加瓦。

12月13日　时任广东省省长马兴瑞主持召开省政府常务会议，研究压减省级权责清单事项优化政府职责体系、推动城乡融合发展等工作。会议强调要不断完善乡村治理体系，着力破解城乡二元结构问题，推进乡村振兴取得实效，为广东省实现高质量发展、决胜全面建成小康社会提供有力保障。

12月24日　中央农村工作领导小组办公室、农业农村部、中央宣传部、民政部、司法部公布全国乡村治理示范村镇名单，广东5镇47村上榜。广东省5镇包括珠海市斗门区莲洲镇、汕尾市陆河县河口镇、清远市阳山县大崀镇、云浮市新兴县天堂镇、佛山市禅城区南庄镇。

2020年

1月9日　广东省委农村工作领导小组办公室、省农业农村厅与广东广播电视台签署战略合作协议暨《乡村振兴大擂台》启动活动在广东广播电视台举行。双方将紧紧围绕乡村振兴、脱贫攻坚等中心工作，重点就"一村一品、一镇一业"、生态宜居美丽乡村建设、乡村治理等领域，构建全过程、全方位、多层次、多渠道的"大宣传"格局，为推动广东加快实施乡村振兴战略走在全国前列提供强有力的舆论支撑。

1月14日　时任广东省省长马兴瑞在广东省第十三届人民代表大会第三次会议上作《政府工作报告》时指出，过去一年来，广东省在实施乡村振兴战略上取得新成效，接下来深入推进农村各项改革，深入实施"头雁工程"，健全党组织领导的自治、法治、德治相结合的乡村治理体系，大力培育文明乡风。

3月2日 《中共广东省委 广东省人民政府关于加强乡村振兴重点工作决胜全面建成小康社会的实施意见》出台，其中包括坚持党建引领，加强和改进农村基层治理的配套措施。具体内容有强化基层党组织领导基层治理作用、健全农村治理工作体系、调处化解农村矛盾纠纷、深入推进平安农村建设、深入开展基层正风反腐等。

3月26日 广东省委农村工作领导小组办公室、省农业农村厅、省委组织部等六部门发布《关于组织开展乡村治理"百镇千村"示范村镇创建活动的通知》，旨在推动健全党组织领导的自治、法治、德治相结合的乡村治理体系，培育和树立一批乡村治理典型，发挥其示范引领作用。

5月14日 广东省委办公厅和省政府办公厅印发《广东省贯彻落实〈数字乡村发展战略纲要〉的实施意见》，指出要着力发挥信息化在推进乡村治理体系和治理能力现代化中的基础支撑作用，推动广东省农业全面升级、农村全面进步、农民全面发展，为助力乡村全面振兴，实现"四个走在全国前列"、当好"两个重要窗口"提供强大动力。

6月1日 广东省农业农村厅印发《广东数字农业农村发展行动计划（2020~2025年）》，提出要深入实施乡村振兴战略和数字乡村发展战略，顺应时代趋势、把握发展机遇，加快数字技术推广应用，大力提升数字化生产力，着力发挥信息化在推进乡村治理体系和治理能力现代化中新型基础设施建设的支撑作用，推动农业高质量发展和乡村全面振兴。

7月23日 时任广东省省长马兴瑞主持召开省政府常务会议，会议审议了有关全面推进农房管控和乡村风貌提升的政策文件。会议强调，要将全面推进农房管控、乡村风貌提升作为实施乡村振兴战略、加强和改进乡村治理的重要抓手。

7月27日 广东召开全省农村综合改革专项小组第一次会议，深入学习贯彻中央全面深化改革委员会第十四次会议精神，认真落实省委全面深化改革委员会第八次会议要求，审议有关改革文件，谋划2020年下半年工作。会议强调，要聚焦农村土地制度、农村集体产权制度、农村基本经营制度、乡村治理及城乡融合发展体制机制等六大重点领域，科学谋划农村综合改革"十四五"发展思路，扎扎实实把各项改革任务向前推进。

7月30日　广东省人民政府办公厅印发《农业农村部 广东省人民政府共同推进广东乡村振兴战略实施2020年度工作要点》，在加强乡村治理方面，提出了开展农村精神文明创建活动和建立乡村治理体系等工作内容，深入贯彻落实《中国共产党农村工作条例》《中国共产党农村基层组织工作条例》，推进新时代文明实践中心建设，2020年底前所有行政村全面完成村规民约的修订完善工作。

12月2日　中央农村工作领导小组办公室、农业农村部公布了第二批34个全国乡村治理典型案例，广东省佛山市三水区"村级重要事权清单"和清远市"乡村新闻官"榜上有名，为全国各地的乡村治理提供了有益借鉴。

12月28日　习近平总书记在中央农村工作会议上指出："从世界百年未有之大变局看，稳住农业基本盘、守好'三农'基础是应变局、开新局的'压舱石'。对我们这样一个拥有14亿人口的大国来说，'三农'向好，全局主动。"习近平总书记强调："全党务必充分认识新发展阶段做好'三农'工作的重要性和紧迫性，坚持把解决好'三农'问题作为全党工作重中之重，举全党全社会之力推动乡村振兴，促进农业高质高效、乡村宜居宜业、农民富裕富足。"

12月29日　广东省农业农村厅举办领导干部学习习近平法治思想专题培训，以此来进一步统一思想，深化认识，增强全厅干部学习贯彻习近平法治思想的行动自觉。下一步，省农业农村厅将加强乡村治理体系建设，完善基层矛盾纠纷化解机制，着力探索自治法治德治相结合的有效实现路径，更好地运用法治思维和法治方式推动乡村振兴。

同日　广东省委农村工作领导小组办公室、省农业农村厅、省委组织部等六部门联合印发《关于公布2020年广东省乡村治理示范村镇创建单位的通知》，共评定97个省级乡村治理示范镇（乡）、993个乡村治理示范村，各示范镇村在发展乡村产业、改善农村人居环境、建设平安和谐乡村、有效化解群众矛盾纠纷等方面发挥典型示范引领作用，带动全省乡村治理体系建设，促进建设充满活力、和谐有序的乡村社会。

2021年

1月5日 时任广东省委书记李希主持召开省委常委会会议，传达学习习近平总书记在中央农村工作会议上的重要讲话精神，听取广东省贯彻落实2020年中央一号文件督查情况汇报，研究部署下一步工作。会议强调，要深化农村综合改革，加强和改进乡村治理，持续推进城乡基本公共服务均等化，不断健全城乡融合发展体制机制。

同日 广东省人民政府办公厅印发《广东省防止耕地"非粮化"稳定粮食生产工作方案》，其总体要求是以习近平新时代中国特色社会主义思想为指导，深入贯彻习近平总书记关于"三农"工作的重要论述，全面落实党中央、国务院决策部署，始终绷紧国家粮食安全这根弦，坚决守住粮食安全生命线，牢牢把住粮食安全主动权。全省水稻种植面积稳定在2600万亩以上，产量保持在1000万吨以上，稻谷自给率稳定在60%左右，薯类、豆类和玉米产量基本保持稳定，粮食产能稳定在1200万吨以上；确保全省粮食种植面积不减少、产能有提升、产量不下降。

1月24日 时任广东省省长马兴瑞在广东省第十三届人民代表大会第四次会议上作《政府工作报告》时指出，过去一年来，广东省乡村振兴战略加速推进，五级书记抓乡村振兴和"头雁工程"加速实施，投入力度加大，"三年取得重大进展"目标全面实现。

3月8日 广东省农业农村厅印发《2021年广东省农业农村普法依法治理工作要点》，提出要推进法治乡村建设宣传，开展省级民主法治示范村创建活动，做好年度乡村治理考评，增强乡村治理能力。

3月16日 时任广东省委书记、省委实施乡村振兴战略领导小组组长李希主持召开省委实施乡村振兴战略领导小组会议，强调要持续深化新一轮农村改革，不断提升乡村治理现代化水平。

3月21日　广东省人民政府印发2021年《政府工作报告》重点任务分工方案，提出要推进乡村治理，抓好"百镇千村"示范创建。具体工作措施包括制定《2021年全省乡村治理工作要点》，召开全省乡村治理工作现场会，协调推进党组织领导下的乡村治理体系建设；推进全国乡村治理体系建设示范试点；争创一批全国乡村治理示范镇村；开展第二批省级乡村治理"百镇千村"示范创建活动，探索建立与省文明镇村、民主法治示范村联审联建机制；总结推广"积分制""清单制""数字化"等乡村治理经验做法，建立省典型案例库。

3月31日　《中共广东省委　广东省人民政府关于全面推进乡村振兴加快农业农村现代化的实施意见》发布并指出，要强化现代乡村治理体系建设。具体措施包括深化乡镇（街道）体制改革，深入推进党组织领导的自治、法治、德治相结合的乡村治理体系建设，推进村委会规范化建设和村务公开"阳光工程"等。

4月1日　广东省加强基层党组织建设工作会议在广州召开。会议指出要推动基层党建和中心工作深度融合。坚持抓党建促乡村振兴、引领基层治理、更好服务群众造福群众，凝心聚力落实"1+1+9"工作部署，以高质量党建推动高质量发展。

4月10日　时任广东省省长马兴瑞主持召开省政府常务会议，会议深入贯彻落实习近平总书记重要讲话、重要指示批示精神和党的十九届五中全会、中央经济工作会议精神，研究部署全面深化改革，推进数字化发展、乡村振兴、绿色低碳和建筑业高质量发展等工作。会议研究了乡村振兴驻镇帮镇扶村工作，强调要结合广东乡村振兴新形势新任务新特点，建立组团式、造血式、共赢式帮扶新机制，重点推进脱贫攻坚成果、镇村公共基础设施、镇域公共服务、乡村产业发展等提升，全域全覆盖全面推进乡村振兴，并以此推动县域经济做大做强。

4月14日　广东省委农村工作领导小组办公室、省委组织部、省委宣传部等八部门联合印发《关于开展2021年度乡村治理"百镇千村"示范创建活动的通知》，启动第二批乡村治理"百镇千村"创建活动。乡村治理

"百镇千村"创建活动是广东省推进乡村治理体系建设现代化的重要抓手，是争创全国乡村治理示范镇村的后备力量。

4月16日 时任广东省省长马兴瑞主持召开省政府常务会议，会议审议了《广东省关于加强法治乡村建设的实施意见》，强调要深入贯彻落实习近平法治思想，大力推进法治乡村建设，整体提升广东省乡村治理体系和治理能力现代化水平，为实施乡村振兴战略提供良好的法治环境。

4月18日 广东省将在全国率先探索省域治理"一网统管"，打破条块分割界限，推进跨层级、跨地域、跨系统、跨部门、跨业务协同治理，提升治理体系和治理能力现代化水平。广东针对省域治理提出"一网统管"，更具广度和深度：一方面"管"的范畴更广，囊括党建、经济、社会、文化、生态等领域，涵盖城市治理、乡村治理、互联网+监管等内容；另一方面"统"的程度更深，将搭建省、市、县、镇、村五级联动的省域治理体系。

6月10日 广东省人民政府办公厅印发《农业农村部 广东省人民政府共同推进广东乡村振兴战略实施2021年度工作要点》，提出要巩固发展共建共治共享乡村治理新格局。要不断夯实农村基层组织基础，全面提升"头雁"工程质量，充分发挥农村基层党组织领导作用。继续加强和改进乡村治理，推进党建引领的自治、法治、德治相结合的乡村治理体系建设，修订完善村规民约，持续推进农村移风易俗。切实保障农民权益，发挥农民主体作用。

6月24日 《广东省乡村振兴驻镇帮镇扶村工作方案》（以下简称《方案》）印发。在完善乡村治理体系方面，《方案》提出多项措施，包括深入实施基层党建三年行动计划、推进扫黑除恶常态化、充分发挥工青妇等群团组织作用等。尤其是《方案》提出优化镇村法律顾问服务机制，这对未来完善乡村基层治理、促进产业发展将产生积极作用。《方案》提出开展"党政机关+企事业单位+科研力量"组团式驻镇帮镇扶村，在乡村治理和乡村建设不断深化的背景下，为乡村法治建设提供重要完善的支撑。

同日 时任广东省省长马兴瑞主持召开省政府常务会议，会议深入贯彻落实习近平生态文明思想以及习近平总书记对耕地保护工作作出的重要指示精神和关于建设制造强国、加快数字化发展的重要论述精神，研究部署强化耕地和海岸线保护、推进制造业数字化转型等工作。会议审议《关于进一步加强和改进耕地保护工作的若干措施》，强调要认真贯彻落实习近平生态文明思想，按照党中央、国务院部署要求，坚持最严格的耕地保护和最严格的节约用地制度，加强规划管控和用途管制，实行特殊保护和分类管理，坚决遏制耕地"非农化"，严格管控耕地"非粮化"。

7月11日　《中共中央 国务院关于加强基层治理体系和治理能力现代化建设的意见》印发，提出"加强基层智慧治理能力建设"，要求"统筹推进智慧城市、智慧社区基础设施、系统平台和应用终端建设""提高基层治理数字化智能化水平"。

8月20日　广东省人民政府印发《广东省推进农业农村现代化"十四五"规划》，其发展目标提到精美农村建设取得重点突破。精美农村加快建设，美丽宜居村达标率达到80%以上，全省"四沿"区域美丽乡村风貌带基本建成，农村生活更加便捷，乡村建设与山水格局、地域文化融合协调，党在农村的执政基础更加牢固，农村发展安全保障更加有力，乡村治理能力显著提升，共建共治共享的乡村治理体系建设走在全国前列。

同日　中共广东省委全面依法治省委员会印发《关于加强法治乡村建设的实施意见》，列出了法治乡村建设的"路线图"，着力打造广东法治乡村建设新特色，着力推进乡村治理的法制建设，为实施乡村振兴战略提供良好的法治环境。

10月15日　广东省清远市连南瑶族自治县成立民间志愿消防队，吸纳瑶族同胞共同开展火灾扑救，还联合当地消防部门组建了说瑶话、唱瑶歌的"瑶族乡村消防宣传队"，将灭火场景等内容，用歌舞、剪纸、刺绣等民俗文化体现出来，走乡入户传播消防常识。充分体现了在基层党组织、民间社会组织等多方面的关联互动下，民俗文化可以发挥出助力现代乡村治理的独特功能。

10月29日　中央农村工作领导小组办公室、农业农村部、中央宣传部等六部门共同认定100个乡镇为第二批全国乡村治理示范乡镇，994个村为第二批全国乡村治理示范村，广东省广州市从化区温泉镇等 5 镇、广州市花都区赤坭镇瑞岭村等 49 村入选，入选数量逐年递增。

12 月 4 日 广东省人民政府办公厅印发《关于金融支持全面推进乡村振兴的实施意见》，提出金融扶贫成果巩固拓展，支撑广东乡村振兴的金融服务体系和配套措施进一步健全，金融服务乡村振兴能力和水平显著提高。信贷、保险、基金、期货、证券、担保等金融工具支农作用有效发挥，乡村振兴领域融资状况持续改善，涉农信贷稳定增长，涉农企业直接融资渠道不断拓宽，保险保障力度进一步加大，农村信用体系建设深入推进，农村支付环境不断改善。

12 月 21 日 中共广东省委十二届十五次全会在广州召开，会议指出要实施新一轮基层党建三年行动计划，推动基层党组织全面进步全面过硬，为乡村治理筑牢根基。

2022年

1 月 26 日 中央网信办、农业农村部等十部门印发《数字乡村发展行动计划（2022～2025 年）》，重点任务包括数字基础设施升级行动、智慧农业创新发展行动、新业态新模式发展行动、数字治理能力提升行动、乡村网络文化振兴行动、智慧绿色乡村打造行动、公共服务效能提升行动、网络帮扶拓展深化行动。具体内容包括完善农村智慧党建体系、推动"互联网+政务服务"向乡村延伸、提升村级事务管理智慧化水平、推动社会综合治理精细化、加强农村智慧应急管理体系建设等。

2 月 8 日 广东省委农村工作领导小组办公室、省农业农村厅、省乡村振兴局等九部门组织印发《关于公布 2021 年广东省乡村治理示范村镇创建单位的通知》，确定广州市白云区太和镇等 71 个镇、广州市白云区江高镇鹤岗村等 657 个村为 2021 年广东省乡村治理示范村镇创建单位。

2 月 11 日 国务院正式印发《"十四五"推进农业农村现代化规划》，提出要推进中国特色农业农村现代化必须坚持十个战略导向，要立足国内基本解决我国人民吃饭问题，巩固和完善农村基本经营制度，引导小农户进入现代农业发展轨道，强化农业科技和装备支撑，推进农业全产业链开发，有序推进乡村建设，加强和创新乡村治理，推动城乡融合发展，促进农业农村可持续发展，促进农民农村共同富裕。

2月16日　时任广东省委书记李希到汕尾市调研，强调汕尾市要全面实施乡村振兴战略，扎实推进现代农业产业体系建设，大力实施美丽乡村建设行动，抓好粮食和重要农产品稳产保供，强化乡村治理，确保农业农村稳定发展。

2月22日　《中共中央　国务院关于做好2022年全面推进乡村振兴重点工作的意见》正式发布，提出要牢牢守住保障国家粮食安全和不发生规模性返贫两条底线，扎实有序做好乡村发展、乡村建设、乡村治理重点工作，推动乡村振兴取得新进展、农业农村现代化迈出新步伐。

2月25日　中共广东省委、广东省人民政府转发《省委宣传部　省司法厅关于开展法治宣传教育的第八个五年规划（2021~2025年）》并发出通知，要求各地区各部门结合实际认真贯彻落实。在乡村治理方面，要结合乡村治理"百镇千村"示范创建活动和法治乡村建设，创建民主法治示范村（社区）。坚持和发展新时代"枫桥经验"，深化一村（社区）一法律顾问工作。探索实行积分制，因地制宜推广村民评理说事点、社区"法律之家"等做法，组织培育"法律明白人"。

3月7日　十三届全国人大五次会议广东代表团开展专题学习，贯彻习近平总书记看望参加全国政协十三届五次会议的农业界、社会福利和社会保障界委员并参加联组会时的重要讲话精神。李希代表在学习发言中指出，在乡村治理方面，要坚持以乡村基层党组织建设引领乡村治理，加快建设美丽宜人、业兴人和的社会主义新乡村。持续加强农村基层党组织建设，深入推进平安乡村建设，抓好农村精神文明建设，不断健全党组织领导的自治、法治、德治相结合的乡村治理体系。

3月12日　广东省传达贯彻习近平总书记重要讲话精神暨全国两会精神干部大会在广州召开，会议强调要以乡村基层党组织建设引领乡村治理，抓好农村精神文明建设。

3月21日 广东省委实施乡村振兴战略领导小组召开会议，时任广东省委书记、省委实施乡村振兴战略领导小组组长李希主持会议并讲话，指出要着力提升乡村治理水平。持续加强农村基层党组织建设，健全党组织领导的自治、法治、德治相结合的乡村治理体系，深入推进平安乡村建设，切实加强农村精神文明建设，维护农村社会安定有序的局面。

3月29日 广东省委农村工作会议暨全省实施乡村振兴战略工作推进会在广州召开。会议坚持以习近平新时代中国特色社会主义思想为指导，深入学习贯彻习近平总书记关于"三农"工作的重要论述和对广东系列重要讲话、重要指示批示精神，全面贯彻落实中央农村工作会议精神，对2022年广东省全面推进乡村振兴工作进行研究部署、推动落实。时任广东省委书记李希同志指出，要深入推进乡村治理，推动农村社会更加和谐有序。加强农村基层党组织建设，进一步健全党组织领导的自治、法治、德治相结合的乡村治理体系，推进乡风文明建设，着力建设平安乡村、法治乡村，以乡村的平安和谐促进社会大局稳定。

4月1日 广东省全省农业农村局长暨乡村振兴局长会议召开。会议总结了2021年全省农业农村工作，部署2022年农业农村重点工作。会议透露，2021年，全省90%以上县（市、区）建立村级小微权力清单，5个镇、49个村被评为全国乡村治理示范镇村，新增省级乡村治理示范镇71个、示范村657个。会议明确，2022年将持续推进乡村治理重点工作。

4月16日 广东省乡村振兴示范带建设工作电视电话会议召开，深入贯彻习近平总书记关于"三农"工作的重要论述，认真落实省委农村工作会议暨全省实施乡村振兴战略工作推进会议精神，部署广东省乡村振兴示范带建设工作。会议强调，乡村振兴示范带建设在新阶段的目的是打造以中心村为节点、圩镇为枢纽，串点成线、连线成片、集片成带，同步推进乡村发展、乡村建设、乡村治理的先行示范带，进而辐射带动乡村全域全面振兴。

5月9日 在梅州、惠州、江门、清远市和佛山市三水区部署开展的广东省乡村振兴综合改革试点任务已全面完成。经过三年的探索实践，试点地区形成创新制度成果和经验做法 38 项，入选广东农村改革 100 例和农业农村改革十大系列典型案例，清远市首创的"乡村新闻官"制度，梅州市探索的山区乡村治理与发展协同推进、创新"六事"治理模式及佛山市三水区探索实施村、组两级重要事权清单管理制度等一批经验做法入选全国先进典型案例，梅州市梅县区"地票制"获央视焦点访谈专题报道。

5 月 20 日 广东省人民政府办公厅发布《关于进一步加强涉农资金统筹整合的实施意见》，有助于理顺涉农资金管理体系，创新涉农资金使用管理机制，探索完善农村投融资体制，切实提升财政支农政策效果和支农资金使用效益，锚定迈进全国第一方阵目标，全面实施乡村振兴战略，推动广东省农业农村现代化不断迈出新步伐、取得新进展。

5 月 22 日 时任广东省委书记李希同志在中共广东省第十三次代表大会上的报告指出，要健全党组织领导的自治、法治、德治相结合的乡村治理体系，建设井然有序又生机勃勃的善治乡村。

5 月 27 日 广东省乡村治理工作推进会在广州增城召开，会议贯彻落实党中央、国务院的工作部署和省委省政府关于乡村治理工作的有关要求，通报了全省乡村治理工作情况，听取了四个国家级乡村治理体系建设试点示范县（区）工作进展情况，总结交流了广东乡村治理经验做法，部署了下一阶段重点工作。

6 月 1 日 广东省第十三届人民代表大会常务委员会第四十三次会议表决通过了《广东省乡村振兴促进条例》，对乡村治理方面作出了规定，强调要建立健全乡村公共文化服务体系，发挥新时代文明实践中心作用，完善综合性文化服务设施和数字广播电视网络，支持公共文化设施建设，并加大对乡村公共文化产品和服务供给保障投入。

6 月 30 日 广东省民政厅、广东扶贫济困日活动办公室及广东省社会组织总会等百家社会组织共同发出倡议，积极参与广东扶贫济困日活动。在乡村治理方面，倡议书提出，要聚力夯实执政根基，积极参与乡村治理工作，加强村企结对、镇企帮扶，帮助把先进的经营理念、管理经验引入乡村，把优秀的人才队伍、科学技术带进乡村；要聚力特殊地区发展，全力支持老区苏区和民族地区高质量发展。动员社会力量将更多的资源投向老区苏区和民族地区，走出符合自身实际的产业发展路子。

7月5日 广东省农业农村厅、省乡村振兴局、省财政厅联合印发《关于开展2022年度"广东省十大乡村振兴示范带"评选工作的通知》，乡村治理和谐稳定是评选标准之一。

7月13日 广东省人民政府办公厅印发《农业农村部 广东省人民政府共同推进广东乡村振兴战略实施2022年度工作要点》，提出要加强乡村治理能力建设。具体措施包括深入推进乡村治理试点示范，积极培育农村学法用法示范户；开展统筹城乡精神文明融合发展试点、文明村镇创建提质行动，促进移风易俗；持续建设平安法治乡村，完善农村矛盾纠纷化解长效机制等。

8月13日 广东省委常委会召开会议，认真学习贯彻习近平总书记关于"三农"工作的重要论述精神，审议广东省《市县镇村党组织书记抓乡村振兴责任清单》。会议指出要扎实推进广东省"三农"工作，扎实实施乡村建设行动，连线成片建设乡村振兴示范带，加强和改进乡村治理，加强基本公共服务县域统筹。

8月18日 广东省党建引领基层治理促乡村振兴现场会在汕尾市召开。会议总结了广东省党建引领基层治理和抓党建促乡村振兴工作情况。时任省委书记李希出席会议并指出，广东推动党建引领基层治理和抓党建促乡村振兴不断取得新成效，同时强调，要抓住关键重点，奋力谱写新时代党建引领基层治理和抓党建促乡村振兴广东篇章，加强组织领导，把党建引领基层治理和抓党建促乡村振兴抓实抓细抓具体，确保各项工作落地见效。

同日 广东省深化涉农资金统筹整合改革工作电视电话会议召开，会议指出除2022年上半年下达市县的涉农资金271亿元，近期广东省还计划再下达一批涉农资金，重点用于支持晚稻粮食生产、救灾复产以及部分乡村建设攻坚任务。当前，广东将紧紧兜牢国家粮食安全和不发生规模性返贫两条底线，统筹推进乡村发展、乡村建设、乡村治理三项重点工作。

8月20日 广东省省长王伟中主持召开2022年省长与专家座谈会并认

真听取专家意见建议,强调要全面推进乡村振兴,深入开展驻镇帮镇扶村工作,抓好乡村产业发展、乡村建设,实施县域高质量发展工程。

8月25日　《南方农村报》发布题为《广东"三农",非凡十年》的报道,报道回溯了广东美丽乡村建设的历程。久久为功的工作理念,先试点示范、后全域建设的方法论贯穿始终。近年来,广东累计投入66亿元,分5批建成89个示范片,覆盖393个行政村。一大批具有产业特色、人文历史、生态资源、民族风情的示范带成为广东农村人居环境整治和美丽乡村建设的"标兵"和"样板"。

8月22日　中共中央办公厅、国务院办公厅印发了《关于规范村级组织工作事务、机制牌子和证明事项的意见》,提出要坚决反对和克服形式主义、官僚主义,树立为村级组织松绑减负、激励村干部担当作为的鲜明导向,以此不断提高农村基层治理水平,推动村干部把更多精力放在推动农业农村高质量发展上,促进党群关系更加紧密、干部作风更加务实、党心民心更加凝聚。

9月1日　中央网信办、农业农村部、工业和信息化部、国家市场监督管理总局印发《数字乡村标准体系建设指南》,明确了"十四五"时期数字乡村标准化建设目标、建设内容和建设路径,为标准化建设引领数字乡村高质量发展、助力乡村全面振兴提供了保障。

9月28日　广东省十三届人大常委会第四十六次会议审议省政府关于乡村振兴促进工作情况的报告。报告显示,近年来,广东省大力推进党建引领乡村治理,广大乡村实现和谐稳定有序。10个镇(乡)、96个村创建成全国乡村治理示范镇村,168个镇(乡)、1650个村创建成省级乡村治理示范镇村,创建了1102个省级民主法治示范村(社区)。

10月18日　广东省自然资源厅印发《广东省补充耕地指标交易管理办法》,该办法有助于落实耕地占补平衡,加强补充耕地指标交易管理。

10月25日　广东省农业农村厅印发《广东省农业农村领域轻微违法行为免予行政处罚清单》,对当事人违法行为依法免予行政处罚的,各级农业行政执法机关应当采取签订承诺书等方式加强教育引导,并及时复查改正落实情况。决定不予行政处罚的事项，不予处罚后，又实施同类违法行为的，不再适用不予处罚的规定。

11月6日 广东省推进"百县千镇万村高质量发展工程"促进城乡区域协调发展现场会在茂名市召开。会议坚持以习近平新时代中国特色社会主义思想为指导，深入学习贯彻党的二十大精神，认真贯彻落实习近平总书记视察广东重要讲话、重要指示精神，学习借鉴浙江"千万工程"经验，梳理盘点实施"百县千镇万村高质量发展工程"的进展成效，总结交流经验做法，对下一步工作进行研究部署。

11月8日 广东省人民政府办公厅印发《广东省农村公路扩投资稳就业更好服务乡村振兴攻坚方案》，从高质量建设"四好农村路"助力乡村振兴，积极吸纳农民群众就地就近就业增收等方面提出多项工作措施。

11月15日 农业农村部办公厅印发《关于公布2022年中国美丽休闲乡村名单的通知》。据悉，广东有10个乡村位列其中。至此，全省获认定的中国美丽休闲乡村数量累计达52个。

11月23日 广东省政府决定成立广东省农村人居环境整治提升领导小组，这将有助于研究重要事项、重要政策和重要制度，统筹协调、指挥调度全省农村人居环境整治提升工作，推动解决工作中的突出问题，指导督促各地各有关单位建立健全农村人居环境整治提升工作机制。

11月28日 广东省委实施乡村振兴战略领导小组印发《2021年度广东省推进乡村振兴战略实绩考核工作情况的通报》，通报了全省21个地级以上市和领导小组各成员单位2021年度推进乡村振兴战略实绩情况。

12月7日 文化和旅游部公布第四批全国乡村旅游重点村和第二批全国乡村旅游重点镇（乡）名单，广东省共有9个村镇上榜。其中，广东新增全国乡村旅游重点村分别是佛山市禅城区南庄镇紫南村、广州市增城区增江街道大埔围村、韶关市仁化县石塘镇石塘村、中山市三乡镇雍陌村、阳江市阳西县织篢镇谷围村委会鸡皨�村、云浮市云城区腰古镇城头村。广东新增全国乡村旅游重点镇分别是惠州市惠阳区秋长街道、潮州市潮安区凤凰镇、河源市源城区埔前镇。

12 月 8 日　中国共产党广东省第十三届委员会第二次全体会议通过《关于实施"百县千镇万村高质量发展工程"促进城乡区域协调发展的决定》，提出要加强和完善乡村治理。

2023年

1 月 3 日　广东省人力资源和社会保障厅和广东省农业农村厅印发《农村电商产业园建设标准》和《农村电商基层示范站建设标准》，深入推进农村电商"百园万站"专项行动，进一步促进农村电商产业园和基层示范站规范建设、达标赋能。

1 月 13 日　广东省政协第十三届一次会议上，16 位广东省政协委员从粤港澳大湾区建设到产业发展，从营商环境优化到乡村振兴，从绿美广东生态建设到增进民生福祉等主题，围绕国计民生问题建言支招，展现出倾心为民发声尽责的时代风采。

2 月 13 日　广东省委农村工作会议暨全面推进"百县千镇万村高质量发展工程"促进城乡区域协调发展动员大会在广州召开。会议明确要切实抓好乡村振兴各项工作，加快推进农业农村现代化，大力实施"百千万工程"，推动城乡区域协调发展朝着更高水平更高质量迈进。

3 月 21 日　"三农"工作者、教育工作者、基层实践者齐聚华南农业大学，积极响应国家"百校联百县兴千村"号召，结合广东省深入实施"百县千镇万村高质量发展工程"，共同启动省"百校联百县兴千村"行动，2023 年 2 月，广东省印发了《"百校联百县兴千村"行动试点方案》，将"百校联百县兴千村"作为推进乡村建设行动的重点工作，充分利用驻镇帮镇扶村、全域推进生态宜居美丽乡村建设等成果，在协商自愿基础上确定了首批 7 对校地合作试点单位，同时支持华南农业大学牵头发起省乡村建设高校联盟。

3 月 24 日　《南方日报》发布题为《让乡村医生安心扎根基层 欠发达地区村医年补贴提高 5000 元》的报道，据广东省财政厅消息，2023 年省财政安排 3.75 亿元，用于经济欠发达地区村医补贴，计划将每年每村的村医补贴标准提高 5000 元，惠及全省约 1.5 万个行政村，并明确市县可统筹资金保障在岗乡村医生养老，让村医安心扎根基层。

4 月 17~18 日 由广东省文化和旅游厅、广东省农业农村厅、广东省乡村振兴局主办的"粤美乡村——文化新舞台"广东省乡村文化活动年启动仪式在清远市连南瑶族自治县举办，正式发布《"粤美乡村——文化新舞台"广东省乡村文化活动年工作方案》，方案包括 13 项重点活动，整体活动将贯穿 2023 年全年，着力推动广东省乡村文化振兴。

5 月 5 日 经广东省人民政府同意，《广东省自然资源厅关于实施点状供地助力乡村产业振兴的通知》正式印发，自 2023 年 6 月 1 日起施行。该通知支持各地探索实施点状供地，大力促进乡村产业振兴，助力实施"百县千镇万村高质量发展工程"，促进城乡区域协调发展。

5 月 8 日 广东省农村生活污水治理经验交流会在云浮市新兴县举行。据会上消息，广东 2022 年自然村生活污水治理率为 53.4%，2023 年治理率要达 60% 以上、省级以上农村黑臭水体整治率达 65%。农村生活污水治理与人居环境、群众生活品质息息相关，广东将其列入"百县千镇万村高质量发展工程"和农村人居环境整治提升工作总体部署，并连续 3 年纳入省十件民生实事。

5 月 26 日 广东省财政下达第二批中央财政衔接推进乡村振兴补助资金，共计 3 亿元，覆盖全省 16 个地市，重点对粤东、粤西、粤北地区进行倾斜。这批资金主要用于扶持发展新型农村集体经济、开展通村入户便民利民工程等乡村建设方面。

6 月 2 日 中共广东省委、广东省人民政府发布《关于做好 2023 年全面推进乡村振兴重点工作的实施意见》，提出要健全党组织领导的乡村治理体系，具体措施包括提升乡村治理效能、加强农村精神文明建设、深入推进移风易俗等。

6 月 25 日 中共广东省委办公厅、广东省人民政府办公厅印发《广东省乡村建设行动实施方案》，要求坚持以习近平新时代中国特色社会主义思想为指导，全面贯彻党的二十大精神，坚持农业农村优先发展，把乡村建设摆在社会主义现代化建设的重要位置，顺应农民群众对美好生活的向往，围绕推进"百县千镇万村高质量发展工程"，以普惠性、基础性、兜底性民生建设为重点，坚持党建引领，规划先行，集中资源要素，动员各方力量，加强农村基础设施和公共服务体系建设，建立自下而上、村民自治、农民参与的实施机制，努力让农村具备更好生产生活条件，让广大农民过上现代文明生活，为广东在推进中国式现代化建设中走在前列提供有力支撑。

7月10日　广东省港澳办、省粤港澳合作促进会在梅州市大埔县大麻镇举行"助力乡村振兴帮扶项目签约暨光伏发电项目启动仪式"，通过发动央企联盟代表及粤港澳三地热心人士积极参与乡村振兴，推动相关机构与大麻镇签署三项合作协议。同日，广东省粤港澳合作促进会央企联盟与大麻镇政府合作开展的屋顶分布式光伏发电项目帮扶工作正式启动。

7月18日　广东省人民政府办公厅印发《广东省"百县千镇万村高质量发展工程"教育行动方案（2023～2027年）》（以下简称《方案》）。《方案》制定了主要目标和主要任务。《方案》强调，到2025年，城乡教育资源均衡配置机制基本建立，城乡教育差距缩小，均等化水平提高，优质均衡的基本公共教育服务体系初步形成。到2027年，城乡教育融合发展体制机制基本建立，城乡教育一体化发展，乡村教育独具特色，乡村学校"美而优"，优质均衡的基本公共教育服务体系基本形成。

8月3日　《羊城晚报》发布题为《广州美丽乡村建设提质升级 已基本建成7条精品新乡村示范带》的报道，该报道表示，广州2021年启动新乡村示范带建设，整合乡村资源，振兴乡村产业，取得显著成效。目前，广州正在以改善农村人居环境、提高村民生活质量、构建优美宜居生态家园为目标，以村为单位，重点开展"一条特色林荫路、一个村级小游园、一片乡村风水林"建设，不断完善村庄基础设施和公共服务设施，推动村庄绿化环境整体优化，全面提升乡村绿化美化建设成效。数据显示，截至2023年6月，广州已累计创建529条市级美丽乡村。广州的美丽乡村建设工作正从完善基础逐步迈向提质升级的新阶段。

8 月 22 日　广东省人民政府办公厅印发《广东省发展壮大农村经营主体若干措施》，其目的是加快发展壮大农村经营主体，扎实推进"百县千镇万村高质量发展工程"，增强农业农村发展新动能，促进城乡区域协调发展。

9 月 12 日　农业农村部发布通知，公布 2023 年国家乡村振兴示范县创建名单。其中，广东三县（市、区）入选，分别是广东省（江门市）开平市、广东省广州市增城区、广东省肇庆市高要区。

9 月 19 日　广东省农业农村厅印发《广东省动物防疫条件审查场所选址评估办法》。

9 月 26 日　农业农村部办公厅印发《农村法治宣传教育基地建设指引》，健全农村法治宣传教育基地建设工作机制，充分发挥农村法治宣传教育基地弘扬社会主义法治精神、传播法律知识的积极作用，引导农民群众成为社会主义法治的忠实崇尚者、自觉遵守者、坚定捍卫者，服务农业全面升级、农村全面进步、农民全面发展，为全面推进乡村振兴、加快建设农业强国提供有力法治保障。

10 月 19 日　广东省民政厅印发《"百社联百村——助力百千万工程"专项行动实施方案（2023~2027 年）》，要求全省各级民政部门及广大社会组织要落实省委"1310"具体部署，深入实施"百千万工程"，以"整合资源、分类实施、示范带动、整体推进"为思路，组织动员各类社会组织及所属会员企业在全省范围内开展"百社联百村——助力百千万工程"专项行动，推动实现乡村产业兴旺发达、生态人居环境明显改善、农村公共文化乡风文明焕发新气象、基层治理效能进一步提升、民生福祉显著提高，在促进城乡区域协调发展中作出社会组织应有的贡献。

11 月 6 日　广东省推进"百县千镇万村高质量发展工程"促进城乡区域协调发展现场会在茂名召开，公布了"百千万工程"首批典型县镇村，共有 22 个县（市、区）、110 个镇、1062 个村（社区）入选，在全省高质量发展中走在前、作示范。全省各村的村"两委"干部、乡村振兴参与者纷纷表示，今后将以乡村建设行动为抓手，大抓人居环境建设，有效改善群众生产生活条件，实现人居环境靓起来、乡村治理强起来、文明新风扑面来的良性循环；同时，大抓体制机制改革，积极探索新型农村集体经济的实现方式，吸引资本、技术、人才等要素向县镇村流动，为县镇村发展注入源源不断的强大动力。

11 月 7 日　广东省民政厅印发《"百社联百村——助力百千万工程"专项行动实施方案（2023～2027 年）》（以下简称《方案》），在激活乡村治理力量方面，《方案》鼓励支持社会组织积极参与公共服务提升、乡村治理和服务。支持社会组织党支部与村支部开展共建活动，为基层提供法律服务、智力支持。加大农村社区社会组织培育扶持力度，推动"五社联动"，创新社会组织与社区、社会工作者、社区志愿者、社会慈善资源联动机制。

11 月 12 日　第二届乡村振兴（广州）论坛在广州举行。此次论坛以"凝聚发展动力，推进乡村振兴"为主题，通过搭建交流平台，共谋发展大计，共同助力乡村振兴。

11 月 15 日　广东省农业农村厅、广东省财政厅印发《广东省现代农业产业园财政资金管理办法（修订）》，在资金补助及中期评估、资金审批与使用、实施主体要求、责任与分工、监督管理与绩效评价、退出机制等方面做了具体规定。

11 月 17 日　农业农村部、中央宣传部、司法部发布了《农业农村部 中央宣传部 司法部关于公布第三批全国乡村治理示范村镇名单及前两批全国乡村治理示范村镇复核结果的通知》，广东 5 个乡镇、49 个村获得认定。

同日　广东省人民政府办公厅印发《广东省突发重大动物疫情应急预案》。

12 月 11～12 日　中央经济工作会议在北京举行。中共中央总书记、国家主席、中央军委主席习近平出席会议并发表重要讲话。会议在坚持不懈抓好"三农"工作部分提到，以提升乡村产业发展水平、提升乡村建设水平、提升乡村治理水平为重点，强化科技和改革双轮驱动，强化农民增收举措，集中力量抓好办成一批群众可感可及的实事，建设宜居宜业和美乡村。

12 月 14 日　《南方日报》发布题为《广东大力推进强县促镇带村，扎

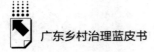

实推进城乡面貌改善提升》的报道，肯定了广东深入实施"百县千镇万村高质量发展工程"所取得的成果，并指出广东将继续一盘棋推进示范乡镇建设，遴选确定110个典型镇，带动全省建设"产业兴旺、发展有序、舒适宜居、功能完善、生活便捷、治理高效"乡镇。

12月16日 "广东千名农村职业经理人培育计划"首期班在广州开班，全面贯彻党的二十大精神，认真落实习近平总书记视察广东重要讲话、重要指示精神，深入学习运用"千万工程"经验，落实省委"1310"具体部署，助力实施"百千万工程"，着力推进乡村全面振兴，谋定破题开局思路，推进政策和制度创新，源源不断提供乡村振兴人才支撑。

12月19~20日 中央农村工作会议在北京召开。此次会议强调，锚定建设农业强国目标，把推进乡村全面振兴作为新时代新征程"三农"工作的总抓手，学习运用"千万工程"经验，因地制宜、分类施策、循序渐进、久久为功，集中力量抓好办成一批群众可感可及的实事。此外，会议还强调，要统筹新型城镇化和乡村全面振兴，提升县城综合承载能力和治理能力，促进县域城乡融合发展，为未来广东全面实施"百千万工程"，大力推进强县促镇带村，深入推进城乡融合发展指明了方向，提供了更明晰的思路。

社会科学文献出版社

皮 书

智库成果出版与传播平台

❖ 皮书定义 ❖

皮书是对中国与世界发展状况和热点问题进行年度监测，以专业的角度、专家的视野和实证研究方法，针对某一领域或区域现状与发展态势展开分析和预测，具备前沿性、原创性、实证性、连续性、时效性等特点的公开出版物，由一系列权威研究报告组成。

❖ 皮书作者 ❖

皮书系列报告作者以国内外一流研究机构、知名高校等重点智库的研究人员为主，多为相关领域一流专家学者，他们的观点代表了当下学界对中国与世界的现实和未来最高水平的解读与分析。

❖ 皮书荣誉 ❖

皮书作为中国社会科学院基础理论研究与应用对策研究融合发展的代表性成果，不仅是哲学社会科学工作者服务中国特色社会主义现代化建设的重要成果，更是助力中国特色新型智库建设、构建中国特色哲学社会科学"三大体系"的重要平台。皮书系列先后被列入"十二五""十三五""十四五"时期国家重点出版物出版专项规划项目；自2013年起，重点皮书被列入中国社会科学院国家哲学社会科学创新工程项目。

皮书网

（网址：www.pishu.cn）

发布皮书研创资讯，传播皮书精彩内容
引领皮书出版潮流，打造皮书服务平台

栏目设置

◆ 关于皮书
何谓皮书、皮书分类、皮书大事记、
皮书荣誉、皮书出版第一人、皮书编辑部

◆ 最新资讯
通知公告、新闻动态、媒体聚焦、
网站专题、视频直播、下载专区

◆ 皮书研创
皮书规范、皮书出版、
皮书研究、研创团队

◆ 皮书评奖评价
指标体系、皮书评价、皮书评奖

所获荣誉

◆ 2008 年、2011 年、2014 年，皮书网均
在全国新闻出版业网站荣誉评选中获得
"最具商业价值网站"称号；
◆ 2012 年，获得"出版业网站百强"称号。

网库合一

2014 年，皮书网与皮书数据库端口合
一，实现资源共享，搭建智库成果融合创
新平台。

皮书网

"皮书说"
微信公众号

权威报告・连续出版・独家资源

皮书数据库
ANNUAL REPORT(YEARBOOK)
DATABASE

分析解读当下中国发展变迁的高端智库平台

所获荣誉

- 2022年，入选技术赋能"新闻+"推荐案例
- 2020年，入选全国新闻出版深度融合发展创新案例
- 2019年，入选国家新闻出版署数字出版精品遴选推荐计划
- 2016年，入选"十三五"国家重点电子出版物出版规划骨干工程
- 2013年，荣获"中国出版政府奖・网络出版物奖"提名奖

皮书数据库

"社科数托邦"
微信公众号

成为用户

　　登录网址www.pishu.com.cn访问皮书数据库网站或下载皮书数据库APP，通过手机号码验证或邮箱验证即可成为皮书数据库用户。

用户福利

- 已注册用户购书后可免费获赠100元皮书数据库充值卡。刮开充值卡涂层获取充值密码，登录并进入"会员中心"—"在线充值"—"充值卡充值"，充值成功即可购买和查看数据库内容。
- 用户福利最终解释权归社会科学文献出版社所有。

数据库服务热线：010-59367265
数据库服务QQ：2475522410
数据库服务邮箱：database@ssap.cn
图书销售热线：010-59367070/7028
图书服务QQ：1265056568
图书服务邮箱：duzhe@ssap.cn

社会科学文献出版社 皮书系列
SOCIAL SCIENCES ACADEMIC PRESS (CHINA)
卡号：757967186735
密码：

S 基本子库
UB DATABASE

中国社会发展数据库（下设 12 个专题子库）

紧扣人口、政治、外交、法律、教育、医疗卫生、资源环境等 12 个社会发展领域的前沿和热点，全面整合专业著作、智库报告、学术资讯、调研数据等类型资源，帮助用户追踪中国社会发展动态、研究社会发展战略与政策、了解社会热点问题、分析社会发展趋势。

中国经济发展数据库（下设 12 专题子库）

内容涵盖宏观经济、产业经济、工业经济、农业经济、财政金融、房地产经济、城市经济、商业贸易等 12 个重点经济领域，为把握经济运行态势、洞察经济发展规律、研判经济发展趋势、进行经济调控决策提供参考和依据。

中国行业发展数据库（下设 17 个专题子库）

以中国国民经济行业分类为依据，覆盖金融业、旅游业、交通运输业、能源矿产业、制造业等 100 多个行业，跟踪分析国民经济相关行业市场运行状况和政策导向，汇集行业发展前沿资讯，为投资、从业及各种经济决策提供理论支撑和实践指导。

中国区域发展数据库（下设 4 个专题子库）

对中国特定区域内的经济、社会、文化等领域现状与发展情况进行深度分析和预测，涉及省级行政区、城市群、城市、农村等不同维度，研究层级至县及县以下行政区，为学者研究地方经济社会宏观态势、经验模式、发展案例提供支撑，为地方政府决策提供参考。

中国文化传媒数据库（下设 18 个专题子库）

内容覆盖文化产业、新闻传播、电影娱乐、文学艺术、群众文化、图书情报等 18 个重点研究领域，聚焦文化传媒领域发展前沿、热点话题、行业实践，服务用户的教学科研、文化投资、企业规划等需要。

世界经济与国际关系数据库（下设 6 个专题子库）

整合世界经济、国际政治、世界文化与科技、全球性问题、国际组织与国际法、区域研究 6 大领域研究成果，对世界经济形势、国际形势进行连续性深度分析，对年度热点问题进行专题解读，为研判全球发展趋势提供事实和数据支持。

法律声明

"皮书系列"（含蓝皮书、绿皮书、黄皮书）之品牌由社会科学文献出版社最早使用并持续至今，现已被中国图书行业所熟知。"皮书系列"的相关商标已在国家商标管理部门商标局注册，包括但不限于LOGO（🖐）、皮书、Pishu、经济蓝皮书、社会蓝皮书等。"皮书系列"图书的注册商标专用权及封面设计、版式设计的著作权均为社会科学文献出版社所有。未经社会科学文献出版社书面授权许可，任何使用与"皮书系列"图书注册商标、封面设计、版式设计相同或者近似的文字、图形或其组合的行为均系侵权行为。

经作者授权，本书的专有出版权及信息网络传播权等为社会科学文献出版社享有。未经社会科学文献出版社书面授权许可，任何就本书内容的复制、发行或以数字形式进行网络传播的行为均系侵权行为。

社会科学文献出版社将通过法律途径追究上述侵权行为的法律责任，维护自身合法权益。

欢迎社会各界人士对侵犯社会科学文献出版社上述权利的侵权行为进行举报。电话：010-59367121，电子邮箱：fawubu@ssap.cn。

社会科学文献出版社